Inhalt

*alle Stufenpläne auch farbig und editierbar als Download im Internet (s. S. 16)

*alle Stufenpläne auch farbig und editierbar als Download im Internet (s. S. 16)

Vorwort: Konzept und Organisation

Willkommen in der **Lernstufenwelt** von **„Wir lernen und üben Mathematik im eigenen Tempo"**!

Vor Ihnen liegt ein großer Block mit Arbeitsmaterialien, mit denen Sie auf einen Schlag die gesamte Freiarbeitszeit im Bereich Mathematik in Ihrer 1. und 2. Klasse organisieren können.

Ein bisschen Vorbereitung bedarf es noch, dann kann es losgehen!

Diese Einleitung navigiert Sie durch das Material:

1. Didaktische Grundlagen und Konzept

Aufgrund der großen Heterogenität in der Schuleingangsphase, die in flexiblen Grundschulklassen (beziehungsweise in allen jahrgangsgemischten Lerngruppen) noch bewusst verstärkt wird, ergibt sich die Notwendigkeit der individuellen Förderung. Dies bedeutet, dass die Schülerinnen und Schüler sich Inhalte in ihrem eigenen Tempo auf ihrem je eigenen Lernniveau aneignen dürfen. Um den unterschiedlichen Lernvoraussetzungen und Lerntempi gerecht zu werden und gleichzeitig als Lehrkraft den Überblick zu bewahren, bedarf es eines Übungsmaterials, das flexibel eingesetzt werden kann.

Daher haben wir sogenannte Lernstufenhefte für den Bereich Arithmetik konzipiert, die folgende Kriterien erfüllen:

- 20 Module (Lernstufen) umfassen die Kompetenzen der ersten beiden Jahrgangsstufen.
- Die Aufgaben sind einfach und selbsterklärend.
- Die Rechenwege sind anschaulich dargestellt und beispielgestützt.
- Arbeitsaufträge regen zum Ausprobieren und Entdecken an (Forschen in der Umwelt, Erfinden eigener Aufgaben...).
- Rechnen mit Größen, Sachaufgaben, Zahlenrätsel und Inhalte aus der Stochastik finden regelmäßig ihren Platz.
- Entdeckungen werden schriftlich verbalisiert.
- Wortspeicher werden unterstützend angeboten.
- Sämtliche Aufgaben können allein oder mit Lernpartner bearbeitet werden.
- Alle Aufgaben können auch mithilfe von konkreten Materialien gelöst werden.
- Das Material ist kompatibel zu Montessori-Rechenmaterialien.
- Die Anzahl von vorgefertigten Arbeitsblättern bleibt beschränkt, es wird Wert gelegt auf das selbstständige Tun und das eigene Aufschreiben.

Das vorliegende Material umfasst 20 Lernstufenhefte inklusive Stufenplänen, Kompetenztests und Bastelvorlagen für Rechenmaterialien.

Die Arbeit mit den Materialien der Lernstufenhefte ersetzt selbstverständlich nicht den gemeinsamen und kooperativen Mathematikunterricht in Lernumgebungen und schließt auch die Arbeit mit einem Rechenbuch oder Arbeitsheft nicht aus.

Diese lassen sich vielmehr integrieren: Auf den Stufenplänen, die jeder Lernstufe vorangestellt sind und den Kindern die Orientierung über die zu bearbeitenden Aufgaben geben, findet sich immer auch Platz, um passende Seiten aus dem Buch und Arbeitsheft, das in der jeweiligen Klasse benutzt wird, einzutragen.

Die Arbeit mit den Lernstufenheften ist für individuelle Übungsphasen in Mathematik sowie für das Üben zu Hause gedacht und wird also ergänzend zu anderen Methoden im Unterricht eingesetzt.

Im Gegensatz zu Arbeitsheften der verschiedenen Mathematiklehrgänge haben die Lernstufenhefte den Vorteil, dass sie entsprechend dem tatsächlichen Lernniveau des einzelnen Kindes eingesetzt werden und im eigenen Tempo durchgearbeitet werden können.

2. Inhaltsüberblick Lernstufen

Die Lerninhalte der 1. und 2. Jahrgangsstufe sind in 20 progressiv aufeinander aufbauende Lernstufen gegliedert. Jedes Modul hat einen bestimmten, klar formulierten Schwerpunkt.

Inhalte der Stufen 1–10:	
Stufe 1	**Die Zahlen bis 10** Zahldarstellungen bis 10 verstehen, Anzahlen bestimmen und Mengen mithilfe mathematischer Zeichen vergleichen, Lesen und Schreiben der Zahlen bis 10
Stufe 2	**Zahlenreihe bis 20** Zahlenreihe und Zahlenstrich kennenlernen, Zahlenfolgen, Zählen in Schritten
Stufe 3	**Zahlzerlegung bis 10** Zerlegung zeichnerisch und symbolisch darstellen, Schüttelboxen, Zerlegehäuser
Stufe 4	**Additionsaufgaben im ersten Zehner** Addition zeichnerisch und symbolisch darstellen, einfache Gleichungen sicher rechnen, Rechenvorteile (Tauschaufgaben, Kraft der 5) nutzen
Stufe 5	**Subtraktionsaufgaben im ersten Zehner** Subtraktion zeichnerisch und symbolisch darstellen, einfache Gleichungen sicher rechnen, Rechenvorteile (Umkehraufgaben) nutzen
Stufe 6	**Aufgabenumstellungen im ersten Zehner** Unterschiedliche Aufgabenformate (Umkehraufgaben, Ergänzungsaufgaben, Aufgabenfamilien, Nachbaraufgaben) nutzen und flexibel anwenden
Stufe 7	**Die Zahlen im zweiten Zehner** Unterschiedliche Aufgabenformate für Aufgaben bis 20 ohne Übergang: Zahlen von 11 bis 20 symbolisch und zeichnerisch darstellen, Mengen bündeln und im Stellenwerthaus darstellen, analoge Plus- und Minusaufgaben im zweiten Zehner ohne Übergang rechnen
Stufe 8	**Additionsaufgaben bis 20 mit Zehnerübergang** Rechnen in Schritten auf verschiedenen Wegen, Beherrschen von Einspluseinssätzen, verwandte Aufgaben (Nachbaraufgaben) erschließen
Stufe 9	**Subtraktionsaufgaben bis 20 mit Zehnerübergang** Rechnen in Schritten auf verschiedenen Wegen, Beherrschen von Einsminuseinssätzen, verwandte Aufgaben (Nachbaraufgaben) erschließen
Stufe 10	**Unterschiedliche Aufgabenformate bis 20** Sicherheit im Umgang mit Ergänzungs-, Tausch-, Umkehraufgaben erlangen, Verdoppeln, Halbieren, Automatisieren der Einspluseinssätze und ihrer Umkehrung, Anwendungen in Sachsituationen

Inhalte der Stufen 11–20:	
Stufe 11	**Die Zahlenreihe bis 100** Zahldarstellungen bis 100 verstehen, Anzahlen bestimmen und an Stellenwerttafel darstellen, Lesen und Schreiben der Zahlen bis 100
Stufe 12	**Orientierung im Zahlenraum bis 100** Zahlbeziehungen und Zahlzerlegungen verstehen und notieren, Zahlen vergleichen, ordnen, darstellen, die Hundertertafel
Stufe 13	**Addition und Subtraktion einer zweistelligen Zahl mit einer einstelligen Zahl auch mit Zehnerübergang (ZE +/- E mit Ü)** Addition und Subtraktion zeichnerisch und symbolisch darstellen, Umkehroperationen bilden, einfache Gleichungen sicher rechnen
Stufe 14	**Rechnen mit Zehnerzahlen, Addition und Subtraktion von zweistelligen Zahlen ohne Zehnerübergang (ZE +/- ZE ohne Ü)** Addition und Subtraktion zeichnerisch und symbolisch darstellen, Einspluseinssätze sicher rechnen, verschiedene Rechenwege beschreiben und notieren, Rechenvorteile nutzen
Stufe 15	**Rechnen mit Zehnerzahlen, Addition und Subtraktion von zweistelligen Zahlen mit Zehnerübergang (ZE +/- ZE mit Ü)** Addition und Subtraktion zeichnerisch und symbolisch darstellen, einfache Gleichungen lösen, dekadische Analogien anwenden, verschiedene Rechenwege finden und anwenden
Stufe 16	**Unterschiedliche Aufgabenformate und Lösungswege für Additions- und Subtraktionsaufgaben mit Übergang (ZE +/- ZE mit Ü)** Beschreiben und Notieren verschiedener Rechenwege, Anwenden von Rechenvorteilen, Umkehraufgaben
Stufe 17	**Vom Plusrechnen zum Malnehmen** Multiplikation verschieden darstellen, Tauschaufgaben zur Multiplikation bilden, Malaufgaben entdecken
Stufe 18	**Kernaufgaben der Multiplikation bis 100** Beherrschen von Einmaleinssätzen und Quadrataufgaben (Kernaufgaben), Divisionsaufgaben (als Umkehraufgabe) verstehen
Stufe 19	**Einmaleinsreihen durch Kernaufgaben erschließen** Rechenvorteile anwenden, Teilen mit Rest
Stufe 20	**Multiplikation und Division flexibel anwenden** Sicherheit im Umgang mit Multiplikations- und Divisionsaufgaben (auch mit Rest) erlangen, Anwenden in Sachsituationen

3. Vorbereitung der Materialien und Organisation

Das brauchen Sie

Pro Kind:
- 1 Aktenordner (darin werden die fertig bearbeiteten Lernstufenhefte gesammelt) mit 20 Trennstreifen
- 1 Ringbuchhefter (DIN A4) aus weichem biegsamen Kunststoff mit 2 Klarsichthüllen und 3 Trennstreifen (der „Bono-Ordner")
- karierte Blockblätter (Größe der Karos abhängig von den motorischen Fähigkeiten des Kindes)
- ein paar Lochverstärkerringe (aufbewahrt in der Folie), falls Blätter ausreißen

Im Klassenraum:
- Schubladenschrank mit 20 Fächern (eine pro Lernstufe)
- 1 Aktenordner für die Stufenpläne
- Platz für die Aktenordner der Kinder (pro Kind ein Ordner)
- (Platz für) Stehordner, in denen Rechenmaterialien und zusätzliche Spiele für die Lernstufen einsortiert sind
- (optional) Platz an der Wand zum Aufhängen der Stufenblätter (pro Kind eine DIN A4-Fläche)

Kopierbedarf

Damit wirklich flexibel mit dem Material gearbeitet werden kann, empfiehlt es sich, bei der Vorbereitung auf das neue Schuljahr <u>alle Lernstufen in ausreichendem Umfang zu kopieren</u>. Ein paar Exemplare mehr als die Schülerzahl sichern zudem, auf Überraschungen während des Schuljahres vorbereitet zu sein.

<u>Wichtig:</u> Beim Kopieren muss darauf geachtet werden, dass die Seiten mit den Ausschneidebögen nicht doppelseitig bedruckt werden.

Die Stufenhefte werden mit einer Büroklammer zusammengehalten und in einem für alle frei zugänglichen Schubladenschrank in der Klasse aufbewahrt.

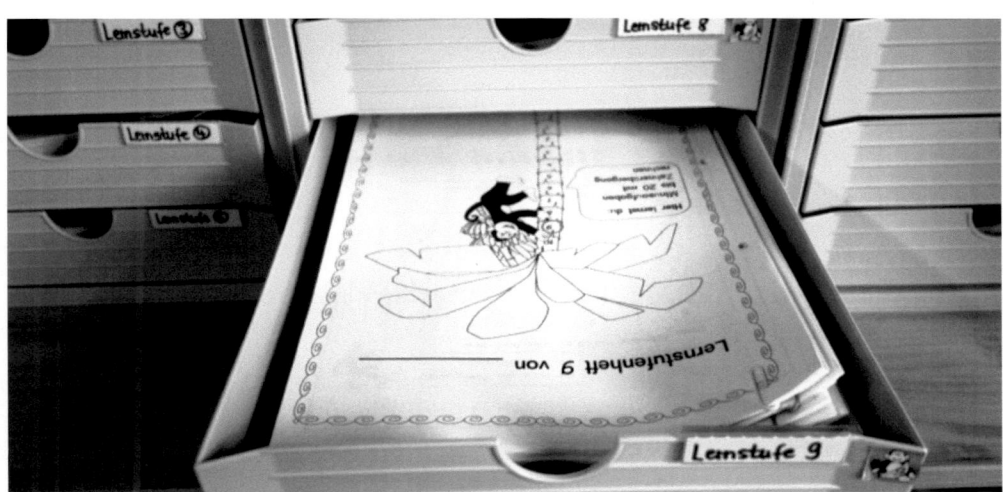

Die Stufenpläne stehen ebenfalls vorkopiert in einem Ordner bereit.

 Die Kopierarbeit im Vorfeld zahlt sich während des gesamten Schuljahres aus, da nun entspannt auf die Materialien zugegriffen werden kann, wann immer sie benötigt werden. Darüber hinaus sind in Mathematik nur noch selten Kopien nötig.

Sollte es an der Schule eine kostenmäßige Begrenzung der gestatteten Kopien geben, empfiehlt es sich, für die Stufenhefte eine kleine Extra-Pauschale zu verlangen. Dafür kann man die Anschaffung teurer Arbeitshefte beschränken.

Der „Bono-Ordner"

 Darin finden die Kinder alles, was sie zum Arbeiten benötigen.

Angeschafft werden muss ein schmales DIN A4 Ringbuch aus weichem, biegsamen Kunststoff. Dieses hat wenig Gewicht und passt gut in die Schultasche.

Außerdem benötigt man:
- 3 Trennstreifen mit der Beschriftung „Merkeinträge", „Stufenheft" und „Blockblätter"
- 2 Klarsichthüllen (eine für übriggebliebene Aufgaben von den Ausschneidebögen und eine für Rechenmaterialien, z. B. Zwanzigerfeld, Hundertertafel usw.). Für das Material kann auch eine verschließbare Hülle eingeheftet werden.

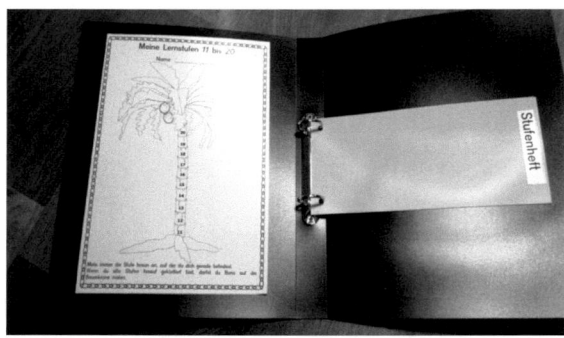

Vorne im Ordner klebt das Stufenblatt zum Anmalen. Hier wird der Stamm der Palme Feld für Feld angemalt, nach jeder erledigten Lernstufe. Jedes Kind ist sich so ständig bewusst, wo es gerade in seinem Lernprozess steht.

Die drei **Trennstreifen** sind mit „Merkeinträge", „Stufenheft" und „Blockblätter" beschriftet (in dieser Reihenfolge).

Unter **„Merkeinträge"** finden die Kinder gemeinsam bearbeitete Aufgabenformate und Regelwissen, sodass sie gegebenenfalls nachsehen können, wie ein Format gelöst werden kann.

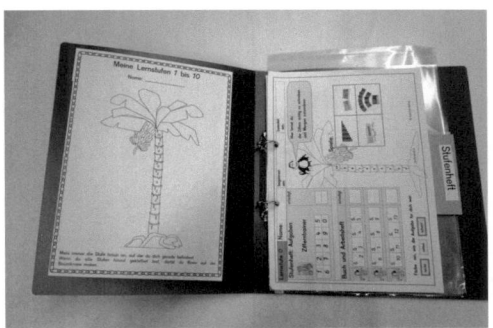

Neben dem Stufenblatt wird der **Stufenplan** eingeheftet.

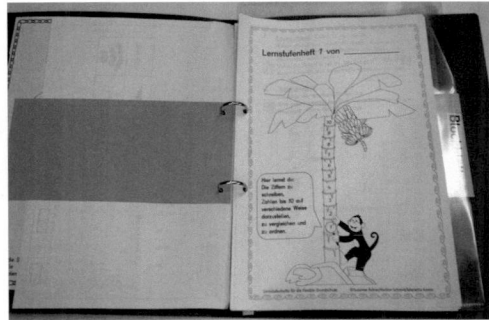

Danach kommt das **Stufenheft**.

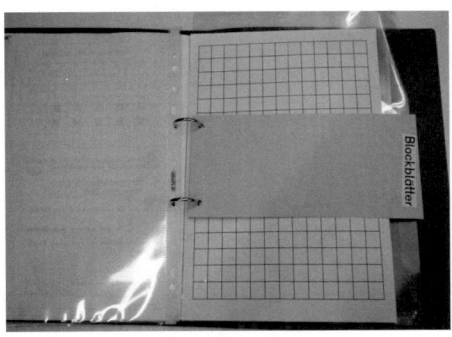 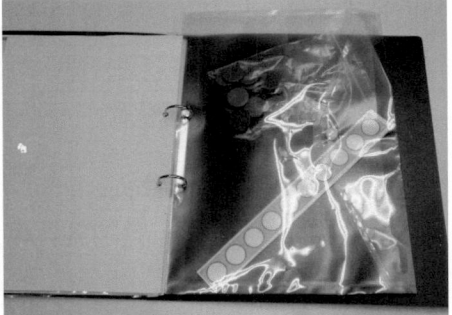

Im hinteren Teil des Ordners gibt es eine Unterteilung für die **Blockblätter**, die immer in ausreichender Anzahl mitgeführt werden, sowie das Rechenmaterial.

Blockblätter werden entsprechend der feinmotorischen Fähigkeiten mit verschieden großen Karos bereitgestellt.

Auf diese Weise haben die Kinder stets alles, was sie zum Lernen brauchen, in einem Ordner dabei. Dinge werden weder vergessen, noch gesucht. Auch für die Hausaufgaben ist das von Vorteil.

Natürlich können die Aufgaben ersatzweise auch in ein Rechenheft notiert werden mit Angabe von Lernstufe und Nummer. Locht man das Heft, so lässt es sich ebenfalls in die Mappe einheften.

Nach Erledigung eines Moduls, kommen die fertigen Blätter in einen großen Aktenordner, der für jedes Kind im Klassenzimmer bereit steht. Dort werden sie gesammelt. Die Kinder haben also immer nur das aktuelle Lernstufenheft bei sich.

> Die Organisation der Materialien sowie der Umgang mit diesen sollten auf dem ersten Eltern-abend vorgestellt und erläutert werden. Diese Transparenz gewährleistet einen reibungslosen Ablauf in der Handhabung mit der häuslichen Unterstützung durch die Eltern.

Organisation im Klassenraum

Es ist möglich, die laminierten Stufenblätter der Kinder im Klassenzimmer auszuhängen. Eine farbige Vorlage finden Sie als Download im Internet (s. S. 16). Der kleine Affe Bono wandert mit einer Lupe auf der Palme nach oben.

 Auch der kleine Affe wird laminiert und dann ausgeschnitten. Mit einem Tesa-Flex-Gummikleber hält er prima an dem Blatt.
Achtung:
Vor dem Laminieren muss vorsichtig das Innere der Lupe ausgeschnitten wer-den, damit die Stufenzahlen sichtbar werden.

Manchmal fehlt aber dafür auch der Platz im Klassenraum oder eine für alle einsehbare Lerndokumen-tation erzeugt bei den Kindern doch zu viel Druck.

Entscheiden Sie, was für Ihre Klasse besser passt: Eine für alle sichtbare Lerndokumentation oder lediglich das Stufenblatt, das bei jedem Kind ganz vorn im eigenen Ringbuch klebt (s. S. 24).

4. Die Arbeitsmaterialien

Zu jeder Lernstufe gehören ein **Stufenplan** und ein **Lernstufenheft** (Aufgabenblätter).

Stufenplan

<u>Der Stufenplan ist auch als farbiger, editierbarer Download verfügbar (s. S. 16).</u>

Im ersten Teil finden sich alle Aufgabennummern des jeweiligen Lernstufenheftes. Im zweiten Teil ist Platz zum Eintragen von zusätzlichen Lernmaterialien wie Buch, Arbeitshefte und Lernspiele. Der Stufenplan wird vom Lehrer gefüllt – sonst wissen die Kinder nicht, welche Aufgaben sie neben dem Stufenheft noch erledigen müssen.

Ausgefüllt und angepasst an ein Lehrwerk kann der Plan zum Beispiel folgendermaßen aussehen:

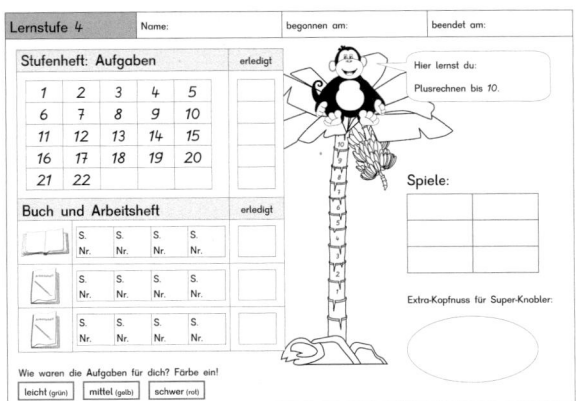 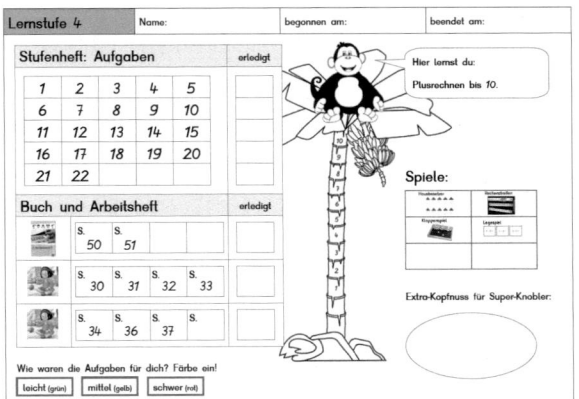

Die Symbole von Heft und Buch können durch Bildsymbole der Zusatzmaterialien ersetzt werden:

Differenzierungsmöglichkeiten:
Für Kinder mit Förderbedarf im Bereich Lernen kann der Plan entsprechend modifiziert werden:
- Das Aufgabenpensum wird vermindert durch einfaches Ausstreichen von Aufgaben.
- Schwierige Aufgaben, die eine besondere Denkleistung verlangen (markiert durch eine Sonne), werden herausgenommen bzw. nur mit Unterstützung der Lehrkraft versucht.
- Konkretes Material kommt zum Einsatz.

Kinder, die besonders schnell und leicht lernen:
- Dürfen die Stufen rascher durchlaufen oder gegebenenfalls auch Stufen überspringen, wenn sich zeigt, dass die Kompetenzen bereits vorhanden sind.
- Bekommen extra Herausforderungen (Sonnenaufgaben, zusätzliche „Kopfnüsse").
- Fungieren als Lernhelfer und Experten, und erklären langsameren Kindern die Aufgabenstellungen (Lernen durch Lehren).

Der Plan bietet eine für jedes Kind leicht verständliche und einfach durchzuführende Möglichkeit, die eigene Arbeit einzuschätzen (Selbsteinschätzung). Hierbei wird nach jeder Aufgabe das Feld mit der Nummer nach dem Ampelprinzip eingefärbt (leicht = grün, mittel = gelb, schwer = rot).

Wie waren die Aufgaben für dich? Färbe ein!

| leicht (grün) | mittel (gelb) | schwer (rot) |

Vorher sollte mit den Kindern genau besprochen werden, was hier gemeint ist. Folgende Erklärung hat sich bewährt:

- grün: Das ist mir leicht gefallen und ich habe es ganz alleine geschafft.
- gelb: Hier habe ich etwas Hilfe durch die Lehrkraft/andere Kinder/die Eltern gebraucht, doch dann konnte ich alleine weiterarbeiten.
- rot: Das war auch mit Hilfe noch sehr schwer für mich.

So können Gespräche über das Lernen angeregt werden, eventuell noch einmal etwas wiederholt, erklärt oder zusätzliche Übungen gegeben werden.

Achtung: Wenn Sie die schwarz-weiße Variante des Stufenplans verwenden (die farbige ist als Download verfügbar), müssen Sie die Farbsymbolik mit den Kindern besonders genau besprechen, da dies dann auf dem Blatt nicht ersichtlich wird.

Überblick über das Gelernte:

Auf dem Plan wird eingetragen, zu welchem Zeitpunkt eine Lernstufe begonnen und abgeschlossen wird.

Durch das Einfärben der Aufgaben auf dem Plan wird für das Kind sichtbar, was es bereits geschafft hat und welche Aufgaben noch vor ihm liegen.

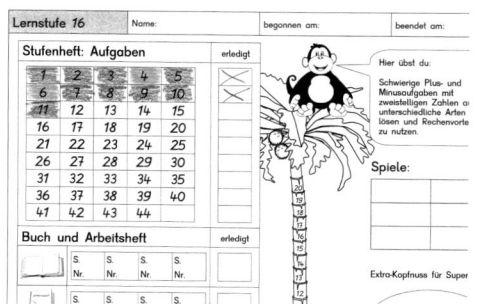

Diese Transparenz hat sich als sehr motivationsfördernd erwiesen. Jeder vollständig erledigte Plan erfüllt die Kinder mit Stolz und sie freuen sich auf ihre nächste Stufe.

Lernstufenheft

Jedes Lernstufenheft besteht aus einem Deckblatt (Stufenblatt) und den Kopiervorlagen zum jeweiligen Modul.

Es wird entweder direkt auf den Arbeitsblättern gerechnet oder bei vielen Aufgabenstellungen selbstständig auf einem (leeren) Blockblatt gearbeitet.

Beispiel:

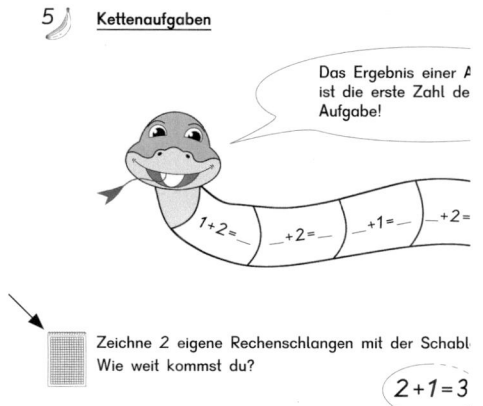

Der kleine Block am linken Seitenrand signalisiert den Kindern, dass weitere Aufgaben auf ein leeres Blockblatt geschrieben werden müssen. Oft dürfen die Kinder hier entdeckend tätig werden und eigene analoge Aufgaben erfinden. Dabei zeigen sich oft Rechenfertigkeiten, die über das vorgegebene Spektrum weit hinausgehen und es können regelmäßig aus dem Unterricht heraus wertvolle Beobachtungen gemacht werden.

Manchmal finden sich auch Seiten mit **Ausschneidebögen** (diese erkennt man an der gestrichelten Umrandung). Hier werden die Aufgaben vom Kind ausgeschnitten und auf ein Blockblatt geklebt. Darunter werden dann die entsprechenden Aufgaben geschrieben.

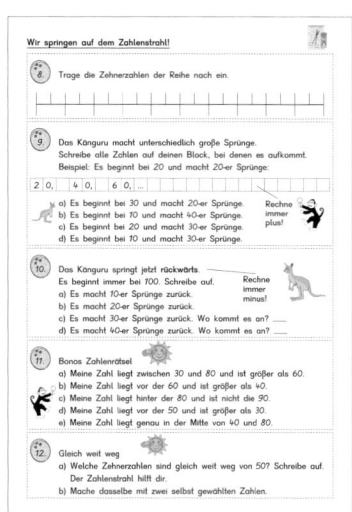

Dies hat den Vorteil, dass der Kopieraufwand begrenzt bleibt und die Kinder durch das eigene Auf-schreiben die Inhalte besser verarbeiten können.

Sollte der Bedarf bestehen, bestimmte Aufgabenformate noch einmal zur Übung zu wiederholen, bieten sich diese Aufgaben an. Anders als bei vorgefertigten Arbeitsblättern können sie theoretisch beliebig oft auf einem Blockblatt gerechnet werden. So spart man das Kopieren zusätzlicher Übungs-blätter.

Wichtig: Beim Kopieren muss darauf geachtet werden, dass diese Seiten nicht doppelseitig bedruckt werden.

Aufgaben von den Ausschneideblättern, die noch nicht bearbeitet sind, stecken die Kinder in eine Klarsichthülle in ihrem Ordner. So gehen sie nicht verloren.

Es empfiehlt sich, in dieser Hülle immer ein paar Lochverstärkerringe aufzubewahren, falls Blätter ausreißen.

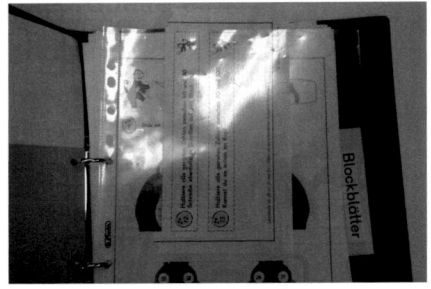

Alle Blockblätter, auf denen Aufgaben aus dem Stufenheft gerechnet wurden, werden an der entsprechenden Stelle im Ordner eingeheftet.

Kompetenztests

Wenn die Aufgaben auf dem Plan fertig bearbeitet sind, gibt es einen asynchronen, genau auf die Inhalte der jeweiligen Lernstufe abgestimmten, Kompetenztest.
Am Ende von jedem Test findet sich jeweils ein Kompetenzraster, das es ermöglicht, schnell und übersichtlich auszuwerten, inwieweit die verschiedenen Kompetenzen erfüllt wurden. Eltern bekommen eine klare Rückmeldung und können die Lernentwicklung ihres Kindes gut einschätzen.

Beispiel eines Kompetenzrasters:

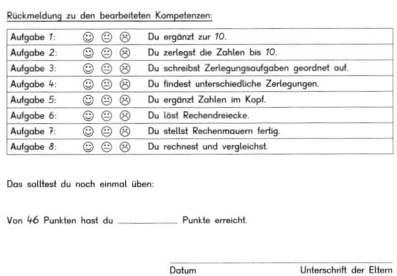

Nach erfolgreicher Beendigung der Lernstufe legt das Kind die bearbeiteten Unterlagen in seinem großen Sammelordner ab und nimmt sich selbstständig den nächsten Plan und das nächste Heft. Sollten sich beim Test gravierende Lerndefizite zeigen, sollte die Lernstufe noch einmal wiederholt werden oder weiteres Übungsmaterial anhand einer Fehleranalyse bereitgestellt werden.

Rechenmaterialien

Bastelvorlagen für die Rechenmaterialien finden Sie als Download unter cornelsen.de (s. S. 21).
Die Herstellung ist einfach: Das jeweilige Material wird farbkopiert und laminiert.

Zu den Stufen 1 – 10 werden hauptsächlich das Zehner-, bzw. Zwanziger-Rechenschiffchen mit blau-roten Wendechips benötigt. Diese Chips müssen extra besorgt werden. Wenn sie nicht mehr benötigt werden, können sie eingesammelt und der nächsten Schülergeneration zur Verfügung gestellt werden.

Die Arbeit mit der Stellenwerttafel wird im Zusammenhang mit Spielen zum Zählen und Bündeln so früh wie möglich eingesetzt, um das Verständnis für das Dezimalsystem anzubahnen. In Anlehnung an die Montessori-Pädagogik werden den Stellen konsequent die Farben grün (Einer), blau (Zehner) und rot (Hunderter) zugeordnet und in der Schreibung der Zahlen verwendet.

Für die Stufen 11 bis 20 werden verschiedene Materialien zur Veranschaulichung des Zahlenraumes bis 100 eingesetzt.

Tipp:
Transparentpapier in hellen Farben laminieren und in Quadrate und schmale Streifen schneiden.

So können auf dem Blanko-Hunderterfeld Zerlegungsaufgaben der Zahl Hundert veranschaulicht werden.

Zusätzlich zu den beiden Hunderterfeldern mit Zehner- und Fünferstreifen werden noch grüne Plastikchips als Einer benötigt. Diese finden auch Verwendung bei der Arbeit mit der Multiplikations- und der Divisionstafel.

Immer wieder gebraucht werden auch Spielfiguren aus Holz sowie Würfel mit den Ziffern 1 bis 9.

Aufgaben zur Multiplikation und Division werden auf den jeweiligen Tafeln gelegt.

Diese sollten auf DIN A3 hochkopiert werden. So ist es einfacher, die Plättchen übersichtlich zu legen. Malaufgaben können mit Plastikchips einfach gelegt werden. Durch Drehen der Tafel wird die Tauschaufgabe sichtbar.

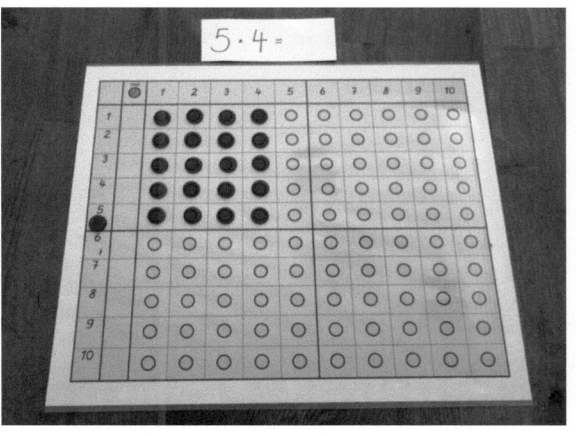 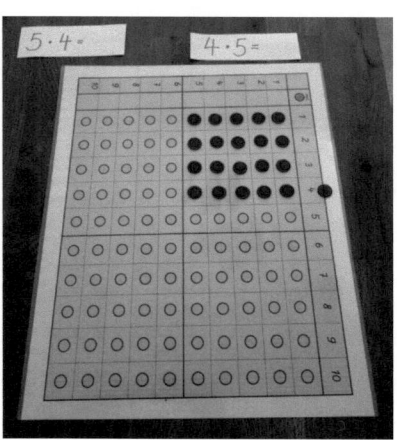

Für Divisionsaufgaben werden zusätzlich zu den Plättchen noch Spielfiguren für den Divisor benötigt. Die Anzahl der Plättchen wird gerecht auf die Spielfiguren verteilt.

Auch das Teilen mit Rest lässt sich so gut veranschaulichen.

Mit diesen Materialien, die platzsparend in beschrifteten Plastikkisten mit Deckel aufbewahrt werden können, wird der gesamte Mathematikunterricht bestritten.

Wer möchte, kann die häufig gebrauchten Materialien in doppelter Anzahl herstellen, so dass es einen Satz in der Schule gibt und ein Exemplar dem Kind für zuhause geliehen wird, so dass das Material nicht in der Schultasche hin- und hertransportiert werden muss.

Zusätzliche Spiele/Aufbewahrung

Zu jeder Stufe können zusätzlich Spiele (Dominos, Klammerkarten, Logico, Würfelspiele usw.) angeboten werden.

Jeder Lehrer hat davon meist einen großen Fundus angesammelt.

Diese Spiele müssen nur nach Lernstufe sortiert und geordnet werden.

Es hat sich bewährt, die Spiele in beschrifteten Stehordnern oder Kisten in einem Mathe-Regal bereitzustellen. So finden die Kinder mühelos die zu ihrer Lernstufe passenden Spiele.

Downloads

Farbige, editierbare Stufenpläne, Bastelvorlagen für Rechenmaterialien und die bunten Stufenblätter finden Sie als Download auf unserer Webseite www.cornelsen.de.

Geben Sie dafür die **ISBN-Nummer** des Titels im **Suchfeld** ein und klicken Sie anschließend auf das im Fenster erscheinende Cover. Hier finden Sie im linken Navigationsbereich den Reiter **Download**, wo Sie die Materialien kostenfrei abrufen können.

5. Arbeit mit den Lernstufen im Unterricht/in der Freiarbeit

Einteilung der Schüler

Zu Beginn des ersten Schuljahres sollte man mit allen Schulanfängern gemeinsam mit Lernstufe 1 beginnen und zusätzlich einen Ziffernschreibkurs durchführen. Damit ist gewährleistet, dass alle Kinder die Ziffern richtig, sauber und geläufig schreiben können. Diese wichtige Voraussetzung bringen auch Kinder, die schon weit im Kopf rechnen können, nur selten mit. Daher ist diese Vorarbeit in jedem Fall gerechtfertigt. Während dieser ersten Wochen hat die Lehrkraft vielfältige Möglichkeiten zur genauen Beobachtung und Kompetenzermittlung der neuen Schulanfänger.

Hilfreich sind:
- Beobachtungen in gemeinsamen Lernumgebungen
- Weißblatt-Tests

Beispiele für Aufgaben am Weißblatt-Test:
- Schreibe Zahlen auf, die du kennst und vorlesen kannst.
- Schreibe Rechnungen auf, die du im Kopf lösen kannst.

Hat die Lehrkraft sich so ein Bild über das Lernniveau jedes einzelnen Kindes verschafft, teilt sie den Kindern die passende Stufe zu. Kinder, die in ihrem Lernprozess bereits fortgeschritten sind und auf einer höheren Stufe weiterarbeiten können, sollten zuvor den Kompetenztest der vorangegangenen Stufe machen, um sicherzugehen, dass sie über die notwendigen Basiskompetenzen verfügen.

Nach einer solchen verantwortungsvollen und sorgfältigen Einteilung können die Kinder in aller Regel problemlos weiterarbeiten.

Es wird jedoch öfter vorkommen, dass diese Kinder bestimmte Aufgabenformate noch nicht kennen. Diese müssen im Zwiegespräch mit der Lehrkraft oder durch einen Lernpaten (Kind, das den Inhalt schon beherrscht) erklärt werden.

Schüler im 2. Lernjahr sind der Lehrkraft in der Regel bereits bekannt. Sie machen nach einer Phase der Wiederholung der Inhalte des letzten Schuljahres auf ihrem jeweiligen Stand weiter.

Sollte eine Lehrkraft eine 2. Klasse neu übernehmen, so empfiehlt es sich, in den ersten Wochen Aufgabenformate aus Lernstufe 10 zu wiederholen und gleichzeitig möglichst viele gemeinsame, offene Lernangebote (z.B. Zahlenmauern, Aufgaben mit der Rechenwaage usw.) zu schaffen. Durch Beobachtung und die Auswertung von Schülerprodukten wird man auch hier in den ersten Wochen zu einer guten Einschätzung der Schülerinnen und Schüler kommen und entsprechend flexibel auf die Lernbedürfnisse eingehen können.

Im Laufe eines Schuljahres ergibt sich automatisch eine natürliche Streuung, bedingt durch Begabung, Motivation und Arbeitstempo.

Den Überblick behalten

Die größte Sorge, wenn man sich von dem veralteten Modell eines Lernens im Gleichschritt verabschiedet, ist wohl, den Überblick über die einzelnen Kinder und ihre Lernstände zu bewahren.

Folgende organisatorische Maßnahmen sind dabei hilfreich:

- Im Klassenzimmer hängen die farbigen Stufenblätter aller Kinder aus. Mit einem Blick kann man feststellen, auf welcher Stufe sich die Kinder befinden.

- Darüberhinaus kann eine Klassenliste mit den Namen der Schülerinnen und Schüler und einer Übersicht über die Stufen hilfreich sein. Hier kann man zum Beispiel eintragen, wann eine Stufe begonnen wurde, ob sie erfolgreich bestanden wurde oder der Test (nach zusätzlicher Übung) wiederholt werden muss. Hier ist auch ablesbar, ob eine Stufe übersprungen wurde. Eine solche Übersicht ist schnell ausgefüllt und kann besonders am Anfang die Sicherheit geben, nichts zu übersehen.

Beispiel für eine Klassenübersicht:

Überblick Lernstufen Klasse 1/2

Name	Lst.1		Lst.2		Lst.3		Lst.4		Lst.5		Lst.6		Lst.7		Lst.8		Lst.9		Lst.10	
	beg.	Test	beg.	Test	beg.	Test	beg.	Test	beg.	Test	beg.	Test	beg.	Test	beg.	Test	beg.	Test	beg.	Test
Alina	15.09	✔																		
Markus	15.09	✔																		
Dschafar	15.09	✔																		
Raphael	15.09	✔																		
Constantin	15.09	✔																		
Rosalie	15.09	✔																		
Ronja	15.09	✔																		
Sonja	15.09	✔																		
Claudia	15.09	✔																		
Lara	15.09	✔																		
Sebastian	15.09	✔																		

beg.   begonnen am:

✔   Kompetenztest bestanden

✔   Kompetenztest nicht bestanden

✔   Kompetenztest wiederholt und bestanden

- Nach Möglichkeit sollte es eine tägliche Übungszeit mit dem Lernstufenmaterial geben. Während dieser Zeit hat die Lehrkraft den Freiraum:
  - die Hausaufgabe zu kontrollieren,
  - über die Selbsteinschätzung bezüglich der letzten Aufgaben zu sprechen (Was ist dir leicht, was schwer gefallen? Wo brauchst du noch Unterstützung, eventuell durch einen Lernpaten? Was möchtest du noch einmal genauer erklärt haben? usw.),
  - den nächsten Übungsschritt zu besprechen,
  - schneller lernenden Kindern neue Aufgabenformate zu erklären.

  Durch einen solchen intensiven täglichen Kontakt mit den Kindern erhält man automatisch einen Überblick – ist man doch wesentlich näher am einzelnen Kind dran als dies sonst der Fall wäre.

- Nicht zuletzt geben auch die regelmäßigen Kompetenztests nach jeder Lernstufe einen guten Überblick über den Leistungsstand des einzelnen Schülers/der einzelnen Schülerin.

Hausaufgaben

Die einfachste Möglichkeit, Hausaufgaben zu geben, ist der Auftrag: „Mache die nächste Aufgabe in deiner Bono-Mappe. Du darfst auch mehr machen, wenn du möchtest." Dabei hat sich für die Kontrolle als günstig erwiesen, dass die Kinder sich noch in der Schule unter den Augen der Lehrkraft die nächste Aufgabe mit einem roten Stift deutlich ankreuzen. So ist sofort ersichtlich, ob die Hausaufgabe auch erledigt wurde. Auch die Eltern oder die Hausaufgabenbetreuung sollten diese einfache Regel kennen.

Stolpersteine meistern

Immer wieder wird man im Unterrichtsalltag über bestimmte Dinge stolpern und das ist auch gut so, denn erst aus methodisch-didaktischen Fehlern kann man lernen und den Unterricht optimieren. Dennoch seien hier ein paar Tipps aus der Praxis erwähnt, die den Anfang erleichtern können.

- Stolperstein: Ordnung halten
  Zu Beginn des Schuljahres müssen die Schulanfänger lernen, mit der Organisation des Materials umzugehen:
  – Was befindet sich wo?
  – Wo wird was abgeheftet?
  – Was muss ich anmalen oder ankreuzen?
  Es empfiehlt sich wirklich sehr, hier anfangs viel Zeit zu investieren und jeden einzelnen Schritt mit den Kindern im Gleichschritt zu trainieren.
  Erst wenn diese grundlegenden Fertigkeiten eingeschult sind, kann man ihnen die Verantwortung überlassen. Dies erfolgt schrittweise.
  Auch den fortgeschreneren Lernern schadet in der Regel eine Wiederholung der Regeln zur Organisation nicht. In jahrgangsgemischten Gruppen erfolgt diese automatisch, wenn sie einem unerfahrenen Kind als Lernhelfer zur Seite gestellt werden.

- Stolperstein: Arbeitsaufträge lesen und verstehen
  Während die Kinder im zweiten Lernjahr in der Regel in der Lage sind, die Arbeitsaufträge im Stufenheft selbstständig zu erlesen und zu verstehen, ist dies den Anfängerkindern in den ersten Schulmonaten oder Kindern mit starken Einschränkungen im Bereich Lesen nur bedingt oder noch gar nicht möglich.
  In jahrgangsgemischten Lerngruppen ist hier wieder ein Patensystem von großem Vorteil. Indem die fortgeschrittenen Lerner den Anfängern Arbeitsaufträge vorlesen und erklären, schulen sie die so elementar wichtige Kompetenz, selbstständig Aufträge zu entnehmen. Dies wirkt sich auf alle Bereiche des Unterrichts positiv aus.
  In jahrgangsreinen Gruppen können „Experten", die schon weiter sind im Lernen, teilweise mithelfen. Ansonsten können Gruppen, die etwa auf dem gleichen Lernstand sind, zusammengefasst werden, sodass man ihnen die nächsten Aufgabenformate gemeinsam erklären kann.
  Man darf aber nicht vergessen, dass der Leselernprozess während der ersten Monate kontinuierlich voranschreitet und auch die Kinder im ersten Lernjahr bald selbst lesen können, was zu tun ist. Dies so früh wie möglich zu schulen, bringt großen Gewinn für die Selbstständigkeit und Selbstwirksamkeit der Lernenden.

- <u>Stolperstein: Langsame Schreiber, die Aufgaben inhaltlich gut bewältigen</u>

Immer wieder erlebt man Kinder, die, obgleich sie inhaltlich nicht überfordert sind, im „Schnecken-tempo" arbeiten und nicht so vorankommen, wie man sich das wünschen würde. Dabei stellt sich die Frage, wie man es verhindern kann, dass solche „Langsamarbeiter" nicht zurückbleiben.
Hier bleibt einem nichts anderes übrig, als diesen Kindern Aufgaben zu kürzen. Häufig finden sich Aufträge wie: „Finde noch drei Zahlenmauern mit dem Deckstein 20!" Hier muss man es gestatten, dass das besagte Kind beispielsweise nur eine weitere Aufgabe findet. Solche individuellen Verein-barungen werden im Zwiegespräch mit dem Kind getroffen und sollten in Absprache und unter Einverständnis der Eltern stattfinden, da sie sich ebenfalls auf die häuslichen Übungen beziehen.

- <u>Stolperstein: Langsame Lerner, die mehr Zeit benötigen, um Inhalte zu durchdringen</u>

Für diese Kinder gilt in jedem Fall der Rat, regelmäßig Kontakt zu den Eltern zu pflegen um die Ursachen für die Lernverzögerung herauszufinden und entsprechende Maßnahmen zu veranlassen. In diesem Zusammenhang sollte auch möglichst bald eine verlängerte Verweildauer in Betracht gezogen werden, um das Kind zu entlasten und in dem ihm angemessenen Tempo voranschreiten zu lassen.

6. Ein Wort der Autorinnen an Sie

„Eine Höchstleistung vollbringt, wer aus seinen Möglichkeiten das Beste macht."
(Urs Ruf bei einem Vortrag am 17.11.15 in Fürth)

Wer sich auf den Weg macht und sich auf einen individualisierenden Mathematikunterricht mit Lern-stufen einlässt, wird viele befriedigende Erfahrungen machen:

- glückliche Kinder, die weder über- noch unterfordert sind, weil sie ihren Bedürfnissen gemäß gefördert werden,
- selbstständige Schülerinnen und Schüler, die ihren Lernprozess aktiv mitgestalten,
- Freiräume für die Lehrkraft, die es ermöglichen, einen intensiven Kontakt zum Kind zu pflegen,
- eine verbesserte Elternarbeit, da der Lernprozess für die Eltern transparent und der Erfolg deutlicher rückgemeldet wird,
- Zufriedenheit im Unterrichtsalltag, weil man das Gefühl hat, den anvertrauten Schülerinnen und Schülern wirklich gerecht zu werden.

Diese und vielleicht noch viele weitere schöne Erlebnisse wünschen wir allen Lehrkräften und allen Kindern, die mit unserem Material arbeiten!

Susanne Rehse, Nadine Schmid und Marietta Krenn

Zusätzliches Material für die Lernstufen 1–20

Die meisten Bastelvorlagen, Rechenmaterialseiten bzw. Kopiervorlagen (Abk.: KV) sowie die farbigen, editierbaren Stufenpläne und die bunten Stufenblätter sind per Download verfügbar und können auf unserer Webseite www.cornelsen.de heruntergeladen werden.

Geben Sie dafür die **ISBN-Nummer** des Titels im **Suchfeld** ein und klicken Sie anschließend auf das im Fenster erscheinende Cover. Hier finden Sie im linken Navigationsbereich den Reiter **Download**, wo Sie die Materialien kostenfrei abrufen können.

Wir empfehlen, das Rechenmaterial zu laminieren, so bleibt es lange schön und nutzbar.

Weitere Materialien wie Würfel oder Spielmarken können im Internet, Spielwaren- oder Bastelladen besorgt werden.

Material für alle Lernstufen:
- Schablone mit geometrischen Formen pro Kind
- mehrere Stoppuhren

Lernstufe 1:
- Zeitschriften, Zeitungen, Prospekte
- Steckwürfel
- Schüttelbecher (Pappbecher)
- Rechenplättchen zweifarbig
- Rechenschiffchen bis 10 (**KV 1** zum Download) mit Rechenplättchen zweifarbig

Lernstufe 2:
- Zahlenstrahl bis 10 (**KV 2** zum Download)
- Zahlenstrahl bis 20 (**KV 5** zum Download)

Lernstufe 3:
- Schüttelbecher (Pappbecher)
- Rechenplättchen zweifarbig
- Rechenschiffchen bis 10 (**KV 1** zum Download) mit Rechenplättchen zweifarbig
- Schüttelbox mit 10 Perlen

Lernstufe 4:
- Rechenschiffchen bis 10 (**KV 1** zum Download) mit Rechenplättchen zweifarbig
- Spielwürfel
- Rechenwaage / Mathematikwaage
- Rechenwaage für die Tafel (**KV 3** zum Download)

Lernstufe 5:
- Rechenschiffchen bis 10 (**KV 1** zum Download) mit Rechenplättchen zweifarbig
- Spielwürfel
- Rechenwaage / Mathematikwaage

Lernstufe 6:
- Rechengeld / Spielgeld

Lernstufe 7:
- Streichhölzer
- Stellenwerttafel (Zehner/Einer) (**KV 4** zum Download)
- größere Gummiringe (z. B. für Einweckgläser) oder Streichholzschachteln für die Bündel
- Zahlenstrahl bis 30 (**KV 6** zum Download)

- Rechenschiffchen bis 20 (**KV 7** zum Download) mit Rechenplättchen zweifarbig
- Zwanzigerfeld (**KV 8** zum Download)
- Rechengeld / Spielgeld

Lernstufe 8 bis 10:
- Rechenschiffchen bis 20 (**KV 7** zum Download) mit Rechenplättchen zweifarbig
- Rechengeld / Spielgeld
- Rechenwaage / Mathematikwaage

Lernstufe 11:
vielfältige konkrete Materialien zum Schätzen und Bündeln, z. B.:
  - Streichhölzer
  - Bohnen
  - Nudeln
  - Kastanien
  - Eicheln
  - Büroklammern
- Becher / Gefäße in verschiedenen Größen
- Gummis, Wollfäden
- Zahlkärtchen / Zehnerzahlen (**KV 9** zum Download)
- Zehnerstreifen (**KV 10** zum Download)
- Fünferstreifen (**KV 11** zum Download)
- 20 Einer als Centstücke oder grüne Spielmarken / 1,5 cm
- Spielmarken in grün, blau und rot für Stellenwerttafel
- Zahlenstrahl 0 – 100 (**KV 12** zum Download)
- Stellenwerttafel (**KV 13** zum Download)
- Steckwürfel

Lernstufe 12:
- Hunderterfeld mit Zahlen (**KV 14** zum Download)
- Hunderterfeld blanko (**KV 15** zum Download)
- Spielmarken grün, blau, rot
- Spielfiguren

- 1 m lange Tonpapierstreifen
- Langes Lineal (30 cm)

Lernstufe 13:
- Hunderterfeld mit Zahlen (**KV 14** zum Download)
- Zahlenstrahl 0 – 100 (**KV 12** zum Download)
- Stellenwerttafel (**KV 13** zum Download)
- Spielmarken
- Zehnerstreifen (**KV 10** zum Download)
- Fünferstreifen (**KV 11** zum Download)
- Waage als Anschauungsmaterial

Lernstufe 14, 15:
- Hunderterfeld mit Zahlen (**KV 14** zum Download)
- Zahlenstrahl 0 – 100 (**KV 12** zum Download)
- Stellenwerttafel (**KV 13** zum Download)
- Spielmarken
- Zehnerstreifen (**KV 10** zum Download)
- Fünferstreifen (**KV 11** zum Download)
- Würfel mit den Zahlen 1 bis 9

Lernstufe 16:
- Hunderterfeld mit Zahlen (**KV 14** zum Download)
- Zahlenstrahl 0 – 100 (**KV 12** zum Download)
- Stellenwerttafel (**KV 13** zum Download)
- Spielmarken
- Zehnerstreifen (**KV 10** zum Download)
- Fünferstreifen (**KV 11** zum Download)
- Rechengeld
- Waage als Anschauungsmaterial
- evtl. Rechenstempel für Häuserumzug, Rechendreiecke, Zahlenmauern

Lernstufe 17:
- Spiegel (Symmetriespiegel aus der Geometrie)
- Spielmarken grün

- Multiplikationstafel (**KV 16** zum Download)
- Divisionstafel (**KV 17** zum Download)
- Spielfiguren grün

Lernstufe 18, 19:
- Spielmarken grün
- Multiplikationstafel (**KV 16** zum Download)
- Divisionstafel (**KV 17** zum Download)
- Bonos Einmaleinsplan (**KV 18** zum Download)
- Zahlenstrahl 0 – 100 (**KV 12** zum Download)
- evtl. Montessori-Material: Einmaleins-sterne
- Spielfiguren grün
- Rechengeld

Lernstufe 20:
- alle Materialien von Lernstufe 18, 19
- Rechengeld
- Evtl. Kegelspiel
- Würfel (1 – 6)
- Würfel (1 – 10)
- Spielfiguren, Spielmarken
- Sanduhr oder Stoppuhr / Küchenwecker

Meine Lernstufen 11 bis 20

Name: _____

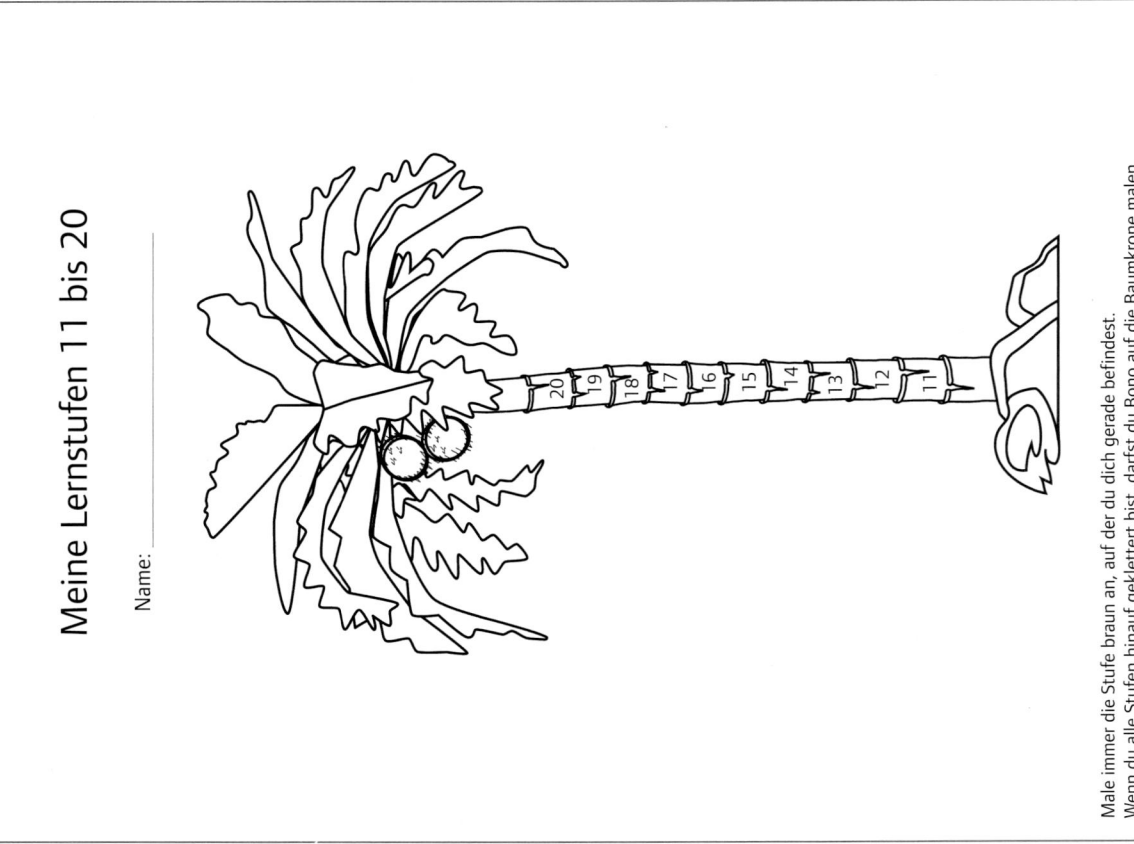

Male immer die Stufe braun an, auf der du dich gerade befindest.
Wenn du alle Stufen hinauf geklettert bist, darfst du Bono auf die Baumkrone malen.

Meine Lernstufen 1 bis 10

Name: _____

Male immer die Stufe braun an, auf der du dich gerade befindest.
Wenn du alle Stufen hinauf geklettert bist, darfst du Bono auf die Baumkrone malen.

Susanne Rehse / Nadine Schmid / Marietta Krenn: Wir lernen und üben Mathematik im eigenen Tempo 1/2. Illustratorin: Kornelia Weise

Lernstufe 1

Name:

begonnen am:

beendet am:

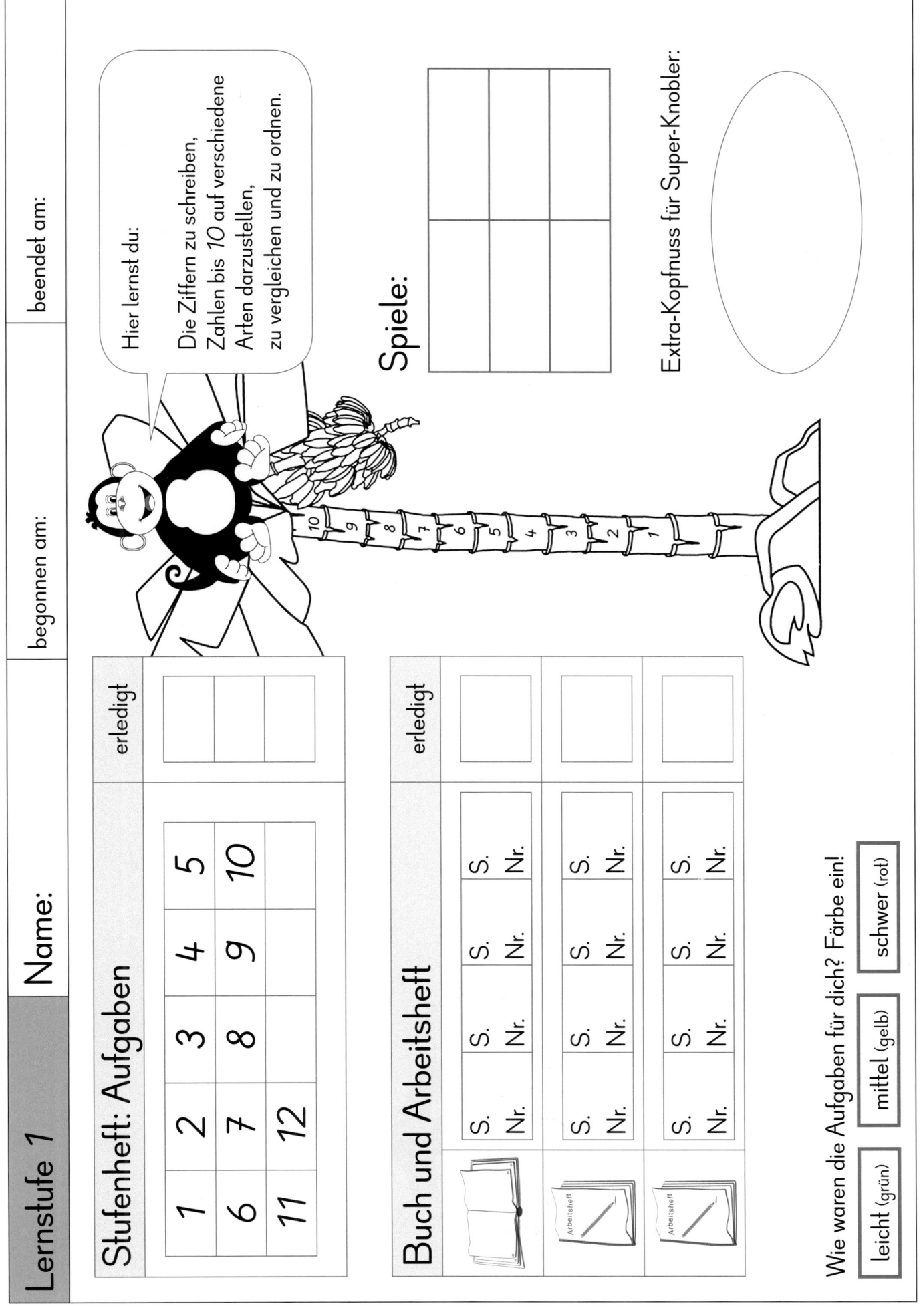

Hier lernst du:

Die Ziffern zu schreiben,

Zahlen bis 10 auf verschiedene Arten darzustellen,

zu vergleichen und zu ordnen.

Stufenheft: Aufgaben

				erledigt
1	2	3	4	5	
6	7	8	9	10	
11	12			

Buch und Arbeitsheft

				erledigt
S. Nr.	S. Nr.	S. Nr.	S. Nr.	
S. Nr.	S. Nr.	S. Nr.	S. Nr.	
S. Nr.	S. Nr.	S. Nr.	S. Nr.	

Spiele:

Extra-Kopfnuss für Super-Knobler:

Wie waren die Aufgaben für dich? Färbe ein!

leicht (grün)   mittel (gelb)   schwer (rot)

Susanne Rehse / Nadine Schmid / Marietta Krenn: Wir lernen und üben Mathematik im eigenen Tempo 1/2. Illustratorin: Kornelia Weise

Lernstufenheft 1 von _____

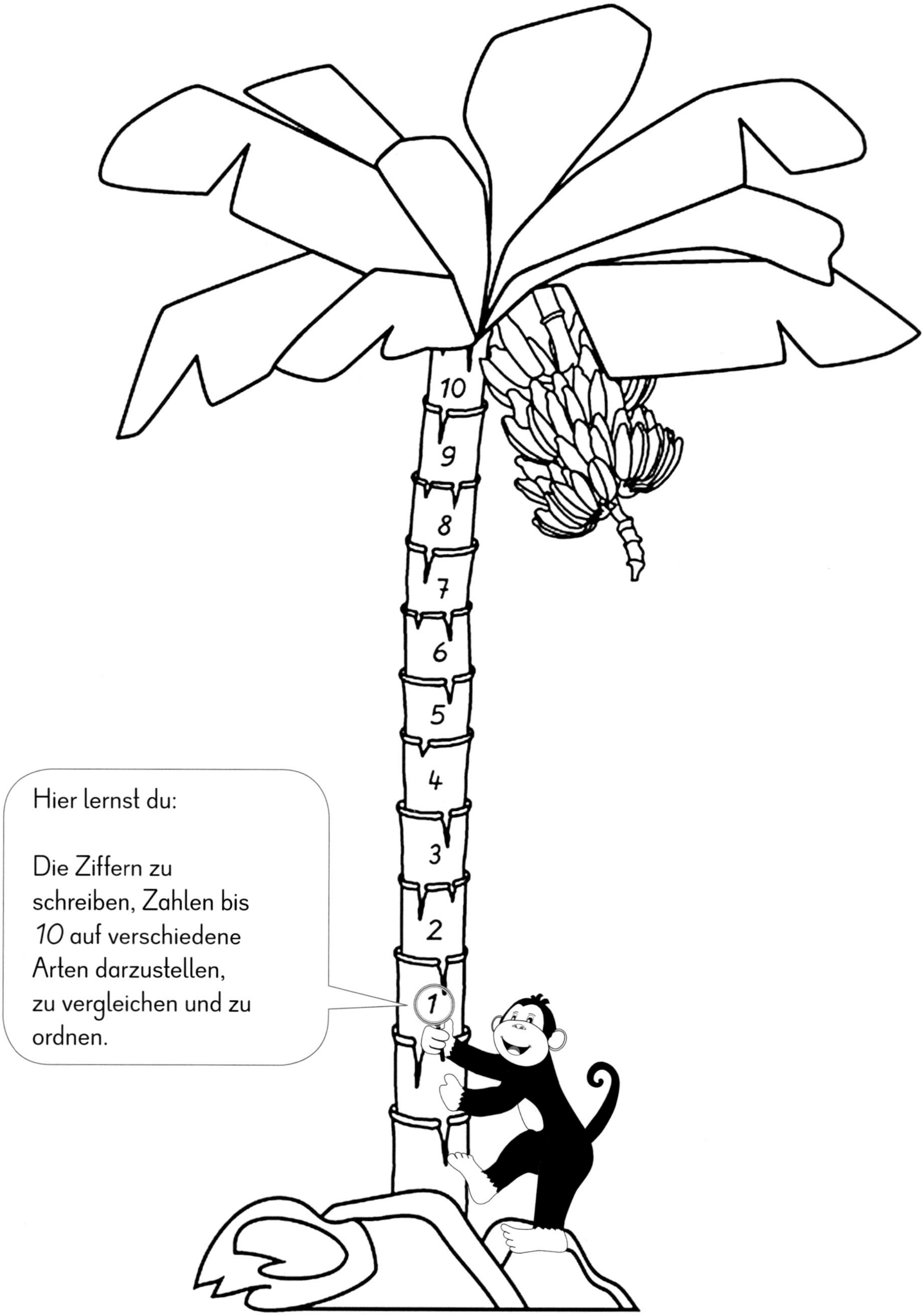

Susanne Rehse / Nadine Schmid / Marietta Krenn: Wir lernen und üben Mathematik im eigenen Tempo 1/2. Illustratorin: Kornelia Weise

Hier lernst du:

Die Ziffern zu schreiben, Zahlen bis *10* auf verschiedene Arten darzustellen, zu vergleichen und zu ordnen.

10
9
8
7
6
5
4
3
2
1

1 **Zahlen überall:** Zahlen in der Umwelt

Zahlen und Ziffern findest du überall.

Suche zum Beispiel in Prospekten, Zeitschriften,

zu Hause, auf der Straße, ... nach Zahlen.

Klebe die Aufgabe auf ein Blockblatt.

Male, schneide und klebe deine Entdeckungen dazu.

Rechengeld: © ECB

2 **Zahlenquartett**

Schneide die einzelnen Karten aus.

Was gehört zusammen? Ordne und klebe sie auf ein Blockblatt.

Spure die Ziffern nach.

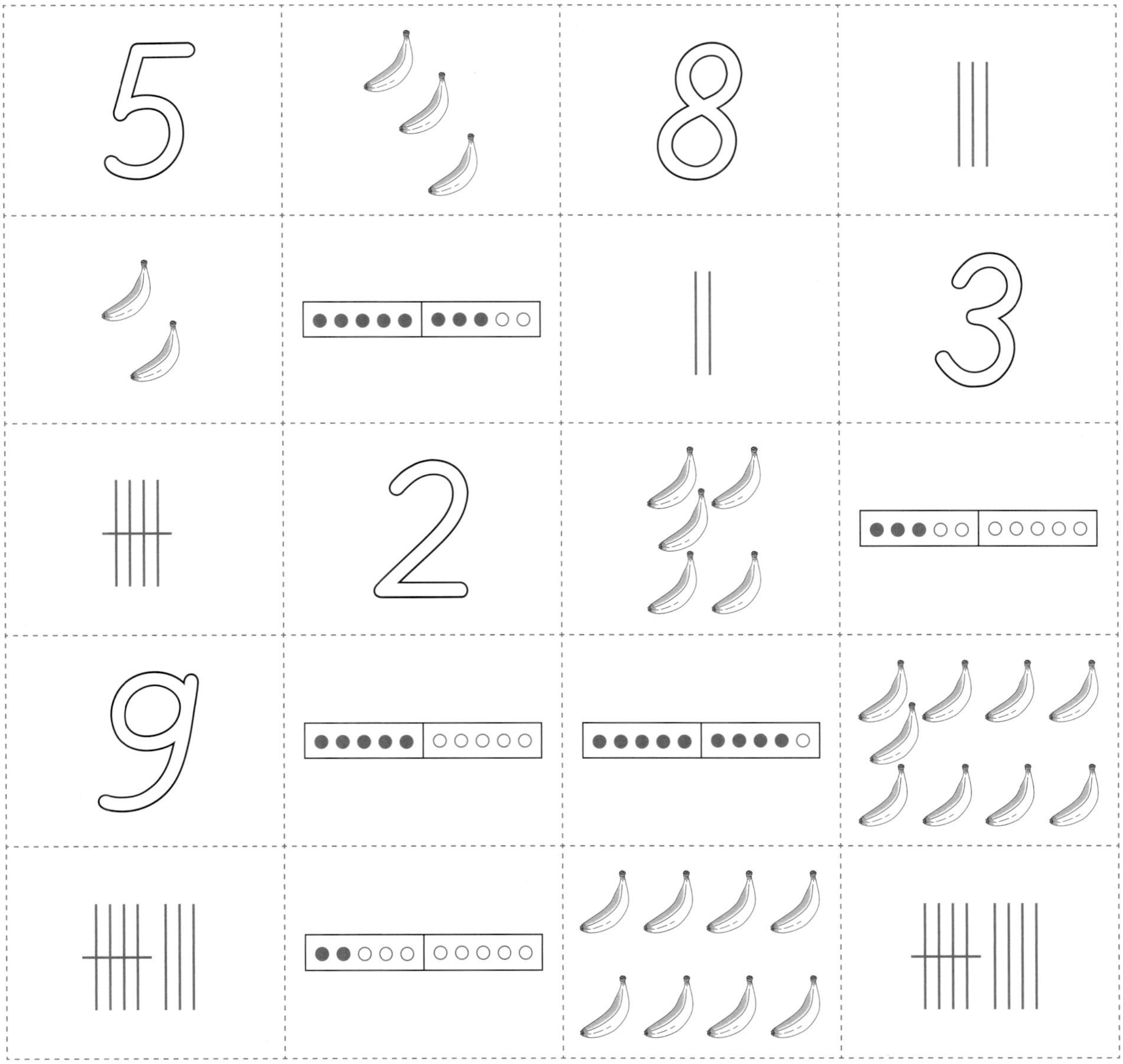

5	🍌🍌🍌	8	|||
🍌🍌	●●●●● ●●●○○	||	3
####	2	🍌🍌🍌🍌🍌🍌	●●●○○ ○○○○○
9	●●●●● ○○○○○	●●●●● ●●●●○	🍌🍌🍌🍌🍌🍌🍌🍌🍌
####||	●●○○○ ○○○○○	🍌🍌🍌🍌🍌🍌🍌	######|

3 Bündeln

Kreise die vorgegebene Anzahl an Bananen ein!
Achtung: Es bleiben keine Bananen übrig.

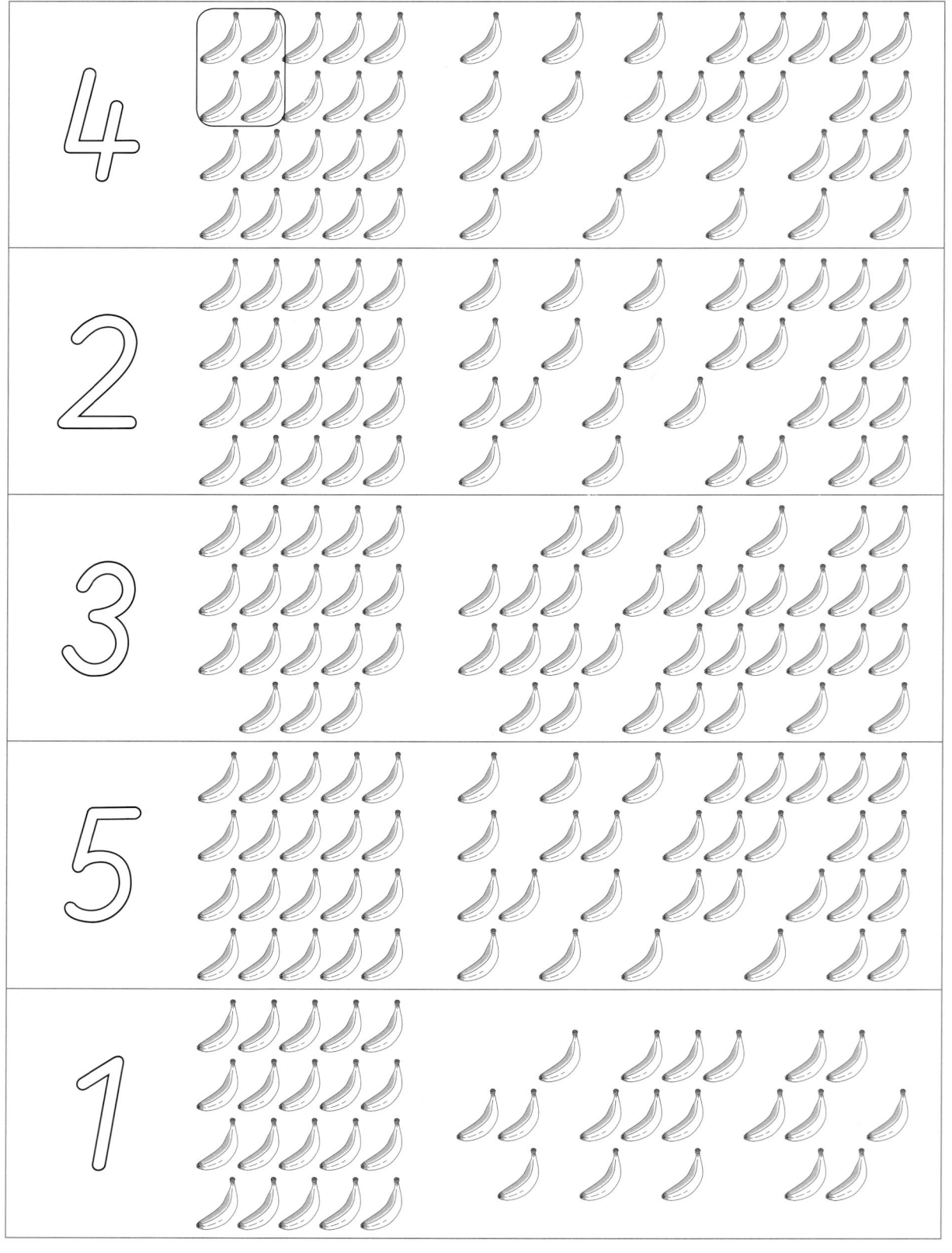

Susanne Rehse / Nadine Schmid / Marietta Krenn: Wir lernen und üben Mathematik im eigenen Tempo 1/2. Illustratorin: Kornelia Weise

4 Bündeln

Kreise die vorgegebene Anzahl an Bananen ein!
Achtung: Es bleiben keine Bananen übrig.

Susanne Rehse / Nadine Schmid / Marietta Krenn: Wir lernen und üben Mathematik im eigenen Tempo 1/2. Illustratorin: Kornelia Weise

5 **Suchbild**

Wie viele sind es? Zähle und trage das Ergebnis in die Tabelle ein.
Erzähle zum Bild.

 MERKE!

So schreibe ich die Zahl 5 in Strichen: ||||

4 gerade Striche und der 5. Strich
streicht die anderen durch.

	||||	⟨○○○○○⟩ ⟨○○○○○⟩	Zahl
🌴		⟨○○○○○⟩ ⟨○○○○○⟩	
🥥		⟨○○○○○⟩ ⟨○○○○○⟩	
🐘		⟨○○○○○⟩ ⟨○○○○○⟩	
🐒		⟨○○○○○⟩ ⟨○○○○○⟩	
🍌		⟨○○○○○⟩ ⟨○○○○○⟩	
🐯		⟨○○○○○⟩ ⟨○○○○○⟩	
🐍		⟨○○○○○⟩ ⟨○○○○○⟩	

Susanne Rehse / Nadine Schmid / Marietta Krenn: Wir lernen und üben Mathematik im eigenen Tempo 1/2. Illustratorin: Kornelia Weise

Ergänzen oder wegstreichen

Male Formen hinzu oder streiche sie weg.

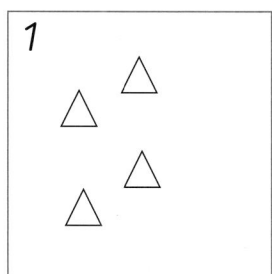
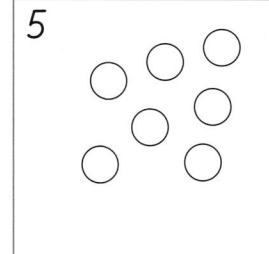
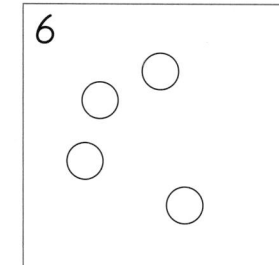
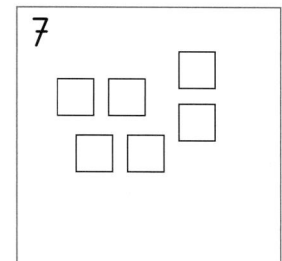

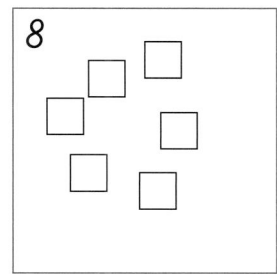
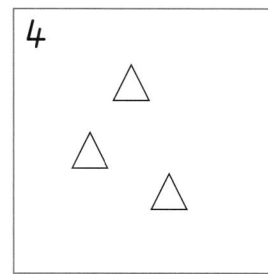
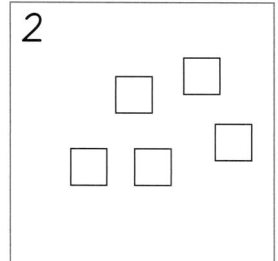
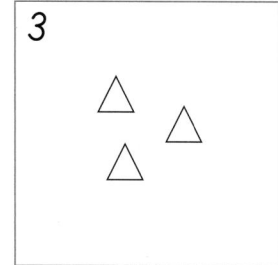

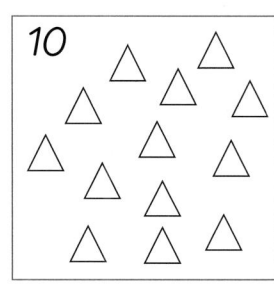
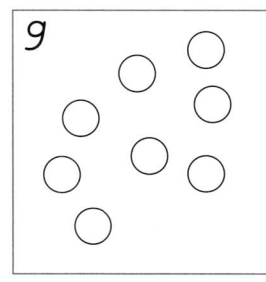

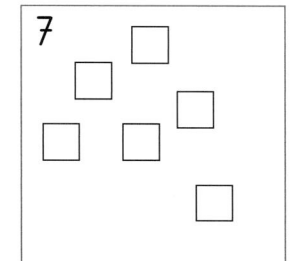

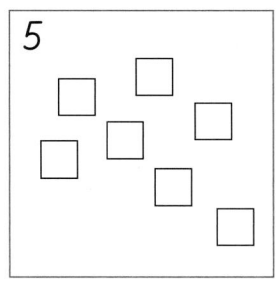
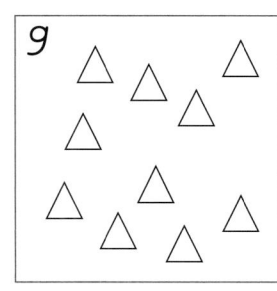
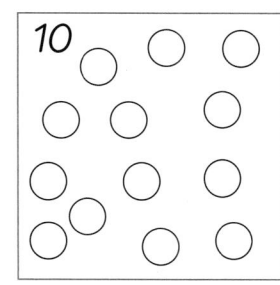
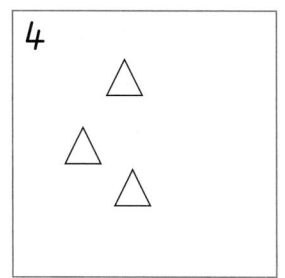

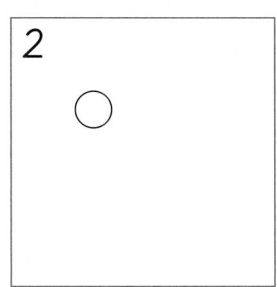
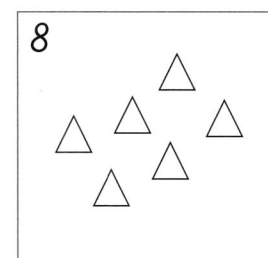

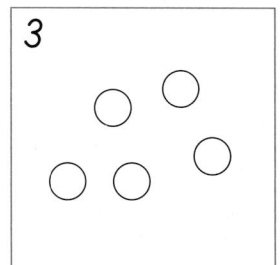

 Male alle Kreise grün an.

Male alle Dreiecke rot an.

Male alle Vierecke blau an.

Susanne Rehse / Nadine Schmid / Marietta Krenn: Wir lernen und üben Mathematik im eigenen Tempo 1/2. Illustratorin: Kornelia Weise

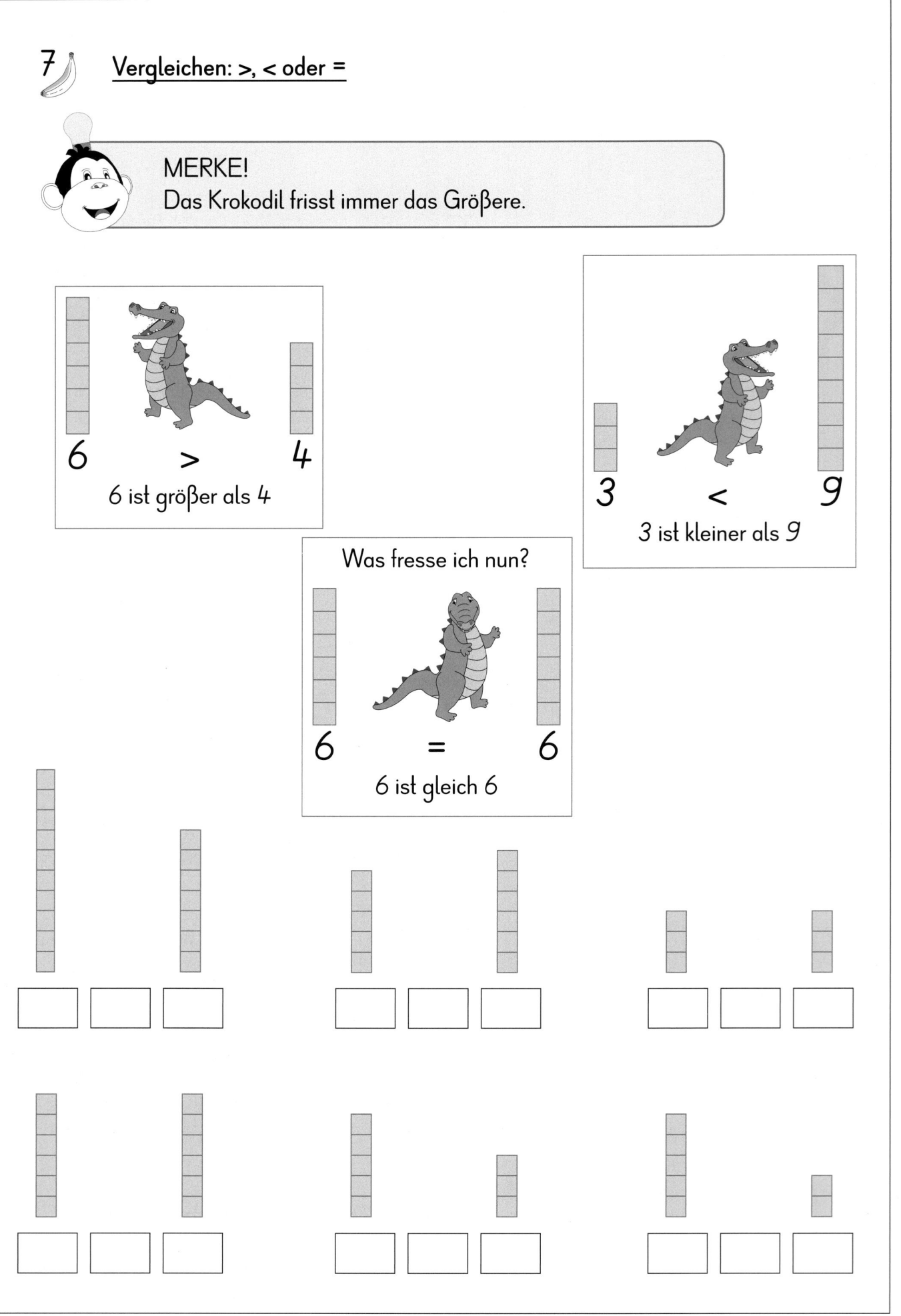

7 🍌 **Vergleichen: >, < oder =**

MERKE!
Das Krokodil frisst immer das Größere.

6 > 4
6 ist größer als 4

3 < 9
3 ist kleiner als 9

Was fresse ich nun?
6 = 6
6 ist gleich 6

8 🍌 Türme vergleichen: >, < oder =

Schreibe die vorgegebenen Zahlen auf deinen Block.
Zeichne die passenden Türme darüber. Sprich dazu!

(Beispiel: *3 ist größer als 2*)

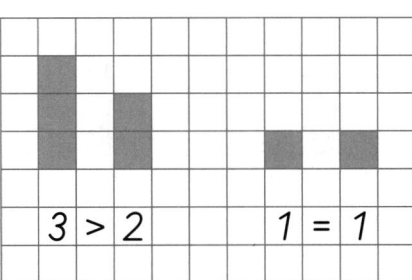

3 > 2   1 = 1

3 5	10 4	2 4
9 6	7 7	8 7
6 10	2 1	0 3

Findest du auch eigene Vergleiche?

9 🍌 Zahlenprofi

Finde die verschiedenen Zahldarstellungen zu jeder dieser Zahlen:

| 5 | 3 | 7 | 9 | 10 | 8 | 1 | 6 | 2 |

Tipp: Verwende deine Schablone!

Beispiel:

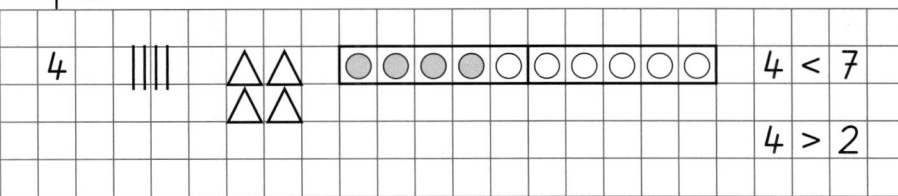

10 🍌 Vergleichen: >, < oder =

Schüttle die Dose mit den *10* Plättchen.
Ordne die Plättchen.
Zähle die roten und die blauen Plättchen.
Vergleiche die Anzahl und schreibe die
Aufgabe auf.

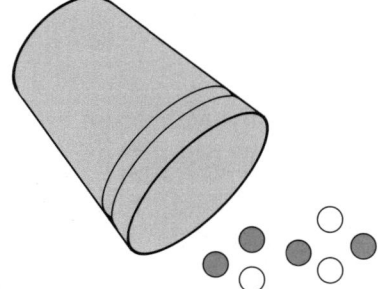

Beispiel:

7 > 3   5 = 5

Susanne Rehse / Nadine Schmid / Marietta Krenn: Wir lernen und üben Mathematik im eigenen Tempo 1/2. Illustratorin: Kornelia Weise

11  __Übe die Zahlen in den Kästchen der 1. Klasse__

1	2	3	4	5	6	7	8	9	1 0
1	2								
1 0		1 0						1 0	
1 0		1 1						1 5	
1 6									

 Schreibe mindestens *20* Zahlen auf deinen Block.
Kannst du auch schon größere Zahlen schreiben?

12  __Mädchen und Jungen in deiner Klasse__
Male auf deinen Block:

 Für jedes Mädchen ein rotes Kästchen.

 Für jeden Jungen ein blaues Kästchen.

Gibt es mehr Mädchen oder mehr Jungen? Vergleiche!
Schreibe: < > =

Kannst du auch schon die Zahlen aufschreiben?

Susanne Rehse / Nadine Schmid / Marietta Krenn: Wir lernen und üben Mathematik im eigenen Tempo 1/2. Illustratorin: Kornelia Weise

Name:	Datum:

Kompetenztest zur Lernstufe 1

Zeig, was du kannst!

1. Zahlendiktat
Schreibe die diktierten Zahlen.

							16

2. Verbinde und ergänze die Zahlen.

6	4	10		

 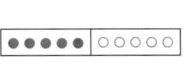 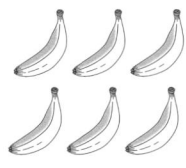  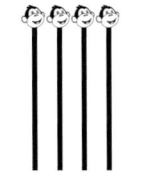

17

3. Wie viele sind es?

14

Susanne Rehse / Nadine Schmid / Marietta Krenn: Wir lernen und üben Mathematik im eigenen Tempo 1/2. Illustratorin: Kornelia Weise

4. Führe die Strichliste weiter.

I7

5. Immer 5. Kreise ein.

I8

6. Male dazu, was fehlt.

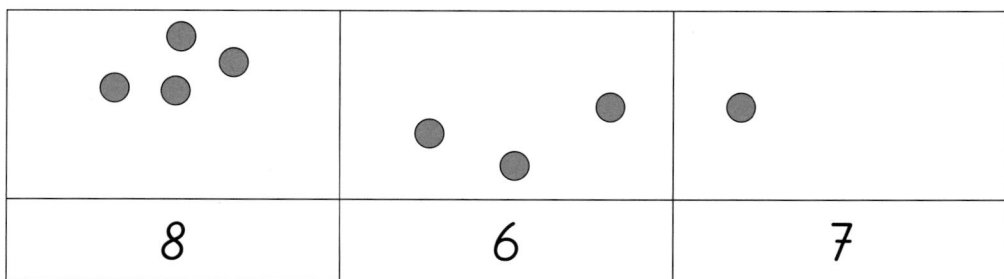

8	6	7

I3

7. Welche Zahlen fehlen?

		2		4	5			8		10

I6

8. Vergleiche: >, < oder =

2 ◯ 3   1 ◯ 0

5 ◯ 4   5 ◯ 5

8 ◯ 8   3 ◯ 2

9 ◯ 10   7 ◯ 6

I8

Kontrolliere nochmal alles ganz genau!

Wie hast du dich im Test gefühlt? ☺ 😐 ☹

Welche Aufgabe war am leichtesten für dich? Nummer: _____

Welche Aufgabe war am schwersten für dich? Nummer: _____

Rückmeldung zu den bearbeiteten Kompetenzen:

Aufgabe 1:	☺ 😐 ☹	Du kennst und schreibst die Ziffern richtig.
Aufgabe 2:	☺ 😐 ☹	Du zählst und verbindest richtig mit der Zahl.
Aufgabe 3:	☺ 😐 ☹	Du zählst richtig und notierst die Zahl.
Aufgabe 4:	☺ 😐 ☹	Du beherrschst die Strichnotation.
Aufgabe 5:	☺ 😐 ☹	Du bündelst richtig.
Aufgabe 6:	☺ 😐 ☹	Du malst die fehlende Anzahl richtig dazu.
Aufgabe 7:	☺ 😐 ☹	Du kennst die richtige Zahlenfolge.
Aufgabe 8:	☺ 😐 ☹	Du vergleichst Zahlen richtig miteinander.

Das solltest du noch einmal üben: _____

Von 49 Punkten hast du _____ Punkte erreicht.

_____

Datum   Unterschrift der Eltern

Susanne Rehse / Nadine Schmid / Marietta Krenn: Wir lernen und üben Mathematik im eigenen Tempo 1/2. Illustratorin: Kornelia Weise

Lernstufe 2

Name:

begonnen am:

beendet am:

Hier lernst du:

Die Zahlen bis 20 auf dem Zahlenstrahl und dem Zahlenstrich einzuordnen und in Schritten zu zählen.

Spiele:

Extra-Kopfnuss für Super-Knobler:

Stufenheft: Aufgaben

erledigt

1	2	3	4	5
6	7	8	9	10
11	12	13	14	15
16	17	18		

Buch und Arbeitsheft

erledigt

S.	S.	S.	S.
Nr.	Nr.	Nr.	Nr.

S.	S.	S.	S.
Nr.	Nr.	Nr.	Nr.

S.	S.	S.	S.
Nr.	Nr.	Nr.	Nr.

Arbeitsheft

Arbeitsheft

Wie waren die Aufgaben für dich? Färbe ein!

leicht (grün) mittel (gelb) schwer (rot)

Susanne Rehse / Nadine Schmid / Marietta Krenn: Wir lernen und üben Mathematik im eigenen Tempo 1/2. Illustratorin: Kornelia Weise

Lernstufenheft 2 von _____

Hier lernst du:

Die Zahlen bis *20* auf dem Zahlenstrahl und dem Zahlenstrich einzuordnen und in Schritten zu zählen.

Susanne Rehse / Nadine Schmid / Marietta Krenn: Wir lernen und üben Mathematik im eigenen Tempo 1/2. Illustratorin: Kornelia Weise

Lernstufe 2: Zahlenreihe

Susanne Rehse / Nadine Schmid / Marietta Krenn: Wir lernen und üben Mathematik im eigenen Tempo 1/2. Illustratorin: Kornelia Weise

 1 __Die Zahlenreihe bis 20__

Fülle die Zahlenreihe: Wie weit kommst du?

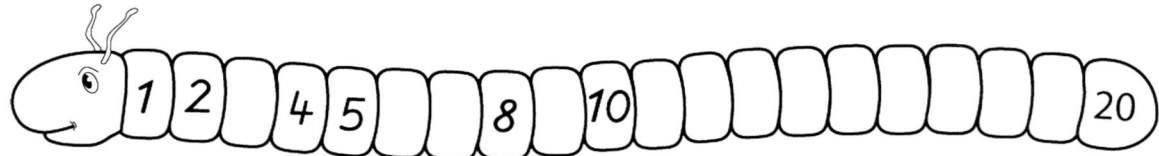

Und nun rückwärts:

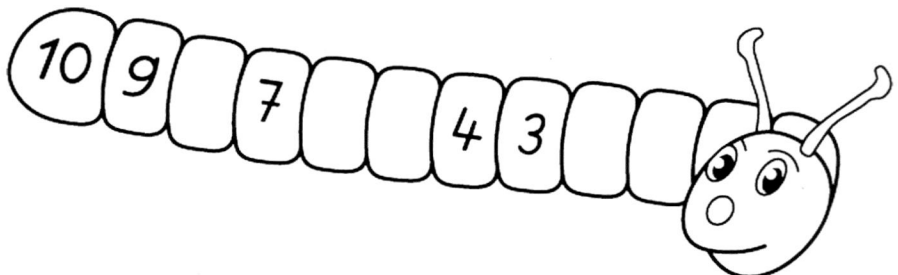

 2 __Meine Zahlenraupen__

Zeichne mit deiner Schablone eigene Zahlenraupen.
Starte mit verschiedenen Zahlen.
Zähle vor- und rückwärts.

3 <u>Verbinde</u>

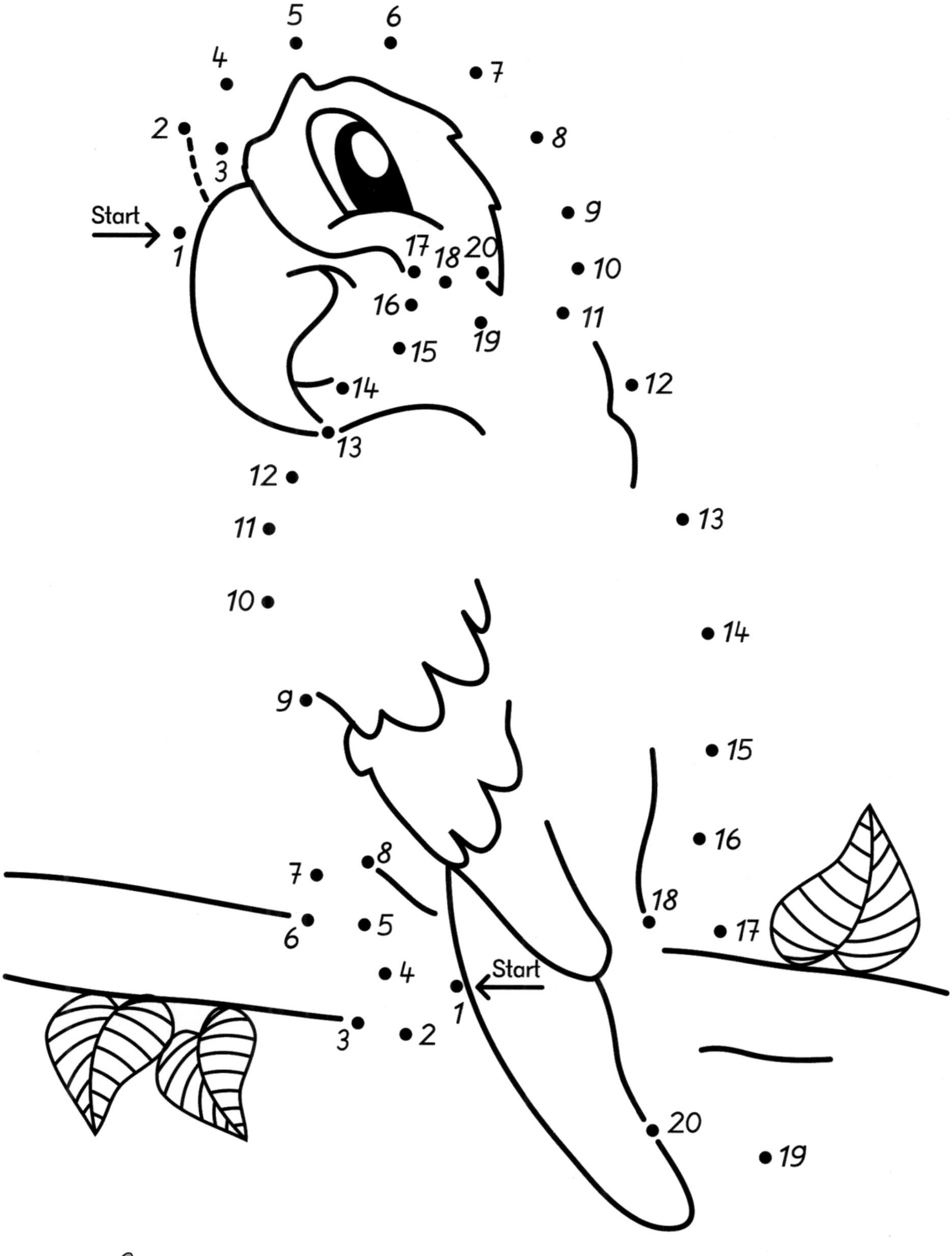

5
6
4
7
2
3
8
Start → 9
1
17 18 20
10
16
11
19
15
12
14
13
13
12
11
14
10
15
9
16
8
18
7
17
6
5
4
Start ←
1
3 2

20
19

Magst du das Bild anmalen?

Susanne Rehse / Nadine Schmid / Marietta Krenn: Wir lernen und üben Mathematik im eigenen Tempo 1/2. Illustratorin: Kornelia Weise

Zahlenstrahl

 Auf dem Zahlenstrahl hat jede Zahl ihren eigenen Strich.
Unser Zahlenstrahl beginnt mit der Zahl 0.
Ein Zahlenstrahl kann unendlich lang sein.

Trage die fehlenden Zahlen ein.

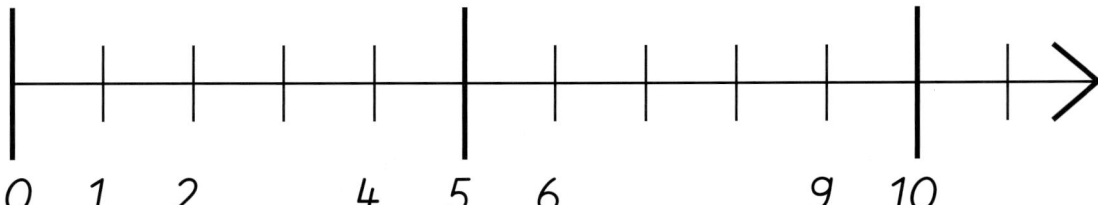

0   1   2   _   4   5   6   _   _   9   10

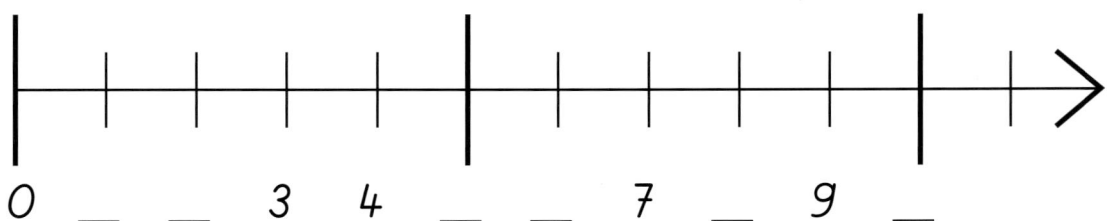

0   _   _   3   4   _   _   7   _   9   _

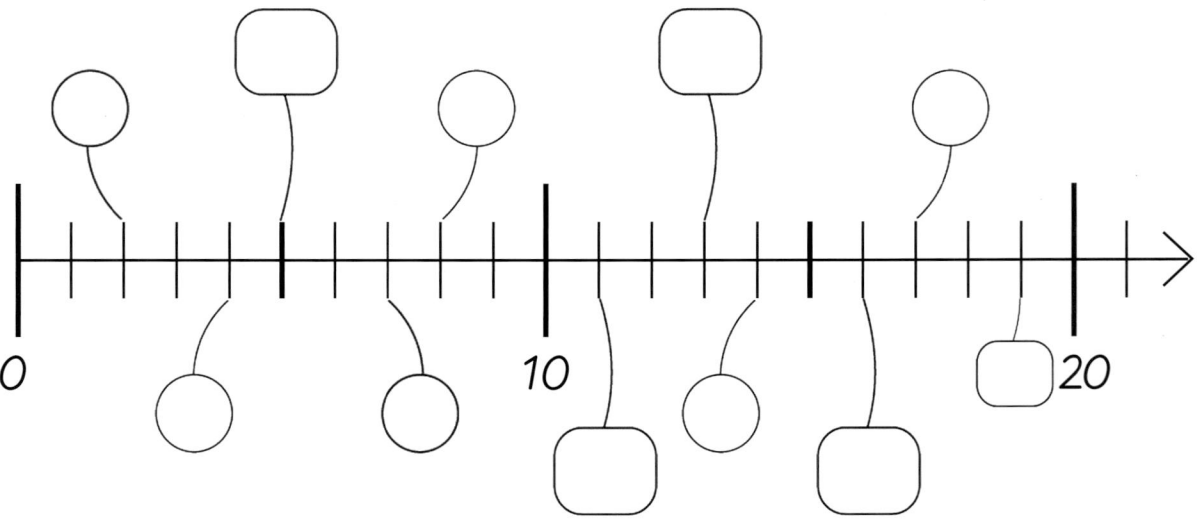

0   10   20

 Kannst du auch die fehlenden Zahlen bis 20 eintragen?

Susanne Rehse / Nadine Schmid / Marietta Krenn: Wir lernen und üben Mathematik im eigenen Tempo 1/2. Illustratorin: Kornelia Weise

5 🍌 Vorgänger und Nachfolger

Jede Zahl hat einen Vorgänger (V)
und einen Nachfolger (N).

| Vorgänger | Zahl | Nachfolger |

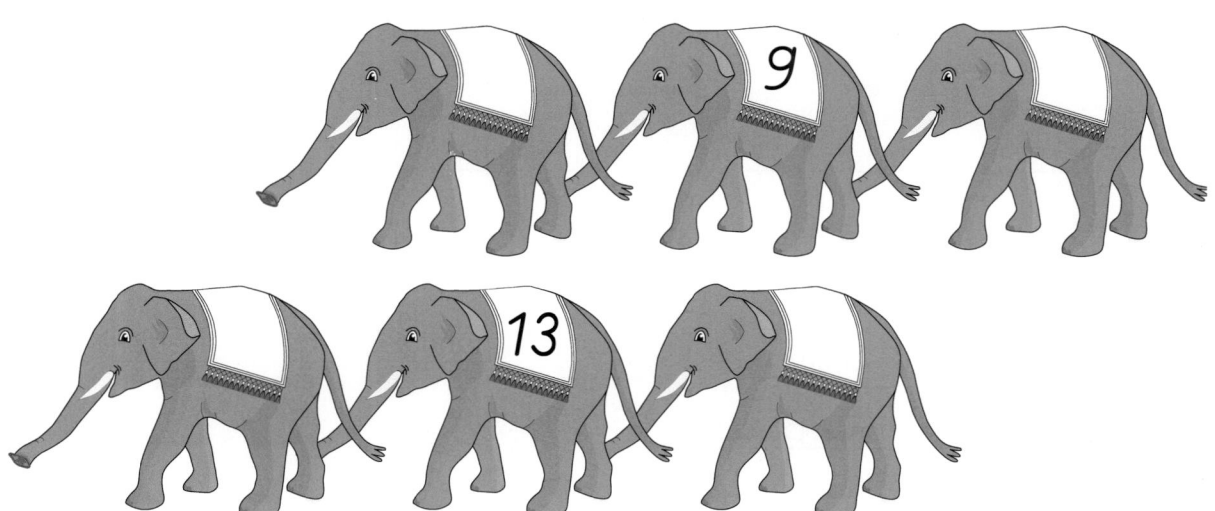

Vorgänger und Nachfolger kann man auch in Tabellen eintragen:

V	Zahl	N
	5	
	10	
	7	
	15	
	18	

V	Zahl	N
	6	
8		
	12	
		15
17		

Susanne Rehse / Nadine Schmid / Marietta Krenn: Wir lernen und üben Mathematik im eigenen Tempo 1/2. Illustratorin: Kornelia Weise

6 🍌 **Ordne diese Zahlen der Größe nach.**
Schreibe die Zahlen geordnet auf den Block.
Beginne mit der <u>kleinsten Zahl</u>.
Sprich dazu!

> Schreibe so:
> 5 < 7 < …

11	7	19	5	8	17	16	13

Beginne mit der <u>größten Zahl</u>:

3	9	14	18	6	20	12	19

7 🍌 **Zahlen zwischen zwei Zahlen**

0   5   10   13   20

Die Zahlen zwischen 5 und 13: 6 , _____

<u>Schreibe auf deinen Block:</u>
A: Die Zahlen zwischen 3 und 9.
B: Die Zahlen zwischen 11 und 17.
C: Die Zahlen zwischen 8 und 2.
D: Die Zahlen zwischen 16 und 9.

8 🍌 **Vorgänger und Nachfolger**

Zahl	13 15 8 19
	7 1 10

Schreibe die Zahlen auf den Block. Notiere den Vorgänger (V)
und Nachfolger (N):

> <u>Tipp:</u> Verwende
> deine Schablone!

V	Z	N
	13	

Susanne Rehse / Nadine Schmid / Marietta Krenn: Wir lernen und üben Mathematik im eigenen Tempo 1/2. Illustratorin: Kornelia Weise

Zahlenschwünge

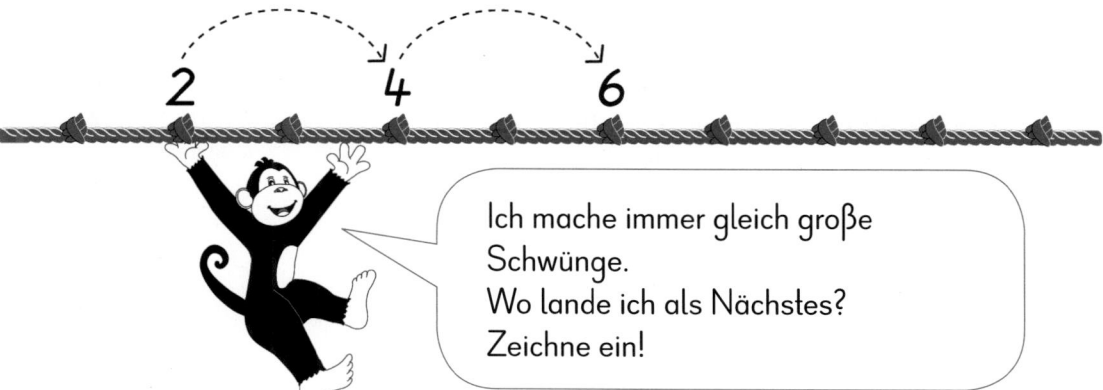

2   4   6

Ich mache immer gleich große Schwünge.
Wo lande ich als Nächstes?
Zeichne ein!

Schwinge wie der Affe:

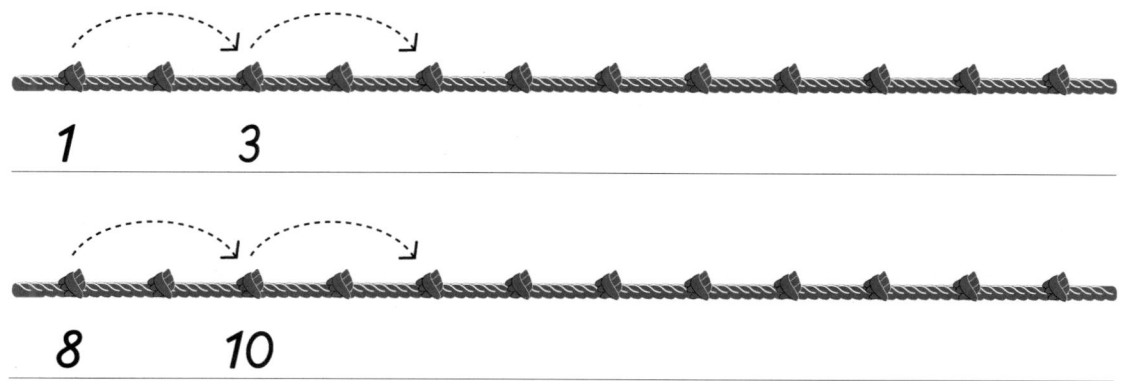

1   3

8   10

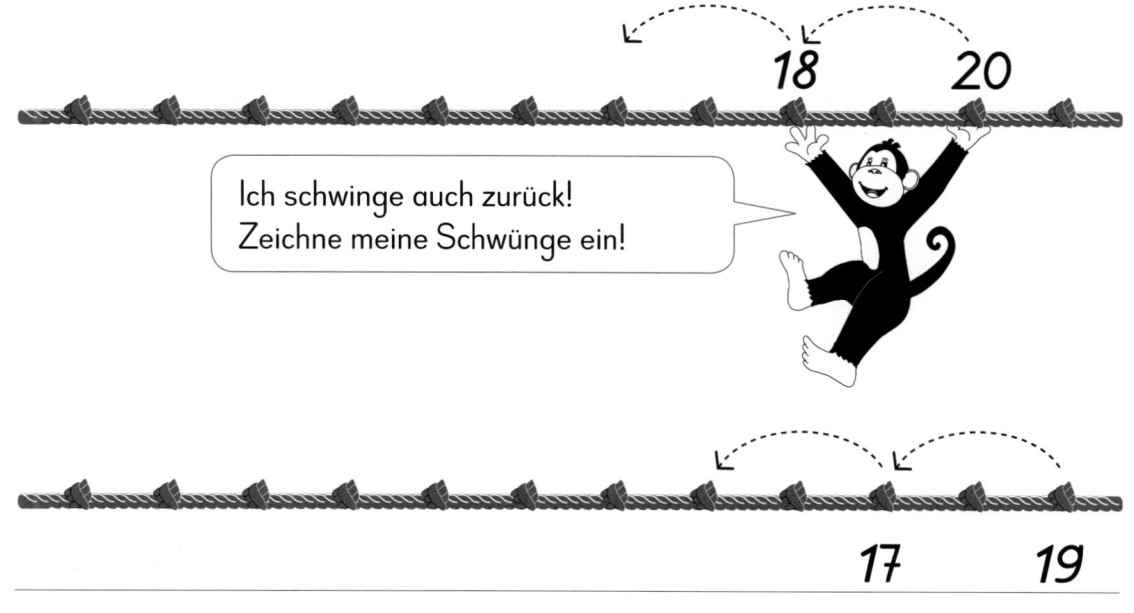

18   20

Ich schwinge auch zurück!
Zeichne meine Schwünge ein!

17   19

Susanne Rehse / Nadine Schmid / Marietta Krenn: Wir lernen und üben Mathematik im eigenen Tempo 1/2. Illustratorin: Kornelia Weise

10 <u>Wer kommt als Erster ins Ziel?</u>

Der Sieger belegt den „ersten Platz".
Nach der Zahl steht dann ein Punkt.
Diese Zahlen geben eine Ordnung an.
Daher nennt man sie Ordnungszahlen.

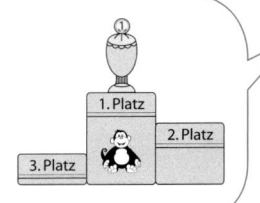

Nummeriere:

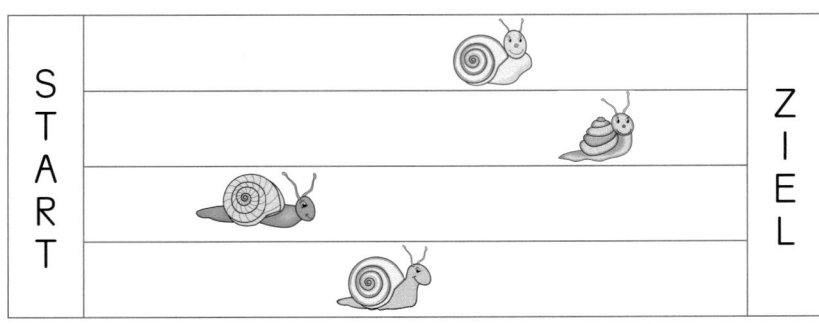

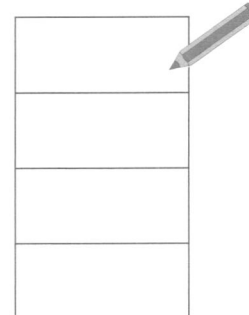

11 <u>Die wievielte Kugel hat das angegebene Muster?</u>

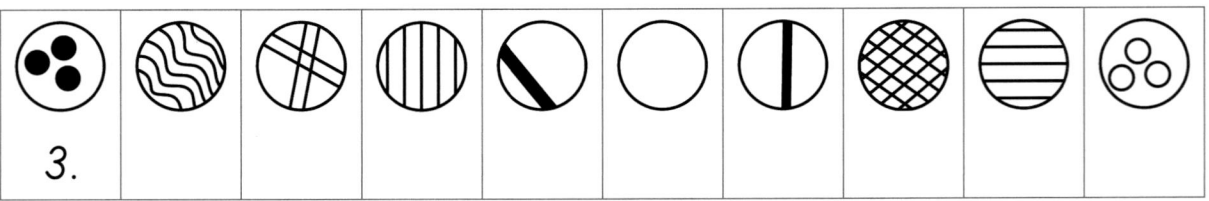

3.

12 <u>Male alle Zahlen von *10* bis *20* bunt an.</u>

13	6	91	16
61	12	19	33
82	20	11	37
18	28	56	10

Susanne Rehse / Nadine Schmid / Marietta Krenn: Wir lernen und üben Mathematik im eigenen Tempo 1/2. Illustratorin: Kornelia Weise

13  ## Wege im Neuner-Kästchen

Finde den richtigen Weg der Zahlen!

1	4	5
2	3	6
9	8	7

Fülle das Gitter. Du darfst dabei keine Sprünge machen.
Schlängle dich wie eine Schlange durch das Gitter mit den Zahlen von *1* bis *9*.

1		3
	5	4
		9

2	5	8
1		

	4	
		2
7		

3		
	1	
9		

7	6	1
	5	

	8	
2		
3		

 Finde eigene Wege.

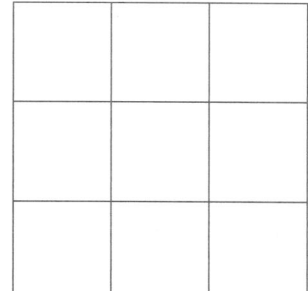

Susanne Rehse / Nadine Schmid / Marietta Krenn: Wir lernen und üben Mathematik im eigenen Tempo 1/2. Illustratorin: Kornelia Weise

Susanne Rehse / Nadine Schmid / Marietta Krenn: Wir lernen und üben Mathematik im eigenen Tempo 1/2. Illustratorin: Kornelia Weise

14 <u>Tigerbild</u>

Wie entsteht das Tigerbild?
Nummeriere in der richtigen Reihenfolge.

15 <u>Schwünge</u>

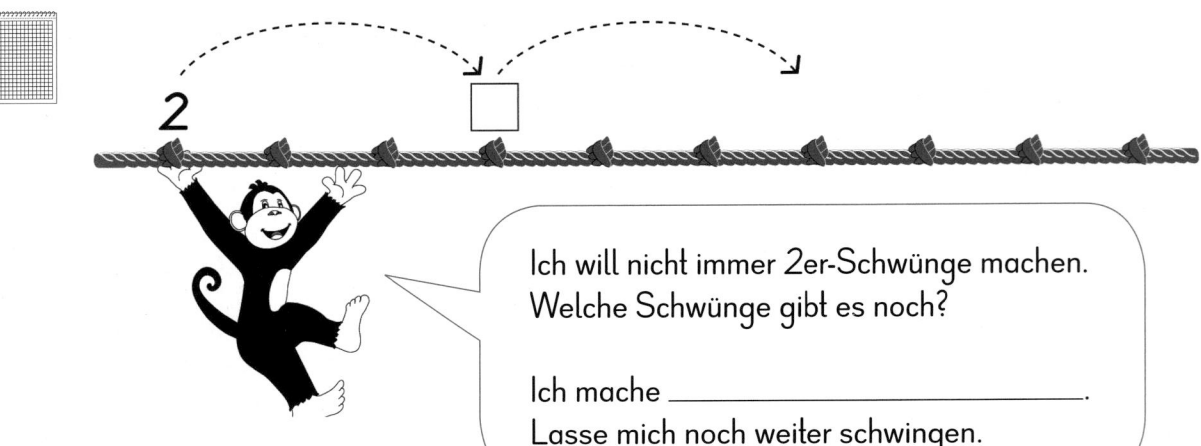

2

Ich will nicht immer 2er-Schwünge machen.
Welche Schwünge gibt es noch?

Ich mache _____.
Lasse mich noch weiter schwingen.

16 <u>Zahlensprünge</u>

Der Affe hinterlässt Spuren. Kannst du die richtigen Zahlenfolgen
fortführen?

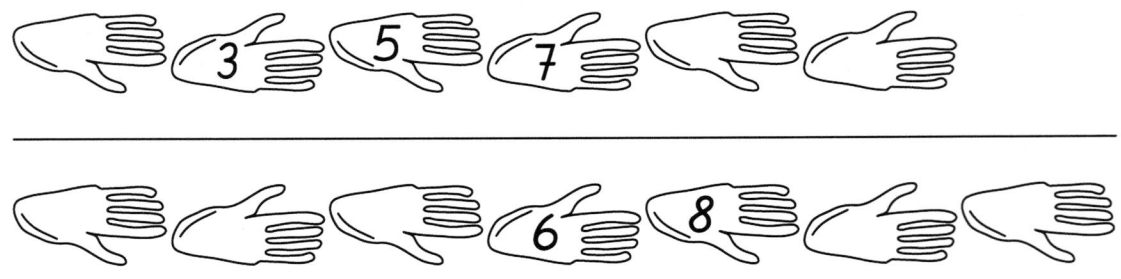

17 🍌 <u>Zahlenstrich</u>

Zeichne die Zahlen ungefähr ein: 5, 9, 1, 4, 6

```
|————————————|————————————|————————
0            5            10
```

Welche Zahl ist eingezeichnet? Verbinde.

```
|————|—————————————|
0                  10
```
3 oder 6

```
|————|—————————————|
6                  10
```
4 oder 7

```
|——————————|————|
5               10
```
6 oder 9

```
|——————|————|
7          10
```
8 oder 9

👑 Welche Zahl ist in der Mitte?

```
|————————□————————|
0                 6
```

<u>Tipp:</u>
Schreibe die fehlenden Zahlen auf die gestrichelte Linie.

```
|————————□————————|
3                 9
```

```
|————————□————————|
2                 8
```

```
|————————□————————|
4                 10
```

18 🍌 <u>Muster</u>

Setze das Muster fort:

X O O X O O

Zeichne eigene Muster auf den Block.

Susanne Rehse / Nadine Schmid / Marietta Krenn: Wir lernen und üben Mathematik im eigenen Tempo 1/2. Illustratorin: Kornelia Weise

Name:	Datum:

Kompetenztest zur Lernstufe 2

Zeig, was
du kannst!

1. Nummeriere.

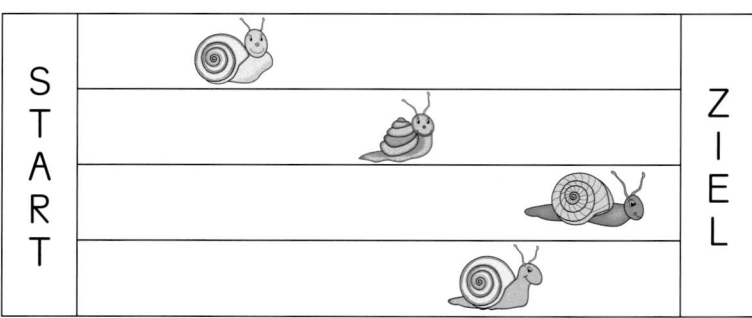

14

2. Ergänze die Zahlenraupen.

1	2		4	5			8		10				15				20

13

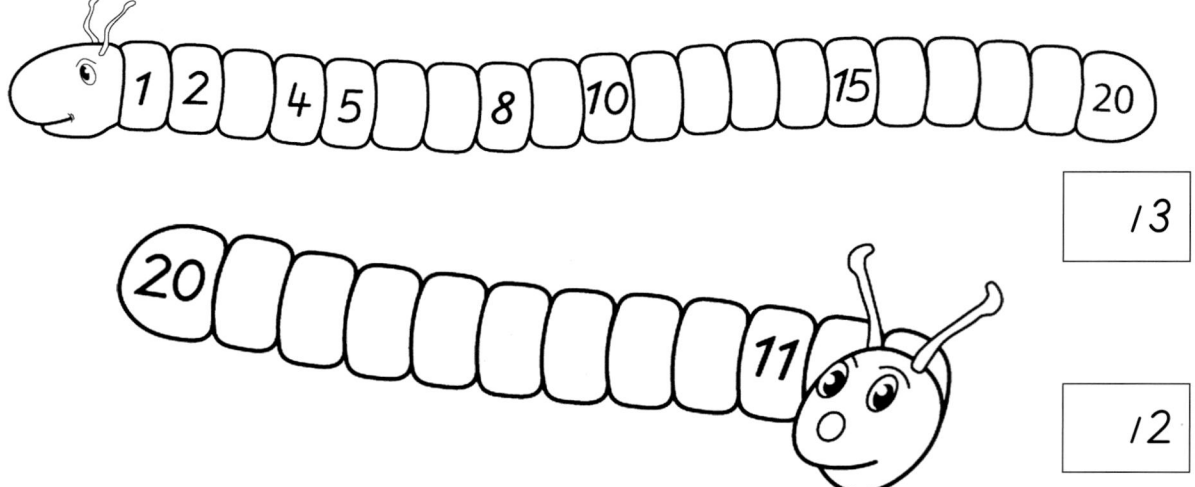

11

12

3. Ordne die Zahlen. Beginne mit der kleinsten Zahl.

6	18	12	3	21	14

16

Susanne Rehse / Nadine Schmid / Marietta Krenn: Wir lernen und üben Mathematik im eigenen Tempo 1/2. Illustratorin: Kornelia Weise

4. Vorgänger und Nachfolger:

V	Zahl	N
	14	
	18	
16		

V	Zahl	N
	10	
		15
13		

16

5. Verbinde die Zahlen mit dem Zahlenstrahl.

5	9	13	15	17

15

6. Seilschwünge. Schwinge weiter.

10   12

20   17

16

7. Wo liegen die Zahlen auf dem Zahlenstrich? Trage sie ein!

5	8	3	10

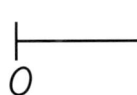

0

14

Susanne Rehse / Nadine Schmid / Marietta Krenn: Wir lernen und üben Mathematik im eigenen Tempo 1/2. Illustratorin: Kornelia Weise

Kontrolliere nochmal alles ganz genau!

Wie hast du dich im Test gefühlt? ☺ 😐 ☹

Welche Aufgabe war am leichtesten für dich? Nummer: _____

Welche Aufgabe war am schwersten für dich? Nummer: _____

Rückmeldung zu den bearbeiteten Kompetenzen:

Aufgabe 1:	☺ 😐 ☹	Du nummerierst richtig (und denkst an den Punkt).
Aufgabe 2:	☺ 😐 ☹	Du ergänzt die Zahlenfolge bis 20 richtig.
Aufgabe 3:	☺ 😐 ☹	Du ordnest die Zahlen der Größe nach richtig.
Aufgabe 4:	☺ 😐 ☹	Du findest Vorgänger und Nachfolger einer Zahl.
Aufgabe 5:	☺ 😐 ☹	Du erkennst Zahlen am Zahlenstrahl bis 20.
Aufgabe 6:	☺ 😐 ☹	Du machst richtige Zahlenschwünge.
Aufgabe 7:	☺ 😐 ☹	Du zeichnest die Zahlen richtig ein.

Das solltest du noch einmal üben: _____

Von 36 Punkten hast du _____ Punkte erreicht.

_____
Datum   Unterschrift der Eltern

Susanne Rehse / Nadine Schmid / Marietta Krenn: Wir lernen und üben Mathematik im eigenen Tempo 1/2. Illustratorin: Kornelia Weise

Lernstufe 3

Name:

begonnen am:

beendet am:

Hier lernst du:

Die Zahlen bis 10 auf vielfältige Arten zu zerlegen.

Spiele:

Extra-Kopfnuss für Super-Knobler:

Stufenheft: Aufgaben

erledigt

1	2	3	4	5
6	7	8	9	10
11	12	13	14	

Buch und Arbeitsheft

erledigt

| S. | S. | S. | S. |
| Nr. | Nr. | Nr. | Nr. |

| S. | S. | S. | S. |
| Nr. | Nr. | Nr. | Nr. |

| S. | S. | S. | S. |
| Nr. | Nr. | Nr. | Nr. |

Wie waren die Aufgaben für dich? Färbe ein!

leicht (grün) mittel (gelb) schwer (rot)

Susanne Rehse / Nadine Schmid / Marietta Krenn: Wir lernen und üben Mathematik im eigenen Tempo 1/2. Illustratorin: Kornelia Weise

Lernstufenheft 3 von _____

Hier lernst du:

Die Zahlen bis 10 auf vielfältige Arten zu zerlegen.

10
9
8
7
6
5
4
3
2
1

Susanne Rehse / Nadine Schmid / Marietta Krenn: Wir lernen und üben Mathematik im eigenen Tempo 1/2. Illustratorin: Kornelia Weise

Zerlegen

Zahlen kann ich zerlegen.
In meinem Becher sind 4 Plättchen.
Ich schüttle den Becher und erhalte diese
Plättchen:

Ich ordne sie nach den Farben:

Die Zerlegungsaufgabe heißt:

$3 + 1$

Hilf Bono die restlichen Zerlegungen der Zahl 4 zu finden:

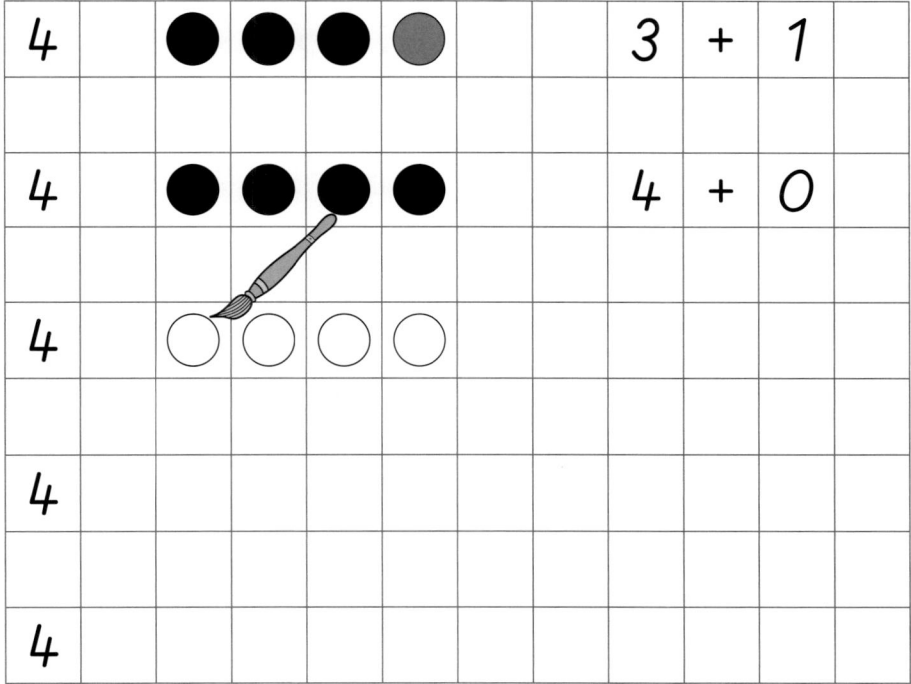

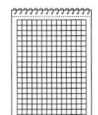 Schüttle weitere Zahlen:

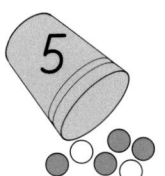 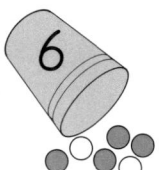 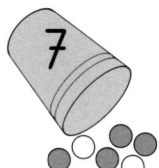 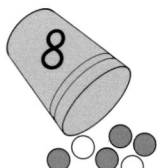 

Schreibe die Aufgaben wie Bono auf deinen Block.
Finde zu jeder Zahl mindestens 5 Zerlegungen.

Susanne Rehse / Nadine Schmid / Marietta Krenn: Wir lernen und üben Mathematik im eigenen Tempo 1/2. Illustratorin: Kornelia Weise

Zerlegung der 10

Lege 10 Plättchen in dein Rechenschiffchen.

7 + 3

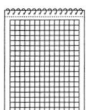 Zerlege die Zahl 10.
Zeichne und schreibe auf deinen Block.

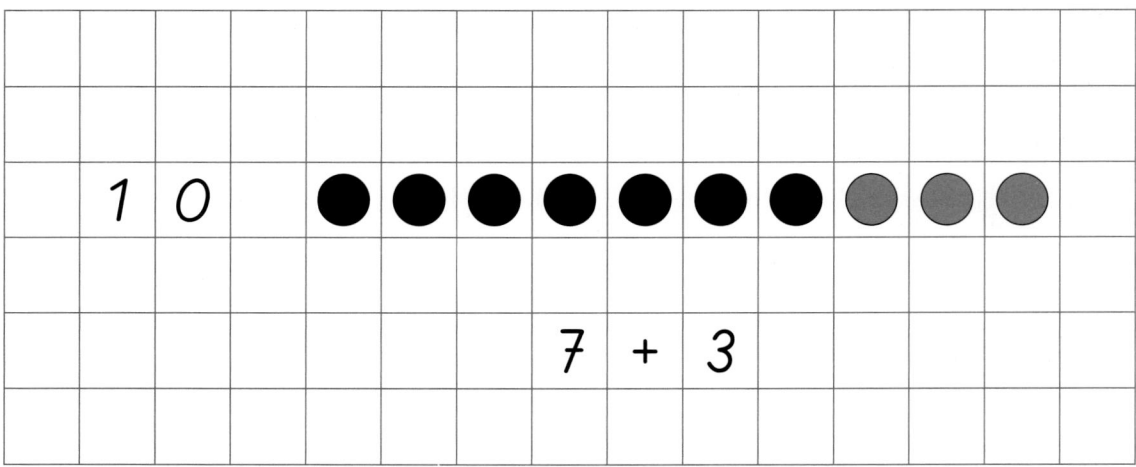

Findest du alle 11 Zerlegungsaufgaben?

 Meine Lieblingszahl

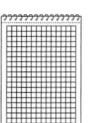 Kreise deine Lieblingszahl ein: 5 6 7 8 9 10
Zerlege deine Lieblingszahl mit der Schüttelbox.

 Schreibe und zeichne auf deinen Block:

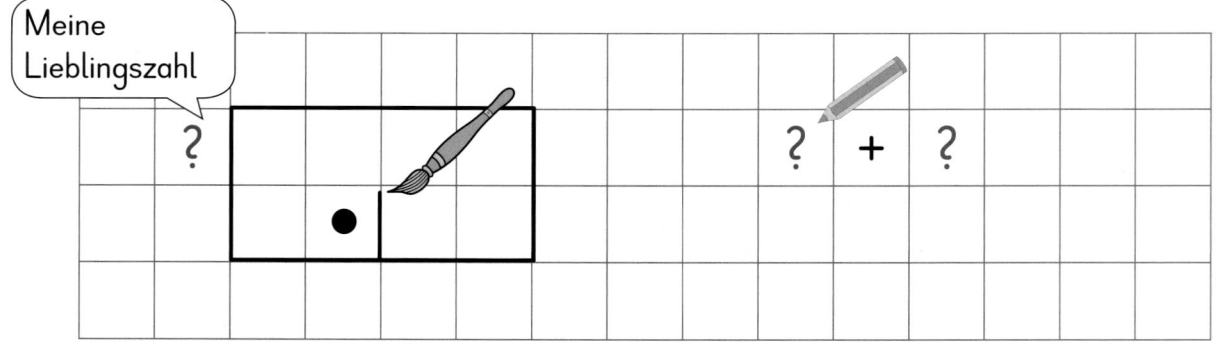

Susanne Rehse / Nadine Schmid / Marietta Krenn: Wir lernen und üben Mathematik im eigenen Tempo 1/2. Illustratorin: Kornelia Weise

4 <u>Traumpaare</u>

Nur zusammen sind wir *10*.

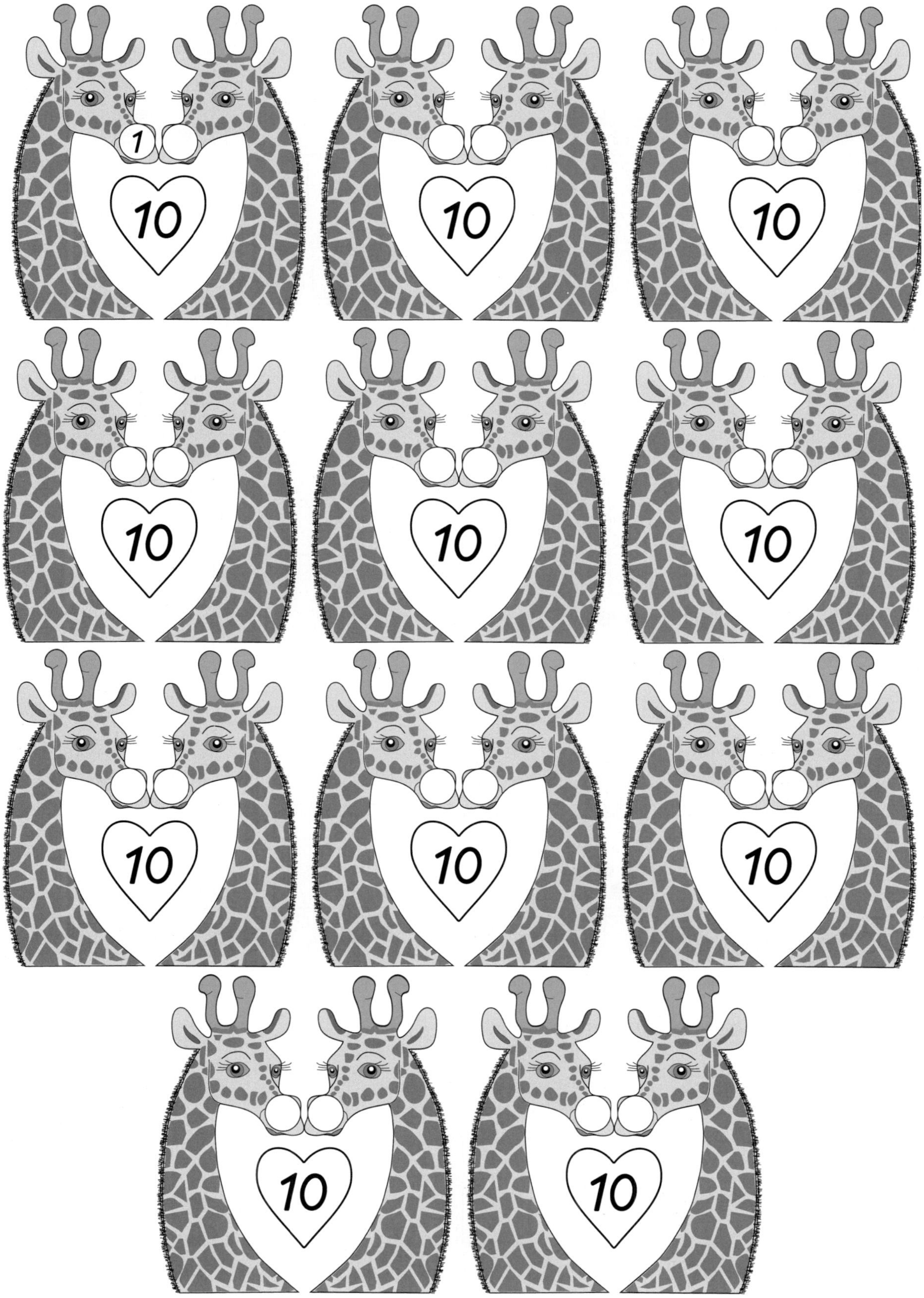

1

10

10

10

10

10

10

10

10

10

10

10

5 🍌 Schüttelboxen

Zeichne die fehlenden Kugeln ein. Ergänze die Zerlegung.

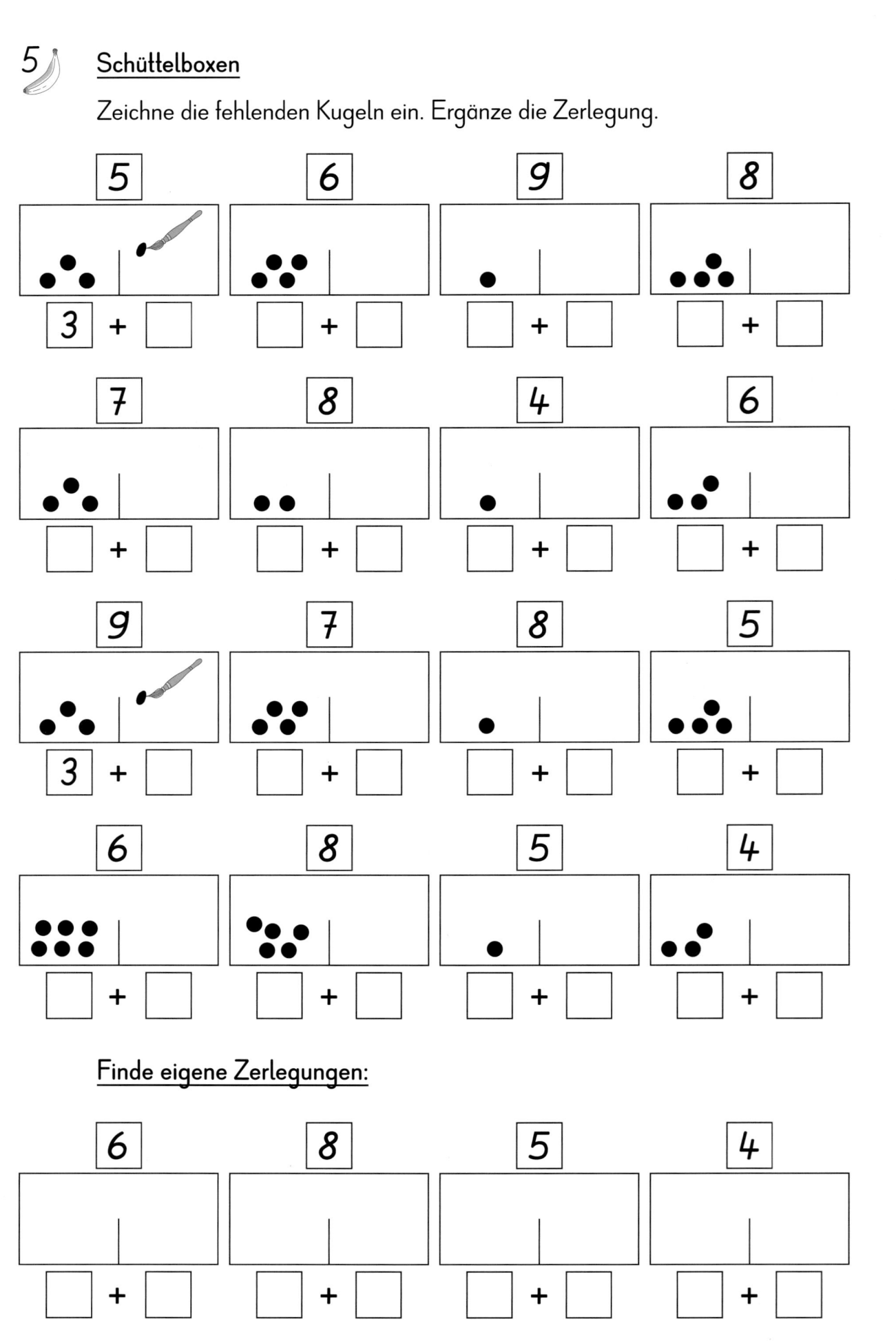

Finde eigene Zerlegungen:

Susanne Rehse / Nadine Schmid / Marietta Krenn: Wir lernen und üben Mathematik im eigenen Tempo 1/2. Illustratorin: Kornelia Weise

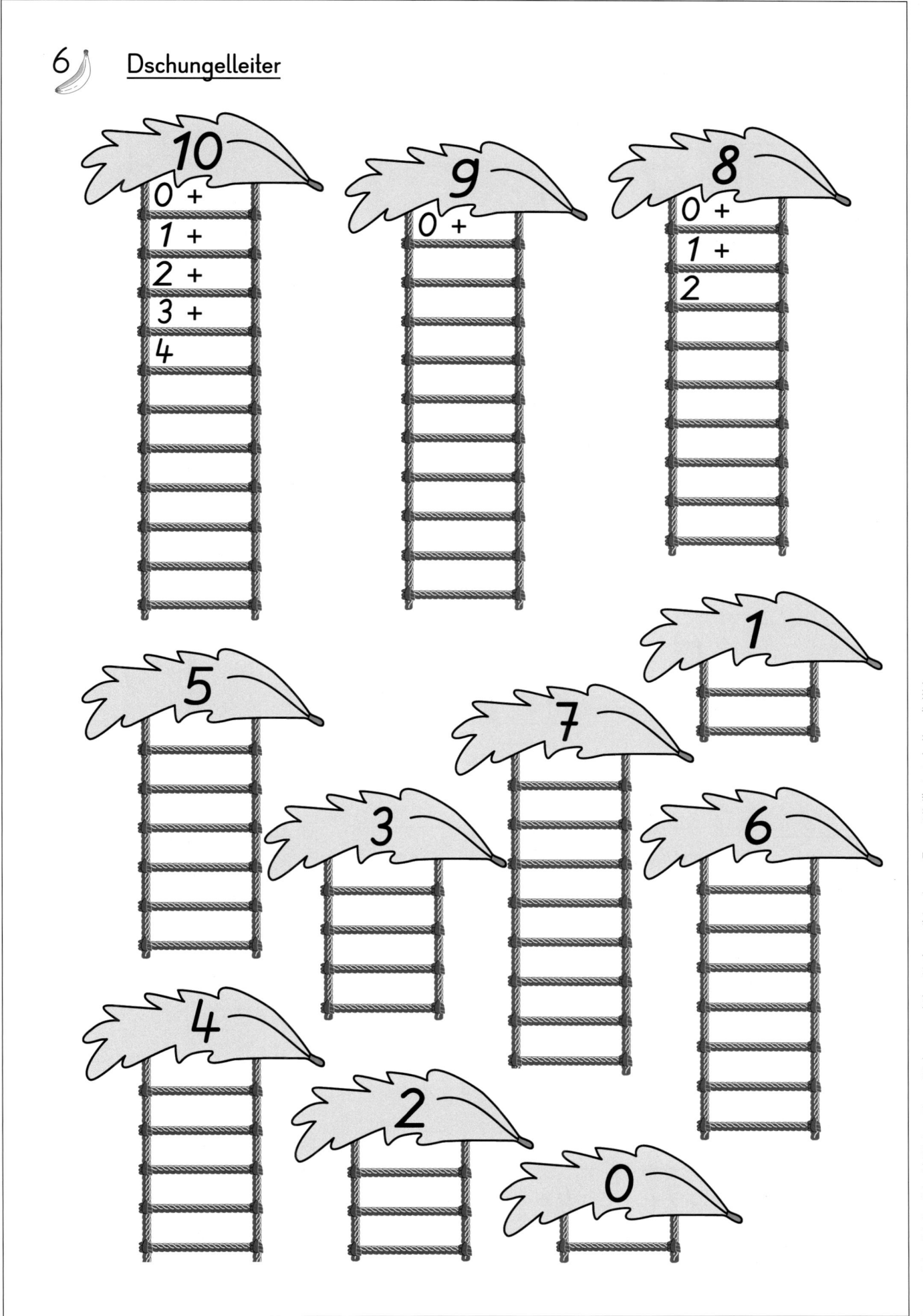

7 🍌 <u>Versteckte Kugeln</u>

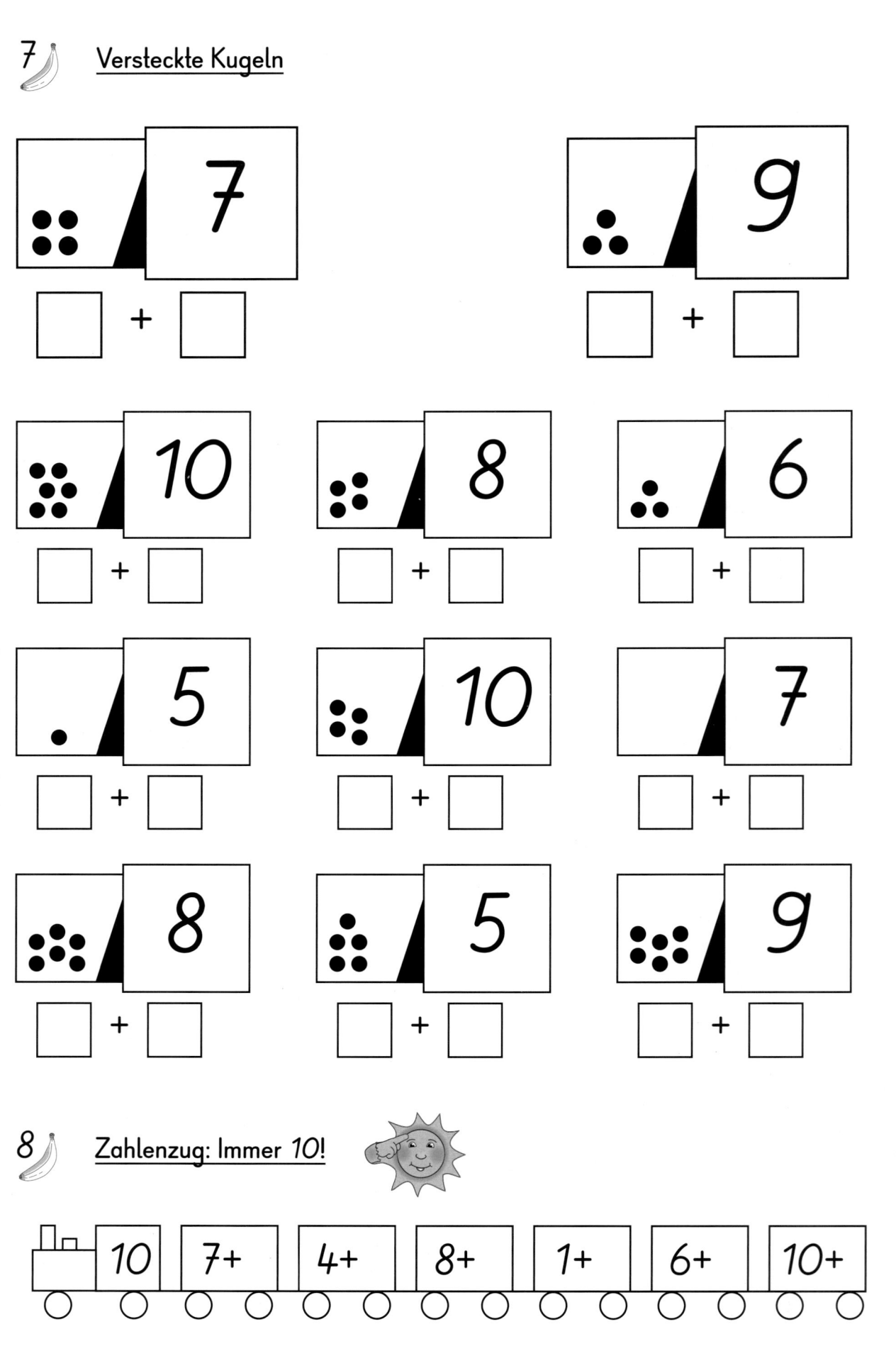

8 🍌 <u>Zahlenzug: Immer 10!</u>

| 10 | 7+ | 4+ | 8+ | 1+ | 6+ | 10+ |

Susanne Rehse / Nadine Schmid / Marietta Krenn: Wir lernen und üben Mathematik im eigenen Tempo 1/2. Illustratorin: Kornelia Weise

 **Zahlenmauern**

 Die beiden unteren Zahlen ergeben zusammen den oberen Zielstein.
8 ist gleich 6 + …

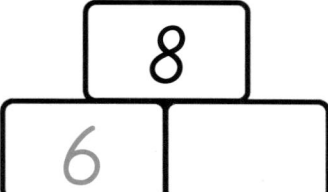

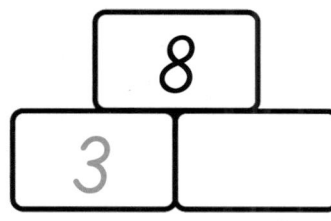 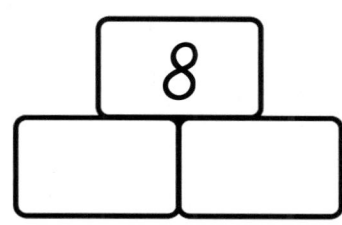 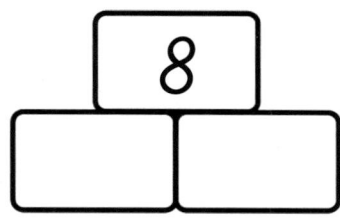

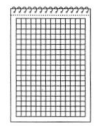 Zeichne mit deiner Schablone 5 weitere Mauern auf.
Schreibe in den Zielstein die Zahl 9.

 Findest du zur Zahl 9 auch mehr Mauern?

10  **Zwei benachbarte Zahlen: Immer 10!**

2 Zahlen: Immer 10!

5	1	2	8	1	9	8	7
5	2	9	5	7	10	4	3
3	4	6	2	7	5	5	6
9	5	1	8	3	2	8	9
1	8	2	7	6	0	10	1

Susanne Rehse / Nadine Schmid / Marietta Krenn: Wir lernen und üben Mathematik im eigenen Tempo 1/2. Illustratorin: Kornelia Weise

11 🍌 <u>Dschungelhäuser</u>

6

☐	+	5
☐	+	6
2	+	☐
4	+	☐
☐	+	3

5

☐	+	1
☐	+	☐
4	+	☐
☐	+	2
3	+	☐

7

6	+	☐
☐	+	☐
☐	+	1
2	+	☐
☐	+	4

10

2	+	5	+	☐
3	+	6	+	☐
☐	+	4	+	2
2	+	2	+	☐
☐	+	1	+	3

Susanne Rehse / Nadine Schmid / Marietta Krenn: Wir lernen und üben Mathematik im eigenen Tempo 1/2. Illustratorin: Kornelia Weise

12 Rechendreiecke

Bono rechnet mit Rechendreiecken.

Ein Dreieck habe ich für dich schon ausgerechnet.
Wie geht's?
Schreibe die richtigen Wörter in den Merksatz:

Immer _____ nebeneinanderliegende _____

geben zusammengerechnet die Zahl _____ .

(zwei)   (Zahlen)   (außen)

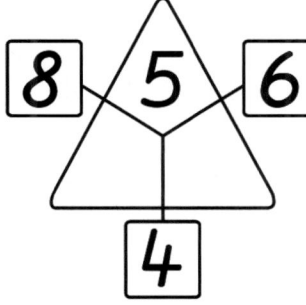

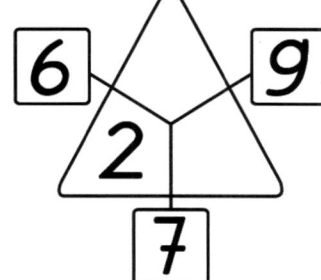

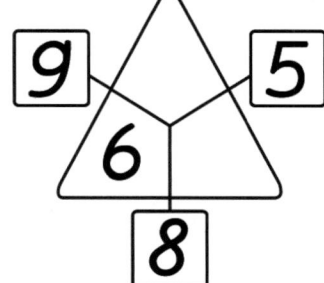

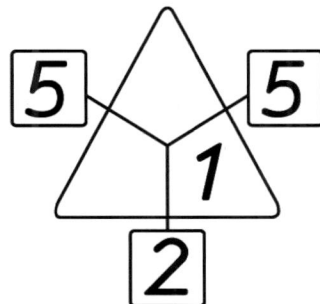

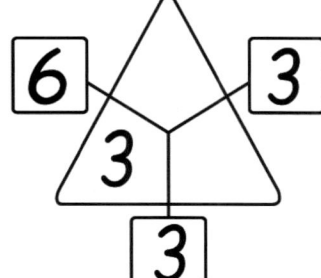

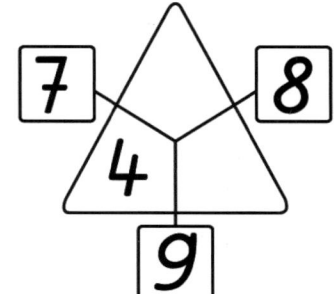

Susanne Rehse / Nadine Schmid / Marietta Krenn: Wir lernen und üben Mathematik im eigenen Tempo 1/2. Illustratorin: Kornelia Weise

13  __Vergleiche__

> Du kennst schon meine Zeichen!
>
> **>   =   <**
>
> Tipp: Notiere das Ergebnis unter der Zerlegung!

5 + 3 ◯ 9
_____ ◯ 9

4 + 2 ◯ 6
_____ ◯ 6

2 + 6 ◯ 5
_____ ◯ 5

2 + 2 ◯ 5
_____ ◯ 5

1 + 8 ◯ 8
_____ ◯ 8

7 + 3 ◯ 9
_____ ◯ 9

 2 + 6 ◯ 5 + 2
_____ ◯ _____

 4 + 4 ◯ 6 + 3
_____ ◯ _____

14 __Der Kreis__

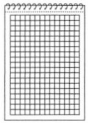 Suche dir Dinge im Klassenraum, mit deren Hilfe
du Kreise zeichnen kannst.
Zeichne sie auf ein Blockblatt.
Kannst du auch die Namen
der Dinge dazuschreiben?

__Meine Kreise__				
◯ Schüttelbecher				

Susanne Rehse / Nadine Schmid / Marietta Krenn: Wir lernen und üben Mathematik im eigenen Tempo 1/2. Illustratorin: Kornelia Weise

Name:	Datum:

Kompetenztest zur Lernstufe 3

Zeig, was du kannst!

1. Traumpaare mit 10. Ergänze!

/5

2. Schüttelboxen. Zeichne die fehlenden Kugeln ein.

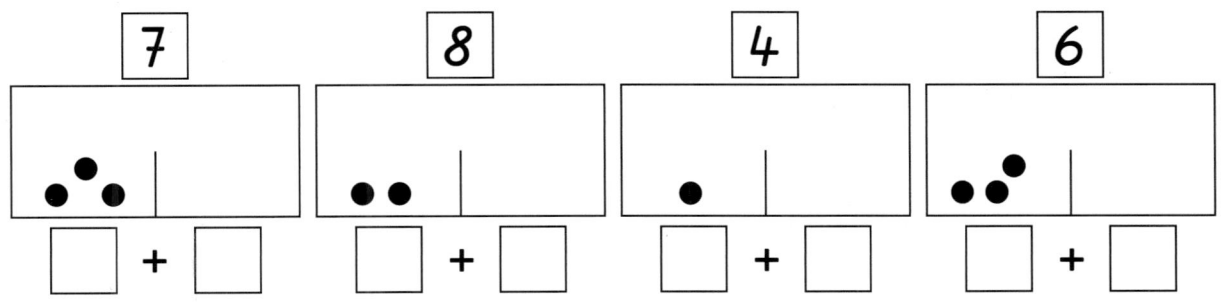

/8

3. Dschungelleiter

4. Finde je 5 verschiedene Zerlegungen!

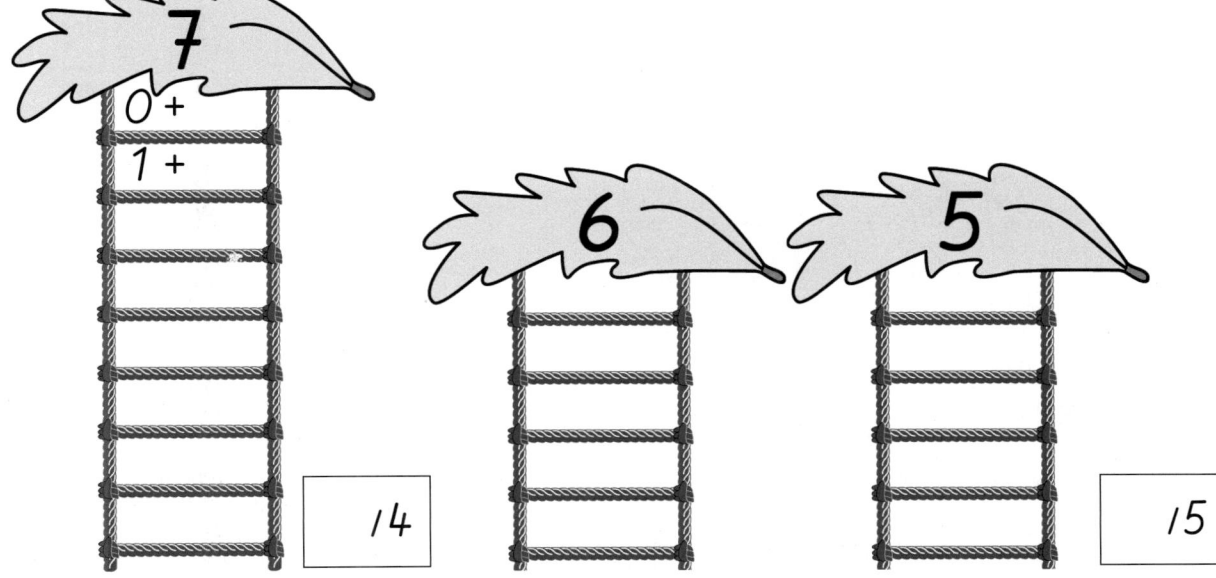

/4

/5

5. Wie viele Kugeln sind versteckt?

 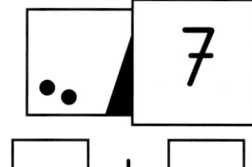

□ + □   □ + □   □ + □   □ + □

16

6. Rechendreiecke: Ergänze!

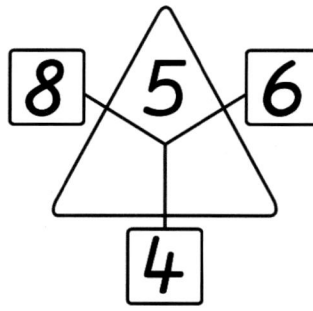 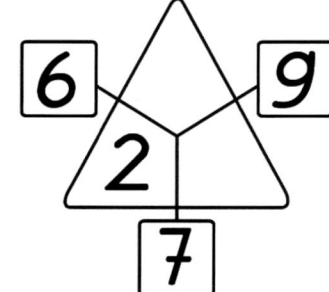 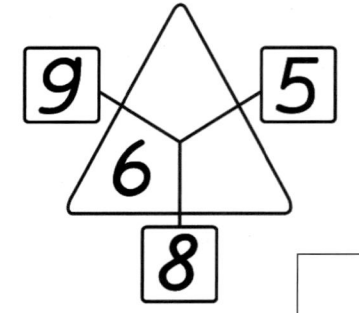

16

7. Zahlenmauern. Ergänze auf 9. Finde eine weitere Zerlegung!

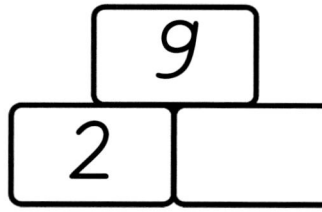 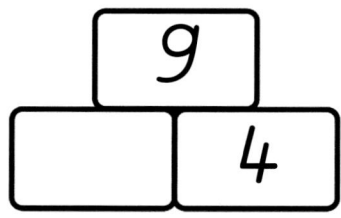 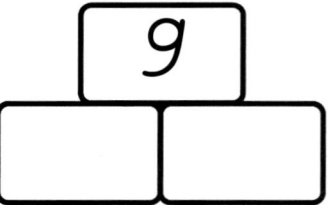

14

8. Rechne und vergleiche: >, < oder =

4 + 3 ◯ 9
_____ ◯ 9

5 + 1 ◯ 6
_____ ◯ 6

4 + 2 ◯ 5
_____ ◯ 5

7 + 3 ◯ 9
_____ ◯ 9

18

Kontrolliere nochmal alles ganz genau!

Wie hast du dich im Test gefühlt? ☺ ☺ ☹

Welche Aufgabe war am leichtesten für dich? Nummer: _____

Welche Aufgabe war am schwersten für dich? Nummer: _____

Rückmeldung zu den bearbeiteten Kompetenzen:

Aufgabe 1:	☺ ☺ ☹	Du ergänzt zur 10.
Aufgabe 2:	☺ ☺ ☹	Du zerlegst die Zahlen bis 10.
Aufgabe 3:	☺ ☺ ☹	Du schreibst Zerlegungsaufgaben geordnet auf.
Aufgabe 4:	☺ ☺ ☹	Du findest unterschiedliche Zerlegungen.
Aufgabe 5:	☺ ☺ ☹	Du ergänzt Zahlen im Kopf.
Aufgabe 6:	☺ ☺ ☹	Du löst Rechendreiecke.
Aufgabe 7:	☺ ☺ ☹	Du stellst Rechenmauern fertig.
Aufgabe 8:	☺ ☺ ☹	Du rechnest und vergleichst.

Das solltest du noch einmal üben: _____

Von 46 Punkten hast du _____ Punkte erreicht.

_____

Datum   Unterschrift der Eltern

Susanne Rehse / Nadine Schmid / Marietta Krenn: Wir lernen und üben Mathematik im eigenen Tempo 1/2. Illustratorin: Kornelia Weise

Lernstufe 4

Name:

begonnen am:

beendet am:

Hier lernst du:

Plusrechnen bis 10.

Stufenheft: Aufgaben

					erledigt
1	2	3	4	5	
6	7	8	9	10	
11	12	13	14	15	
16	17	18	19	20	
21	22				

Buch und Arbeitsheft

	S. Nr.	S. Nr.	S. Nr.	S. Nr.	erledigt
	S. Nr.	S. Nr.	S. Nr.	S. Nr.	
	S. Nr.	S. Nr.	S. Nr.	S. Nr.	

Spiele:

Extra-Kopfnuss für Super-Knobler:

Wie waren die Aufgaben für dich? Färbe ein!

leicht (grün)   mittel (gelb)   schwer (rot)

Lernstufe 4: Plusaufgaben im ersten Zehner

4.1

Lernstufenheft 4 von _____

Hier lernst du:

Plusrechnen bis 10.

Susanne Rehse / Nadine Schmid / Marietta Krenn: Wir lernen und üben Mathematik im eigenen Tempo 1/2. Illustratorin: Kornelia Weise

1 Wir rechnen plus

Plusrechnen bedeutet, dass ich etwas dazuzähle:

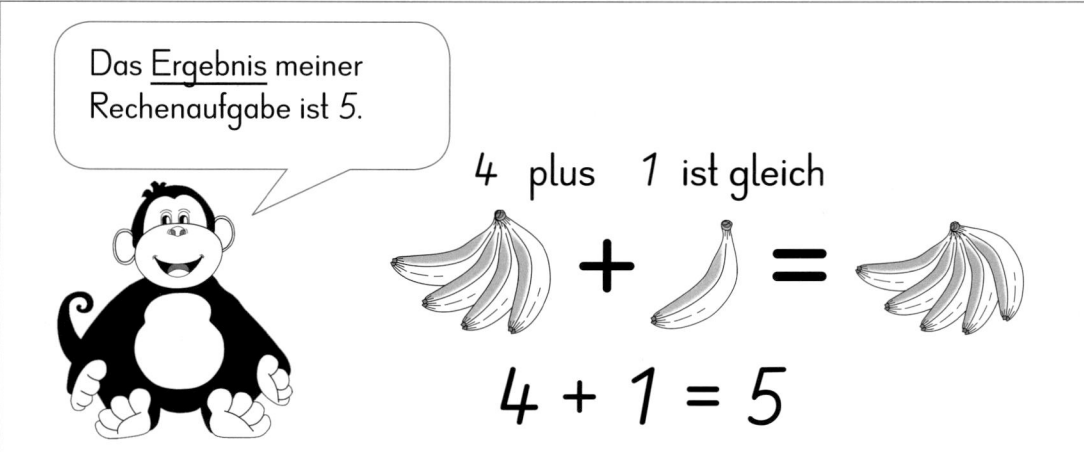

Das Ergebnis meiner Rechenaufgabe ist 5.

4 plus 1 ist gleich

4 + 1 = 5

Rechne nun selbst. Sprich dazu: … plus … ist gleich ….

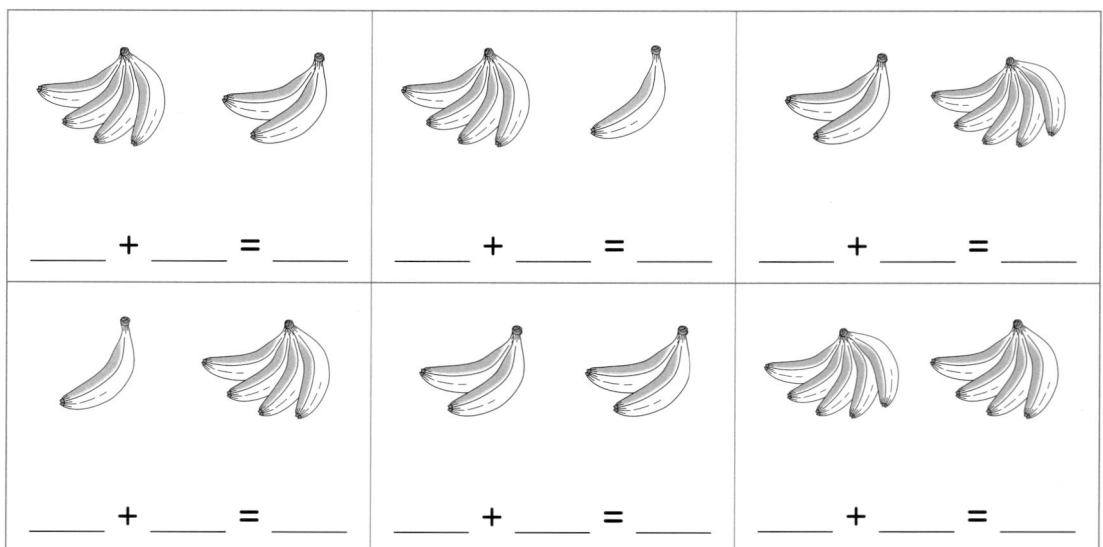

____ + ____ = ____

____ + ____ = ____

____ + ____ = ____

____ + ____ = ____

____ + ____ = ____

____ + ____ = ____

2 Plusrechnen mit dem Rechenschiffchen

Finde verschiedene Plusaufgaben mit dem Ergebnis 9:

5 + 4 = 9

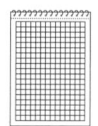

Zeichne und schreibe die Aufgaben auf deinen Block.

Susanne Rehse / Nadine Schmid / Marietta Krenn: Wir lernen und üben Mathematik im eigenen Tempo 1/2. Illustratorin: Kornelia Weise

3 Rechengeschichten

Finde eine Plusaufgabe zur Rechengeschichte.
Zeichne zu jeder Aufgabe das Punktebild dazu.

4 + 1 = 5

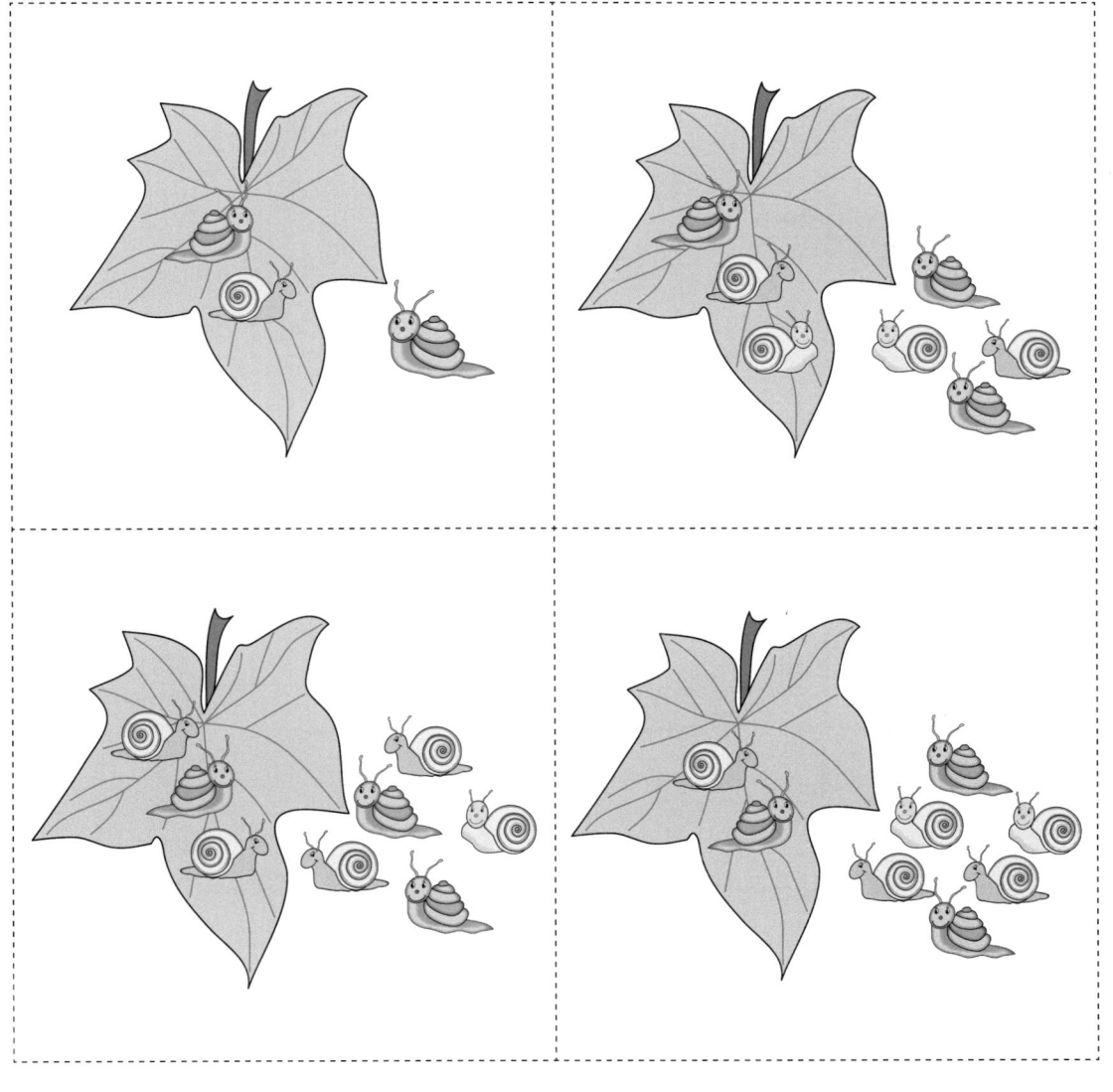

Lernstufe 4: Plusaufgaben im ersten Zehner

4.4

Rechenpalme

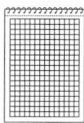 Rechne immer ein graues und ein weißes Palmenblatt zusammen. Schreibe die Aufgaben auf deinen Block.

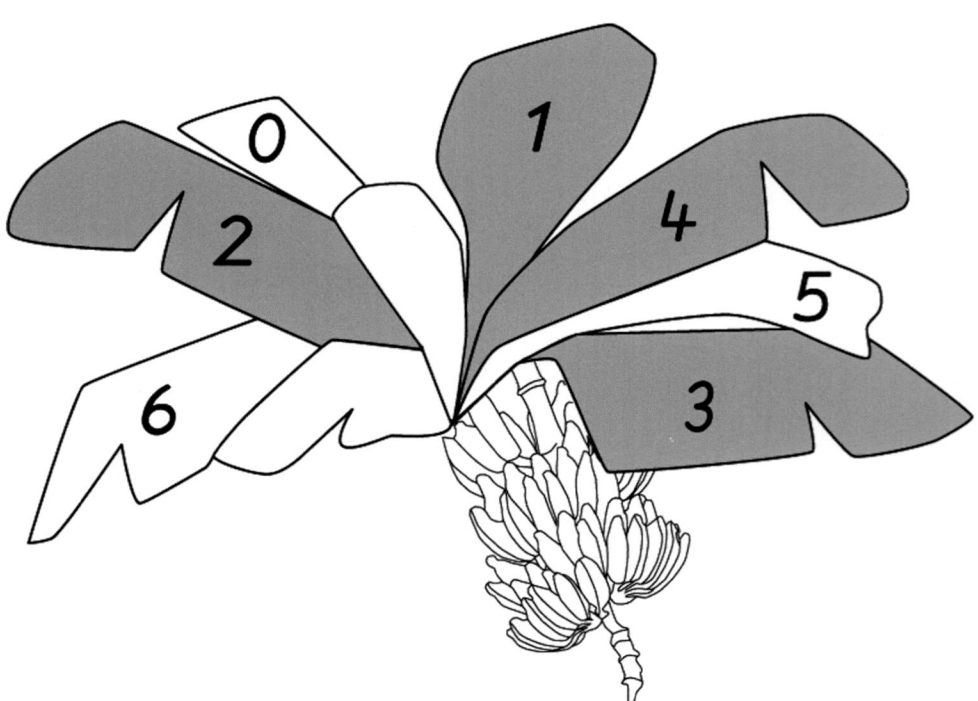

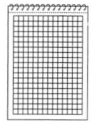 **Kettenaufgaben**

Das Ergebnis einer Aufgabe ist die erste Zahl der nächsten Aufgabe!

$1 + 2 =$ ___ ___ $+ 2 =$ ___ ___ $+ 1 =$ ___ ___ $+ 2 =$ ___ ___ $+ 2 = 10$

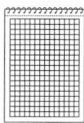 Zeichne 2 eigene Rechenschlangen mit der Schablone. Wie weit kommst du?

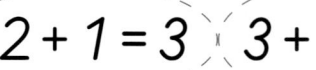 $2 + 1 = 3$ $3 +$

6 🍌 Rechentabellen

Rechentabellen sind nicht schwer!
Ich rechne die vorderste Zahl plus die
oberste Zahl.

+	1	2	3
4	4+1	4+2	4+3
5	5+1		

→

+	1	2	3
4	5		
5			

→

+	2	5	3
1	3		
0	2		
3	5		

+	3	1	2
4			
7			
6			

+	5	3	4
2			
4			
5			

+	4	2	5
3			
1			
5			

Susanne Rehse / Nadine Schmid / Marietta Krenn: Wir lernen und üben Mathematik im eigenen Tempo 1/2. Illustratorin: Kornelia Weise

7  <u>Tauschaufgaben</u>

Aufgabe und Tauschaufgabe (T:)
haben dasselbe Ergebnis.

Glaubst du Bono nicht? Drehe das Blatt um und schreibe die
passende Plusaufgabe auf!

$$— = — + —$$

$2 + 4 = \_\_$

Schreibe neben die Rechenschiffchen die passenden Aufgaben.

Aufgabe:

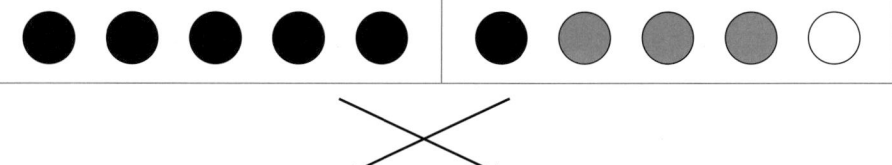

_____

Tauschaufgabe:

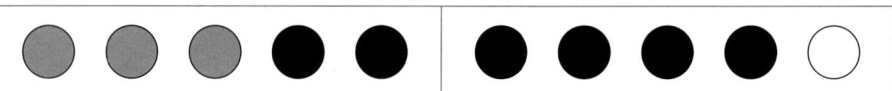

T: _____

Aufgabe:

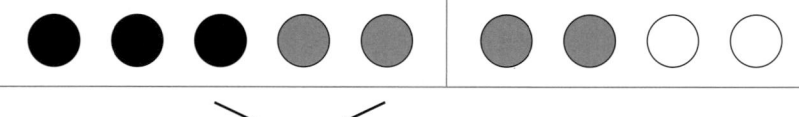

_____

Tauschaufgabe:

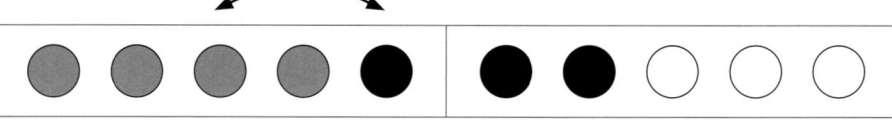

T: _____

Susanne Rehse / Nadine Schmid / Marietta Krenn: Wir lernen und üben Mathematik im eigenen Tempo 1/2. Illustratorin: Kornelia Weise

Kettenrechnungen

Rechne die Kettenrechnungen aus.
Du kannst deine Zwischenergebnisse
in den Fünfecken aufschreiben.

Hast du
das gleiche
Ergebnis?

$$1 + 2 + 2 + 1 + 2 + 1 + 1 = 1\,0$$

= = = = = =

$$2 + 2 + 2 + 2 + 2 = 1\,0$$

= = = =

 Nun bist du dran. Erfinde vier Kettenaufgaben mit dem
Ergebnis 9 auf deinem Block.

 Für Rechenkönige:
Erfinde selbst Kettenaufgaben.
Wie weit kommst du?

 Tauschaufgaben zeichnen

Male die passende Tauschaufgabe! Rechne!

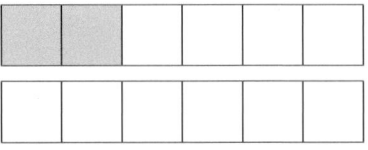

__ + __ = __

T: __ + __ = __

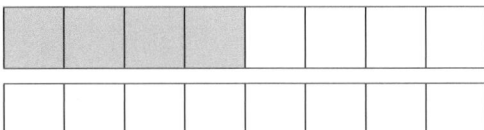

__ + __ = __

T: __ + __ = __

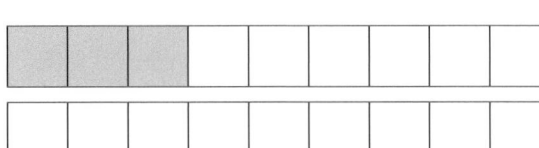

__ + __ = __

T: __ + __ = __

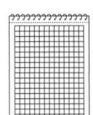 Zeichne eigene Aufgaben mit Tauschaufgaben auf deinen Block
(mindestens 3 verschiedene).
Schreibe die richtigen Rechenaufgaben dazu.

Susanne Rehse / Nadine Schmid / Marietta Krenn: Wir lernen und üben Mathematik im eigenen Tempo 1/2. Illustratorin: Kornelia Weise

10 **Zahlenmauern**

 Kannst du die hohen Zahlenmauern auch lösen?
Denke daran: die unteren beiden Steine ergeben den Stein darüber.

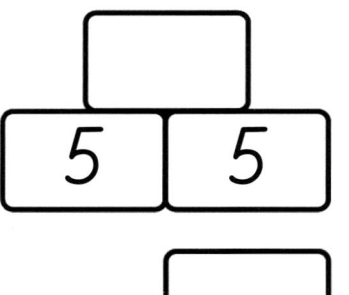
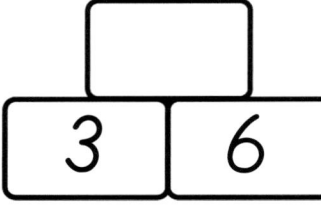
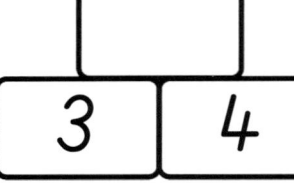

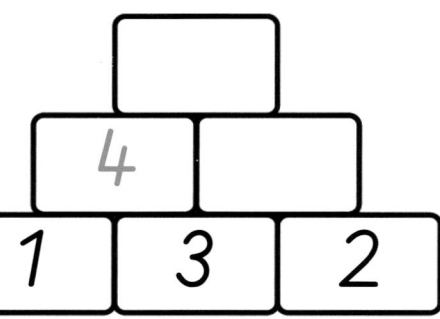
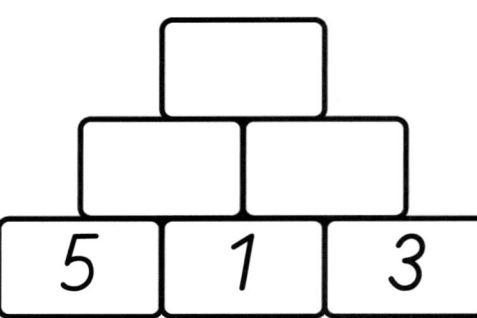

 Zeichne zwei Zahlenmauern auf den Block.
Verwende diese Grundsteine:

| 3 | 2 | 3 | | 1 | 1 | 6 |

Finde eine eigene Zahlenmauer.

 11 **Rechnen mit Würfeln**

 Schau genau! Jeder Würfel hat sein eigenes Bild.

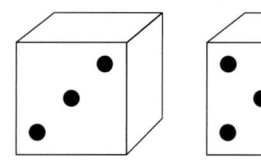
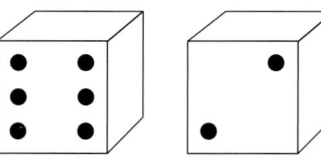
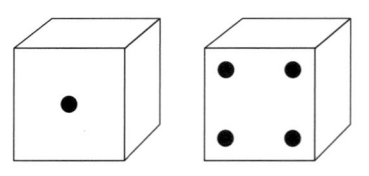

3 + 5 = __   __ + __ = __   __ + __ = __
T: 5 + 3 = __   T: __ + __ = __   T: __ + __ = __

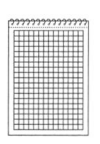 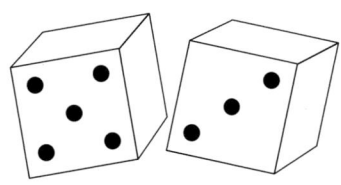 Würfle mit zwei Würfeln. Schreibe
10 Plusaufgaben und die passenden
Tauschaufgaben auf.

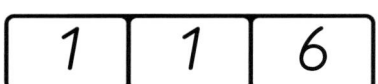

Lernstufe 4: Plusaufgaben im ersten Zehner

4.9

Susanne Rehse / Nadine Schmid / Marietta Krenn: Wir lernen und üben Mathematik im eigenen Tempo 1/2. Illustratorin: Kornelia Weise

12 🍌 Aufgabenfolgen

Ich lege immer eins dazu!

	$6 + 1 = 7$
	$6 + 2 = \_\_$
	$6 + 3 = \_\_$
	$6 + 4 = \_\_$

$3 + 1 =$

$3 + 2 =$

$3 + 3 =$

$3 + 4 =$

$3 + 5 =$

$5 + 1 =$

$5 + 2 =$

$5 + 3 =$

$5 + 4 =$

$5 + 5 =$

$2 + \ \ 1 =$

$2 + \ \ 2 =$

$2 + \ \ 3 =$

$2 + \_\_ =$

$2 + \_\_ =$

Mir fällt was auf. Dir auch?

 Überlege dir eine Aufgabenfolge mit der Zahl 4.
Hast du Lust, weitere Aufgabenfolgen zu erfinden?

13 🍌 Muster

Welche beiden Muster sind gleich? Male sie an!

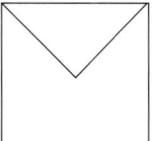 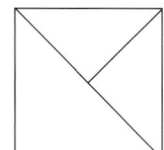 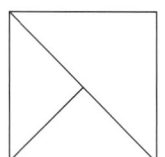 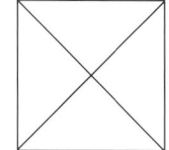 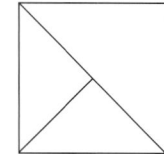 

Susanne Rehse / Nadine Schmid / Marietta Krenn: Wir lernen und üben Mathematik im eigenen Tempo 1/2. Illustratorin: Kornelia Weise

14 🍌 Wir ergänzen mithilfe der Rechenwaage.

Fehlt eine Zahl in einer Gleichung, hilft mir die Rechenwaage.

Bei einer <u>Gleichung</u> sind beide Seiten <u>gleichwertig</u>. Zeichne die fehlenden Kugeln in die Waage.

$$4 + \underline{} = 6$$

4 plus wie viel ist gleich 6

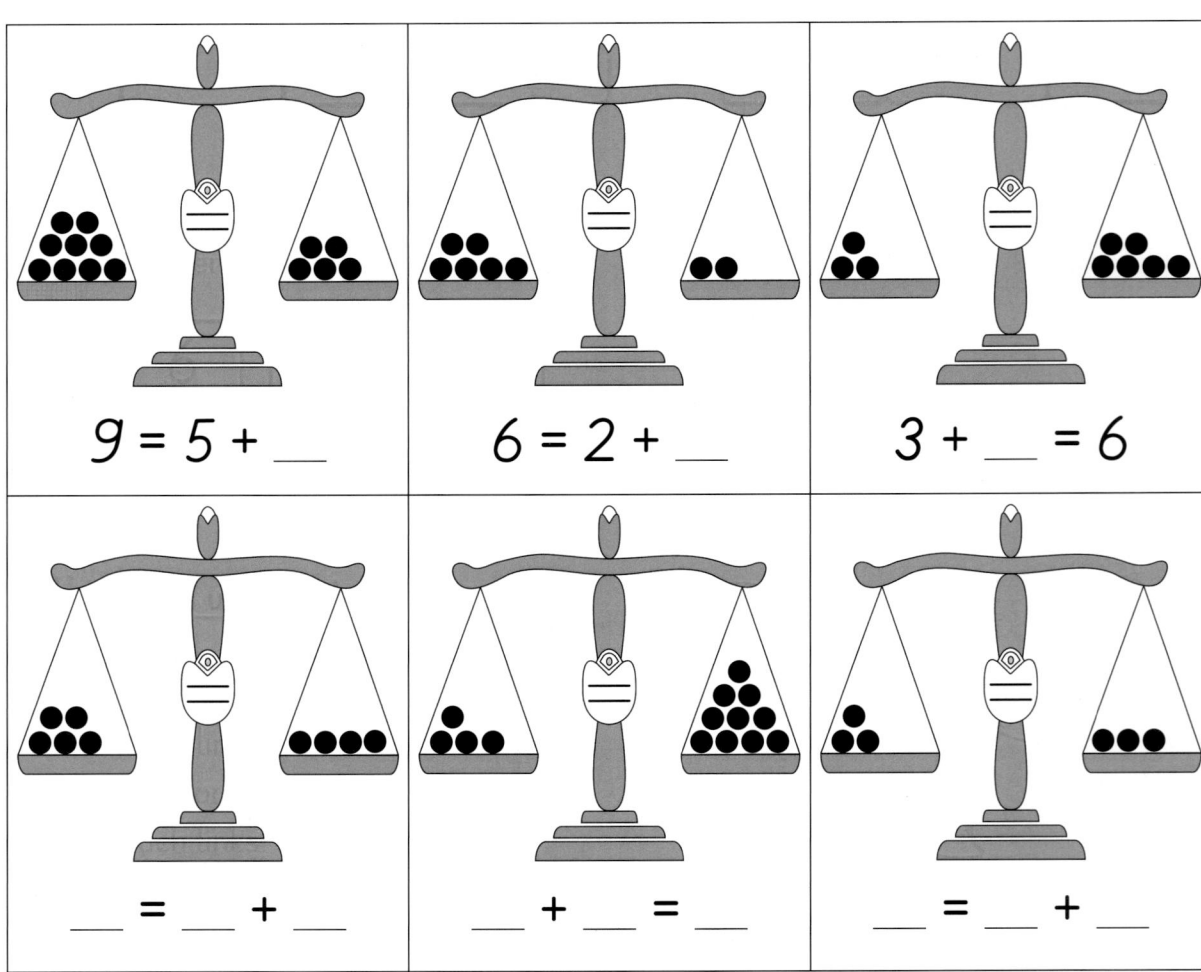

$$9 = 5 + \underline{}$$

$$6 = 2 + \underline{}$$

$$3 + \underline{} = 6$$

$$\underline{} = \underline{} + \underline{}$$

$$\underline{} + \underline{} = \underline{}$$

$$\underline{} = \underline{} + \underline{}$$

Susanne Rehse / Nadine Schmid / Marietta Krenn: Wir lernen und üben Mathematik im eigenen Tempo 1/2. Illustratorin: Kornelia Weise

Susanne Rehse / Nadine Schmid / Marietta Krenn: Wir lernen und üben Mathematik im eigenen Tempo 1/2. Illustratorin: Kornelia Weise

15 Sachrechnen: Wir finden Plusgeschichten

 Ich rechne mit den Schmetterlingen.
Dazu male ich alle Schmetterlinge <u>rot</u> an und schreibe
meine Rechnung in der gleichen Farbe auf meinen Block.
R: 2 + 3 = 5

Finde im Bild 6 weitere Plusaufgaben. Erzähle zum Bild und male die
Dinge in der gleichen Farbe an. Schreibe deine Rechnungen auf den Block.
Verwende zum Ausmalen verschiedene Farben!

16 <u>Diese Aufgaben können wir schon rechnen!</u>
Stoppe die Zeit! Wie schnell bist du?

5 + 3 = __	9 + __ = 10	4 + 6 = __
9 + 1 = __	6 + __ = 9	4 + 4 = __
2 + __ = 3	3 + 2 = __	6 + 1 = __
5 + __ = 7	5 + __ = 6	6 + 3 = __
8 + 1 = __	3 + 3 = __	2 + __ = 4
4 + __ = 8	4 + __ = 5	7 + __ = 10
7 + __ = 8	1 + __ = 2	6 + __ = 10
2 + 1 = __	7 + 3 = __	7 + 1 = __
2 + __ = 8	5 + 2 = __	7 + 2 = __
5 + __ = 10	3 + 4 = __	3 + __ = 4
3 + __ = 8	1 + 1 = __	2 + 2 = __
1 + __ = 10	6 + 4 = __	2 + 6 = __
1 + 9 = __	3 + __ = 9	1 + __ = 7
1 + __ = 3	2 + 3 = __	1 + 6 = __

Ich habe für diese 42 Aufgaben _____ Minuten

und _____ Sekunden gebraucht.

17 <u>Platzhalter in Kettenaufgaben</u>

Denke an die Rechenwaage!

2 + 3 + __ = 7   10 = 2 + __ + 6

4 + __ + 6 = 10   2 + 2 + __ = 8

9 = 5 + 1 + __   5 + __ + 2 = 9

Susanne Rehse / Nadine Schmid / Marietta Krenn: Wir lernen und üben Mathematik im eigenen Tempo 1/2. Illustratorin: Kornelia Weise

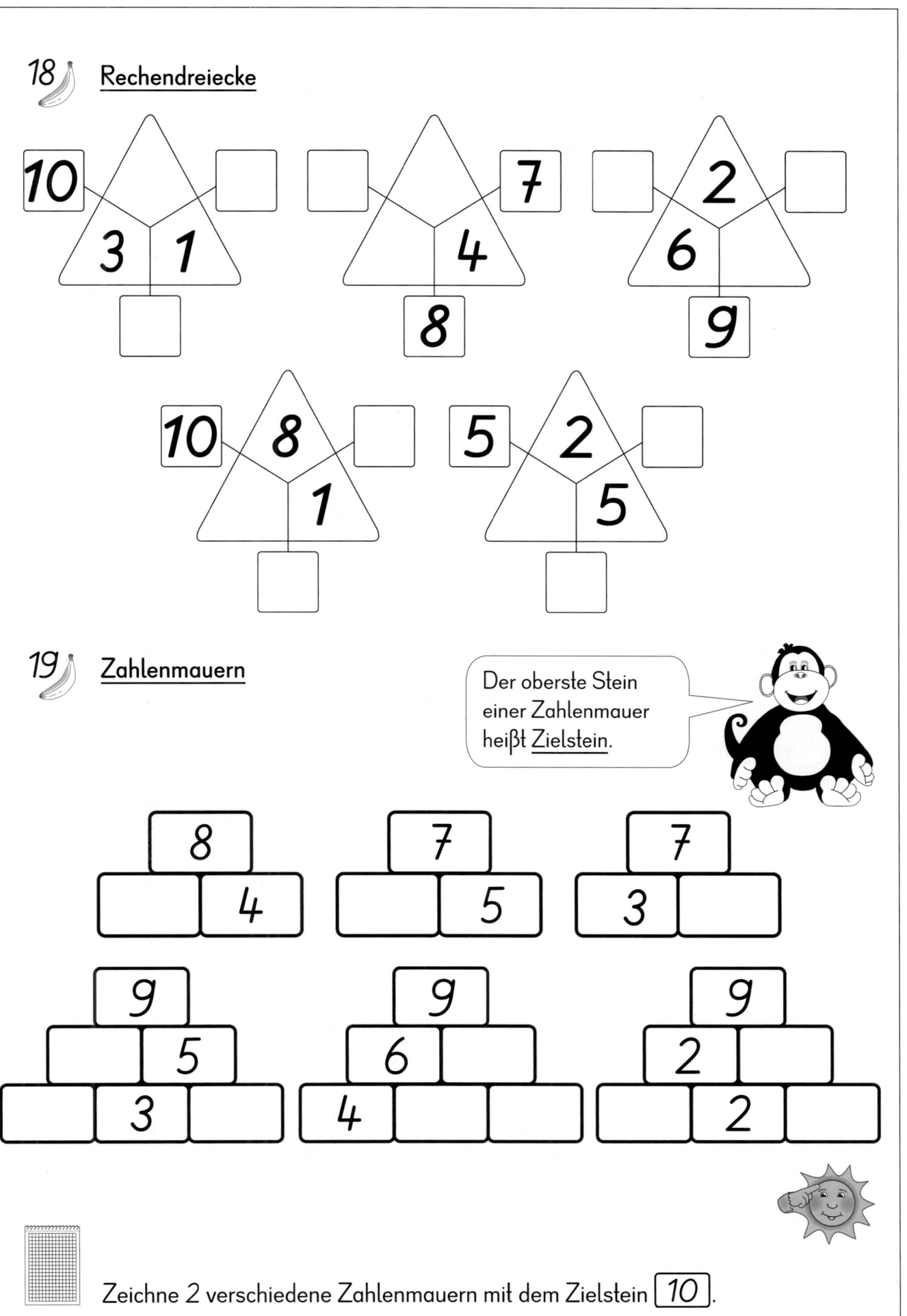

18 🍌 <u>Rechendreiecke</u>

19 🍌 <u>Zahlenmauern</u>

Der oberste Stein einer Zahlenmauer heißt <u>Zielstein</u>.

Zeichne 2 verschiedene Zahlenmauern mit dem Zielstein ☐10☐.

Susanne Rehse / Nadine Schmid / Marietta Krenn: Wir lernen und üben Mathematik im eigenen Tempo 1/2. Illustratorin: Kornelia Weise

20 <u>Sechser-Pack</u>

Bilde aus den verschiedenen Zahlenkarten die Aufgaben.
Du darfst die Kärtchen mehrfach benutzen.

| 2 | 5 | 4 | 3 | | 6 | 0 | 3 | 2 |

	+		=	5
	+		=	6
	+		=	7
	+		=	7
	+		=	8
	+		=	9

	+		=	2
	+		=	3
	+		=	5
	+		=	6
	+		=	8
	+		=	9

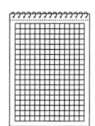 Bilde aus den Zahlenkärtchen
Aufgaben. Findest du alle sechs
Möglichkeiten <u>ohne Tauschaufgaben</u>?

| 3 | 5 | 1 | 4 |

 21 <u>Lange Kettenaufgaben: Das Ergebnis ist immer 10.</u>

1 + 2 + 5 + __ + 1 = 10
2 + 1 + __ + 2 + 1 = 10
2 + 2 + 2 + __ + 2 = 10

22 Rechengeschichten

Zu jeder Rechengeschichte gehört immer eine

Frage   F:

Rechnung   R:

und eine   Antwort   A:

Es sitzen drei Schmetterlinge auf der Blume.
Zwei Schmetterlinge fliegen noch hinzu.

F: Wie viele Schmetterlinge sitzen **jetzt** auf der Blume?

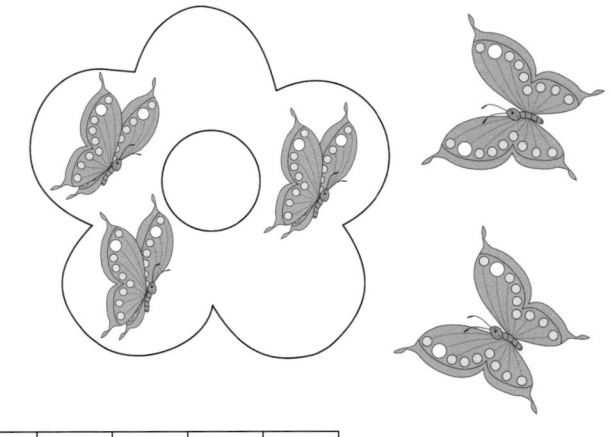

R: ☐☐☐☐☐☐☐☐

A: Es sitzen **jetzt** ___ Schmetterlinge auf der Blume.

Bono hat 4 Bananen. Er holt sich noch
2 Bananen von der Palme.

F: Wie viele Bananen hat Bono **nun**?

R: ☐☐☐☐☐☐☐

A: Bono hat **nun** _____.

Name:	Datum:

Kompetenztest zur Lernstufe 4

Zeig, was du kannst!

1. Finde zu den Bildern passende Plusaufgaben!

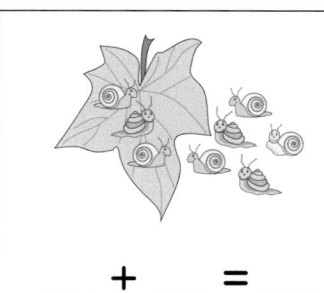

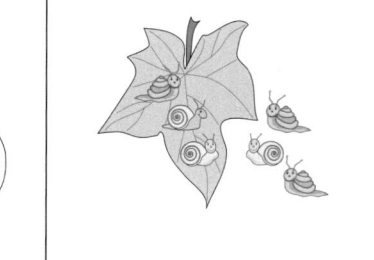

__ + __ = __   _____   _____

/3

2. Ergänzen: Denke an die Rechenwaage!

9 = 5 + __	3 + __ = 7	8 = 2 + __

/3

10 = 2 + __ + 4	3 + 2 + __ = 9

/4

3. Aufgabenfolgen: Rechne aus und schreibe *3* weitere Rechnungen dazu!

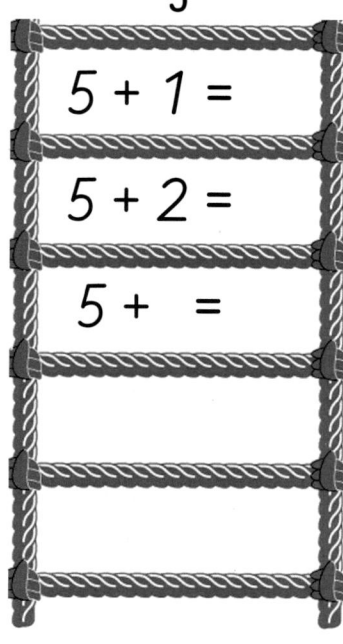

5 + 1 =

5 + 2 =

5 + =

4. Zahlenmauern

a)

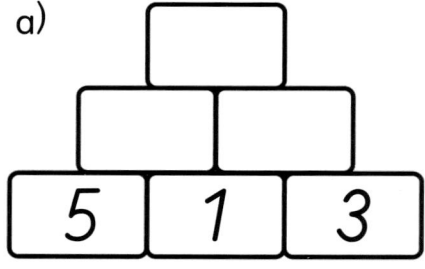

b)

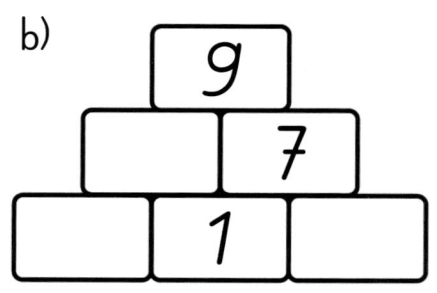

/4

/3

/6

Susanne Rehse / Nadine Schmid / Marietta Krenn: Wir lernen und üben Mathematik im eigenen Tempo 1/2. Illustratorin: Kornelia Weise

5. Bilde die Tauschaufgabe und rechne aus!

1 + 6 = __	4 + 5 = __	3 + 7 = __
T: _____	T: _____	T: _____

/6

6. Löse die Rechentabelle!

+	2	5		4
4				
5				
1				

/12

7. Rechengeschichte

Es sitzen drei Schmetterlinge auf der Blume. 4 Schmetterlinge fliegen noch hinzu.

F: Wie viele Schmetterlinge sitzen **nun** auf der Blume?

R: | | | | | | | |

A: Es sitzen **nun** _____ Schmetterlinge auf der Blume.

/4

Susanne Rehse / Nadine Schmid / Marietta Krenn: Wir lernen und üben Mathematik im eigenen Tempo 1/2. Illustratorin: Kornelia Weise

Kontrolliere nochmal
alles ganz genau!

Wie hast du dich im Test gefühlt? ☺ 😐 ☹

Welche Aufgabe war am leichtesten für dich? Nummer: _____

Welche Aufgabe war am schwersten für dich? Nummer: _____

Rückmeldung zu den bearbeiteten Kompetenzen:

Aufgabe 1:	☺ 😐 ☹	Du findest zu Bildern passende Plusaufgaben.
Aufgabe 2:	☺ 😐 ☹	Du ergänzt Platzhalteraufgaben korrekt.
Aufgabe 3:	☺ 😐 ☹	Du findest Aufgabenfolgen.
Aufgabe 4a:	☺ 😐 ☹	Du löst Zahlenmauern richtig.
Aufgabe 4b:	☺ 😐 ☹	Du löst Zahlenmauern mit Platzhaltern richtig.
Aufgabe 5:	☺ 😐 ☹	Du bildest die richtigen Tauschaufgaben.
Aufgabe 6:	☺ 😐 ☹	Du löst einfache Rechentabellen ohne Platzhalter richtig.
Aufgabe 7:	☺ 😐 ☹	Du findest die passende Rechnung zur Rechengeschichte und vervollständigst den Antwortsatz korrekt.

Das solltest du noch einmal üben: _____

Von 45 Punkten hast du _____ Punkte erreicht.

_____
Datum   Unterschrift der Eltern

Susanne Rehse / Nadine Schmid / Marietta Krenn: Wir lernen und üben Mathematik im eigenen Tempo 1/2. Illustratorin: Kornelia Weise

Lernstufe 5

Name:

begonnen am:

beendet am:

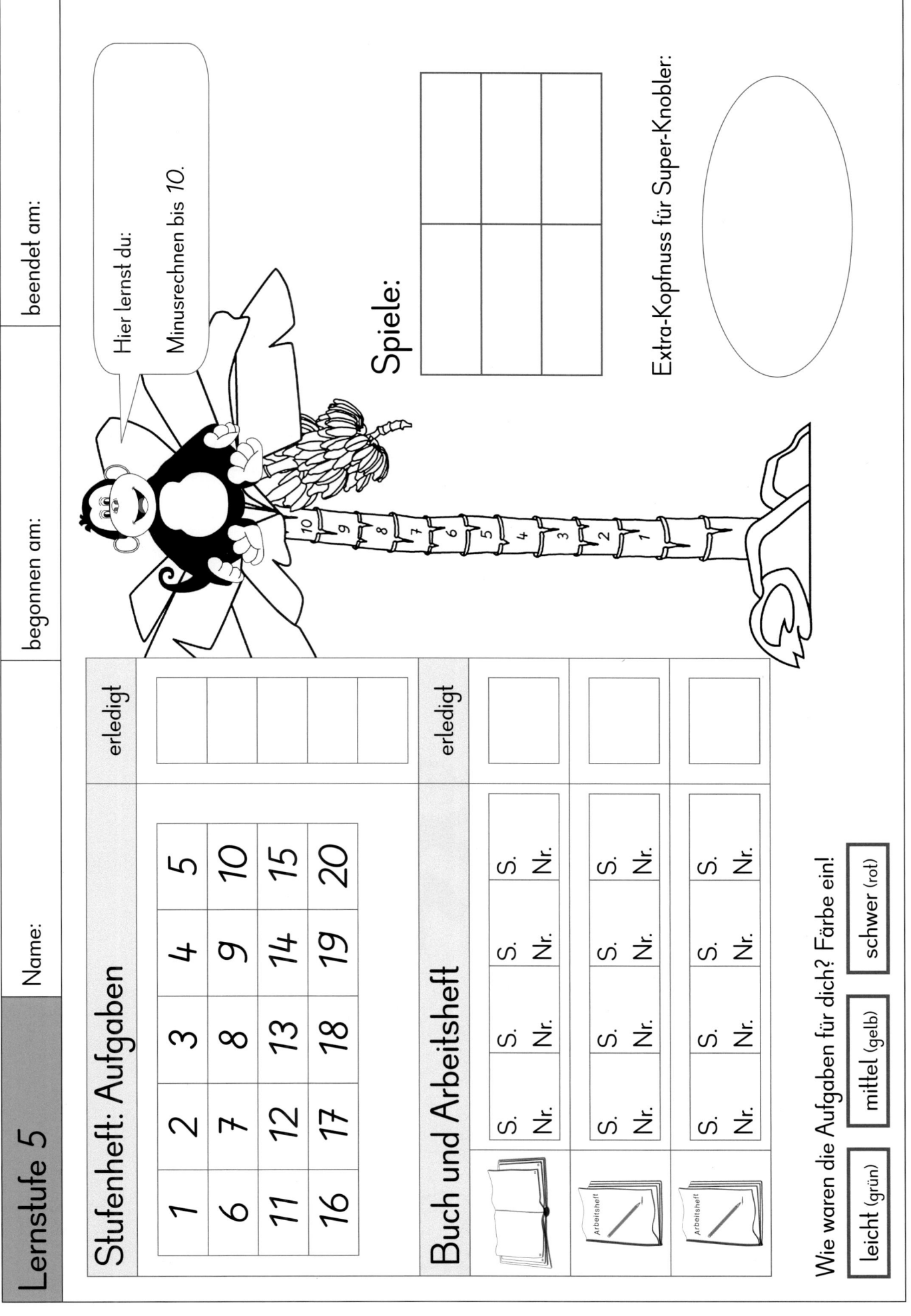

Hier lernst du:

Minusrechnen bis 10.

Spiele:

Extra-Kopfnuss für Super-Knobler:

Stufenheft: Aufgaben

erledigt

1	2	3	4	5
6	7	8	9	10
11	12	13	14	15
16	17	18	19	20

Buch und Arbeitsheft

erledigt

	S.	S.	S.
	Nr.	Nr.	Nr.
Arbeitsheft	S.	S.	S.
	Nr.	Nr.	Nr.
Arbeitsheft	S.	S.	S.
	Nr.	Nr.	Nr.

Wie waren die Aufgaben für dich? Färbe ein!

| leicht (grün) | mittel (gelb) | schwer (rot) |

Susanne Rehse / Nadine Schmid / Marietta Krenn: Wir lernen und üben Mathematik im eigenen Tempo 1/2. Illustratorin: Kornelia Weise

Lernstufenheft 5 von _____

10
9
8
7
6
5
4
3
2
1

Hier lernst du:

Minusrechnen bis 10.

Susanne Rehse / Nadine Schmid / Marietta Krenn: Wir lernen und üben Mathematik im eigenen Tempo 1/2. Illustratorin: Kornelia Weise

Wir rechnen minus

Minusrechnen bedeutet, dass ich etwas wegnehme:

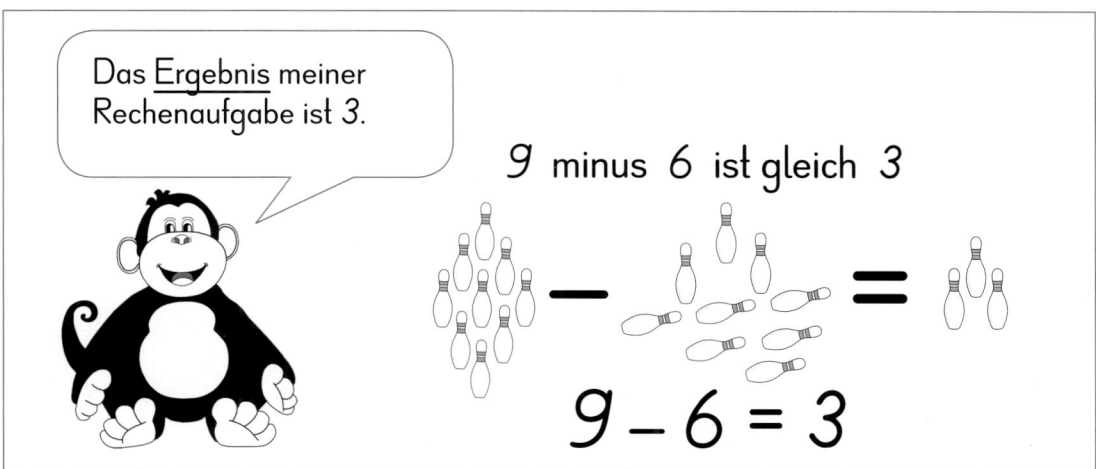

Rechne nun selbst. Sprich dazu: … minus … ist gleich ….

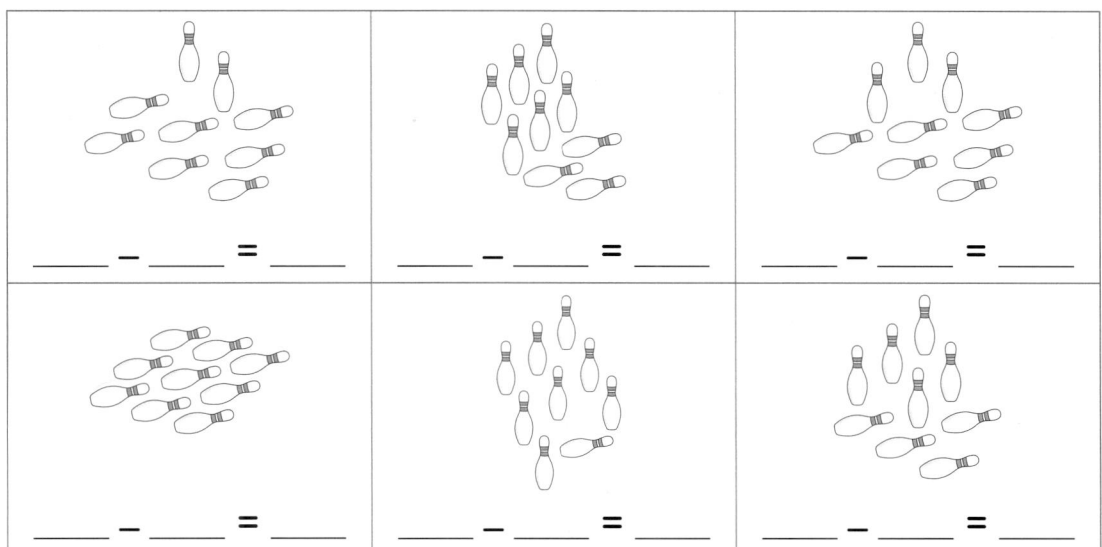

 Minusrechnen mit dem Rechenschiffchen

Finde verschiedene Minusaufgaben. Rechne mit *10* Plättchen.

$$10 - 4 = 6$$

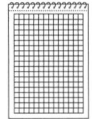 Zeichne und schreibe die Aufgaben auf deinen Block.

Susanne Rehse / Nadine Schmid / Marietta Krenn: Wir lernen und üben Mathematik im eigenen Tempo 1/2. Illustratorin: Kornelia Weise

3 Rechengeschichten

Finde eine Minusaufgabe zur Rechengeschichte.
Zeichne zu jeder Aufgabe das Punktebild dazu.

Das Ergebnis
meiner
Rechenaufgabe
ist 2.

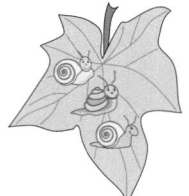 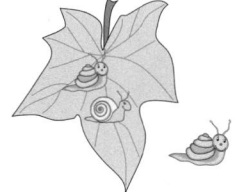 

3 minus 1 ist gleich 2

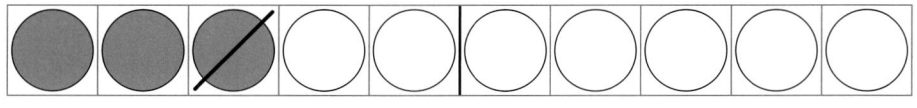

3 – 1 = 2

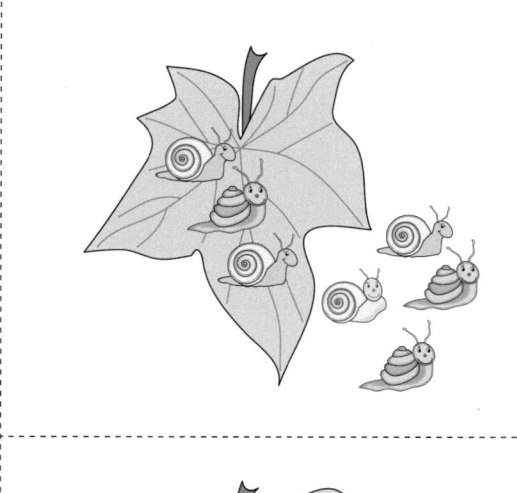 

 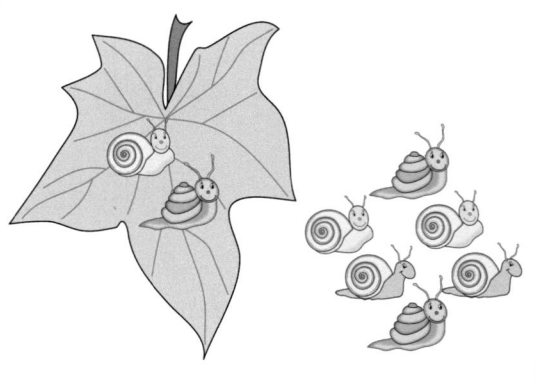

 ## 4 🍌 Rechenpalme

Rechne immer von einem weißen Palmenblatt ein graues Blatt weg.
Schreibe die Aufgaben auf deinen Block.

5 🍌 Kettenaufgaben

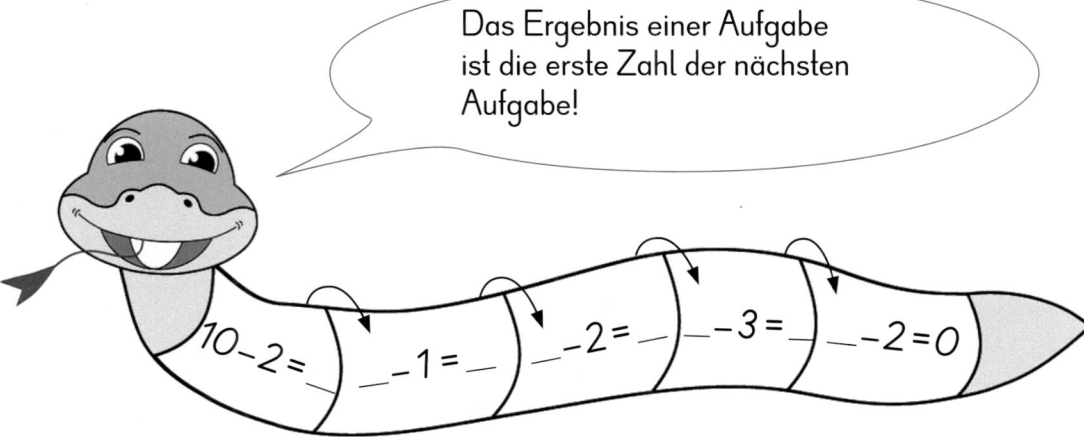

Das Ergebnis einer Aufgabe ist die erste Zahl der nächsten Aufgabe!

$10 - 2 = \_\_\_ \_\_\_ - 1 = \_\_\_ \_\_\_ - 2 = \_\_\_ \_\_\_ - 3 = \_\_\_ \_\_\_ - 2 = 0$

 Zeichne 2 eigene Rechenschlangen mit der Schablone.
Wie weit kommst du?

$9 - 1 = 8 \quad 8 -$

Susanne Rehse / Nadine Schmid / Marietta Krenn: Wir lernen und üben Mathematik im eigenen Tempo 1/2. Illustratorin: Kornelia Weise

6 Rechentabellen

Rechentabellen sind nicht schwer!
Ich rechne die vorderste Zahl minus
die oberste Zahl.

−	1	2	3
4	4−1	4−2	4−3
5	5−1		

→

−	1	2	3
4	3		
5			

−	1	0	2
2	1		
5	4		
3	2		

−	3	1	2
4			
7			
6			

−	2	3	4
5			
4			
6			

−	4	2	5
8			
9			
10			

Susanne Rehse / Nadine Schmid / Marietta Krenn: Wir lernen und üben Mathematik im eigenen Tempo 1/2. Illustratorin: Kornelia Weise

7 Kettenrechnungen

Rechne die Kettenrechnungen aus.
Du kannst deine Zwischenergebnisse
in den Fünfecken aufschreiben.

Hast du
das gleiche
Ergebnis?

$$9 - 2 - 2 - 1 - 2 - 1 - 1 = 0$$

= | = | = | = | = | =

$$10 - 2 - 2 - 2 - 2 = 2$$

= | = | = | =

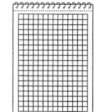 Nun bist du dran. Erfinde vier Kettenaufgaben. Beginne mit
der Zahl 8. Das Ergebnis soll immer 1 sein.

 Für Rechenkönige:
Erfinde selbst Kettenaufgaben.
Mit welcher Zahl startest du?

 8 Rechnen mit Würfeln

Denke daran: Große Zahl
minus kleine Zahl!

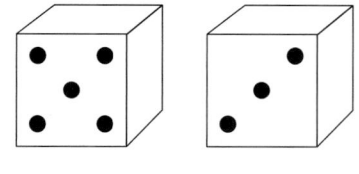
$$5 - 3 = \_$$

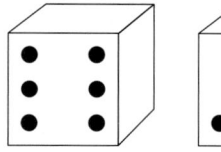
$$\_ - \_ = \_$$

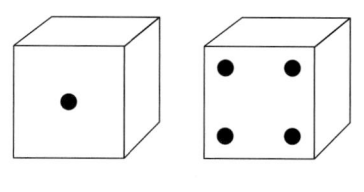
$$\_ - \_ = \_$$

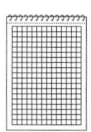 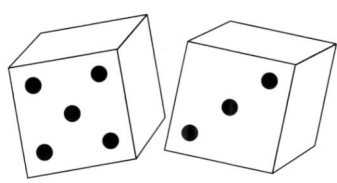 Würfle mit zwei Würfeln. Schreibe
10 Minusaufgaben auf.

Susanne Rehse / Nadine Schmid / Marietta Krenn: Wir lernen und üben Mathematik im eigenen Tempo 1/2. Illustratorin: Kornelia Weise

Susanne Rehse / Nadine Schmid / Marietta Krenn: Wir lernen und üben Mathematik im eigenen Tempo 1/2. Illustratorin: Kornelia Weise / Fische: Liliane Oser

9 <u>Zahlenmauern</u>

Kannst du die hohen Zahlenmauern auch lösen?
Denke daran: der Zielstein minus einem Grundstein ergibt den zweiten Grundstein daneben.

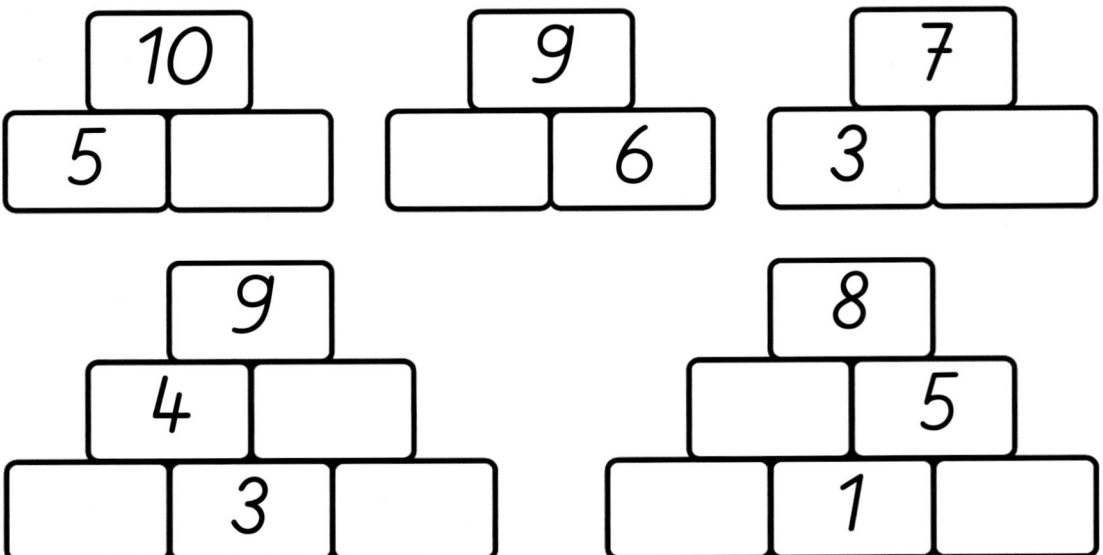

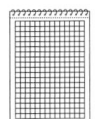 Zeichne drei Zahlenmauern auf den Block.
Verwende diese Zielsteine:

Finde eine eigene Zahlenmauer.

10 <u>Links und rechts</u>

Wie viele Fische schwimmen nach links?
Antwort: ____ Fische schwimmen nach links.

Wie viele Fische schwimmen nach rechts?
Antwort: ____ Fische schwimmen nach rechts.

11 🍌 Aufgabenfolgen

Ich nehme immer eins weg!

$10 - 1 = 9$

$10 - 2 = \underline{}$

$10 - 3 = \underline{}$

$10 - 4 = \underline{}$

Mir fällt was auf. Dir auch?

$5 - 1 = \underline{}$	$8 - 1 = \underline{}$	$7 - 1 = \underline{}$
$5 - 2 = \underline{}$	$8 - 2 = \underline{}$	$7 - 2 = \underline{}$
$5 - 3 = \underline{}$	$8 - 3 = \underline{}$	$7 - 3 = \underline{}$
$5 - \underline{} = \underline{}$	$8 - \underline{} = \underline{}$	$7 - \underline{} = \underline{}$
$5 - \underline{} = \underline{}$	$\underline{} - \underline{} = \underline{}$	$\underline{} - \underline{} = \underline{}$

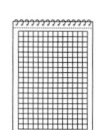 Überlege dir eine Aufgabenfolge mit der Zahl 6.
Hast du Lust, weitere Aufgabenfolgen zu erfinden?

Susanne Rehse / Nadine Schmid / Marietta Krenn: Wir lernen und üben Mathematik im eigenen Tempo 1/2. Illustratorin: Kornelia Weise

12 <u>Wir rechnen minus mithilfe der Rechenwaage.</u>

Fehlt eine Zahl in einer Gleichung, hilft mir die Rechenwaage.

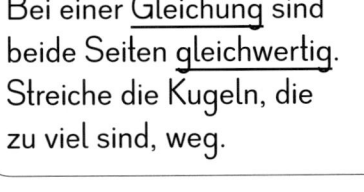

Bei einer <u>Gleichung</u> sind beide Seiten gleichwertig. Streiche die Kugeln, die zu viel sind, weg.

$$6 - \underline{} = 4$$

6 minus wie viel ist gleich 4

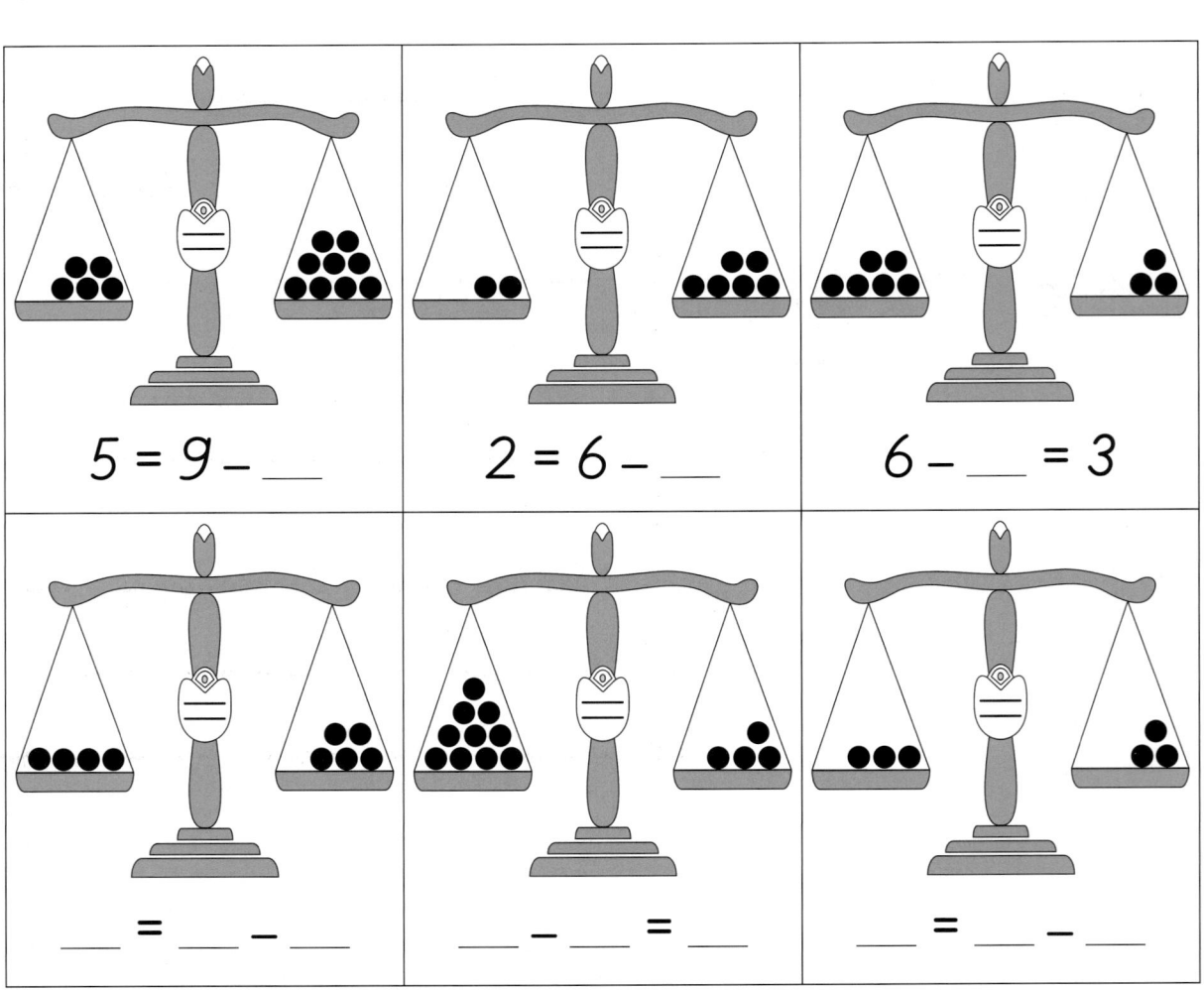

$$5 = 9 - \underline{}$$

$$2 = 6 - \underline{}$$

$$6 - \underline{} = 3$$

$$\underline{} = \underline{} - \underline{}$$

$$\underline{} - \underline{} = \underline{}$$

$$\underline{} = \underline{} - \underline{}$$

Susanne Rehse / Nadine Schmid / Marietta Krenn: Wir lernen und üben Mathematik im eigenen Tempo 1/2. Illustratorin: Kornelia Weise

13 🍌 Sachrechnen: Wir finden Minusgeschichten

Ich rechne mit den Kokosnüssen.
Dazu male ich alle Kokosnüsse <u>blau</u> an und
schreibe meine Rechnung in der gleichen Farbe
auf meinen Block.

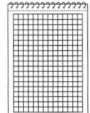 Finde im Bild 7 weitere Minusaufgaben. Erzähle zum Bild und male die
Dinge in der gleichen Farbe an. Schreibe deine Rechnungen auf den Block.
Verwende zum Ausmalen verschiedene Farben!

14 Diese Aufgaben können wir schon rechnen!

Stoppe die Zeit! Wie schnell bist du?

Denke an die Rechenwaage!

10 – 9 = __	1 – 1 = __	8 – __ = 8
3 – 2 = __	9 – 8 = __	4 – 3 = __
2 – 1 = __	8 – 4 = __	10 – 1 = __
6 – 4 = __	2 – __ = 2	2 – 2 = __
10 – 7 = __	8 – 5 = __	8 – 3 = __
10 – 4 = __	10 – 6 = __	7 – 5 = __
9 – 7 = __	7 – __ = 4	6 – 6 = __
5 – 5 = __	6 – 3 = __	10 – 3 = __
2 – __ = 1	7 – 1 = __	7 – 4 = __
8 – 2 = __	7 – 2 = __	4 – 2 = __
4 – 4 = __	10 – __ = 3	4 – __ = 0
8 – __ = 0	7 – 0 = __	5 – 2 = __
9 – 1 = __	9 – 3 = __	9 – __ = 6
5 – __ = 4	3 – 1 = __	7 – 6 = __

Ich habe für diese 42 Aufgaben ____ Minuten
und ____ Sekunden gebraucht.

15 Lange Kettenaufgaben

7 – 3 – 2 = __	6 – 3 – 1 – 2 = __
10 – 2 – 2 – 2 = __	8 – 2 – 4 – 1 = __
9 – 1 – 2 – 1 = __	5 – 1 – 2 – 1 = __

Lernstufe 5: Minusaufgaben im ersten Zehner

5.12

Susanne Rehse / Nadine Schmid / Marietta Krenn: Wir lernen und üben Mathematik im eigenen Tempo 1/2. Illustratorin: Kornelia Weise

16 Rechendreiecke

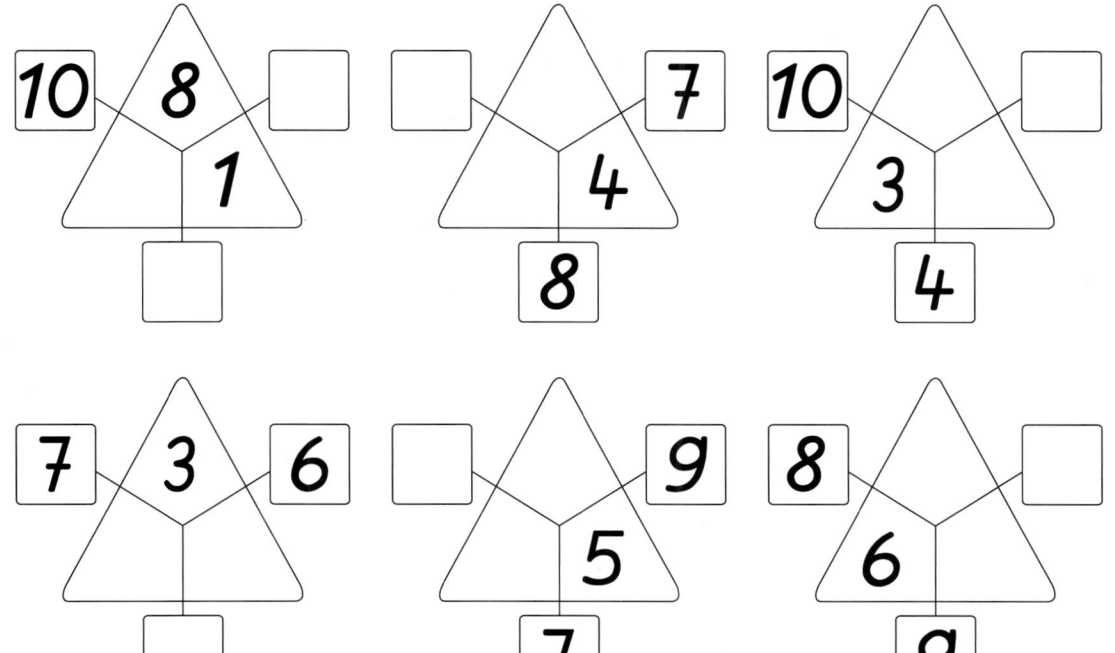

 17 Zahlenmauern mit gleichen Zielsteinen

Der oberste Stein einer Zahlenmauer heißt <u>Zielstein</u>. Mein Zielstein ist immer 9.

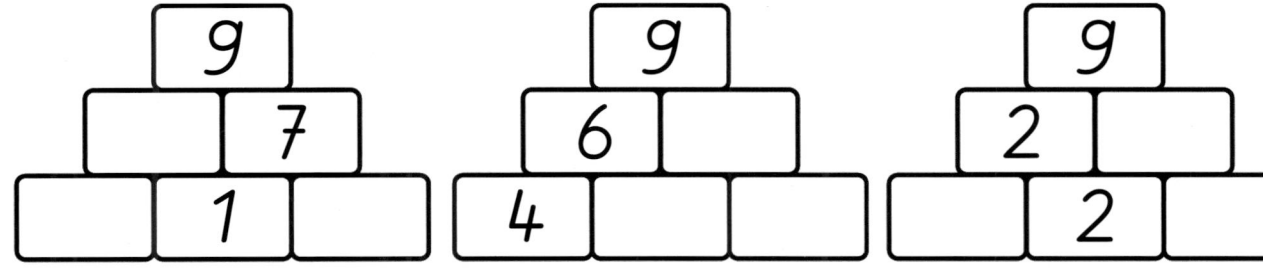

 Zeichne 3 verschiedene Zahlenmauern mit dem Zielstein | 10 |.

Susanne Rehse / Nadine Schmid / Marietta Krenn: Wir lernen und üben Mathematik im eigenen Tempo 1/2. Illustratorin: Kornelia Weise

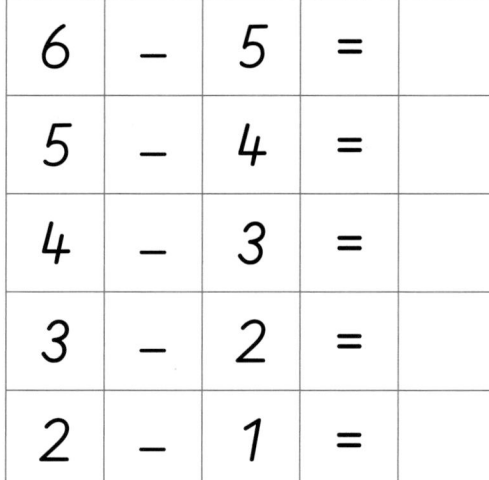

18 🍌 Entdeckerpäckchen

Ich habe etwas entdeckt. Du auch?

6	–	5	=
5	–	4	=
4	–	3	=
3	–	2	=
2	–	1	=

9	–	6	=
8	–	5	=
7	–	4	=
6	–	3	=
5	–	2	=

Die erste Zahl wird um _____ kleiner.

Die zweite Zahl wird _____.

Das Ergebnis _____.

5	–	=	5
6	–	=	4
7	–	=	3
8	–	=	2
9	–	=	1

Die erste Zahl wird

um _____ größer.

Das Ergebnis _____

_____.

Die zweite Zahl wird

_____.

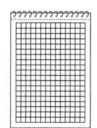 Erfinde zwei eigene Entdeckerpäckchen. Schreibe auch die Regel dazu auf!

Denke an die Rechenwaage!

19 🍌 Lange Kettenaufgaben: Das Ergebnis ist immer 0.

$$10 - 2 - 4 - 2 - \underline{} = 0$$
$$10 - 1 - 3 - 5 - \underline{} = 0$$
$$10 - 5 - 1 - 4 - \underline{} = 0$$

Susanne Rehse / Nadine Schmid / Marietta Krenn: Wir lernen und üben Mathematik im eigenen Tempo 1/2. Illustratorin: Kornelia Weise

20 🍌 Rechengeschichten

Denke an   **Frage**   F:
             Rechnung   R:
und eine   **Antwort**   A:

Vorher waren 5 Schmetterlinge auf der Blume.

___ Schmetterlinge fliegen weg.

F: Wie viele Schmetterlinge bleiben auf der Blume?

R: | | | | | | | | |
|---|---|---|---|---|---|---|---|

A: Es bleiben ___ Schmetterlinge auf der Blume.

Es waren ___ Bananen an der Palme.
Bono holt sich ___ Bananen von der Palme.

F: Wie viele Bananen hängen jetzt **noch** an der Palme?

R: | | | | | | | |
|---|---|---|---|---|---|---|

A: Es hängen **noch** _____

_____ .

Susanne Rehse / Nadine Schmid / Marietta Krenn: Wir lernen und üben Mathematik im eigenen Tempo 1/2. Illustratorin: Kornelia Weise

© 2017 Cornelsen Verlag GmbH, Berlin. Alle Rechte vorbehalten. Die Vervielfältigung dieser Seite ist für den eigenen Unterrichtsgebrauch gestattet. Für inhaltliche Veränderungen durch Dritte übernimmt der Verlag keine Verantwortung.

Susanne Rehse / Nadine Schmid / Marietta Krenn: Wir lernen und üben Mathematik im eigenen Tempo 1/2. Illustratorin: Kornelia Weise

Name:	Datum:

Kompetenztest zur Lernstufe 5

Zeig, was du kannst!

1. Finde zu den Bildern passende Minusaufgaben!

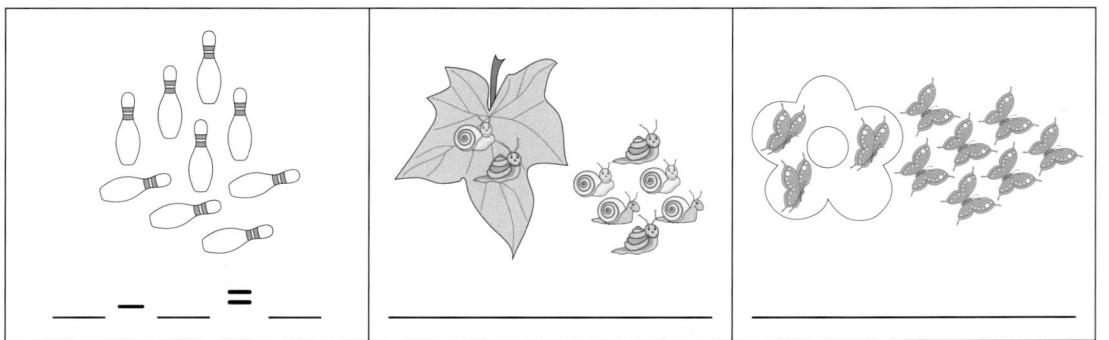

__ – __ = __

_____

_____

/ 3

2. Vermindern: Denke an die Rechenwaage!

| $3 = 5 - \underline{}$ | $9 - \underline{} = 6$ | $7 = 10 - \underline{}$ | / 3 |

| $7 - 3 - \underline{} = 2$ | $9 - 4 - \underline{} = 3$ | / 4 |

3. Aufgabenfolgen: Rechne aus und schreibe 3 weitere Rechnungen dazu!

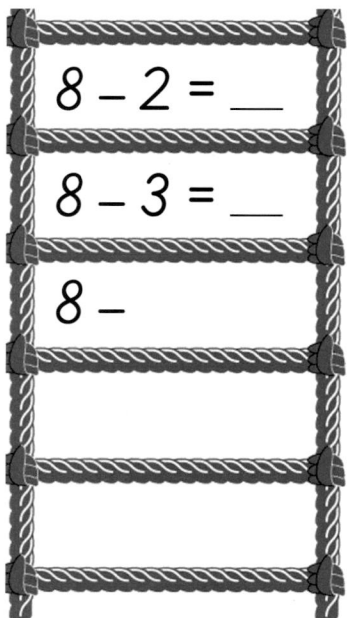

$8 - 2 = \underline{}$

$8 - 3 = \underline{}$

$8 - $

/ 4

4. Zahlenmauern

a)

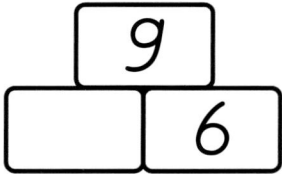

b)

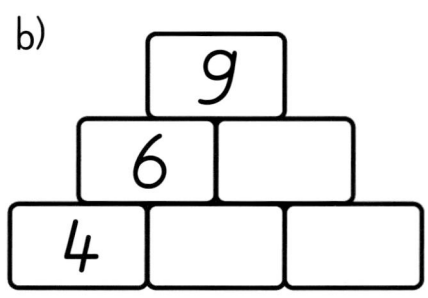

/ 4

5. Löse die Rechentabelle!

–	4	3	7	2
8				
9				
10				

/12

6. Kettenrechnung:

a) Schreibe dir die Zwischenergebnisse auf!

9 – 1 – 3 – 0 – 2 – 2 – 0 =

=   =   =   =   =

/3

b) Du schaffst es auch ohne Zwischenergebnisse!

| 8 – 2 – 4 – 1 = __ | 9 – 1 – 4 – 2 = __ |

/6

7. Rechengeschichte

Es waren ___ Bananen an der Palme.
Bono holt sich ___ Bananen von der Palme.

F: Wie viele Bananen hängen jetzt <u>noch</u> an der Palme?

R:

A: Es hängen _____

_____ .

/4

Susanne Rehse / Nadine Schmid / Marietta Krenn: Wir lernen und üben Mathematik im eigenen Tempo 1/2. Illustratorin: Kornelia Weise

Kontrolliere nochmal alles ganz genau!

Wie hast du dich im Test gefühlt? ☺ 😐 ☹

Welche Aufgabe war am leichtesten für dich? Nummer: _____

Welche Aufgabe war am schwersten für dich? Nummer: _____

Rückmeldung zu den bearbeiteten Kompetenzen:

Aufgabe 1:	☺ 😐 ☹	Du findest zu Bildern passende Minusaufgaben.
Aufgabe 2:	☺ 😐 ☹	Du berechnest Platzhalteraufgaben korrekt.
Aufgabe 3:	☺ 😐 ☹	Du findest Aufgabenfolgen.
Aufgabe 4:	☺ 😐 ☹	Du löst Zahlenmauern richtig.
Aufgabe 5:	☺ 😐 ☹	Du löst einfache Rechentabellen ohne Platzhalter richtig.
Aufgabe 6:	☺ 😐 ☹	Du rechnest Kettenaufgaben mit Minus fehlerfrei.
Aufgabe 7:	☺ 😐 ☹	a) Du ergänzt die Rechengeschichte richtig zum Bild.
	☺ 😐 ☹	b) Du findest die passende Minusaufgabe.
	☺ 😐 ☹	c) Du vervollständigst den Antwortsatz korrekt.

Das solltest du noch einmal üben: _____

Von 43 Punkten hast du _____ Punkte erreicht.

_____
Datum   Unterschrift der Eltern

Lernstufe 6

Name:

begonnen am:

beendet am:

Hier lernst du:

Tauschaufgaben, Umkehraufgaben und Aufgabenfamilien bis 10 kennen.

Spiele:

Extra-Kopfnuss für Super-Knobler:

Stufenheft: Aufgaben

				erledigt
1	2	3	4	5
6	7	8	9	10
11	12	13	14	15

Buch und Arbeitsheft

		erledigt
S. Nr.	S. Nr.	
S. Nr.	S. Nr.	
S. Nr.	S. Nr.	

Wie waren die Aufgaben für dich? Färbe ein!

leicht (grün)	mittel (gelb)	schwer (rot)

Lernstufenheft 6 von _____

Susanne Rehse / Nadine Schmid / Marietta Krenn: Wir lernen und üben Mathematik im eigenen Tempo 1/2. Illustratorin: Kornelia Weise

Hier lernst du:

Tauschaufgaben, Umkehraufgaben und Aufgabenfamilien bis 10 kennen.

<u>Umkehraufgaben (U):</u>

Ich kegle. *3* Kegel fallen um.
4 Kegel bleiben stehen.
Mit wie vielen Kegeln habe ich gespielt?

Mithilfe der Umkehraufgabe kannst du Platzhalter einfach lösen:

Ich stelle die Kegel wieder auf und kehre die Rechnung um:

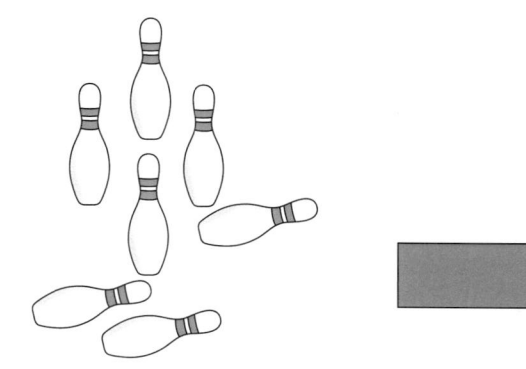

___ − 3 = 4

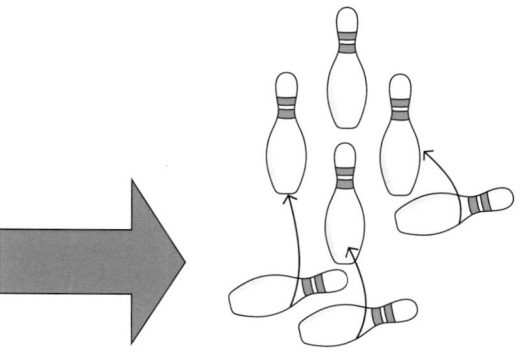

U: 4 + 3 = ___

Aus <u>Minus</u> wird nun <u>Plus</u>.

<u>Mein Merkspruch:</u>
Ist ganz vorn die Rechnung leer,
rechne ich von hinten her!

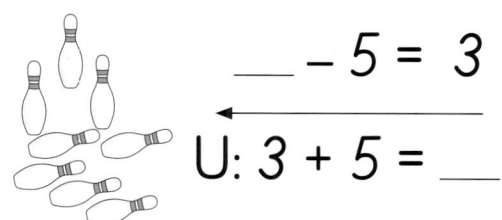

___ − 5 = 3
U: 3 + 5 = ___

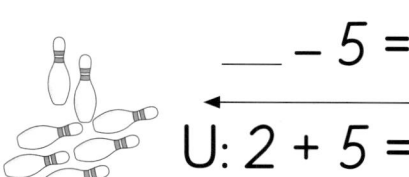

___ − 5 = 2
U: 2 + 5 = ___

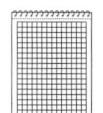 Spiele mit Kegeln!
Schreibe *8* Aufgaben und ihre Umkehraufgaben auf!

Susanne Rehse / Nadine Schmid / Marietta Krenn: Wir lernen und üben Mathematik im eigenen Tempo 1/2. Illustratorin: Kornelia Weise

2  <u>Bananenparty</u>

 Überlege dir verschiedene $\boxed{+}$ und $\boxed{-}$ Aufgaben
mit der Zahl 6.
Wie viele Aufgaben findest du?

3  <u>Nachbaraufgaben</u>

$$\underline{4} + 3 =$$

$$5 + \underline{2} = \qquad \leftarrow \qquad \underline{5} + \underline{3} = 8 \qquad \rightarrow \qquad 5 + \underline{4} =$$

$$\underline{6} + 3 = 9$$

Was fällt dir auf?
↑ Die erste Zahl wird nach oben hin
um 1 _____ .
↓ Die erste Zahl wird nach unten hin
um ___ _____ .

← Die zweite Zahl wird nach
links um ___ _____ .
→ Die zweite Zahl wird nach
rechts um ___ _____ .

$$\_\_ + \_\_ = \_\_$$

$$\_\_ + \_\_ = \_\_ \qquad \leftarrow \qquad \underline{2} + \underline{3} = \_\_ \qquad \rightarrow \qquad \_\_ + \_\_ = \_\_$$

$$\_\_ + \_\_ = \_\_$$

$$\_\_ - \_\_ = \_\_$$

$$\_\_ - \_\_ = \_\_ \qquad \leftarrow \qquad \underline{6} - \underline{2} = \_\_ \qquad \rightarrow \qquad \_\_ - \_\_ = \_\_$$

$$\_\_ - \_\_ = \_\_$$

 Schreibe die Aufgaben $\boxed{3 + 6 = \_\_}$ und $\boxed{8 - 4 = \_\_}$ auf
deinen Block. Finde die Nachbaraufgaben dazu.

4 🍌 __Geld: Rechnen mit dem Euro__

Kennst du dein Geld?
Wir bezahlen mit Münzen und Scheinen.
Damit wir nicht immer „Euro" schreiben
müssen, gibt es
dafür das Euro-Zeichen: €

Schreibe das Euro-Zeichen eine Zeile lang:

€ € €

Hier siehst du Bonos Euromünzen und Euroscheine.
Wie viel Euro sind die einzelnen Münzen und Scheine wert?
Beschrifte!

Rechengeld: © ECB

_____ € _____   _____   _____

Wie viel Euro sind es? Rechne das Geld zusammen!

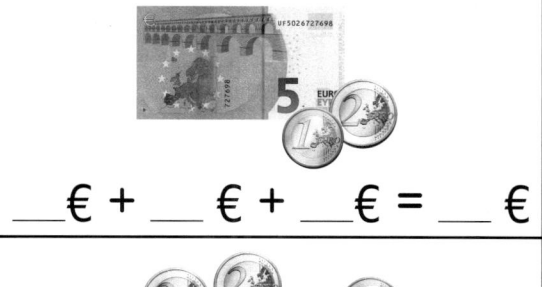

__ € + __ € + __ € = __ €

_____

Rechengeld: © ECB

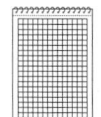 Zeichne Euroscheine und Münzen auf deinen Block.
Rechne zusammen!
Scheine und Münzen zeichnen wir so:
Tipp: Verwende deine Schablone!

   5€ 10€

Susanne Rehse / Nadine Schmid / Marietta Krenn: Wir lernen und üben Mathematik im eigenen Tempo 1/2. Illustratorin: Kornelia Weise

5 <u>Schau genau</u>

 Finde in den Zahlen Plus- und Minusaufgaben!

(4 – 2 = 2)	9	6	1	5
8	9	5	4	8	2	(9
1	9	3	5	4	8	=
						6
9	7	6	1	4	5	+
3	4	2	8	5	2	3)
						7

 6 <u>Umkehraufgaben gehen in beide Richtungen</u>

Aus | Minus wird Plus | aus | Plus wird Minus | .

5 + 3 = __   7 – 3 = __   9 + 1 = __
U: –   =   U: +   =   U:
_____   _____   _____
5 + 5 = __   9 – 4 = __   8 – 2 = __
U: U: U:
_____   _____   _____
4 + 6 = __   10 – 6 = __   4 + 4 = __
U: U: U:
_____   _____   _____
6 + 4 = __   9 – 7 = __   3 + 3 = __
U: U: U:
_____   _____   _____
7 + 0 = __   7 – 6 = __   6 – 6 = __
U: U: U:
_____   _____   _____
3 + 2 = __   10 – 3 = __   2 + 8 = __
U: U: U:
_____   _____   _____

Susanne Rehse / Nadine Schmid / Marietta Krenn: Wir lernen und üben Mathematik im eigenen Tempo 1/2. Illustratorin: Kornelia Weise

7 **Rechenbefehle**

Beschrifte den Pfeil so, dass der Befehl stimmt.

2 $\xrightarrow{+1}$ 3	5 $\xrightarrow{-1}$ 4	4 $\longrightarrow$ 8
4 $\longrightarrow$ 6	6 $\longrightarrow$ 2	6 $\longrightarrow$ 3
6 $\longrightarrow$ 8	8 $\longrightarrow$ 5	7 $\longrightarrow$ 10
5 $\longrightarrow$ 9	9 $\longrightarrow$ 6	8 $\longrightarrow$ 4
3 $\longrightarrow$ 7	7 $\longrightarrow$ 3	10 $\longrightarrow$ 5
4 $\longrightarrow$ 8	6 $\longrightarrow$ 1	4 $\longrightarrow$ 5
3 $\longrightarrow$ 10	4 $\longrightarrow$ 4	3 $\longrightarrow$ 3

 8 **Rechenbefehle**

Denke dir selbst noch *10* Aufgaben mit Rechenbefehl aus.
Schreibe sie auf.
Benutze für den Pfeil dein Lineal.

Susanne Rehse / Nadine Schmid / Marietta Krenn: Wir lernen und üben Mathematik im eigenen Tempo 1/2. Illustratorin: Kornelia Weise

9 🍌 <u>Auf dem Dschungelmarkt</u>

Obst und Gemüse

Ich gehe auf dem Dschungelmarkt einkaufen.
Wie viel Euro muss ich bezahlen?
Rechne aus!

1 €   6 €   3 €

In meinem Einkaufskorb liegen eine Kokosnuss und zwei Bananen.

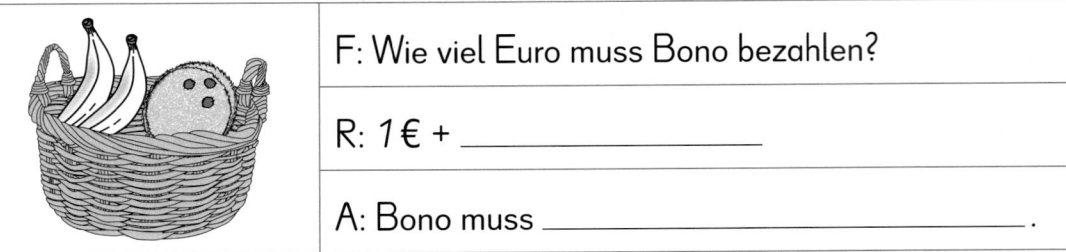

F: Wie viel Euro muss Bono bezahlen?
R: 1 € + _____
A: Bono muss _____.

In meinem Einkaufskorb liegen eine Ananas und eine Kokosnuss.

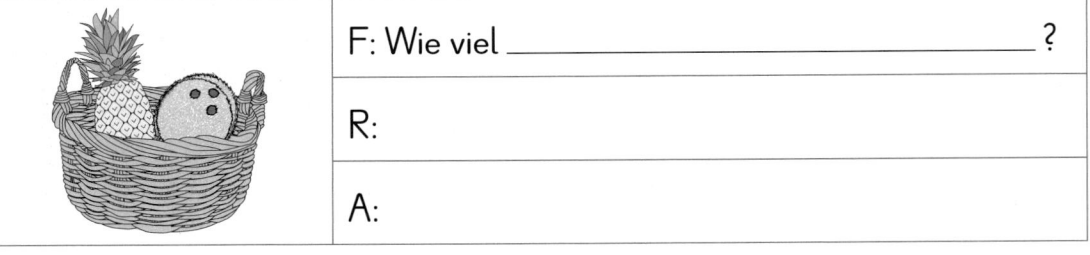

F: Wie viel _____ ?
R:
A:

<u>Was kaufst du ein?</u>
In meinem Einkaufskorb liegen _____ und

_____.

F:
R:
A:

Kaufe auch du auf dem Dschungelmarkt ein!
Finde 2 verschiedene Aufgaben. Male, was du einkaufst.
Schreibe Frage, Rechnung und Antwort auf.

Susanne Rehse / Nadine Schmid / Marietta Krenn: Wir lernen und üben Mathematik im eigenen Tempo 1/2. Illustratorin: Kornelia Weise

Verwandte Aufgaben: Plumi (3 Zahlen – 4 Aufgaben)

Aus **drei** Zahlen kannst du vier verschiedene Aufgaben bilden. Denke immer an die Tausch- und an die Umkehraufgaben!

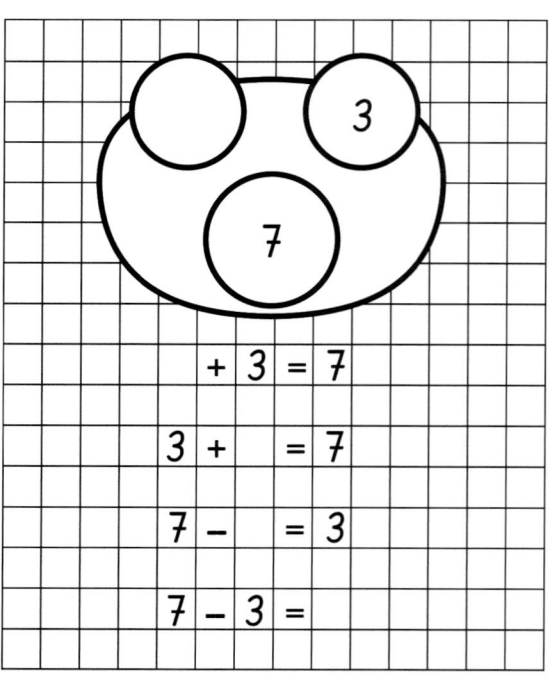

$$+\ 3\ =\ 7$$

$$3\ +\ \quad =\ 7$$

$$7\ -\ \quad =\ 3$$

$$7\ -\ 3\ =$$

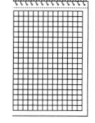 Nun bist du dran:

Erfinde deine eigenen Plumis. Zeichne und schreibe sie auf deinen Block.

Susanne Rehse / Nadine Schmid / Marietta Krenn: Wir lernen und üben Mathematik im eigenen Tempo 1/2. Illustratorin: Kornelia Weise

Susanne Rehse / Nadine Schmid / Marietta Krenn: Wir lernen und üben Mathematik im eigenen Tempo 1/2. Illustratorin: Kornelia Weise

11 🍌 Wiederholung: Rechentricks

Kannst du dich noch an die Tauschaufgabe (T:)
und an die Umkehraufgabe (U:) erinnern?

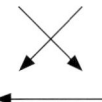

__ + 3 = 7	4 + 6 = __	2 + 7 = __
U: _____	T: _____	T: _____
2 + 3 = __	__ − 6 = 1	__ + 5 = 9
T: _____	U: _____	U: _____

Zu jeder Aufgabe gibt es eine Tauschaufgabe
und eine Umkehraufgabe: 1 + 8 = __

T: 8 + _____
U: __ − 8 = 1

Schreibe diese Aufgaben auf deinen Block:

3 + 5 = __	2 + 6 = __	1 + 5 = __	9 + 1 = __

Finde jeweils die Tauschaufgabe und die Umkehraufgabe dazu.

12 🍌 Plumis Baby

Das Baby hat immer zwei gleiche Zahlen. Dadurch kannst du nur zwei
verschiedene Aufgaben bilden. Probiere es aus.

$5 + 5 = 10$
$10 − 5 = 5$

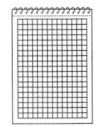

Findest du weitere Plumi-Babys?
Zeichne und schreibe sie auf deinen Block.

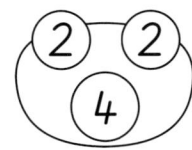

13 🍌 Sachaufgaben: Rechnen mit Euro

Ich gehe auf dem Dschungelmarkt einkaufen.

Dort bezahle ich mit einem **10** 10 Euro-Schein.
Wie viel Euro bekomme ich zurück?

Kassenbon	
1 Ananas:	6€
2 Bananen:	2€

F: Wie viel Euro bekommt Bono zurück?

R: 10€ – _____

A: Bono bekommt _____ .

Kassenbon	
3 Bananen:	3€
1 Kokosnuss:	3€

F: Wie viel Euro _____?

R:

A:

Kassenbon	
4 Bananen:	4€
1 Ananas:	6€

F:

R:

A:

Kassenbon	
1 Ananas:	6€
1 Kokosnuss:	3€

F:

R:

A:

Kassenbon	
3 Bananen:	3€
1 Kokosnuss:	3€

F:

R:

A:

Susanne Rehse / Nadine Schmid / Marietta Krenn: Wir lernen und üben Mathematik im eigenen Tempo 1/2. Illustratorin: Kornelia Weise

14 🍌 Plus oder Minus

Setze das richtige Rechenzeichen ein: $\boxed{+}$ oder $\boxed{-}$ und $\boxed{=}$.

4	+	2	=	6	6	4	2	7	1	8

4 + 2 = 6	6 4 2	7 1 8
7 3 4	5 1 4	5 1 4
10 2 8	8 2 10	2 6 8
4 5 9	1 2 3	9 6 3
10 5 5	5 2 3	3 4 7
3 5 8	0 8 8	6 6 0
7 2 9	9 3 6	7 0 7
6 3 3	2 2 4	4 4 8

15 🍌 Rechentest

Wie schnell rechnest du? Stoppe die Zeit!

Bei Platzhalteraufgaben denke ich an die Tausch- und die Umkehraufgabe.

__ + 1 = 6	8 + __ = 10	6 + __ = 9
5 + __ = 9	__ + 0 = 2	8 + 1 = __
2 + __ = 6	10 + __ = 10	7 + 2 = __
__ + 3 = 10	__ + 2 = 9	__ – 1 = 2
__ – 6 = 3	__ + 3 = 5	4 + __ = 4
4 + 2 = __	8 + __ = 9	__ – 2 = 8
6 – 4 = __	5 – __ = 4	10 + 0 = __
8 – __ = 6	8 – __ = 8	6 – 6 = __
4 + 6 = __	7 + 1 = __	__ + 1 = 10
6 – 2 = __	4 – __ = 1	3 + 4 = __

Ich habe _____ Minuten und _____ Sekunden gebraucht.

Susanne Rehse / Nadine Schmid / Marietta Krenn: Wir lernen und üben Mathematik im eigenen Tempo 1/2. Illustratorin: Kornelia Weise

Name:	Datum:

Kompetenztest zur Lernstufe 6

Zeig, was du kannst!

1. Umkehraufgaben: Bilde zuerst die Umkehraufgabe!

__ – 3 = 6	__ – 4 = 3	__ – 2 = 3
U: _____	U: _____	U: _____
__ + 1 = 6	__ + 3 = 8	__ + 6 = 9
U: _____	U: _____	U: _____

2. Finde die Nachbaraufgaben und rechne aus!

/6

$$\_\_ + \_\_ = \_\_$$

$$\_\_ + \_\_ = \_\_ \quad \leftarrow \quad 4 + 4 = \_\_ \quad \rightarrow \quad \_\_ + \_\_ = \_\_$$

$$\_\_ + \_\_ = \_\_$$

$$\_\_ - \_\_ = \_\_$$

$$\_\_ - \_\_ = \_\_ \quad \leftarrow \quad 7 - 4 = \_\_ \quad \rightarrow \quad \_\_ - \_\_ = \_\_$$

$$\_\_ - \_\_ = \_\_$$

/8

3. ⎣7 Euro⎦ : Zeichne drei weitere Möglichkeiten!

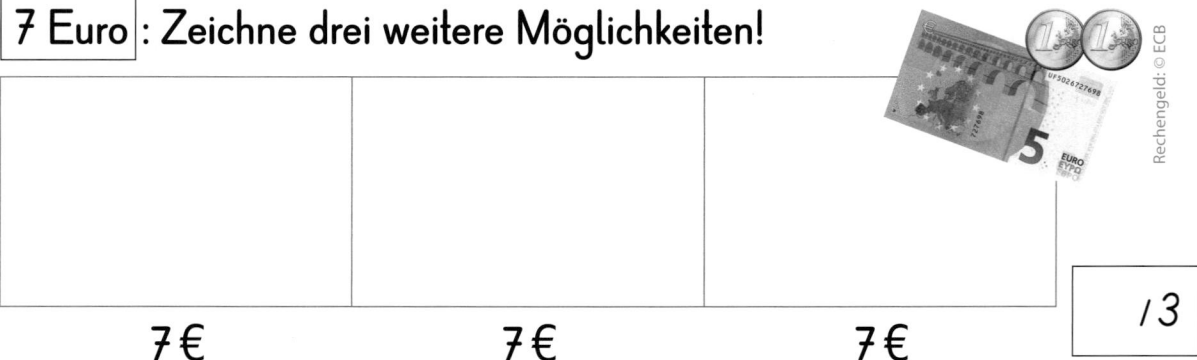

7 €	7 €	7 €

/3

Susanne Rehse / Nadine Schmid / Marietta Krenn: Wir lernen und üben Mathematik im eigenen Tempo 1/2. Illustratorin: Kornelia Weise

4. Löse die Rechentabelle!

$9 - \_\_ = 5$

–	2		
9		5	3
6			
7			

5. Plumi

19
15

6. Rechengeschichten

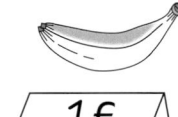  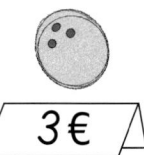

| 1 € | 6 € | 3 € |

In meinem Einkaufskorb liegen zwei Kokosnüsse und zwei Bananen.

F: Wie viel Euro muss Bono bezahlen?

R:

A: Bono muss _____ .

 Ich gehe einkaufen. Dort bezahle ich mit einem  10 Euro-Schein.

Rechengeld: © ECB

13
13

F: Wie viel Euro bekommt Bono zurück?

R:

A: Bono bekommt _____ .

7. Tauschaufgabe (T) und Umkehraufgabe (U). Schau genau!

16

$\_\_ + 4 = 7$	$2 + 7 = \_\_$	$4 + 5 = \_\_$
U: _____	T: _____	T: _____
$1 + 6 = \_\_$	$\_\_ - 5 = 1$	$\_\_ + 3 = 6$
T: _____	U: _____	U: _____

Susanne Rehse / Nadine Schmid / Marietta Krenn: Wir lernen und üben Mathematik im eigenen Tempo 1/2. Illustratorin: Kornelia Weise

8. Finde die passenden Rechenbefehle!

$3 \longrightarrow 7$ $5 \longrightarrow 7$ $10 \longrightarrow 6$

$4 \longrightarrow 8$ $4 \longrightarrow 8$ $4 \longrightarrow 5$

$3 \longrightarrow 9$ $4 \longrightarrow 4$ $3 \longrightarrow 3$ $\boxed{19}$

Kontrolliere nochmal alles ganz genau!

Wie hast du dich im Test gefühlt? ☺ ☺ ☹

Welche Aufgabe war am leichtesten für dich? Nummer: _____

Welche Aufgabe war am schwersten für dich? Nummer: _____

Rückmeldung zu den bearbeiteten Kompetenzen:

Aufgabe 1:	☺ ☺ ☹	Du löst die Platzhalteraufgaben mithilfe der Umkehraufgabe.
Aufgabe 2:	☺ ☺ ☹	Du findest die passenden Nachbaraufgaben.
Aufgabe 3:	☺ ☺ ☹	Du wechselst einen Geldbetrag auf vielfältige Weise.
Aufgabe 4:	☺ ☺ ☹	Du löst Rechentabellen mit Platzhaltern.
Aufgabe 5:	☺ ☺ ☹	Du findest zu Zahlen die 4 Rechnungen der Aufgabenfamilie.
Aufgabe 6:	☺ ☺ ☹	a) Du berechnest den Betrag, der bezahlt werden muss.
	☺ ☺ ☹	b) Du berechnest das passende Wechselgeld.
Aufgabe 7:	☺ ☺ ☹	Du bildest zu Aufgaben die Umkehr- und Tauschaufgaben.
Aufgabe 8:	☺ ☺ ☹	Du findest zwischen zwei Zahlen die richtigen Rechenbefehle.

Das solltest du noch einmal üben: _____

Von 52 Punkten hast du _____ Punkte erreicht.

_____   _____
Datum   Unterschrift der Eltern

Susanne Rehse / Nadine Schmid / Marietta Krenn: Wir lernen und üben Mathematik im eigenen Tempo 1/2. Illustratorin: Kornelia Weise

Lernstufe 7

Name:

begonnen am:

beendet am:

Hier lernst du:

Große Zahlen in Zehner und Einer zu bündeln und einfache Aufgaben bis 20 zu rechnen.

Spiele:

Extra-Kopfnuss für Super-Knobler:

Stufenheft: Aufgaben

erledigt

1	2	3	4	5
6	7	8	9	10
11	12	13	14	15
16	17	18	19	20
21	22	23	24	25
26	27	28	29	30
31	32	33	34	35
36	37	38	39	40

Buch und Arbeitsheft

erledigt

S.	S.	S.
Nr.	Nr.	Nr.
S.	S.	S.
Nr.	Nr.	Nr.

Wie waren die Aufgaben für dich? Färbe ein!

leicht (grün)   mittel (gelb)   schwer (rot)

Lernstufe 7: Zahlen und Rechnungen im zweiten Zehner (ohne Zehnerübergang)   7.1

Lernstufenheft 7 von _____

Hier lernst du:

Große Zahlen in Zehner und Einer zu bündeln und einfache Aufgaben bis *20* zu rechnen.

Susanne Rehse / Nadine Schmid / Marietta Krenn: Wir lernen und üben Mathematik im eigenen Tempo 1/2. Illustratorin: Kornelia Weise

Lernstufe 7: Zahlen und Rechnungen im zweiten Zehner (ohne Zehnerübergang)

1 🍌 <u>Wiederholung der Zahlenreihe</u>

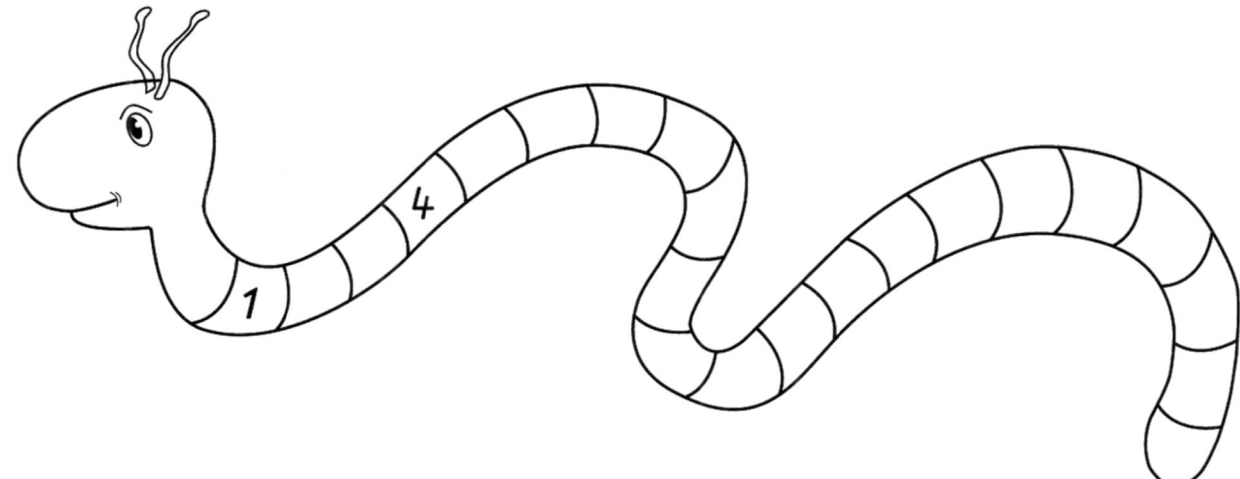

2 🍌 <u>Vergleichen:</u> >, < oder =

15 ◯ 18   12 ◯ 12   8 ◯ 18

17 ◯ 20   19 ◯ 18   19 ◯ 12

16 ◯ 16   17 ◯ 11   16 ◯ 14

11 ◯ 13   11 ◯ 19   18 ◯ 18

14 ◯ 13   10 ◯ 15   13 ◯ 18

3 🍌 <u>Nachbarzahlen</u>

<u>V</u>	<u>Z</u>	<u>N</u>
14	15	16
	19	
	16	
	10	

<u>V</u>	<u>Z</u>	<u>N</u>
	20	
17		
4		
		11

<u>V</u>	<u>Z</u>	<u>N</u>
	19	
		20
11		
		18

Susanne Rehse / Nadine Schmid / Marietta Krenn: Wir lernen und üben Mathematik im eigenen Tempo 1/2. Illustratorin: Kornelia Weise

4 <u>Bündeln</u>

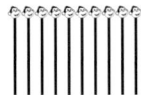 Wir bündeln immer **10** Dinge zu **einem Zehner** zusammen:

10 Einer ||||||||||| sind gebündelt 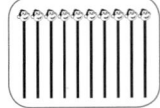 1 Zehner
10 E 10E = 1Z 1Z

Bündle die Streichhölzer und schreibe die richtige Rechnung auf:

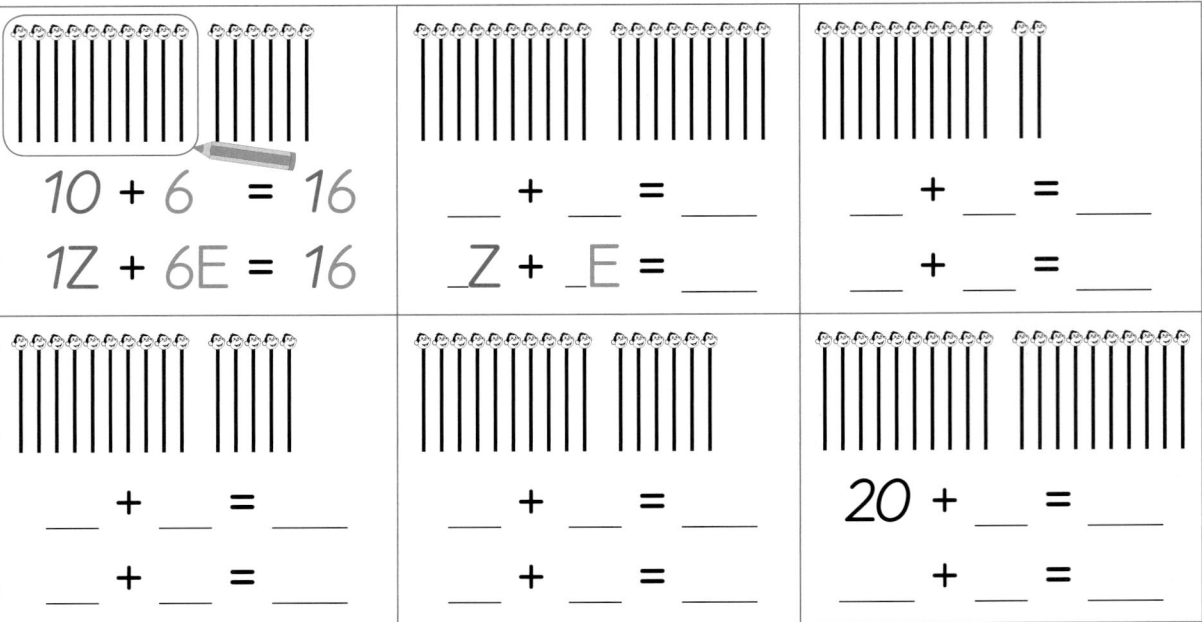

10 + 6 = 16
1Z + 6E = 16

__ + __ = ___
_Z + _E = __

__ + __ = ___
__ + __ = ___

__ + __ = ___
__ + __ = ___

__ + __ = ___
__ + __ = ___

20 + __ = ___
__ + __ = ___

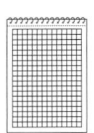 Bündle Streichhölzer. Schreibe so, wie du es gerade geübt hast!
Finde mindestens 4 Aufgaben.

5 <u>Zahlenstrahl</u>

Verbinde die Zahlen mit dem Zahlenstrahl.
Trage die fehlenden Zahlen in die Kreise ein.

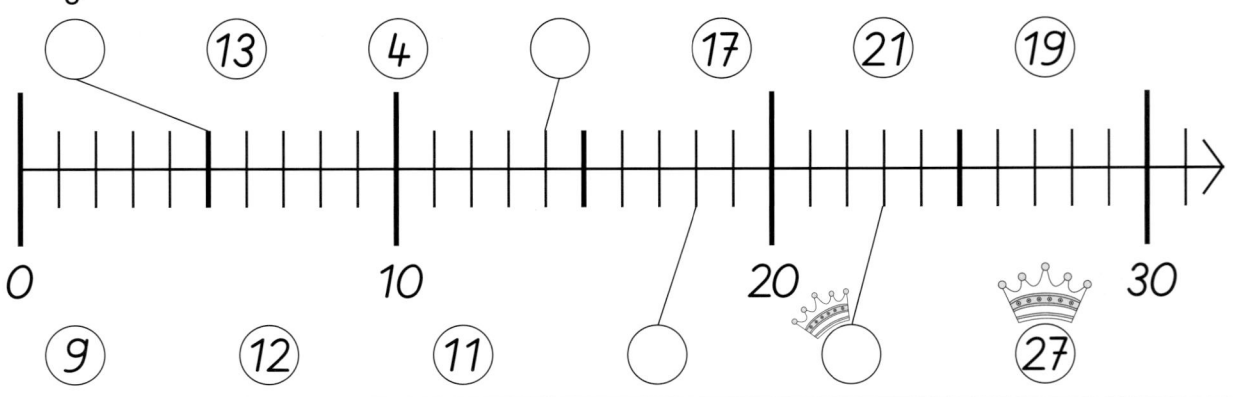

Lernstufe 7: Zahlen und Rechnungen im zweiten Zehner (ohne Zehnerübergang) 7.4

6 Bündeln

Erinnere dich: Wir bündeln immer
10 Einer zu **einem Zehner** zusammen: $10E = 1Z$

Bündle und schreibe die richtige Rechnung auf:

$10 + 6 = 16$	___ + ___ = ___	___ + ___ = ___
$1Z + 6E = 16$	__Z + __E = ___	__Z + __E = ___
___ + ___ = ___	___ + ___ = ___	___ + ___ = ___
__Z + __E = ___	__Z + __E = ___	__Z + __E = ___
___ + ___ = ___	___ + ___ = ___	___ + ___ = ___
__Z + __E = ___	__Z + __E = ___	__Z + __E = ___

7 Was passt zu der Zahl?

Rahme richtig ein.

15 (blau)	18 (rot)	17 (grün)

$10 + 8$	●●●●● ●●●●● ●●●●● ○○○○○	$1Z + 7E$	$10 + 5$
●●●●● ●●●●● ●●●●● ●●○○○	⠿ ⠿ ⠿	siebzehn	$1Z + 5E$
$10 + 7$	achtzehn	‖‖‖‖ ‖‖‖‖ ‖‖‖‖ ‖‖‖	●●●●● ●●●●● ●●●●● ●●○○○

Susanne Rehse / Nadine Schmid / Marietta Krenn: Wir lernen und üben Mathematik im eigenen Tempo 1/2. Illustratorin: Kornelia Weise

8 Zerlegen

Zerlege die Zahlen in $\boxed{10 + ?}$

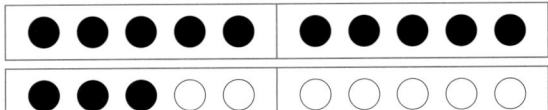

10 + 3
13

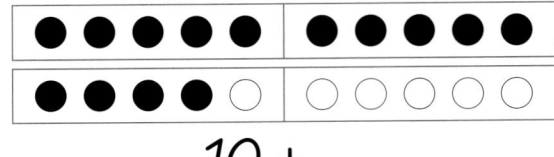

10 + ____
____

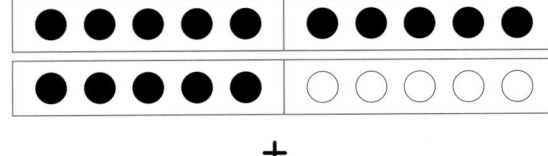

____ + ____
____

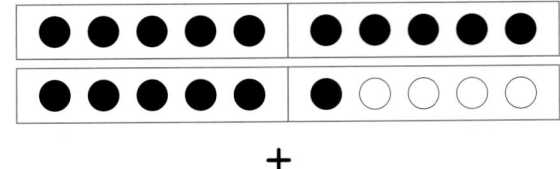

____ + ____
____

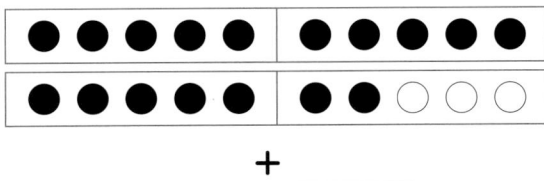

____ + ____
____

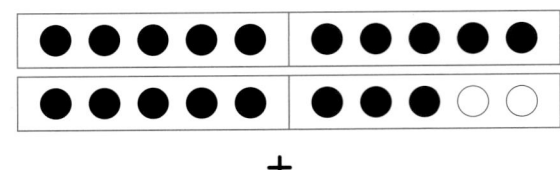

____ + ____
____

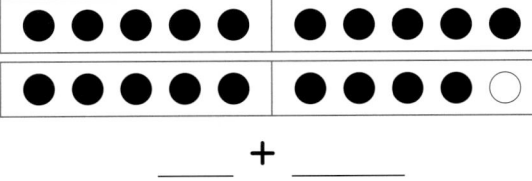

____ + ____
____

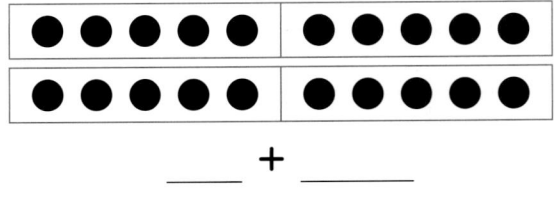

____ + ____
____

9 Was passt zu der Zahl?

Rahme richtig ein.

16 (blau)	13 (rot)	19 (grün)

10 + 9	dreizehn	1 Z + 3 E	3 + 10
10 + 6	neunzehn	sechzehn	1 Z + 3 E
9 E + 1 Z			1 Z + 9 E
		6 E + 1 Z	

Susanne Rehse / Nadine Schmid / Marietta Krenn: Wir lernen und üben Mathematik im eigenen Tempo 1/2. Illustratorin: Kornelia Weise

Susanne Rehse / Nadine Schmid / Marietta Krenn: Wir lernen und üben Mathematik im eigenen Tempo 1/2. Illustratorin: Kornelia Weise

10  Stellenwerttafel

Erinnere dich: Wir bündeln immer
10 Einer zu **einem Zehner** zusammen: $10E = 1Z$

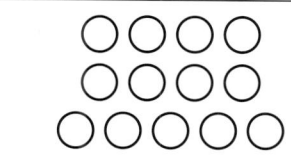

Z	E

___ + ___ = ___

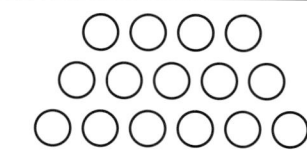

Z	E

___ + ___ = ___

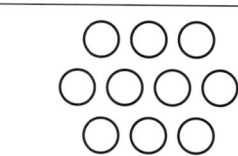

Z	E

___ + ___ = ___

Z	E

___ + ___ = ___

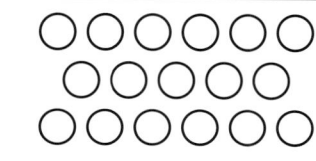

Z	E

___ + ___ = ___

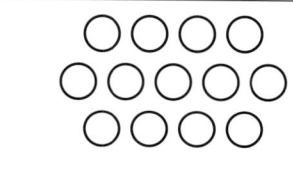

Z	E

___ + ___ = ___

11 Vergleichen: >, < oder =
Verbinde die Zahlen mit den richtigen Körben und male die Zahlen an!

17   13   12   19   14

16   11   18   10   15   17

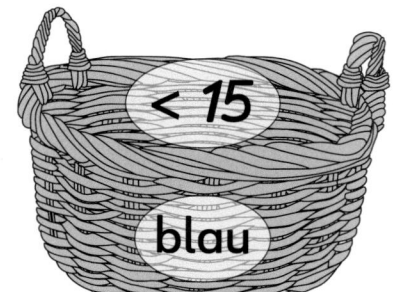

< 15

blau

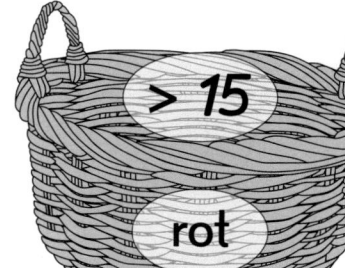

> 15

rot

12 🍌 <u>Bündeln</u>

Du kannst das schon!

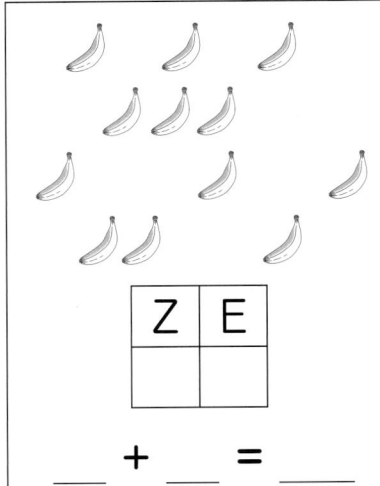

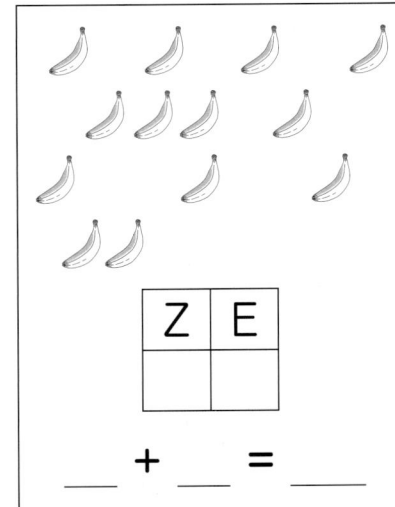

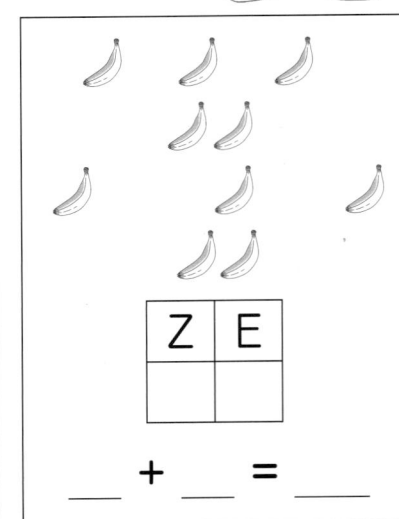

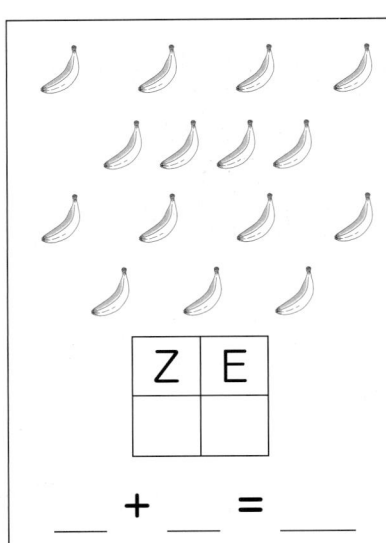

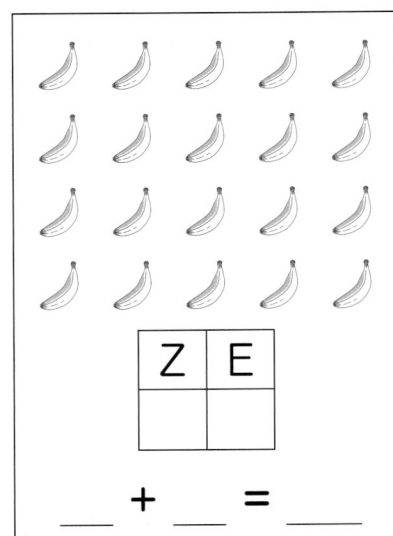

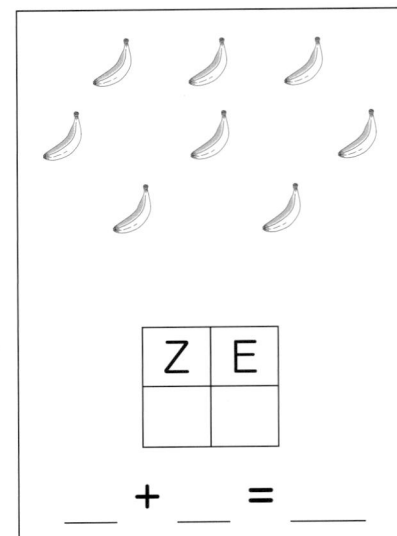

13 🍌 <u>Übe das Bündeln!</u>
Bündle diese Zahlen: | 1̶4̶ | 9 | 17 | 18 | 10 | 20 |.
Schreibe so auf deinen Block:

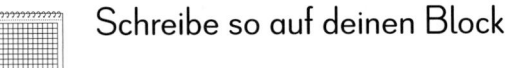

14

$$1 Z \; + \; 4 E \; = \; 14$$
$$10 \; + \; 4 \; = \; 14$$

Lernstufe 7: Zahlen und Rechnungen im zweiten Zehner (ohne Zehnerübergang)

14 Zwanzigerfeld

Schreibe die fehlenden Zahlen in das Zwanzigerfeld:

1	2	3	4	5	6	7	8	9	10
11									

Was fällt dir auf? Erkennst du die Regel?
Einige dieser Wörter helfen dir:

| Zehner | | weniger | | drei | | Einer | | mehr | | ein |

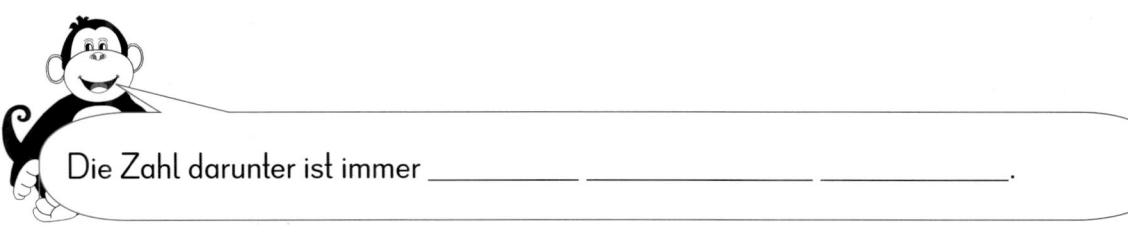

Die Zahl darunter ist immer _____ _____ _____ .

15 Rätsel zum Zwanzigerfeld

Spure die Einerziffern grün, die Zehnerziffern blau nach!
Kannst du meine Rätsel lösen?

1	2	3	4	5	6	7	8	9	10
11	12	13	14	15	16	17	18	19	20

__Wo landest du?__ (Du darfst auch mit einem Plättchen fahren.)

a) Du stehst auf Feld 3. Gehe ein Feld nach unten und ein Feld nach rechts. _____

b) Du stehst auf Feld 17. Gehe zwei Felder nach rechts und ein Feld nach oben. _____

c) Du stehst auf Feld 10. Gehe ein Feld nach unten, ein Feld nach links und ein Feld nach oben. _____

d) Du stehst auf Feld 16. Gehe ein Feld nach links, ein Feld nach oben und ein Feld nach links. _____

Susanne Rehse / Nadine Schmid / Marietta Krenn: Wir lernen und üben Mathematik im eigenen Tempo 1/2. Illustratorin: Kornelia Weise

16  Wegweiser-Spiel

> Beachte meine Wegweiser, dann kommst du sicher ans Ziel!

→ nach rechts   ← nach links   ↑ nach oben   ↓ nach unten

1. Du bist auf Feld 5.   Wegweiser: ↓ → ↑   6

2. Du bist auf Feld 18.   Wegweiser: ↑ ← ←   ___

3. Du bist auf Feld 7.   Wegweiser: → ↓ →   ___

4. Du bist auf Feld 13.   Wegweiser: ↑ → →   ___

5. Du bist auf Feld 20.   Wegweiser: ↑ ← ← ↓   ___

6. Du bist auf Feld 11.   Wegweiser: → → ↑ →   ___

7. Du bist auf Feld 1.   Wegweiser: → ↓ → ↑ →   ___

> Kontrolliere mit deinem Zwanzigerfeld!

Welche Zahlen fehlen? Trage sie ein.

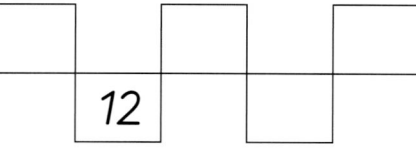

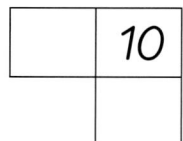

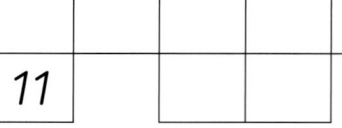

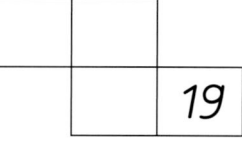

Susanne Rehse / Nadine Schmid / Marietta Krenn: Wir lernen und üben Mathematik im eigenen Tempo 1/2. Illustratorin: Kornelia Weise

17 🍌 <u>Noch mehr Zwanziger-Tüfteleien</u>

| | 6 | | 8 | | | 9 | |

17

| | | | | | | 6 |

15 · · · 18 · · · 12

| | | | | | | |

4 · · · 17 · · · 15

18 🍌 <u>Zahlen verschieden darstellen</u>
Fülle die Tabelle richtig aus!

zwölf	●●●●● ●●●●● ●● ○○○○○ ○○○○○	卌 卌 ‖	1 Z + 2 E
siebzehn	○○○○○ ○○○○○ ○○○○○ ○○○○○		
zwanzig	○○○○○ ○○○○○ ○○○○○ ○○○○○		
vierzehn	○○○○○ ○○○○○ ○○○○○ ○○○○○		
elf	○○○○○ ○○○○○ ○○○○○ ○○○○○		
dreizehn	○○○○○ ○○○○○ ○○○○○ ○○○○○		
fünfzehn	○○○○○ ○○○○○ ○○○○○ ○○○○○		
achtzehn	○○○○○ ○○○○○ ○○○○○ ○○○○○		
sechzehn	○○○○○ ○○○○○ ○○○○○ ○○○○○		
neunzehn	○○○○○ ○○○○○ ○○○○○ ○○○○○		
zehn	○○○○○ ○○○○○ ○○○○○ ○○○○○		

19 🍌 Kleine und große Aufgaben

Plusaufgabe

$14 + 5 =$ _____
$4 + 5 =$ _____

$4 + 5 =$ _____ $14 + 5 =$ _____

Minusaufgabe

$16 - 4 =$ _____
$6 - 4 =$ _____

$6 - 4 =$ _____ $16 - 4 =$ _____

20 🍌 Schmetterlings- und Elefantenaufgaben
Ordne die Aufgaben richtig zu.
Lege jede Aufgabe mit deinen Plättchen und rechne sie aus!

$5 + 2 =$	$3 + 3 =$	$6 + 4 =$	$13 + 3 =$	$16 + 4 =$
$7 + 2 =$	$4 + 3 =$	$15 + 2 =$	$17 + 2 =$	$14 + 3 =$

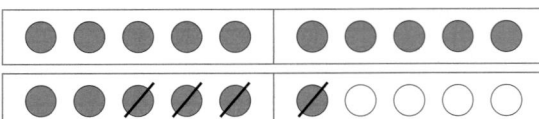

Susanne Rehse / Nadine Schmid / Marietta Krenn: Wir lernen und üben Mathematik im eigenen Tempo 1/2. Illustratorin: Kornelia Weise

21 Kleine und große Plusaufgaben

Male immer zuerst die Plättchen der Schmetterlingsaufgabe an
(untere Reihe) und rechne die Aufgabe aus.
Färbe dann die Plättchen der Elefantenaufgabe ein und rechne
auch diese aus.

🦋		🐘	
	$2 + 3 =$		$12 + 3 =$
	$4 + 2 =$		$14 + 2 =$
	$3 + 5 =$		$13 + 5 =$
	$6 + 3 =$		$16 + 3 =$
	$7 + 2 =$		$17 + 2 =$
	$1 + 8 =$		$11 + 8 =$
	$9 + 1 =$		$19 + 1 =$
	$5 + 4 =$		$15 + 4 =$
	$7 + 3 =$		$17 + 3 =$
	$4 + 3 =$		$14 + 3 =$

Susanne Rehse / Nadine Schmid / Marietta Krenn: Wir lernen und üben Mathematik im eigenen Tempo 1/2. Illustratorin: Kornelia Weise

22 Kleine und große Minusaufgaben

Male immer zuerst die Plättchen der Schmetterlingsaufgabe an und streiche durch, was weg kommt. Rechne die Aufgabe aus.

Färbe dann die Plättchen der Elefantenaufgabe ein.

Streiche auch hier durch, was weg kommt, und rechne aus.

	6 – 3 =		16 – 3 =
	4 – 2 =		14 – 2 =
	9 – 5 =		19 – 5 =
	8 – 3 =		18 – 3 =
	7 – 2 =		17 – 2 =
	10 – 8 =		20 – 8 =
	9 – 3 =		19 – 3 =
	5 – 4 =		15 – 4 =
	7 – 3 =		17 – 3 =
	6 – 4 =		16 – 4 =

23  Kleine und große Plusaufgaben

Färbe die Plättchen der großen Aufgabe ein!
Schreibe dann zuerst die **kleine Aufgabe** unter
die große Aufgabe und rechne sie aus!
Rechne dann die **große Aufgabe** aus!

$14 + 5 =$	
$4 + 5 =$	

$13 + 2 =$	

$15 + 4 =$	

$16 + 2 =$	

$19 + 1 =$	

$11 + 8 =$	

$12 + 5 =$	

Susanne Rehse / Nadine Schmid / Marietta Krenn: Wir lernen und üben Mathematik im eigenen Tempo 1/2. Illustratorin: Kornelia Weise

24

Kleine und große Minusaufgaben

Färbe die Plättchen der großen Aufgabe ein!
Schreibe dann zuerst die **kleine Aufgabe** unter
die große Aufgabe und rechne sie aus!
Rechne dann die **große Aufgabe** aus!

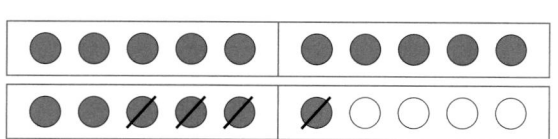 $16 - 4 =$

$6 - 4 =$

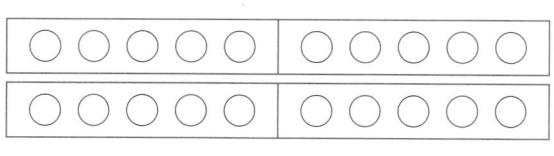 $14 - 2 =$

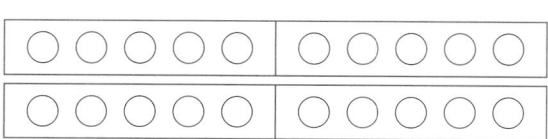 $18 - 4 =$

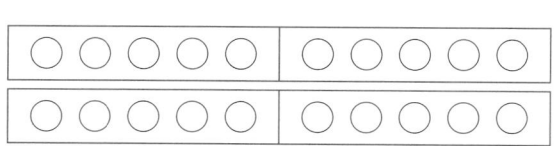 $16 - 3 =$

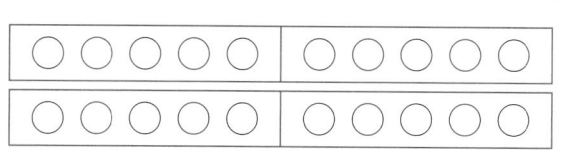 $19 - 7 =$

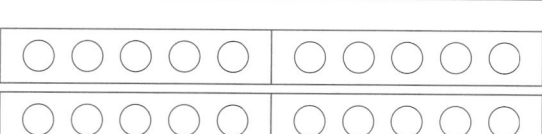 $17 - 6 =$

$20 - 5 =$

Susanne Rehse / Nadine Schmid / Marietta Krenn: Wir lernen und üben Mathematik im eigenen Tempo 1/2. Illustratorin: Kornelia Weise

25 Was passt zusammen?

Verbinde die kleine und die große Aufgabe!
Nimm jedes Mal eine andere Farbe!
Rechne dann beide Aufgaben aus!

2 + 4 = 6
14 – 3 =
5 + 3 =
6 – 3 =
18 – 5 =
11 + 6 =
7 – 3 =
4 + 5 =
20 – 6 =

4 – 3 =
15 + 3 =
16 – 3 =
12 + 4 = 16
17 – 3 =
1 + 6 =
10 – 6 =
8 – 5 =
14 + 5 =

26 Was passt zusammen?

Male die passenden großen und kleinen Aufgaben
immer in derselben Farbe an!

12 + 3 =	6 – 4 =	10 – 3 =	15 + 4 =
5 + 4 =	18 – 6 =	4 + 3 =	7 – 2 =
3 + 4 =	6 + 3 =	2 + 3 =	14 + 3 =
19 – 5 =	2 + 5 =	13 + 4 =	16 + 3 =
8 – 4 =	18 – 4 =	9 – 5 =	8 – 6 =
20 – 3 =	17 – 2 =	16 – 4 =	12 + 5 =

Rechne nun alle Aufgaben aus!

Susanne Rehse / Nadine Schmid / Marietta Krenn: Wir lernen und üben Mathematik im eigenen Tempo 1/2. Illustratorin: Kornelia Weise

27 Große Aufgaben mit Tauschaufgabe rechnen

Kannst du dich noch an die Tauschaufgabe (T:)
und an die Umkehraufgabe (U:) erinnern?

Was ist leichter zu
rechnen?

2 + 17 =

oder:

T: 17 + 2 =

_____

_____

_____

_____

Bilde zu jeder Aufgabe die Tauschaufgabe!
Rechne dann zuerst die einfachere Aufgabe!

5 + 12 =	3 + 16 =	2 + 11 =
T: _____	T: _____	T: _____
15 + 3 =	14 + 3 =	18 + 2 =
T: _____	T: _____	T: _____
6 + 13 =	8 + 12 =	4 + 15 =
T: _____	T: _____	T: _____
16 + 2 =	12 + 7 =	2 + 15 =
T: _____	T: _____	T: _____

28 Zu großen Aufgaben die Umkehraufgabe rechnen

Jetzt machen wir alles
umgekehrt!

17 + 2 = 19

U: 19 – 2 = 17

13 + 3 =	15 + 3 =	16 + 2 =	14 + 3 =
U: _____	U: _____	U: _____	U: _____
15 – 3 =	14 – 2 =	18 – 6 =	19 – 7 =
U: _____	U: _____	U: _____	U: _____

Susanne Rehse / Nadine Schmid / Marietta Krenn: Wir lernen und üben Mathematik im eigenen Tempo 1/2. Illustratorin: Kornelia Weise

© 2017 Cornelsen Verlag GmbH, Berlin. Alle Rechte vorbehalten. Die Vervielfältigung dieser Seite ist für den eigenen Unterrichtsgebrauch gestattet. Für inhaltliche Veränderungen durch Dritte übernimmt der Verlag keine Verantwortung.

29 Lücke vorne – mit der Umkehraufgabe kein Problem!

Ist ganz vorn die Rechnung leer,
rechne ich von hinten her!

___ + 3 = 17	___ − 6 = 12	___ + 6 = 20
U: _____	U: _____	U: _____
___ + 6 = 20	___ + 4 = 16	___ + 5 = 17
U: _____	U: _____	U: _____

30 Übe Tausch- und Umkehraufgaben!

Zu jeder Aufgabe gibt es
eine Tauschaufgabe und
eine Umkehraufgabe:

$11 + 8 = $ ___

| T: 8 + 11 = ___ |
| U: ___ − 8 = 11 |

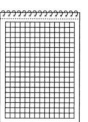

Schreibe zu diesen Aufgaben die Tauschaufgabe und die
Umkehraufgabe auf deinen Block:

| 13 + 5 = ___ | 12 + 6 = ___ | 11 + 5 = ___ | 19 + 1 = ___ |

31 Rechenbefehle

Beschrifte den Pfeil so, dass der Befehl stimmt.

12	+1 →	13		15	−1 →	14		14	→	18
14	→	16		16	→	12		16	→	13
16	→	18		18	→	15		17	→	10
15	→	19		19	→	16		18	→	14
13	→	17		17	→	13		20	→	15
14	→	18		16	→	11		14	→	15
13	→	16		14	→	4		13	→	13
12	→	15		11	→	14		12	→	10
15	→	16		19	→	12		18	→	19
18	→	16		17	→	14		15	→	18

Susanne Rehse / Nadine Schmid / Marietta Krenn: Wir lernen und üben Mathematik im eigenen Tempo 1/2. Illustratorin: Kornelia Weise

32 Ergänzen: Wie viel fehlt?

6 + ___ = 9	5 + ___ = 8	3 + ___ = 5	4 + ___ = 7	2 + ___ = 6
16 + ___ = 19	15 + ___ = 18	13 + ___ = 15	14 + ___ = 17	12 + ___ = 16

1 + ___ = 6	7 + ___ = 9	2 + ___ = 8	8 + ___ = 9	9 + ___ = 10
11 + ___ = 16	17 + ___ = 19	12 + ___ = 18	18 + ___ = 19	19 + ___ = 20

Aufgaben mit Lücke – mit der kleinen Aufgabe ein Kinderspiel!

33 Schreibe zuerst die kleine Ergänzungsaufgabe darüber und rechne sie aus!

🦋	7 + ___ = 9			
🐘	17 + ___ = 19	13 + ___ = 18	18 + ___ = 20	16 + ___ = 18

🦋	2 + ___ = 8			
🐘	12 + ___ = 18	16 + ___ = 19	11 + ___ = 20	13 + ___ = 17

🦋	2 + ___ = 5			
🐘	12 + ___ = 15	13 + ___ = 16	14 + ___ = 18	11 + ___ = 18

🦋	3 + ___ = 7			
🐘	13 + ___ = 17	15 + ___ = 18	16 + ___ = 17	14 + ___ = 19

Susanne Rehse / Nadine Schmid / Marietta Krenn: Wir lernen und üben Mathematik im eigenen Tempo 1/2. Illustratorin: Kornelia Weise

34 Üben mit Rechentabellen

+	1		
13		15	17
15			
12			
14			

–	2		
16		13	12
15			
18			
17			

35 Rechentest

Wie schnell rechnest du? Stoppe die Zeit!

Bei Platzhalteraufgaben denke ich an die Tausch- und Umkehraufgabe.

13 + 3 = ___	12 + ___ = 14	19 − 6 = ___
16 − 6 = ___	10 − ___ = 5	20 − ___ = 14
19 − 5 = ___	15 − ___ = 10	15 + 3 = ___
10 + 7 = ___	18 + 2 = ___	15 − 4 = ___
___ + 10 = 13	17 − 5 = ___	11 + 7 = ___
11 + ___ = 14	12 + 6 = ___	19 − ___ = 18
12 + 3 = ___	___ + 3 = 16	___ + 4 = 15
___ + 5 = 10	___ − 7 = 10	___ − 7 = 12
___ − 3 = 10	14 + ___ = 17	___ + 18 = 18
14 + ___ = 14	13 + ___ = 20	15 + 4 = ___
17 − ___ = 10	___ + 9 = 19	13 − 3 = ___
17 + ___ = 19	___ − 1 = 11	14 + ___ = 20

Ich habe _____ Minuten und _____ Sekunden gebraucht.

Susanne Rehse / Nadine Schmid / Marietta Krenn: Wir lernen und üben Mathematik im eigenen Tempo 1/2. Illustratorin: Kornelia Weise

Susanne Rehse / Nadine Schmid / Marietta Krenn: Wir lernen und üben Mathematik im eigenen Tempo 1/2. Illustratorin: Kornelia Weise

36  __Rechnen mit Euro__

Bono spart in seiner Schatztruhe sein Geld, damit er sich was kaufen kann. Wie viel hat Bono gespart? Schreibe eine Rechnung auf:

Rechengeld: © ECB

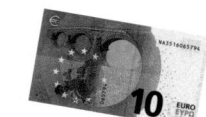

R: 10€ + ____ = ____

Antwort: Bono hat ____€ gespart.

 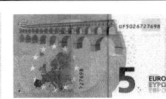 

R: ____€ + ____ + ____ = ____

Antwort: Bono hat ____€ gespart.

R: ____€ + _____

Antwort: _____.

Rechengeld: © ECB

37 __Vergleichen: >, < oder =__

Rechne aus und vergleiche dein Ergebnis mit der Zahl.

19 – 5 ◯ 15	14 + 4 ◯ 14	13 + 3 ◯ 17	13 ◯ 12 + 5
14			
12 + 2 ◯ 14	11 – 1 ◯ 12	17 – 6 ◯ 10	15 ◯ 20 – 5
13 + 3 ◯ 11	18 – 3 ◯ 15	12 + 3 ◯ 15	18 ◯ 19 – 4
17 – 5 ◯ 13	17 + 1 ◯ 16	16 – 6 ◯ 9	17 ◯ 14 + 2
20 – 1 ◯ 19	15 + 5 ◯ 10	19 – 1 ◯ 18	12 ◯ 16 – 3

38 🍌 Zahlenmauern

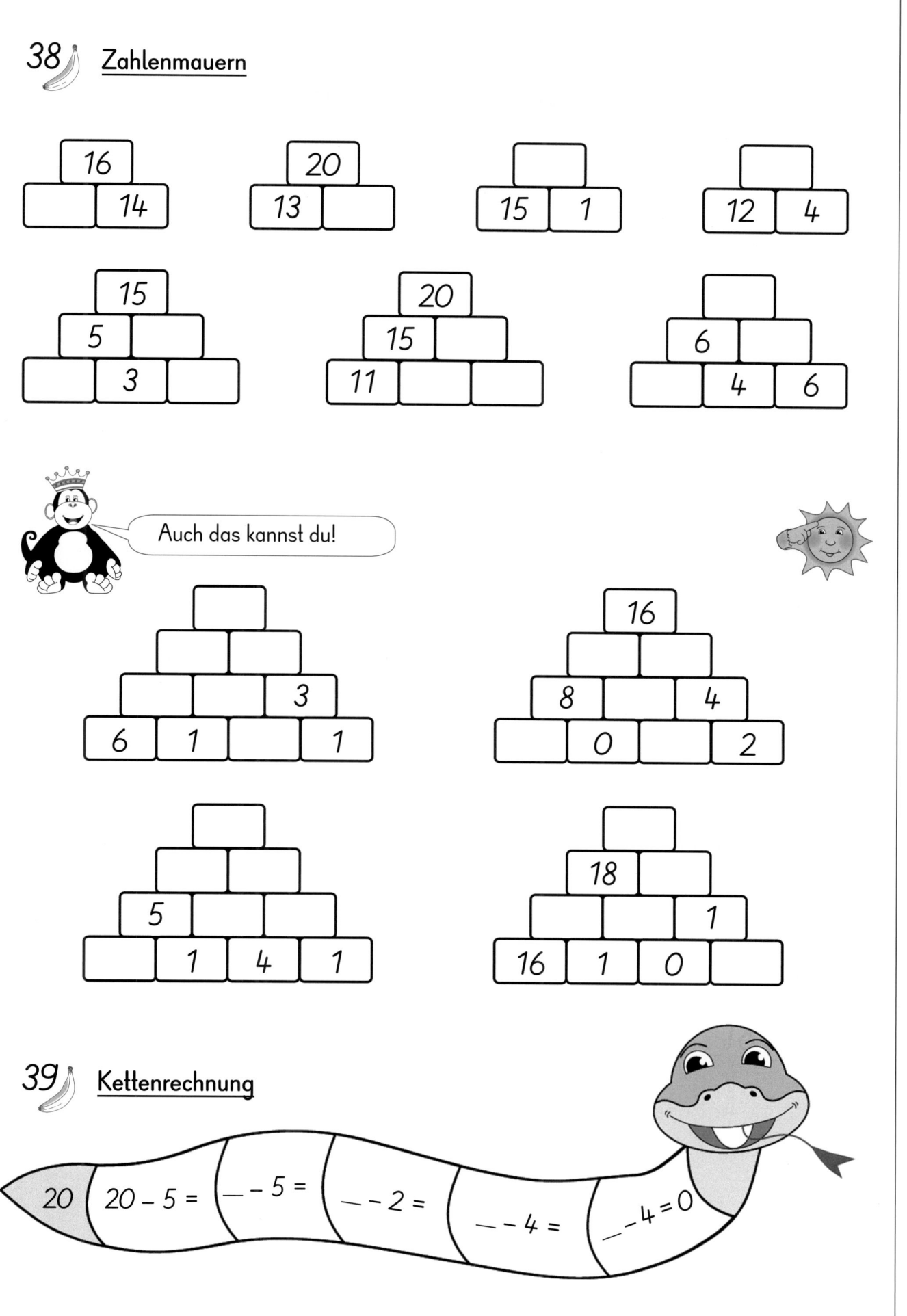

Auch das kannst du!

39 🍌 Kettenrechnung

$20 - 5 =$ ___ $- 5 =$ ___ $- 2 =$ ___ $- 4 =$ ___ $- 4 = 0$

40  **Bono geht einkaufen**

Bono hat fleißig gespart. Er hat nun _19€_ in seiner Schatztruhe.

Rechengeld: © ECB

Im Laden gibt es verschiedene Dinge. Die Preise stehen darunter.

5€	3€	2€	9€	8€

 **Tipp:**
Lege die Aufgaben mit deinem Rechengeld!

Bono hat _19€_ gespart. Er kauft sich einen Teddybären für _5€_.
F: Wie viel Euro hat Bono noch?

R: _____

A: Bono hat noch _____.

Bono hat _19€_ gespart. Er kauft sich ein T-Shirt für _9€_ und ein
Eis für _2€_.
F: Wie viel Euro hat Bono noch?

R: _____

A: Bono hat noch _____.

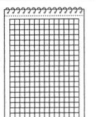 **Erfinde _3_ weitere Einkaufsgeschichten. Schreibe
die Aufgabe, Frage, Rechnung und Antwort auf!**

Susanne Rehse / Nadine Schmid / Marietta Krenn: Wir lernen und üben Mathematik im eigenen Tempo 1/2. Illustratorin: Kornelia Weise

Name:	Datum:

Kompetenztest zur Lernstufe 7

Zeig, was du kannst!

1. Bündle immer *10* Bananen.
Schreibe auf zwei verschiedene Arten!

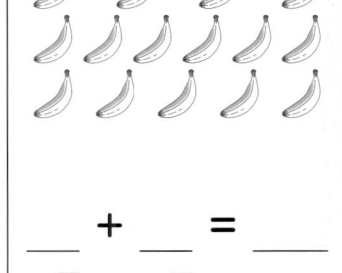

___ + ___ = ___

Z̄ + Ē = ___

___ + ___ = ___

___ + ___ = ___

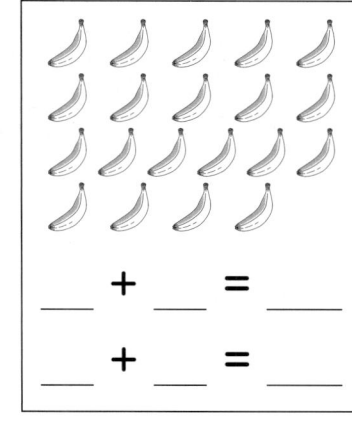

___ + ___ = ___

___ + ___ = ___

19

2. Zerlege die Zahlen [*10 +*].

___ + ___ = ___

___ + ___ = ___

___ + ___ = ___

___ + ___ = ___

14

3. Schreibe erst die kleine Aufgabe darüber.
Rechne dann beide Aufgaben aus.

__ + __ = __	__ – __ = __	__ + __ = __	__ – __ = __
15 + 3 = __	16 – 4 = __	14 + 5 = __	18 – 6 = __

16

4. Ergänze. Wie viel fehlt?

6 + __ = 8	4 + __ = 7	1 + __ = 6	9 + __ = 10
16 + __ = 18	14 + __ = 17	11 + __ = 16	19 + __ = 20

14

5. Vergleiche: >, < oder =

$14 - 4$ ◯ 11	13 ◯ $12 + 5$
$18 - 6$ ◯ 12	15 ◯ $20 - 5$
$11 + 1$ ◯ 15	18 ◯ $19 - 2$
$12 + 3$ ◯ 16	14 ◯ $16 + 3$

18

6. Löse die Zahlenmauern.

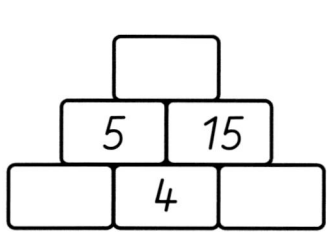

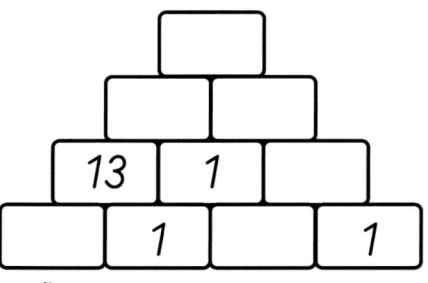

19

7. Wie geht es weiter?

$20 - 1 =$
$19 - 2 =$

 Was fällt dir auf?

16

8. Rechengeschichte

Bono hat *17* € in seiner Schatztruhe. Er kauft sich einen Ball für *5* € und eine Tüte Bananen-Chips für *2* €.

F: Wie viel: _____ ?

R: _____

A: Bono _____ .

14

Susanne Rehse / Nadine Schmid / Marietta Krenn: Wir lernen und üben Mathematik im eigenen Tempo 1/2. Illustratorin: Kornelia Weise

9. Finde die passenden Rechenbefehle!

17 $\longrightarrow$ 7   18 $\longrightarrow$ 16   10 $\longrightarrow$ 16

16 $\longrightarrow$ 19   14 $\longrightarrow$ 4   13 $\longrightarrow$ 15

3 $\longrightarrow$ 13   16 $\longrightarrow$ 11   12 $\longrightarrow$ 10 | 19 |

Kontrolliere nochmal alles ganz genau!

Wie hast du dich im Test gefühlt? ☺ ☺ ☹

Welche Aufgabe war am leichtesten für dich? Nummer: _____

Welche Aufgabe war am schwersten für dich? Nummer: _____

Rückmeldung zu den bearbeiteten Kompetenzen:

Aufgabe 1:	☺ ☺ ☹	Du bündelst Mengen richtig und beherrschst die Stellenwerte.
Aufgabe 2:	☺ ☺ ☹	Du zerlegst Zahlen mithilfe der 10 richtig.
Aufgabe 3:	☺ ☺ ☹	Du löst große Aufgaben mithilfe der kleinen Aufgabe.
Aufgabe 4:	☺ ☺ ☹	Du ergänzt den Platzhalter richtig und erkennst Analogien.
Aufgabe 5:	☺ ☺ ☹	Du vergleichst Zahl und Ergebnis einer Aufgabe richtig.
Aufgabe 6:	☺ ☺ ☹	Du füllst die Zahlenmauern durchdacht.
Aufgabe 7:	☺ ☺ ☹	Du entdeckst mathematische Muster.
Aufgabe 8:	☺ ☺ ☹	Du erkennst die mathematischen Operationen einer Rechengeschichte.
Aufgabe 9:	☺ ☺ ☹	Du findest zwischen zwei Zahlen die richtigen Rechenbefehle.

Das solltest du noch einmal üben: _____

Von 59 Punkten hast du _____ Punkte erreicht.

_____

Datum   Unterschrift der Eltern

Susanne Rehse / Nadine Schmid / Marietta Krenn: Wir lernen und üben Mathematik im eigenen Tempo 1/2. Illustratorin: Kornelia Weise

Lernstufe 8

Name:

begonnen am:

beendet am:

Hier lernst du:

Plusaufgaben bis 20 mit Zehnerübergang zu rechnen.

Spiele:

Extra-Kopfnuss für Super-Knobler:

Stufenheft: Aufgaben

erledigt

1	2	3	4	5
6	7	8	9	10
11	12	13	14	15
16	17	18	19	20
21	22	23	24	25
26	27	28	29	30
31	32	33	34	35
36	37			

Buch und Arbeitsheft

erledigt

S.	S.	S.
Nr.	Nr.	Nr.

S.	S.	S.
Nr.	Nr.	Nr.

Arbeitsheft

Wie waren die Aufgaben für dich? Färbe ein!

leicht (grün)   mittel (gelb)   schwer (rot)

Lernstufe 8: Plusaufgaben über den Zehner

8.1

Susanne Rehse / Nadine Schmid / Marietta Krenn: Wir lernen und üben Mathematik im eigenen Tempo 1 / 2. Illustratorin: Kornelia Weise

Lernstufenheft 8 von _____

Hier lernst du:

Plusaufgaben bis 20 mit Zehnerübergang zu rechnen.

Susanne Rehse / Nadine Schmid / Marietta Krenn: Wir lernen und üben Mathematik im eigenen Tempo 1/2. Illustratorin: Kornelia Weise

1 Zahlzerlegungen

Diese Aufgaben kannst du blitzschnell lösen:

5	6	6	7
3 + __	2 + __	3 + __	5 + __
8	9	7	8
6 + __	3 + __	4 + __	3 + __
9	6	9	8
6 + __	1 + __	2 + __	2 + __

 2 <u>Wir rechnen plus über den Zehner</u>

Bono rechnet auf unterschiedliche Arten.
Auf beiden Wegen kommt er zum richtigen Ergebnis:

Seine Aufgabe: | $8 + 5 =$ ___ |

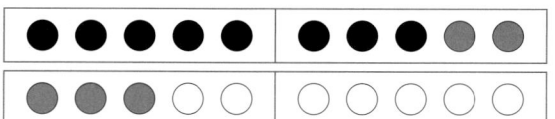

1. Weg:	2. Weg:
$8 + \overline{5} =$ ___ $8 + \underline{2} + \underline{3} =$ ___ 10	$8 + 2 = 10$ $10 + 3 =$ ___

<u>Wie hat Bono gerechnet?</u>

Ich _____ die Zahl, die ich dazurechnen muss.
Zuerst rechne ich bis zur _____
und dann den _____ dazu.

zerlege
10
Rest

Susanne Rehse / Nadine Schmid / Marietta Krenn: Wir lernen und üben Mathematik im eigenen Tempo 1/2. Illustratorin: Kornelia Weise

3 <u>Jetzt geht's über den Zehner. Rechne plus mit 9!</u>

Zeichne die Rechnungen in die Rechenschiffchen und schreibe die richtigen Zerlegungsaufgaben auf:

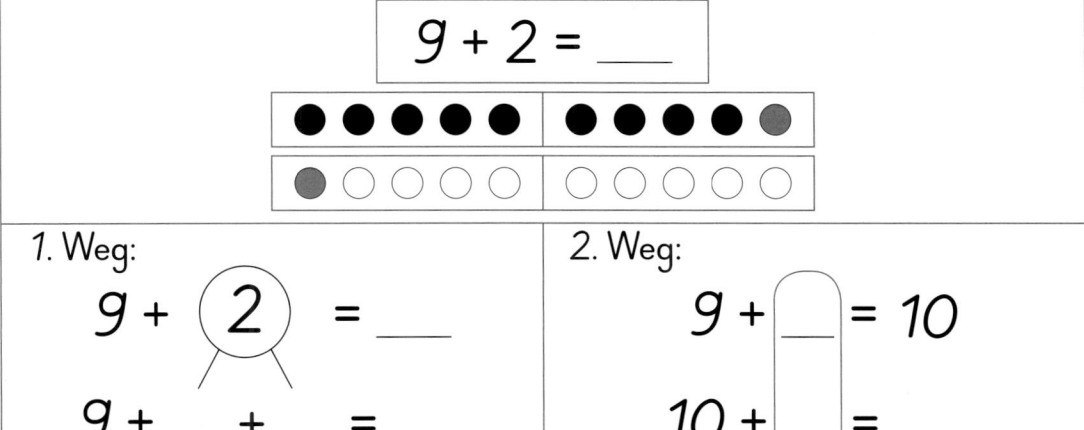

$9 + 2 =$ ___

1. Weg:

$9 + \boxed{2} =$ ___

$9 +$ ___ $+$ ___ $=$ ___
  $_{10}$

2. Weg:

$9 +$ ___ $= 10$

$10 +$ ___ $=$ ___

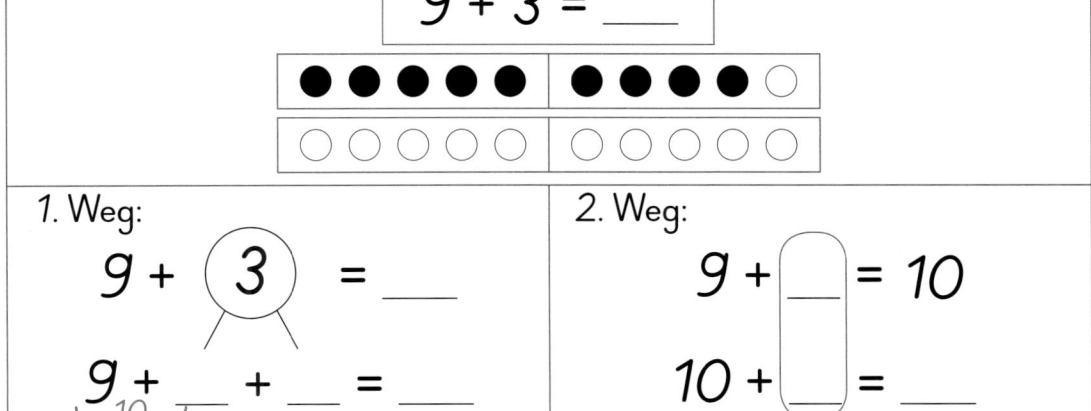

$9 + 3 =$ ___

1. Weg:

$9 + \boxed{3} =$ ___

$9 +$ ___ $+$ ___ $=$ ___
  $_{10}$

2. Weg:

$9 +$ ___ $= 10$

$10 +$ ___ $=$ ___

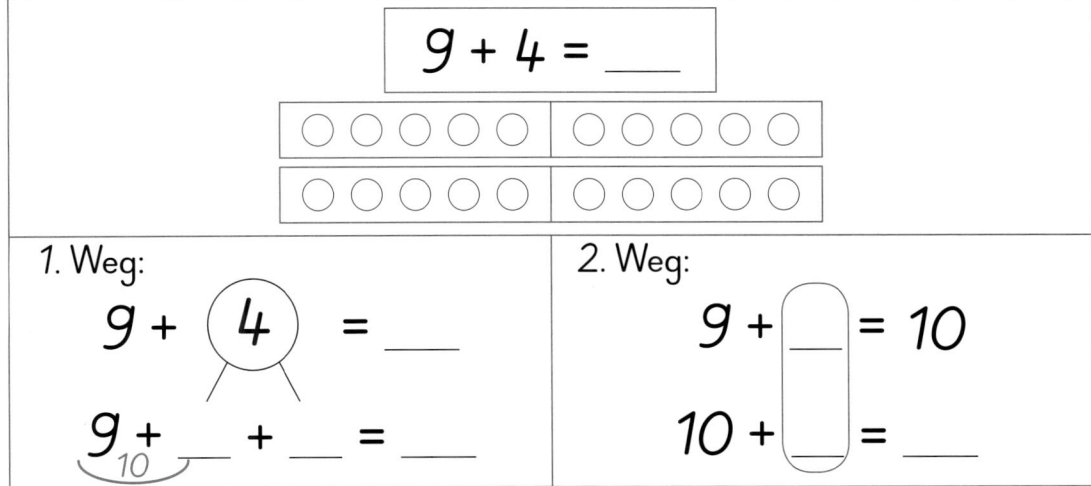

$9 + 4 =$ ___

1. Weg:

$9 + \boxed{4} =$ ___

$9 +$ ___ $+$ ___ $=$ ___
  $_{10}$

2. Weg:

$9 +$ ___ $= 10$

$10 +$ ___ $=$ ___

 Schreibe folgende Aufgaben auf den Block und rechne sie aus. Klebe die Rechenschiffchen auf. Ergänze darunter beide Zerlegungsaufgaben.

| $9 + 5$ | $9 + 6$ | $9 + 7$ | $9 + 8$ | $9 + 9$ |

Susanne Rehse / Nadine Schmid / Marietta Krenn: Wir lernen und üben Mathematik im eigenen Tempo 1/2. Illustratorin: Kornelia Weise

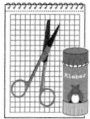

Vorlage Rechenschiffchen zum Ausschneiden:

Susanne Rehse / Nadine Schmid / Marietta Krenn: Wir lernen und üben Mathematik im eigenen Tempo 1/2. Illustratorin: Kornelia Weise

Rechne plus mit 7! Das ist nicht schwer!

Zeichne die Rechnungen in die Rechenschiffchen und schreibe die richtigen Zerlegungsaufgaben auf:

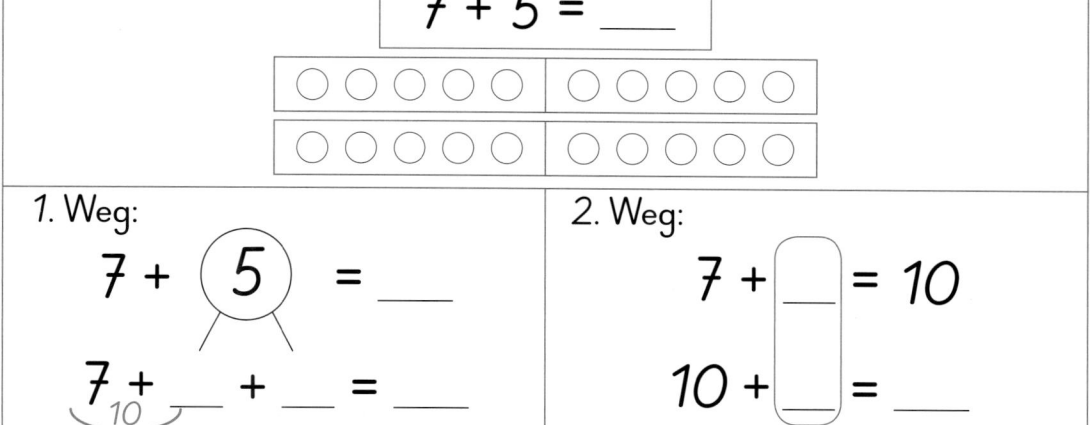

7 + 4 = ___

1. Weg:

7 + ④ = ___

7 + ___ + ___ = ___
 10

2. Weg:

7 + [ ] = 10

10 + [ ] = ___

7 + 5 = ___

1. Weg:

7 + ⑤ = ___

7 + ___ + ___ = ___
 10

2. Weg:

7 + [ ] = 10

10 + [ ] = ___

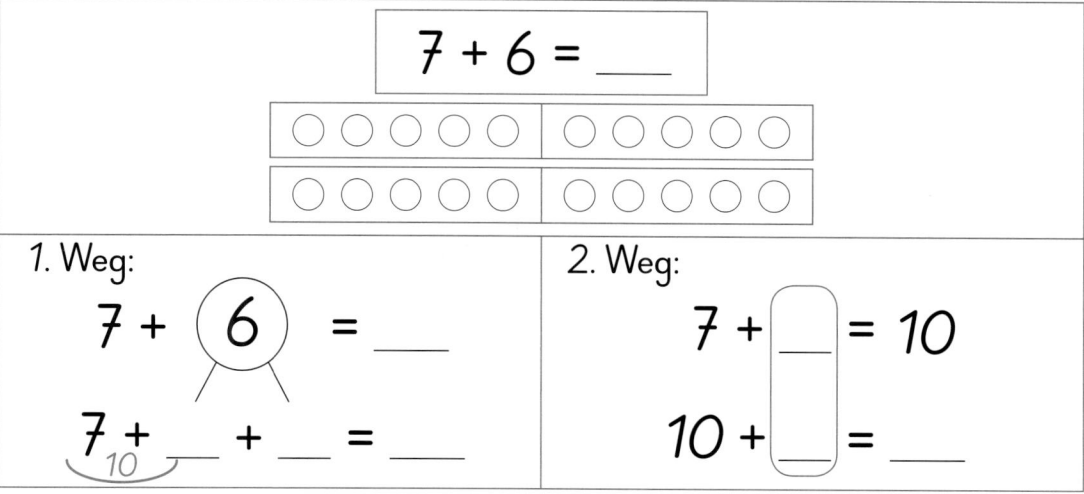

7 + 6 = ___

1. Weg:

7 + ⑥ = ___

7 + ___ + ___ = ___
 10

2. Weg:

7 + [ ] = 10

10 + [ ] = ___

 Schreibe folgende Aufgaben auf den Block und rechne sie aus. Klebe die Rechenschiffchen auf. Ergänze darunter beide Zerlegungsaufgaben.

| 7 + 7 | 7 + 8 | 7 + 9 | 7 + 10 |

Susanne Rehse / Nadine Schmid / Marietta Krenn: Wir lernen und üben Mathematik im eigenen Tempo 1/2. Illustratorin: Kornelia Weise

5 Jetzt geht es durcheinander! Du weißt wie es geht!

Zeichne die Rechnungen in die Rechenschiffchen und schreibe die richtigen Zerlegungsaufgaben auf:

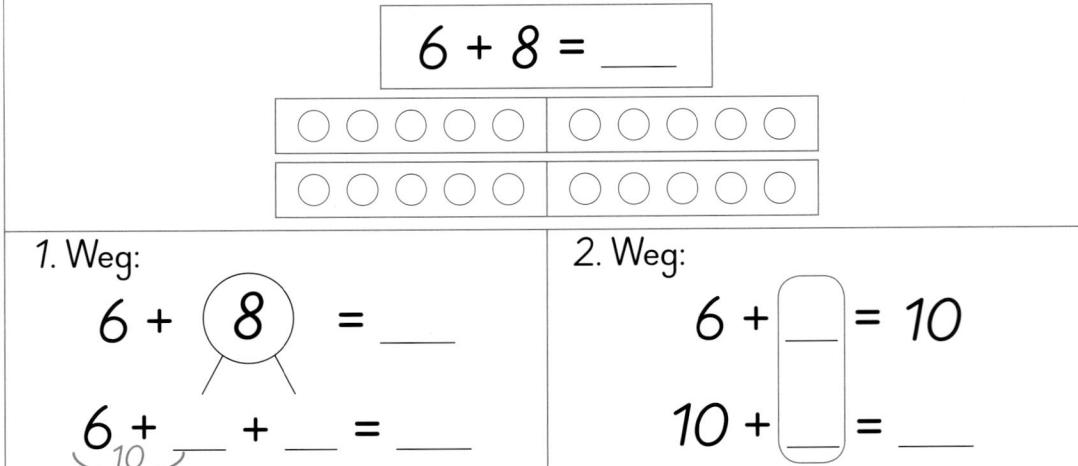

6 + 8 = ___

1. Weg:

6 + (8) = ___

6 + ___ + ___ = ___
  10

2. Weg:

6 + [___] = 10

10 + ___ = ___

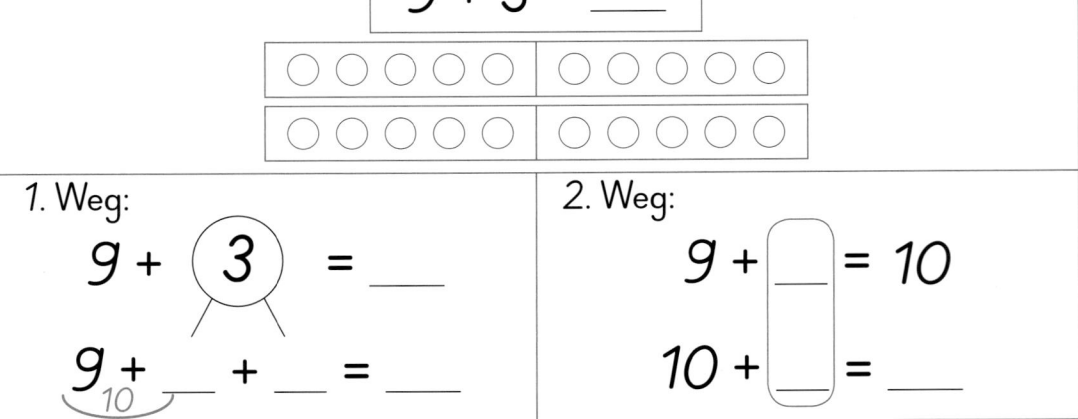

9 + 3 = ___

1. Weg:

9 + (3) = ___

9 + ___ + ___ = ___
  10

2. Weg:

9 + [___] = 10

10 + ___ = ___

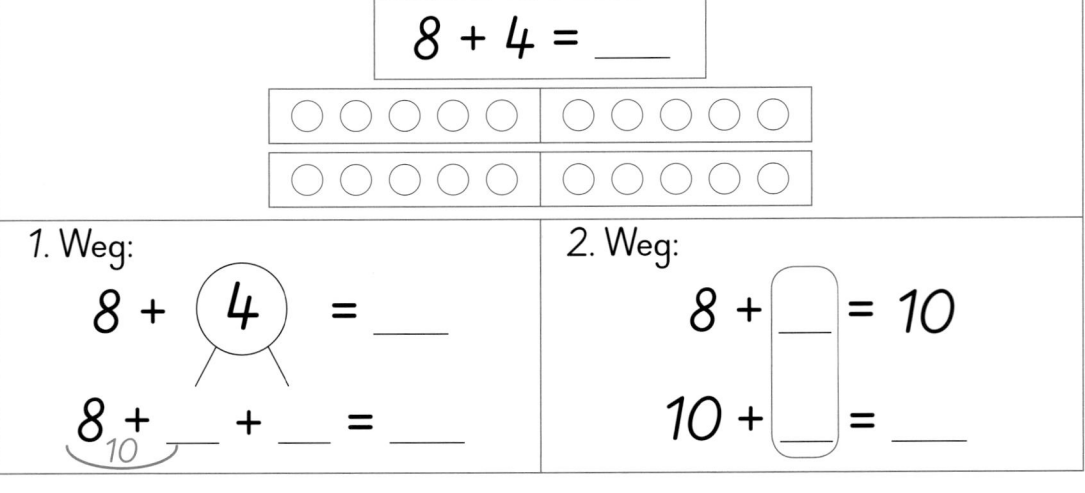

8 + 4 = ___

1. Weg:

8 + (4) = ___

8 + ___ + ___ = ___
  10

2. Weg:

8 + [___] = 10

10 + ___ = ___

 Schreibe folgende Aufgaben auf den Block und rechne sie aus. Klebe die Rechenschiffchen auf. Ergänze darunter beide Zerlegungsaufgaben.

| 8 + 7 | 5 + 6 | 9 + 4 | 6 + 9 | 8 + 5 |

Susanne Rehse / Nadine Schmid / Marietta Krenn: Wir lernen und üben Mathematik im eigenen Tempo 1/2. Illustratorin: Kornelia Weise

6 🍌 <u>Nachbaraufgaben</u>

$\underline{7} + 3 = \underline{}$

$8 + \underline{2} = \underline{}$ ← $\underline{8} + \underline{3} = \underline{}$ → $8 + \underline{4} = \underline{}$

$\underline{9} + 3 = \underline{}$

$\underline{} + \underline{} = \underline{}$

$\underline{} + \underline{} = \underline{}$ ← $\underline{7} + \underline{6} = \underline{}$ → $\underline{} + \underline{} = \underline{}$

$\underline{} + \underline{} = \underline{}$

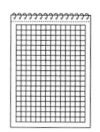 Schreibe die Aufgaben $3 + 9 = \underline{}$ und $5 + 7 = \underline{}$ auf deinen Block und rechne sie aus. Finde die Nachbaraufgaben dazu.

7 🍌 <u>Immer zwei Karten gehören zusammen.</u>
Male sie in der gleichen Farbe an.
Schreibe die fehlenden Ergebnisse dazu.

$7 + 8 = \underline{}$

$7 + 3 + 5 = \underline{}$

$4 + 6 + 3 = \underline{}$ $\qquad$ $5 + 5 + 2 = \underline{}$ $\qquad$ $3 + 9 = \underline{}$

$8 + 8 = \underline{}$ $\qquad$ $7 + 3 + 3 = \underline{}$ $\qquad$ $5 + 7 = \underline{}$

$7 + 5 = \underline{}$ $\qquad$ $7 + 3 + 2 = \underline{}$ $\qquad$ $8 + 2 + 6 = \underline{}$

$4 + 9 = \underline{}$ $\qquad$ $7 + 6 = \underline{}$ $\qquad$ $3 + 7 + 2 = \underline{}$

Susanne Rehse / Nadine Schmid / Marietta Krenn: Wir lernen und üben Mathematik im eigenen Tempo 1/2. Illustratorin: Kornelia Weise

8 _Verdoppeln_

 Bono kann zaubern:

„Eins zwei drei,
ich zeig es dir, und
mach aus zwei gleich mal vier!"

Was hat Bono gemacht? Erkläre!

Bono hat die Kinder _____

(v e d o p r l t p e)

Kannst du auch wie Bono zaubern?
Verdopple die Formen und schreibe die passende Plusaufgabe dazu!

Ich habe:		Das Doppelte ist:
△	$1 +$ ___ $=$ ___	△ △
▢ ▢ ▢	$3 +$ ___ $=$ ___	
X X X X X X X X X	___ $+$ ___ $=$ ___	
O O O O	___ $+$ ___ $=$ ___	

 Verdopple die Zahlen 2 6 8 9 7 5 .
Zeichne die Formen wie oben auf deinen Block. Schreibe die
Plusaufgabe dazu!

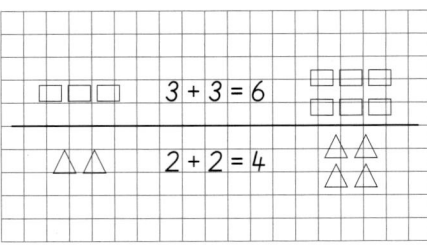

Susanne Rehse / Nadine Schmid / Marietta Krenn: Wir lernen und üben Mathematik im eigenen Tempo 1/2. Illustratorin: Kornelia Weise

9 Plusaufgaben über den Zehner

Rechne und zerlege, wie du es am besten kannst!

8 + 5 =

8 + 2 =

10 + 3 =

8 + 5 =

8 + 2 + 3 =

6 + 8 = ___

○○○○○ ○○○○○
○○○○○ ○○○○○

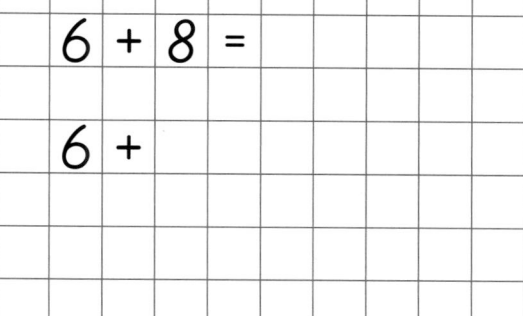

6 + 8 =

6 +

7 + 8 = ___

○○○○○ ○○○○○
○○○○○ ○○○○○

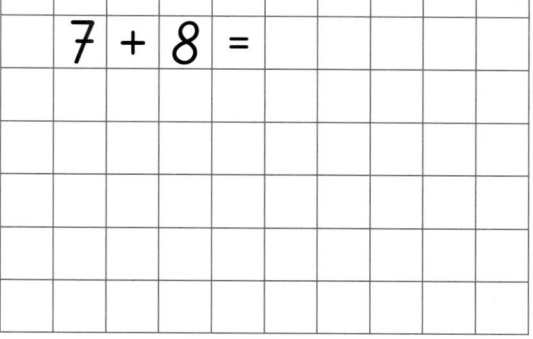

7 + 8 =

Schaffst du die Rechnungen auch schon ohne Rechenschiffchen?

8 + 6 =   7 + 5 =

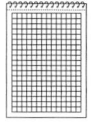 Schreibe folgende Aufgaben auf den Block und rechne sie aus.
Ergänze die Zerlegungsaufgaben.

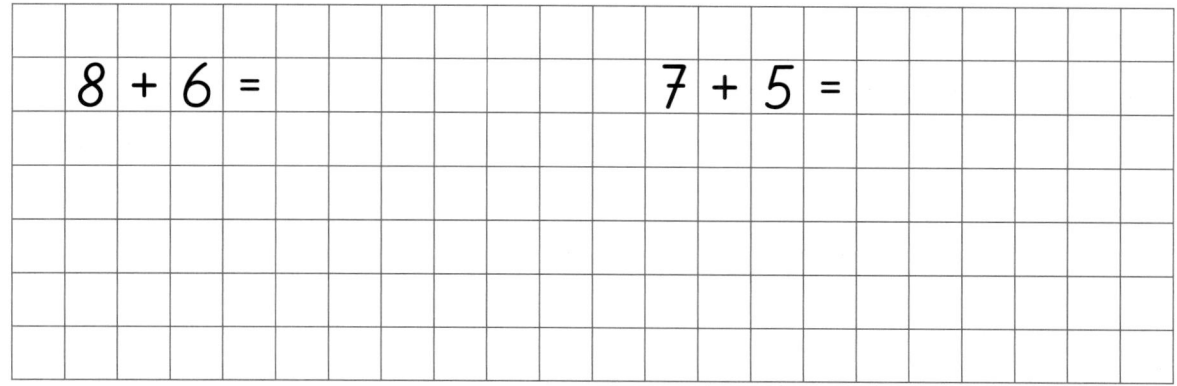

| 5 + 8 | 6 + 5 | 8 + 3 | 6 + 9 | 8 + 5 |
| 6 + 6 | 9 + 3 | 6 + 8 | 7 + 5 | 5 + 9 |

Susanne Rehse / Nadine Schmid / Marietta Krenn: Wir lernen und üben Mathematik im eigenen Tempo 1/2. Illustratorin: Kornelia Weise

Lücken füllen

Du kannst so rechnen:

8 + 5 = ___	7 + 4 = ___	5 + 8 = ___
8 + _2_ + _3_ = ___	7 + __ + __ = ___	5 + __ + __ = ___
9 + 6 = ___	4 + 8 = ___	6 + 7 = ___
9 + __ + __ = ___	4 + __ + __ = ___	6 + __ + __ = ___
3 + 8 = ___	5 + 6 = ___	9 + 8 = ___
3 + __ + __ = ___	5 + __ + __ = ___	9 + __ + __ = ___
2 + 9 = ___	7 + 5 = ___	3 + 9 = ___
2 + __ + __ = ___	7 + __ + __ = ___	3 + __ + __ = ___

 So kannst du auch rechnen:

8 + 5 = ___	6 + 8 = ___	7 + 4 = ___
8 + _2_ = 10	6 + __ = 10	7 + __ = 10
10 + _3_ = ___	10 + __ + __ = ___	10 + __ + __ = ___
7 + 6 = ___	9 + 5 = ___	4 + 8 = ___
__ + __ = ___	__ + __ = ___	__ + __ = ___
__ + __ = ___	__ + __ + ___	__ + __ + ___
5 + 6 = ___	7 + 9 = ___	9 + 8 = ___
__ + __ = ___	__ + __ = ___	__ + __ = ___
__ + __ = ___	__ + __ + ___	__ + __ + ___

Susanne Rehse / Nadine Schmid / Marietta Krenn: Wir lernen und üben Mathematik im eigenen Tempo 1/2. Illustratorin: Kornelia Weise

11 Aufgabensuche

Das ist schwierig. Aber du schaffst das schon!

Finde die Aufgabe.

9 + ___ = ___ 9 + 1 + ___ = 17 10	7 + ___ = ___ 7 + ___ + ___ = 15 10	___ + ___ = ___ ___ + 4 + ___ = 13 10
___ + ___ = ___ ___ + 5 + ___ = 12	___ + ___ = 18 ___ + 1 + ___ = ___	___ + ___ = 16 ___ + 7 + ___ = ___

12 Trio

Immer drei gehören zusammen. Male in derselben Farbe an.

7 + 4	9 + 1 + 7	13
8 + 5	5 + 5 + 4	12
4 + 8	9 + 1 + 8	15
5 + 9	8 + 2 + 3	16
7 + 9	6 + 4 + 5	11
6 + 9	7 + 3 + 1	14
9 + 8	4 + 6 + 2	18
9 + 9	7 + 3 + 6	17

13 Verdoppelungsaufgaben

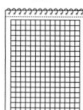

Schreibe die Aufgaben auf deinen Block und rechne sie aus.

| 5 + 5 | 6 + 6 | 7 + 7 | 8 + 8 | 9 + 9 | 10 + 10 |

Susanne Rehse / Nadine Schmid / Marietta Krenn: Wir lernen und üben Mathematik im eigenen Tempo 1/2. Illustratorin: Kornelia Weise

14 <u>Rechenpalme</u>

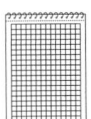 Rechne immer die Zahl eines grauen und eines weißen Palmenblattes zusammen. Schreibe die Aufgaben und die Zerlegungsaufgaben auf deinen Block. Finde mindestens *10* Aufgaben.

15 <u>Die Verdoppelungsaufgabe hilft</u>

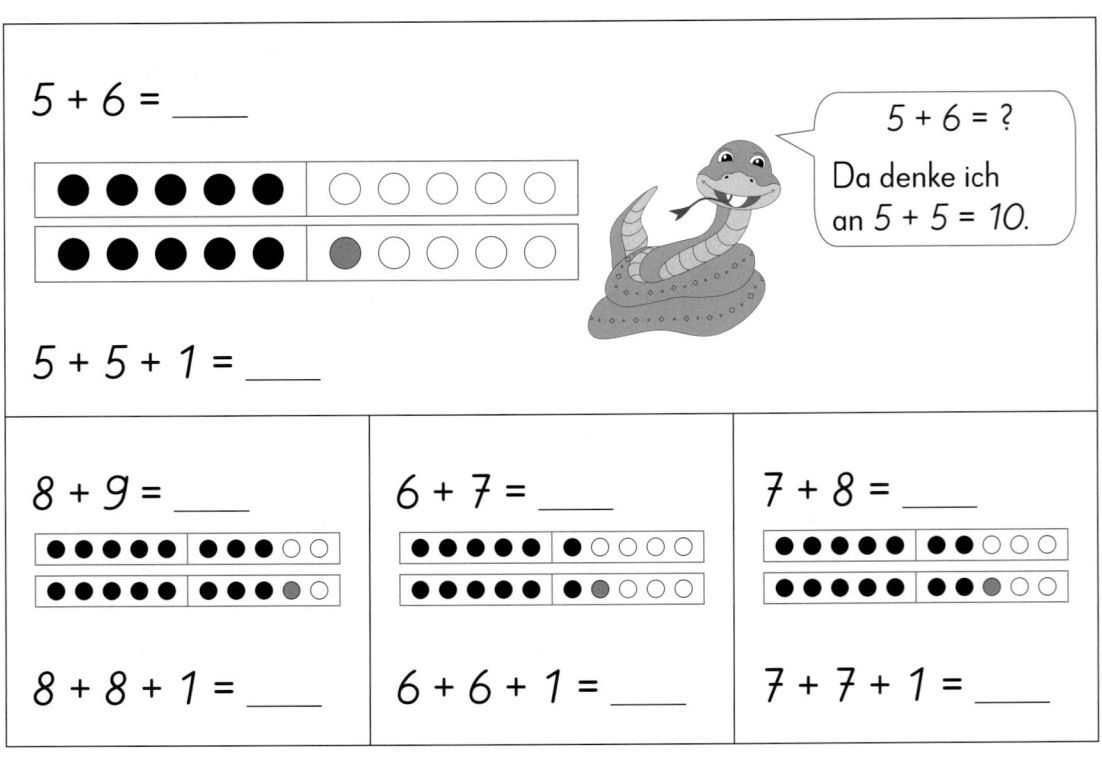

5 + 6 = ___

5 + 5 + 1 = ___

5 + 6 = ?
Da denke ich
an 5 + 5 = 10.

8 + 9 = ___

8 + 8 + 1 = ___

6 + 7 = ___

6 + 6 + 1 = ___

7 + 8 = ___

7 + 7 + 1 = ___

Susanne Rehse / Nadine Schmid / Marietta Krenn: Wir lernen und üben Mathematik im eigenen Tempo 1/2. Illustratorin: Kornelia Weise

16 Rechenhöhle

Finde alle *9* Aufgaben mit 5 + ___ = ___ .
Schreibe sie auf deinen Block.

Welche Zahl fehlt? ___

17 Schatztruhen

Welche Aufgabe gehört in welche Truhe? Verbinde.

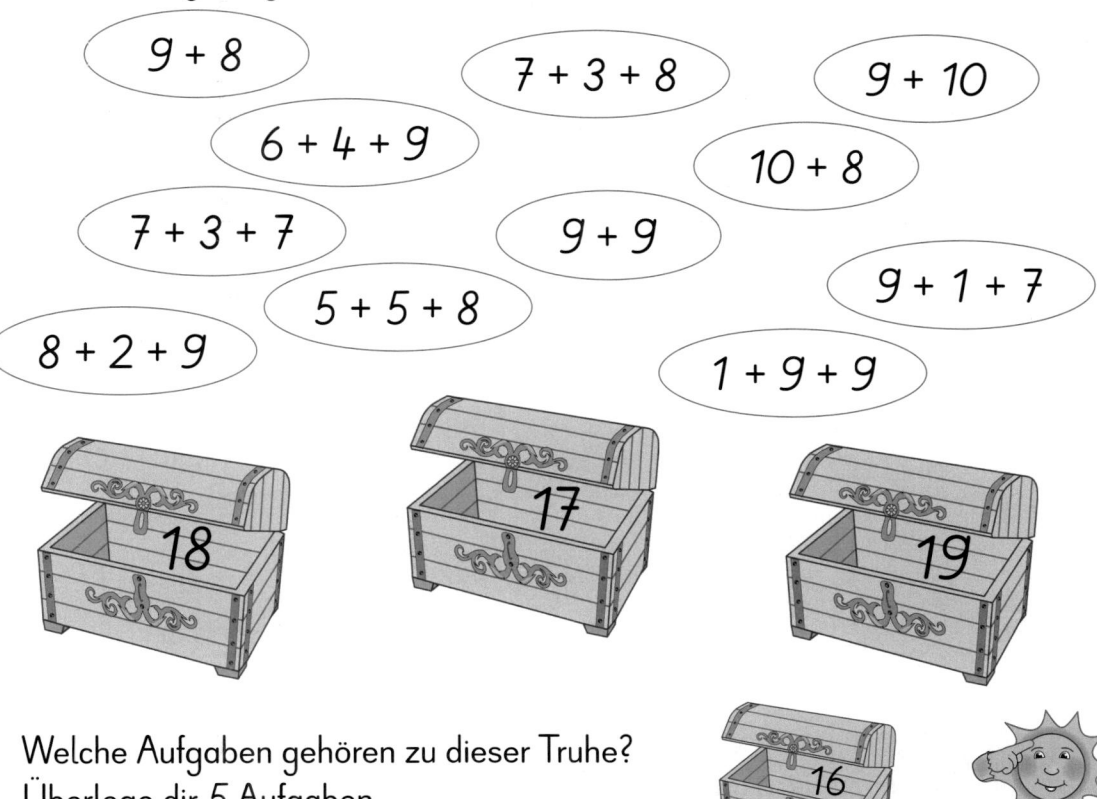

9 + 8   7 + 3 + 8   9 + 10

6 + 4 + 9   10 + 8

7 + 3 + 7   9 + 9

5 + 5 + 8   9 + 1 + 7

8 + 2 + 9   1 + 9 + 9

Welche Aufgaben gehören zu dieser Truhe?
Überlege dir *5* Aufgaben.

Susanne Rehse / Nadine Schmid / Marietta Krenn: Wir lernen und üben Mathematik im eigenen Tempo 1/2. Illustratorin: Kornelia Weise

18 🍌 <u>Rechentabellen</u>

Ich erinnere dich: Rechne die
vorderste Zahl plus die oberste Zahl.

+	6	9	3
5			
4			
7			

+	7	8	5
7			
6			
5			

+	2	5	3
11	13		
9			
7			

+	4	1	3
14			
8			
6			

19 🍌 <u>Tauschaufgaben</u>

3 + 9 : ist ganz schön schwer!
9 + 3 : mit der Tauschaufgabe
dann nicht mehr!

Rechne zuerst die Tauschaufgabe!

2 + 9 = ___	3 + 8 = ___	5 + 8 = ___
T: _____	T: _____	T: _____
4 + 8 = ___	6 + 9 = ___	4 + 9 = ___
T: _____	T: _____	T: _____

 Schreibe folgende Aufgaben auf den Block und rechne sie aus.
Beginne mit der Tauschaufgabe!

3 + 9	5 + 9	4 + 8

Susanne Rehse / Nadine Schmid / Marietta Krenn: Wir lernen und üben Mathematik im eigenen Tempo 1/2. Illustratorin: Kornelia Weise

20 Kettenrechnungen

Du bist nun Profi im Kettenrechnen!
Wenn du möchtest, darfst du dir wie Bono die
Zwischenergebnisse aufschreiben.

$5 + 3^{8} + 4^{12} + 2 =$ ___ $6 + 2 + 3 + 7 =$ ___

$7 + 3 + 2 + 6 =$ ___ $9 + 3 + 1 + 1 =$ ___

$8 + 4 + 6 + 1 =$ ___ $1 + 7 + 3 + 5 =$ ___

 Nun pass gut auf!

$7 + 4 - 1 - 6 =$ ___ $6 + 9 - 4 + 3 =$ ___

21 Umkehraufgaben

Aus | Minus wird Plus | aus | Plus wird Minus | .

Ich rechne zuerst die Umkehraufgabe.
Dann weiß ich die Lösung des Platzhalters.

___ $- 3 = 8$ ___ $- 6 = 9$ ___ $- 5 = 7$
U: $+$ $=$ U: $+$ $=$ U: $+$ $=$

___ $+ 5 = 18$ ___ $+ 3 = 16$ ___ $+ 6 = 18$
U: $-$ $=$ U: $-$ $=$ U:

___ $- 5 = 9$ ___ $+ 6 = 19$ ___ $- 3 = 12$
U: U: U:

___ $- 8 = 6$ ___ $- 5 = 7$ ___ $+ 3 = 14$
U: U: U:

Susanne Rehse / Nadine Schmid / Marietta Krenn: Wir lernen und üben Mathematik im eigenen Tempo 1/2. Illustratorin: Kornelia Weise

22 Zahlenmauern

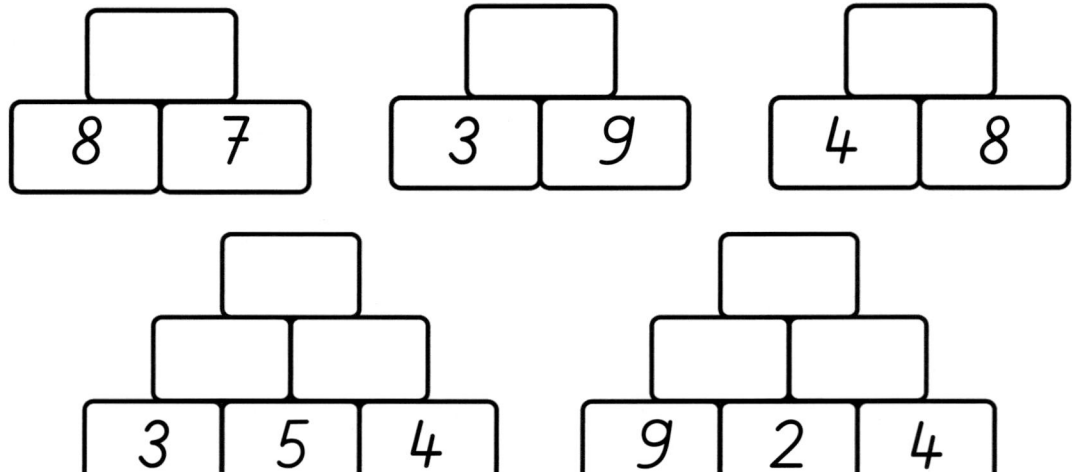

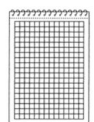 Zeichne zwei Zahlenmauern auf deinen Block.
Verwende diese Grundsteine:

| 1 | 6 | 5 |

| 5 | 3 | 2 |

Finde eine eigene Zahlenmauer.

23 Sachaufgaben

In einer Tüte sind _____ Gummibärchen.
Moni isst 4 Gummibärchen.
F: Wie viele Gummibärchen sind noch in der Tüte?

R: _____

A: _____ .

Welche Aufgabe passt zur Rechengeschichte?
Kreuze sie an und rechne!

| 8 Kinder spielen Fußball. 3 Kinder kommen hinzu. |

R: ☐ 8 − 3 = ___   ☐ 11 − 3 = ___   ☐ 8 + 3 = ___

A: ____ Kinder spielen nun Fußball.

Susanne Rehse/ Nadine Schmid/ Marietta Krenn: Wir lernen und üben Mathematik im eigenen Tempo 1/2. Illustratorin: Kornelia Weise

24  <u>Aufgabenfolgen</u>

> Mir fällt was auf. Dir auch?

$7 + 3 =$

$7 + 4 =$

$7 + 5 =$

$7 +$

$+$

$9 + 9 =$

$8 + 9 =$

$7 + 9 =$

$6 +$

$6 + 5 =$

$6 + 6 =$

$6 +$

 Überlege dir Aufgabenfolgen mit der Zahl $\boxed{9}$ und $\boxed{8}$.
Hast du Lust, weitere Aufgabenfolgen zu erfinden?

25  **Rechnen mit Geld: Wir wechseln**

Bono hat einen *10* Euro - Schein. Er möchte ihn wechseln lassen.
Diese Möglichkeiten hat Bono:

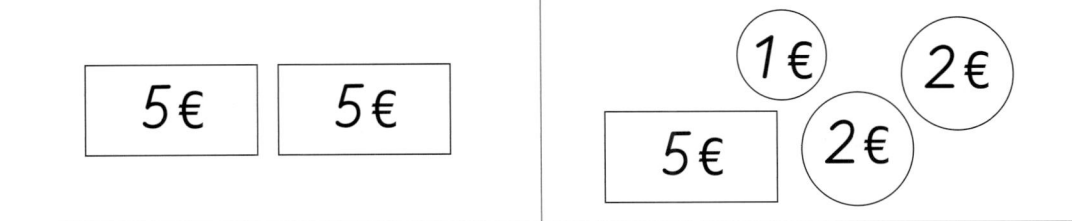

Trage die richtigen Geldwerte ein:

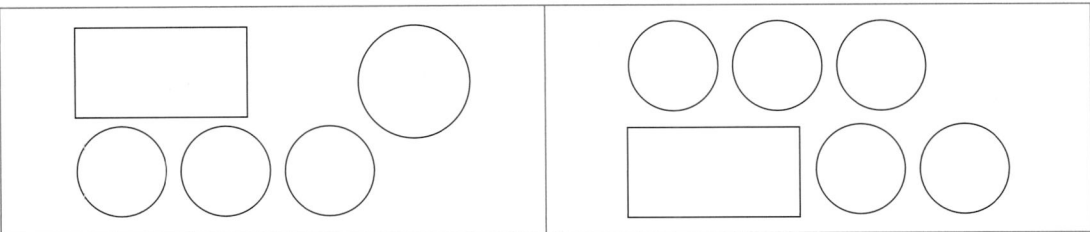

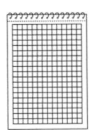 Bono hat einen *20* Euro - Schein. Wechsle ihn! Zeichne die
Wechsel - Möglichkeiten mit deiner Schablone auf deinen Block.

Susanne Rehse / Nadine Schmid / Marietta Krenn: Wir lernen und üben Mathematik im eigenen Tempo 1/2. Illustratorin: Kornelia Weise

Rechengeld: © ECB

26 **Wir ergänzen mithilfe der Rechenwaage.**

Fehlt eine Zahl in einer Gleichung,
hilft mir die Rechenwaage.

Bei einer <u>Gleichung</u> sind beide Seiten <u>gleichwertig</u>.
Auch hier der Trick:

Bis zur zehn dann weitergehn'!

$$8 + \underline{} = 13$$

8 plus wie viel ist gleich 13

$$8 + \underline{} = 13$$

$$8 + \boxed{\underline{} \atop 10} + \underline{} = 13$$

$7 + \underline{} = 16$	$9 + \underline{} = 18$
$7 + \underline{} + \underline{} = 16$	$9 + \underline{} + \underline{} = 18$
$6 + \underline{} = 15$	$7 + \underline{} = 13$
$6 + \underline{} + \underline{} = 15$	$7 + \underline{} + \underline{} = 13$

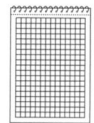 Schreibe folgende Aufgaben mit Zerlegungen auf deinen Block:

$4 + \underline{} = 12$	$8 + \underline{} = 15$	$6 + \underline{} = 16$	$7 + \underline{} = 11$
$9 + \underline{} = 13$	$6 + \underline{} = 14$	$5 + \underline{} = 17$	$8 + \underline{} = 12$
$8 + \underline{} = 13$	$9 + \underline{} = 14$	$7 + \underline{} = 17$	$6 + \underline{} = 12$

27  <u>Diese Aufgaben können wir schon rechnen!</u>
Stoppe die Zeit! Wie schnell bist du?

2 + __ = 7	__ – 8 = 1	12 – __ = 1
3 + 12 = __	2 – 1 = __	13 – __ = 3
16 + __ = 20	8 + 10 = __	15 + __ = 18
__ + 10 = 16	__ – 1 = 2	2 + __ = 18
10 + 4 = __	__ – 10 = 9	4 – 3 = __
17 + __ = 20	11 + 3 = __	6 + __ = 10
__ + 1 = 20	19 – __ = 2	__ + 3 = 10
__ + 2 = 19	17 + __ = 18	6 + 10 = __
10 + __ = 19	8 – __ = 7	19 – 14 = __
__ – 13 = 1	__ – 5 = 2	__ – 1 = 3

Ich habe für diese *30* Aufgaben _____ Minuten _____ Sekunden
gebraucht.

Denke an die Rechenwaage!

28 <u>Platzhalter in Kettenaufgaben</u>

5 + 5 + __ = 17	19 = 9 + __ + 3
4 + __ + 6 = 13	4 + 2 + __ = 16
12 = 3 + 2 + __	6 + __ + 2 = 15

29 <u>Wir zerlegen richtig</u>

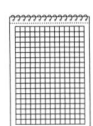 Kannst du es noch? Schreibe die Aufgabe und die Zerlegungsaufgabe auf
deinen Block!

6 + 8 = __	9 + __ = 16	8 + 9 = __	6 + __ = 16

Susanne Rehse / Nadine Schmid / Marietta Krenn: Wir lernen und üben Mathematik im eigenen Tempo 1/2. Illustratorin: Kornelia Weise

30 Zahlenmauern

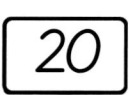 *9 + „wie viel" ist gleich 16?*

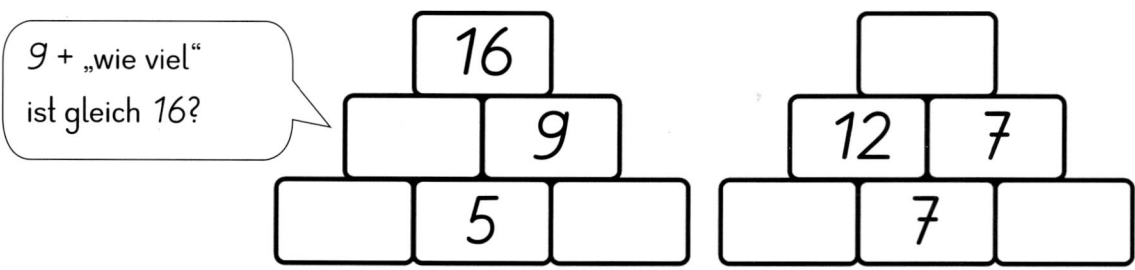

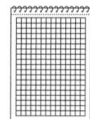 Zeichne 2 verschiedene Zahlenmauern mit dem Zielstein **20**

31 Sachrechnen: Bono geht einkaufen

Teddy	großes Eis	kleines Eis	T-Shirt	Uhr
6 €	3 €	2 €	9 €	11 €

<u>Wie viel muss Bono bezahlen?</u>

Bono kauft sich einen Teddy, ein T-Shirt und ein kleines Eis.

R: _____

A: Bono muss _____ € bezahlen.

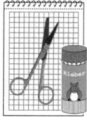 Schneide die Aufgaben aus. Klebe sie auf deinen Block.
Rechne (R:) und schreibe die Antwort (A:) auf.

Bono kauft sich ein T-Shirt und eine Uhr.

Bono kauft sich zwei T-Shirts.

Bono kauft sich einen Teddy, eine Uhr und ein kleines Eis.

Susanne Rehse / Nadine Schmid / Marietta Krenn: Wir lernen und üben Mathematik im eigenen Tempo 1/2. Illustratorin: Kornelia Weise

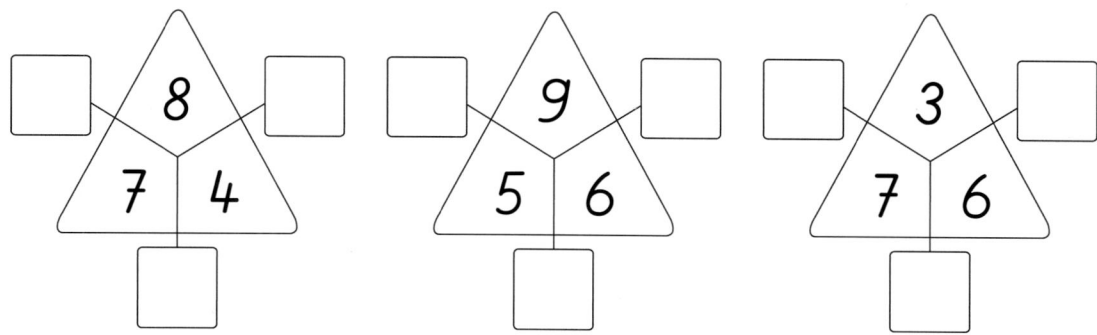

32 🍌 <u>Rechendreiecke</u>

Ergänzen kannst du auch schon!

„… plus wie viel ist ….“

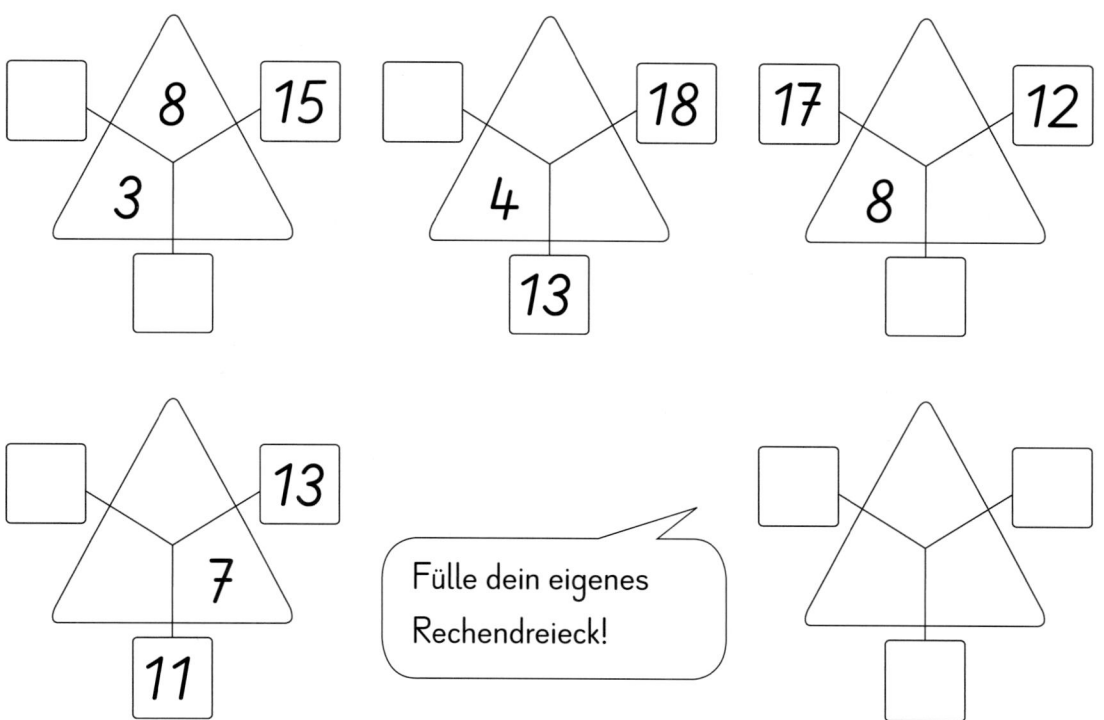

33 🍌 <u>Wir zerlegen richtig!</u>

Das kannst du! Schreibe die Aufgabe und die Zerlegungsaufgabe
auf deinen Block!

7 + 9 = ___	5 + ___ = 12	3 + 8 = ___	4 + ___ = 16
6 + 8 = ___	4 + ___ = 11	6 + 7 = ___	8 + ___ = 15

Susanne Rehse / Nadine Schmid / Marietta Krenn: Wir lernen und üben Mathematik im eigenen Tempo 1/2. Illustratorin: Kornelia Weise

34 <u>Lange Kettenaufgaben: Das Ergebnis ist immer 20.</u>

$$10 + 5 + 3 + \_\_ = 20$$
$$5 + 5 + 5 + 1 + \_\_ = 20$$
$$8 + 3 + 4 + \_\_ = 20$$

Erfinde 3 weitere Kettenaufgaben mit dem Ergebnis 20.
Hast du Lust mehr Aufgaben zu erfinden?

35 <u>Sechser-Pack</u>

Bilde aus den verschiedenen Zahlenkarten passende Aufgaben.
Du darfst die Kärtchen mehrfach benutzen.
Verdoppeln darfst du aber nicht.

5	6	9	3

+		=	1	1
+		=	1	4
+		=		8
+		=	1	2
+		=		9
+		=	1	5

6	8	4	9

+		=	1	3
+		=	1	4
+		=	1	2
+		=	1	7
+		=	1	5
+		=	1	0

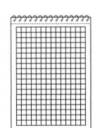 Bilde aus den Zahlenkärtchen Aufgaben.
Findest du alle sechs Möglichkeiten
<u>ohne Tauschaufgaben?</u>

6	5	8	7

36  <u>Rechnen mit Cent</u>

Hast du gewusst, dass
1 Euro gleich *100 Cent* sind?

Neben dem Euro gibt es auch den Cent.
Mit Cent kannst du auch einkaufen gehen.
Ein Cent ist viel weniger wert als ein Euro.

Für Cent gibt es kein eigenes Zeichen.
Wir schreiben
ct

 **1 ct**

Rechengeld: © ECB

Schreibe unter die Cent, wie viel eine Münze wert ist:

ct   ct

Rechengeld: © ECB

Rechne aus, wie viel Cent Bono insgesamt gespart hat:

___ ct + ___ ct + ___ ct = ____ ct

Rechengeld: © ECB

37  <u>Rechenkiste</u>

Schneide die Rechenkisten aus und klebe sie auf deinen Block. Finde zu jeder
Kiste <u>3 Plusaufgaben</u>.

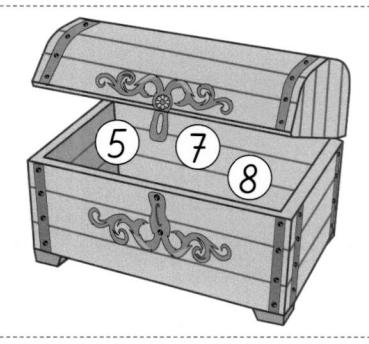 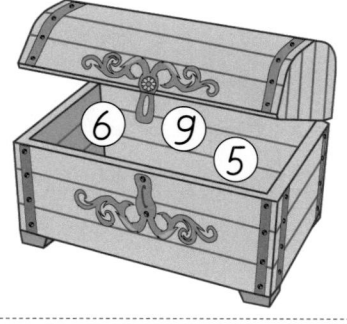 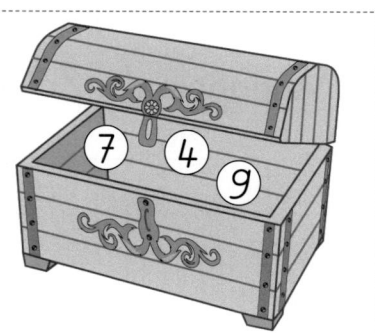

Susanne Rehse / Nadine Schmid / Marietta Krenn: Wir lernen und üben Mathematik im eigenen Tempo 1/2. Illustratorin: Kornelia Weise

Name:	Datum:

Kompetenztest zur Lernstufe 8

Zeig, was du kannst!

1. Löse die Aufgaben! Das Ergebnis ist immer 10!

3 + __ = 10   12 − __ = 10

5 + __ = 10   17 − __ = 10

__ + 2 = 10   ___ − 5 = 10

__ + 6 = 10   ___ − 8 = 10

/8

2. Rechne. Denke an Bonos Trick:
„Erst bis zur 10 und dann weiter."

8 + 5 = ___	9 + 3 = ___
8 + __ + __ = __	9 + __ + __ = __
7 + 5 = ___	8 + 6 = ___
7 + __ + __ = __	8 + __ + __ = __

/6

3. Jetzt im Kopf!

6 + 5 = ___   9 + 5 = ___

7 + 4 = ___   8 + 7 = ___

8 + 3 = ___   7 + 6 = ___

9 + 4 = ___   6 + 8 = ___

/8

4. Verdopple die Zahlen!

Zahl	3	8	6	7	9
Das Doppelte					

/5

5. Platzhalteraufgaben. Löse sie mithilfe der Umkehraufgabe.

___ + 5 = 18	___ − 8 = 11	___ + 4 = 14	___ − 7 = 12
U: _____	U: _____	U: _____	U: _____

6. Kettenrechnungen

$6 + 3 + 2 - 1 + 5 =$ ___

$7 + 4 + 6 - 5 - 2 =$ ___ $\qquad$ *12*

7. Rechendreiecke: Ergänze!

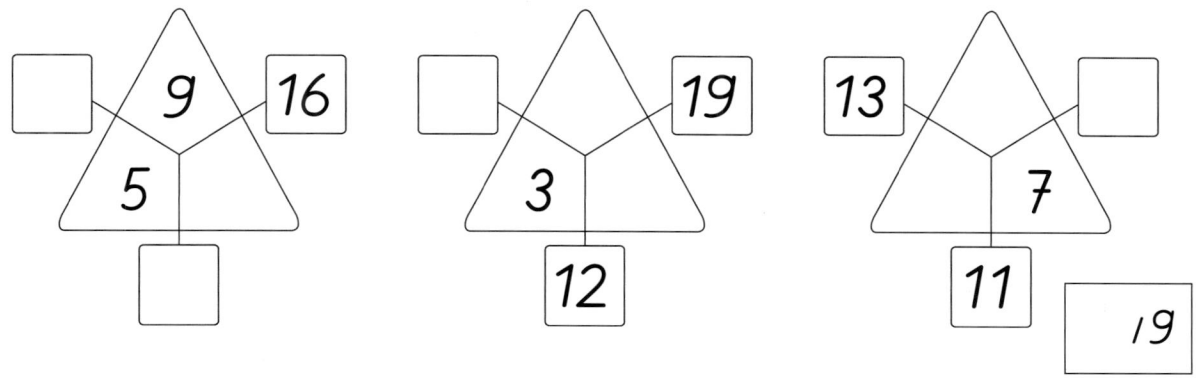

8. Rechenrätsel

Bono hat verschiedene Münzen in seiner Schatztruhe:

2 Münzen sind genau gleich groß und sind am meisten wert.
3 weitere Münzen sind etwas kleiner und haben einen
Wert von 1 €.
Wie viele Euro hat Bono? ____ €

Außerdem hat Bono viele Cent-Münzen:

Wie viele Cent hat Bono? ____ ct

Rechengeld: © ECB

12

9. Im Dschungel

Auf einem Baum haben es sich *9* Affen gemütlich gemacht.
3 Affen kommen noch hinzu.

F: Wie viele _____ ?

R: _____

A: _____ .

/3

10. Rechengeschichte

Bono sammelt Bananen. Es ist *8:00* Uhr früh.
Am ersten Baum findet er *6* Bananen.
Am zweiten Baum nochmals *5* Bananen.
Am dritten Baum hängen sogar *8* Bananen.

Welche Frage passt zur Geschichte? Kreuze an:

○ Wie lange brauchte Bono zum Sammeln der Bananen?

○ Wie viele Bananen hat Bono insgesamt gesammelt?

○ Wie viele Bananen hängen noch an den Bäumen?

/1

Schreibe die Rechnung und die Antwort auf!

Rechnung:

Antwort: _____ .

/2

Susanne Rehse / Nadine Schmid / Marietta Krenn: Wir lernen und üben Mathematik im eigenen Tempo 1/2. Illustratorin: Kornelia Weise

11. Rechengeschichte

Um *18:00* Uhr pflückt Bono *13* Bananen für das Abendessen. Er ist so hungrig, dass er gleich *5* Bananen verspeist. Auf dem Weg nach Hause schenkt er seiner *7* Jahre alten Cousine die Hälfte der übrigen Bananen. Wie viele Bananen hat Bono noch, als er endlich zu Hause ankommt?

Aufgabe A: Streiche alle Zahlen durch, die du **nicht** zum Lösen dieser Frage brauchst.

12

Aufgabe B: Rechne aus, wie viele Bananen Bono noch hat, als er nach Hause kommt:

12

R:

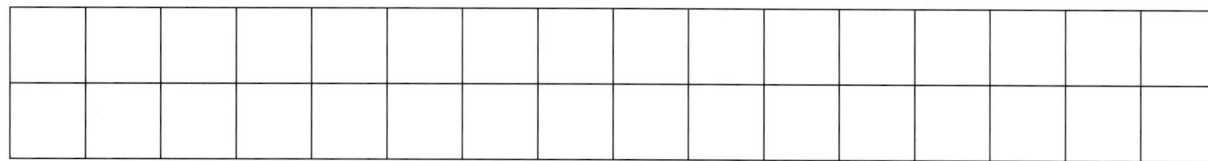

A: Bono hat am Schluss noch _____ Bananen.

Susanne Rehse / Nadine Schmid / Marietta Krenn: Wir lernen und üben Mathematik im eigenen Tempo 1/2. Illustratorin: Kornelia Weise

Kontrolliere nochmal alles ganz genau!

Wie hast du dich im Test gefühlt? ☺ 😐 ☹

Welche Aufgabe war am leichtesten für dich? Nummer: _____

Welche Aufgabe war am schwersten für dich? Nummer: _____

Rückmeldung zu den bearbeiteten Kompetenzen:

Aufgabe 1:	☺ 😐 ☹	Du hast den Aufbau des Zehners automatisiert.
Aufgabe 2:	☺ 😐 ☹	Du zerlegst Zahlen geschickt, um auf 10 zu ergänzen und rechnest den Rest richtig dazu.
Aufgabe 3:	☺ 😐 ☹	Du löst Plusaufgaben mit Übergang im Kopf sehr sicher.
Aufgabe 4:	☺ 😐 ☹	Du verdoppelst Zahlen richtig.
Aufgabe 5:	☺ 😐 ☹	Du löst Platzhalteraufgaben mithilfe der Umkehraufgabe.
Aufgabe 6:	☺ 😐 ☹	Du löst Kettenrechnungen fehlerfrei.
Aufgabe 7:	☺ 😐 ☹	Du füllst die Rechendreiecke durchdacht.
Aufgabe 8:	☺ 😐 ☹	Du stellst dir Geldbeträge in Euro richtig vor und rechnest mit Cent sicher.
Aufgabe 9:	☺ 😐 ☹	Du erkennst bei einer einfachen Rechengeschichte die Fragestellung.
	☺ 😐 ☹	Du findest den passenden Lösungsweg.
Aufgabe 10/11:	☺ 😐 ☹	Du unterscheidest in einer mehrgliedrigen Rechengeschichte wesentliche und unwesentliche Informationen.
	☺ 😐 ☹	Du findest die richtigen Rechenschritte.

Das solltest du noch einmal üben: _____

Von 56 Punkten hast du _____ Punkte erreicht.

_____
Datum   Unterschrift der Eltern

Susanne Rehse / Nadine Schmid / Marietta Krenn: Wir lernen und üben Mathematik im eigenen Tempo 1/2. Illustratorin: Kornelia Weise

Lernstufe 9

Name:

begonnen am:

beendet am:

Hier lernst du:

Minusaufgaben bis 20 mit Zehnerübergang zu rechnen.

Spiele:

Extra-Kopfnuss für Super-Knobler:

Stufenheft: Aufgaben

				erledigt
1	2	3	4	5
6	7	8	9	10
11	12	13	14	15
16	17	18	19	20
21	22	23	24	25
26				

Buch und Arbeitsheft

		erledigt
S. ___ Nr. ___	S. ___ Nr. ___	S. ___ Nr. ___
S. ___ Nr. ___	S. ___ Nr. ___	S. ___ Nr. ___
S. ___ Nr. ___	S. ___ Nr. ___	S. ___ Nr. ___

Wie waren die Aufgaben für dich? Färbe ein!

leicht (grün)   mittel (gelb)   schwer (rot)

Susanne Rehse / Nadine Schmid / Marietta Krenn: Wir lernen und üben Mathematik im eigenen Tempo 1/2. Illustratorin: Kornelia Weise

Lernstufenheft 9 von _____

Hier lernst du:

Minusaufgaben bis 20 mit Zehnerübergang zu rechnen.

Susanne Rehse / Nadine Schmid / Marietta Krenn: Wir lernen und üben Mathematik im eigenen Tempo 1/2. Illustratorin: Kornelia Weise

1   <u>Zahlzerlegungen</u>

Ich kann <u>alle</u> Zerlegungen bis *10* auswendig!

Diese Aufgaben kannst du blitzschnell lösen:

9	*5*	*7*	*8*
7 + __	2 + __	3 + __	5 + __
9	*9*	*8*	*9*
1 + __	4 + __	4 + __	5 + __
7	*6*	*5*	*8*
2 + __	4 + __	1 + __	1 + __

2   <u>**Wir rechnen minus über den Zehner**</u>

Bono rechnet auf unterschiedliche Arten.
Auf beiden Wegen kommt er zum richtigen Ergebnis:

Seine Aufgabe: $15 - 6 = $ ___

Merke

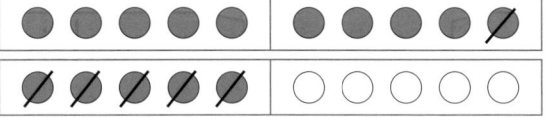

1. Weg:	2. Weg:
$15 - 6 = $ ___ $15 - 5 - 1 = $ ___ ₁₀	$15 - 5 = 10$ $10 - 1 = $ ___

<u>Wie hat Bono gerechnet?</u>

Ich _____ die Zahl, die ich abziehen muss.

Zuerst rechne ich bis zur ____

und ziehe dann den _____ ab.

zerlege
10
Rest

Susanne Rehse / Nadine Schmid / Marietta Krenn: Wir lernen und üben Mathematik im eigenen Tempo 1/2. Illustratorin: Kornelia Weise

3 🍌 <u>Jetzt geht's über den Zehner.</u>

Zeichne die Rechnungen in die Rechenschiffchen und schreibe die richtigen Zerlegungsaufgaben auf:

$$14 - 7 = \underline{\quad}$$

● ● ● ● ● ● | ● ● ⊘ ⊘ ⊘
⊘ ⊘ ⊘ ⊘ ○ | ○ ○ ○ ○ ○

1. Weg:

$$14 - \boxed{7} = \underline{\quad}$$

$$14 - \underline{\quad} - \underline{\quad} = \underline{\quad}$$
     10

2. Weg:

$$14 - \underline{\quad} = 10$$

$$10 - \underline{\quad} = \underline{\quad}$$

$$13 - 9 = \underline{\quad}$$

○ ○ ○ ○ ○ | ○ ○ ○ ○ ○
○ ○ ○ ○ ○ | ○ ○ ○ ○ ○

1. Weg:

$$13 - \boxed{9} = \underline{\quad}$$

$$13 - \underline{\quad} - \underline{\quad} = \underline{\quad}$$
     10

2. Weg:

$$13 - \underline{\quad} = 10$$

$$10 - \underline{\quad} = \underline{\quad}$$

$$12 - 4 = \underline{\quad}$$

○ ○ ○ ○ ○ | ○ ○ ○ ○ ○
○ ○ ○ ○ ○ | ○ ○ ○ ○ ○

1. Weg:

$$12 - \boxed{4} = \underline{\quad}$$

$$12 - \underline{\quad} - \underline{\quad} = \underline{\quad}$$
     10

2. Weg:

$$12 - \underline{\quad} = 10$$

$$10 - \underline{\quad} = \underline{\quad}$$

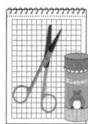 Schreibe folgende Aufgaben auf den Block und rechne sie aus. Klebe die Rechenschiffchen auf. Ergänze darunter beide Zerlegungsaufgaben.

| 15 – 9 | 12 – 5 | 13 – 6 | 14 – 5 | 13 – 8 |

Susanne Rehse / Nadine Schmid / Marietta Krenn: Wir lernen und üben Mathematik im eigenen Tempo 1/2. Illustratorin: Kornelia Weise

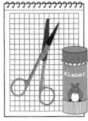

Vorlage Rechenschiffchen zum Ausschneiden:

Susanne Rehse / Nadine Schmid / Marietta Krenn: Wir lernen und üben Mathematik im eigenen Tempo 1/2. Illustratorin: Kornelia Weise

4 __Zerlegen auf zwei Wegen__

Zeichne die Rechnungen in die Rechenschiffchen und schreibe die richtigen Zerlegungsaufgaben auf:

$$18 - 9 = \underline{\quad}$$

○ ○ ○ ○ ○ ○ | ○ ○ ○ ○ ○

○ ○ ○ ○ ○ ○ ○ | ○ ○ ○ ○ ○

1. Weg:	2. Weg:
$18 - \bigcirc 9 \bigcirc = \underline{\quad}$	$18 - \boxed{} = 10$
$18 - \underline{\quad} - \underline{\quad} = \underline{\quad}$ $\underbrace{\quad}_{10}$	$10 - \boxed{} = \underline{\quad}$

 Schreibe folgende Aufgaben auf den Block und rechne sie aus. Klebe die Rechenschiffchen auf. Ergänze darunter beide Zerlegungsaufgaben.

$17 - 8$	$13 - 5$	$12 - 6$	$15 - 9$	$16 - 8$

 5 __Aufgabe und Zerlegungsaufgabe__

Verbinde die Aufgabe und die passende Zerlegungsaufgabe.
Rechne die Aufgaben dann aus.

$14 - 6 = \underline{\quad}$	$14 - 4 - 4 = \underline{\quad}$
$13 - 5 = \underline{\quad}$	$13 - 3 - 2 = \underline{\quad}$
$14 - 9 = \underline{\quad}$	$13 - 3 - 5 = \underline{\quad}$
$15 - 7 = \underline{\quad}$	$15 - 5 - 1 = \underline{\quad}$
$13 - 8 = \underline{\quad}$	$14 - 4 - 5 = \underline{\quad}$
$15 - 6 = \underline{\quad}$	$14 - 4 - 2 = \underline{\quad}$
$14 - 8 = \underline{\quad}$	$14 - 4 - 3 = \underline{\quad}$
$14 - 7 = \underline{\quad}$	$15 - 5 - 2 = \underline{\quad}$

Susanne Rehse / Nadine Schmid / Marietta Krenn: Wir lernen und üben Mathematik im eigenen Tempo 1/2. Illustratorin: Kornelia Weise

6 🍌 <u>Nachbaraufgaben</u>

Wir sind schon Nachbaraufgaben-Profis!

12 – 4 = ___

13 – 3 = ___ ← 13 – 4 = ___ → 13 – 5 = ___

14 – 4 = ___

___ – ___ = ___

___ – ___ = ___ ← 12 – 6 = ___ → ___ – ___ = ___

___ – ___ = ___

___ – ___ = ___

___ – ___ = ___ ← 15 – 8 = ___ → ___ – ___ = ___

___ – ___ = ___

Schreibe die Aufgaben | 14 – 9 = ___ | und | 13 – 7 = ___ | auf deinen Block und finde die Nachbaraufgaben dazu.

7 🍌 <u>Immer zwei Karten gehören zusammen.</u>
Male sie in der gleichen Farbe an. Schreibe die fehlenden Ergebnisse dazu.

18 – 8 – 1 = ___	12 – 2 – 2 = ___	12 – 4 = ___
13 – 8 = ___	13 – 3 – 5 = ___	17 – 7 – 2 = ___
12 – 5 = ___	12 – 2 – 4 = ___	17 – 9 = ___
18 – 9 = ___	12 – 6 = ___	12 – 2 – 3 = ___

Susanne Rehse / Nadine Schmid / Marietta Krenn: Wir lernen und üben Mathematik im eigenen Tempo 1/2. Illustratorin: Kornelia Weise

8 **Halbieren**

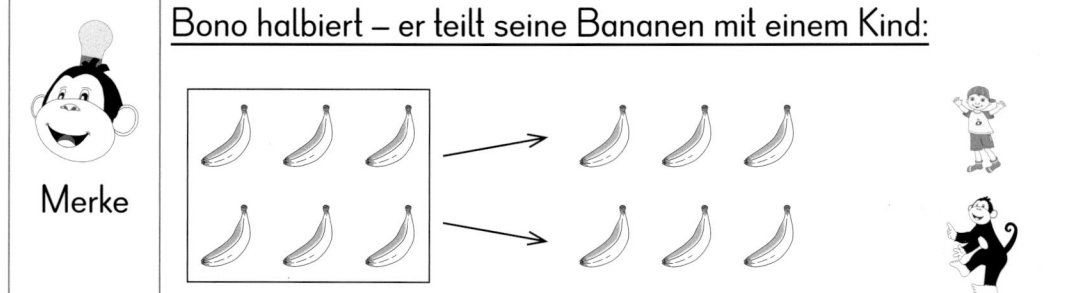

Merke

Bono halbiert – er teilt seine Bananen mit einem Kind:

Was hat Bono gemacht? Erkläre!

Bono hat die Bananen _____. Bono und das Kind

(h a i e b r l t)

bekommen nun gleich viele Bananen.

Kannst du so wie Bono Dinge teilen?
Teile die Formen und schreibe die passende Minusaufgabe dazu!

Ich habe:	Ich teile durch zwei:		Die Hälfte ist:
△ △ △ △	△ △ │ △ △	4 – __ = __	△ △
▢ ▢ ▢ ▢ ▢ ▢	▢ ▢ ▢ ▢ ▢ ▢	6 – __ = __	
X X X X X X X X X X X X	X X X X X X X X X X X X	__ – __ = __	
O O O O O O O O O O	O O O O O O O O O O	__ – __ = __	

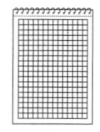 Halbiere die Zahlen $\boxed{2}$ $\boxed{10}$ $\boxed{14}$ $\boxed{16}$ $\boxed{20}$.
Zeichne die Formen wie oben auf deinen Block.
Schreibe die Minusaufgabe dazu!

Susanne Rehse / Nadine Schmid / Marietta Krenn: Wir lernen und üben Mathematik im eigenen Tempo 1/2. Illustratorin: Kornelia Weise

9 🍌 <u>Minusaufgaben über den Zehner</u>

Rechne und zerlege, wie du es am besten kannst!

$16 - 8 = $ ___

1	6	–	8	=			
1	6	–					

$12 - 9 = $ ___

1	2	–	9	=	

Schaffst du die Rechnungen auch schon ohne Rechenschiffchen?

| 1 | 7 | – | 8 | = | | | | 1 | 6 | – | 7 | = | |

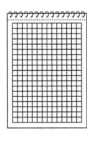 Schreibe folgende Aufgaben auf den Block und rechne sie aus.
Ergänze die Zerlegungsaufgaben.

18 – 9	12 – 6	16 – 9	12 – 5	13 – 8
13 – 4	14 – 7	11 – 6	14 – 5	11 – 3

Susanne Rehse / Nadine Schmid / Marietta Krenn: Wir lernen und üben Mathematik im eigenen Tempo 1/2. Illustratorin: Kornelia Weise

10 __Rechentabellen__

Ich erinnere dich: Rechne die vordere Zahl minus die obere Zahl.

–	5	7	6
11	6		
13			
15			

–	4	8	9
14			
12			
13			

–	9	8	4
18			
11			
14			

–	7	9	8
11			
15			
17			

11 __Kettenrechnungen__

Du bist nun Profi im Kettenrechnen!
Wenn du möchtest, darfst du dir wie Bono die
Zwischenergebnisse aufschreiben.

13 – 3 – 2 – 4 = ___   (10   8)   14 – 5 – 1 – 3 = ___

16 – 8 – 2 – 3 = ___   18 – 9 – 5 – 2 = ___

14 – 6 – 4 – 4 = ___   15 – 8 – 2 – 1 = ___

 Nun pass gut auf!

14 – 8 + 2 – 4 = ___   14 – 7 + 5 – 3 = ___

Susanne Rehse / Nadine Schmid / Marietta Krenn: Wir lernen und üben Mathematik im eigenen Tempo 1/2. Illustratorin: Kornelia Weise

12 🍌 <u>Minusaufgaben über den Zehner</u>

Rechne und zerlege, wie du es am besten kannst!

$$14 - 7 = \qquad\qquad 17 - 9 =$$

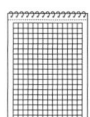 Schreibe folgende Aufgaben auf den Block und rechne sie aus.
Ergänze die Zerlegungsaufgaben.

| 16 – 7 | 13 – 5 | 16 – 8 | 11 – 9 | 13 – 7 |
| 15 – 8 | 14 – 7 | 11 – 4 | 12 – 7 | 13 – 8 |

13 🍌 <u>Zerlegungsrätsel</u>

Es fehlen nur einzelne Zahlen! Schau genau!

Trage die fehlenden Zahlen so ein, dass die Aufgaben richtig sind.

1. Weg:

$16 - \bigcirc = \underline{8}$

$16 - \underline{} - \underline{2} = \underline{8}$

1. Weg:

$15 - \bigcirc = \underline{}$

$15 - \underline{} - \underline{3} = \underline{}$

2. Weg:

$14 - \underline{} = \underline{}$

$\underline{} - \underline{} = 10$

$10 - \boxed{2} = \underline{}$

2. Weg:

$16 - \underline{} = \underline{}$

$16 - \underline{} = 10$

$10 - \underline{} = \underline{9}$

Susanne Rehse / Nadine Schmid / Marietta Krenn: Wir lernen und üben Mathematik im eigenen Tempo 1/2. Illustratorin: Kornelia Weise

14 🍌 Umkehraufgaben

> Ist vorne dran die Rechnung leer, rechne ich von hinten her!
> Das Rechenzeichen drehe ich dabei um.

Aus │ Minus wird Plus │ aus │ Plus wird Minus │.

___ − 4 = 8   ___ + 6 = 14   ___ − 3 = 9
U: +   =   U: −   =   U: +   =
_____   _____   _____

___ + 8 = 16   ___ + 5 = 12   ___ + 8 = 13
U: −   =   U: −   =   U:
_____   _____   _____

___ + 7 = 15   ___ + 7 = 12   ___ − 5 = 8
U: U: U:
_____   _____   _____

___ − 4 = 7   ___ − 8 = 7   ___ + 5 = 14
U: U: U:
_____   _____   _____

15 🍌 Sachaufgaben

In einer Tüte sind _____ Gummibärchen.
Moni isst 8 Gummibärchen.
F: Wie viele Gummibärchen sind noch in der Tüte?

R: _____

A: _____ .

Welche Aufgabe passt zur Rechengeschichte?
Kreuze sie an und rechne!

│ 11 Kinder spielen Fußball. 3 Kinder gehen nach Hause. │

R: ☐ 11 − 8 = ___   ☐ 11 − 3 = ___   ☐ 8 + 3 = ___

A: _____ Kinder spielen noch Fußball.

Susanne Rehse / Nadine Schmid / Marietta Krenn: Wir lernen und üben Mathematik im eigenen Tempo 1/2. Illustratorin: Kornelia Weise

16 Aufgabenfolgen

Mir fällt was auf. Dir auch?

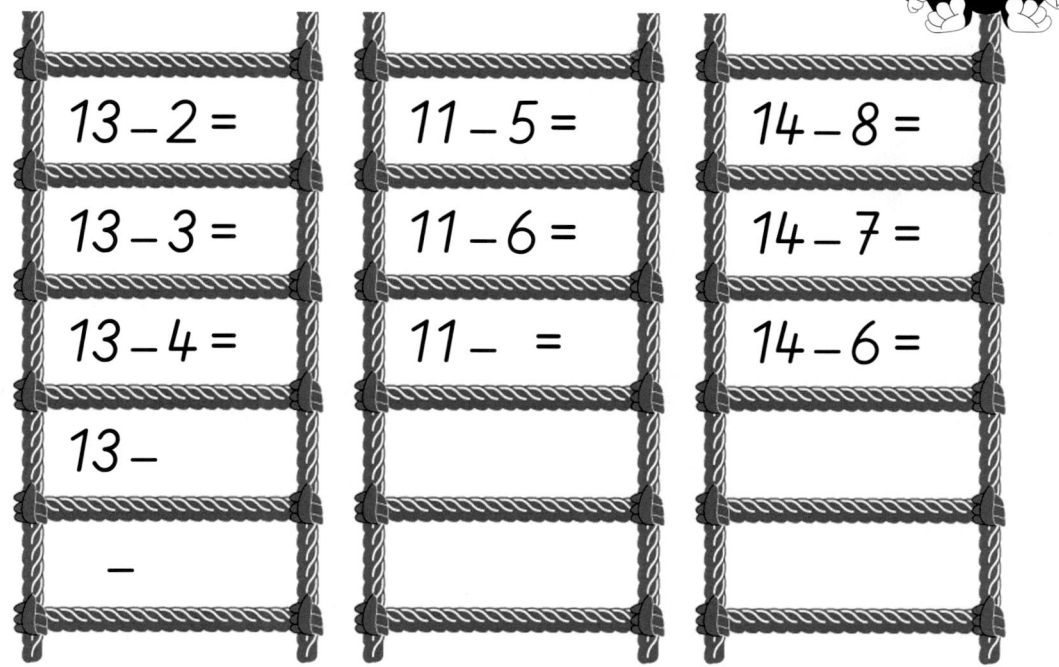

13 – 2 =

13 – 3 =

13 – 4 =

13 –

–

11 – 5 =

11 – 6 =

11 –   =

14 – 8 =

14 – 7 =

14 – 6 =

 Überlege dir Aufgabenfolgen mit der Startzahl 15 und 12.
Hast du Lust, weitere Aufgabenfolgen zu erfinden?

17 Rechnen mit Geld: Wir wechseln Cent!

Bono hat ein 10 Cent-Stück. Er möchte es wechseln lassen.
Diese Möglichkeiten hat Bono:

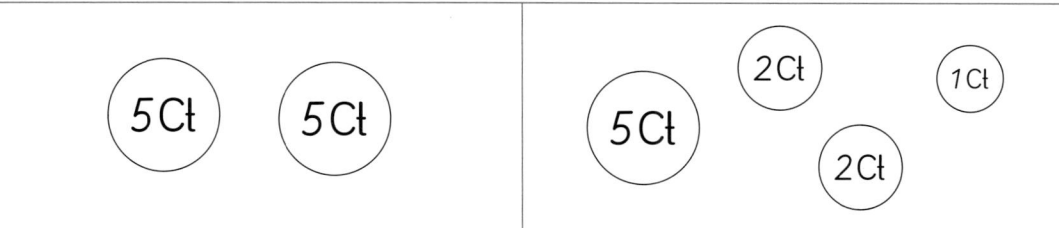

5Ct   5Ct   5Ct   2Ct   1Ct   2Ct

Trage die richtigen Geldwerte ein:

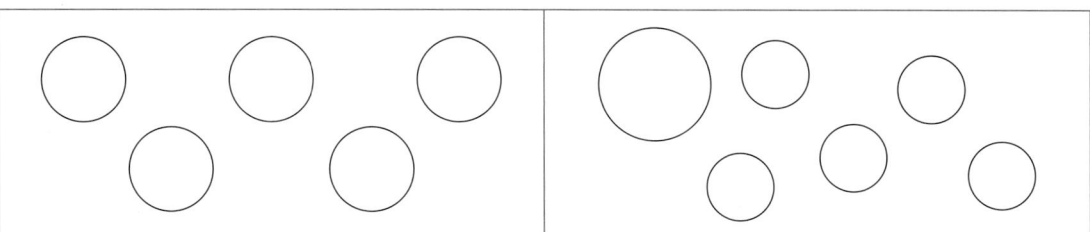

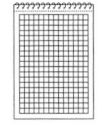 Bono hat ein 20 Cent-Stück. Wechsle es! Zeichne die
Wechsel-Möglichkeiten mit deiner Schablone auf deinen Block.

Susanne Rehse / Nadine Schmid / Marietta Krenn: Wir lernen und üben Mathematik im eigenen Tempo 1/2. Illustratorin: Kornelia Weise

Rechengeld: © ECB

18 Wir vermindern mithilfe der Rechenwaage.

Fehlt eine Zahl in einer Gleichung, hilft mir die Rechenwaage.

Auch hier der Trick:
Bis zur zehn zurück, dann noch ein Stück!

$$13 - \underline{} = 8$$

13 minus wie viel ist gleich 8

$$13 - \underline{} = 8$$

$$13 - \underline{} - \underline{} = 8$$
10

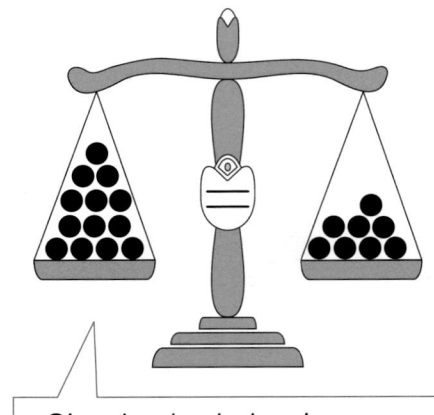

Streiche durch damit ein Gleichgewicht entsteht!

$15 - \underline{} = 7$	$14 - \underline{} = 9$
$15 - \underline{} - \underline{} = 7$ 10	$14 - \underline{} - \underline{} = 9$
$14 - \underline{} = 6$	$13 - \underline{} = 1$
$14 - \underline{} - \underline{} = 6$	$13 - \underline{} - \underline{} = 1$

Schreibe folgende Aufgaben auf deinen Block und rechne sie mit Zerlegungen aus:

$12 - \underline{} = 5$	$17 - \underline{} = 9$	$11 - \underline{} = 8$	$12 - \underline{} = 7$
$13 - \underline{} = 9$	$12 - \underline{} = 5$	$17 - \underline{} = 5$	$14 - \underline{} = 6$
$16 - \underline{} = 9$	$12 - \underline{} = 8$	$15 - \underline{} = 7$	$13 - \underline{} = 6$

Es gibt drei Rechenwege! Suche dir einen aus!

$17 - \underline{} = 8$	$17 - 8 = \underline{}$	$\underline{} - 8 = 17$

Susanne Rehse / Nadine Schmid / Marietta Krenn: Wir lernen und üben Mathematik im eigenen Tempo 1/2. Illustratorin: Kornelia Weise

19 🍌 Zahlenmauern

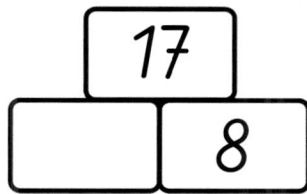
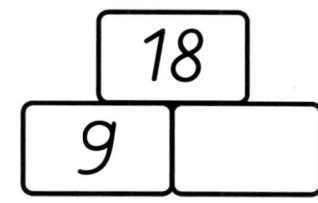
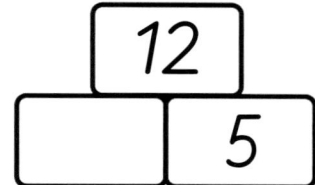

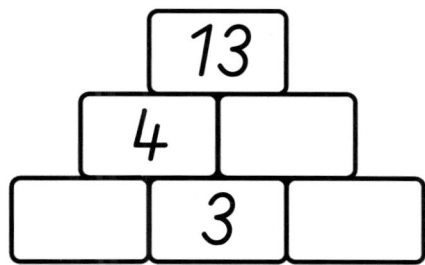
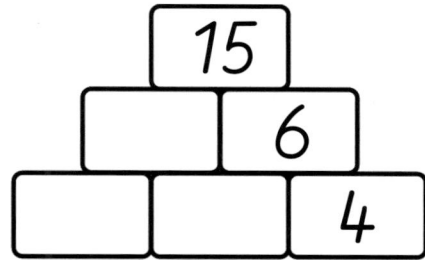

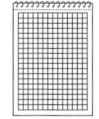 Zeichne zwei Zahlenmauern auf den Block.
Verwende diese Zielsteine:
Finde eine eigene Zahlenmauer.

| 19 | 16 |

20 🍌 Umkehraufgaben

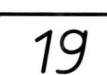

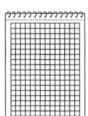 Schreibe die Aufgaben auf deinen
Block und löse sie.
Denke daran: Rechne zuerst die Umkehraufgabe!

___ + 8 = 14	___ + 5 = 11	___ − 8 = 6	___ + 2 = 13
___ − 3 = 8	___ + 7 = 12	___ − 4 = 7	___ − 5 = 14
___ + 9 = 17	___ − 6 = 9	___ + 3 = 12	___ + 9 = 18
___ − 5 = 8	___ + 4 = 12	___ − 8 = 7	___ − 3 = 14

Susanne Rehse / Nadine Schmid / Marietta Krenn: Wir lernen und üben Mathematik im eigenen Tempo 1/2. Illustratorin: Kornelia Weise

21 _Diese Aufgaben können wir schon rechnen!_

Stoppe die Zeit! Wie schnell bist du?

3 + 8 = ___	14 – 5 = ___	14 – 6 = ___
16 – 7 = ___	13 – 7 = ___	15 – 6 = ___
2 + 9 = ___	17 – 8 = ___	3 + 9 = ___
13 – 5 = ___	12 – 9 = ___	7 + 9 = ___
15 – 9 = ___	16 – 8 = ___	15 – 7 = ___
18 – 9 = ___	14 – 8 = ___	9 + 8 = ___
9 + 5 = ___	4 + 8 = ___	17 – 9 = ___
11 – 8 = ___	9 + 6 = ___	5 + 6 = ___
7 + 8 = ___	12 – 4 = ___	8 + 5 = ___
9 + 4 = ___	13 – 8 = ___	11 – 6 = ___
11 – 7 = ___	5 + 7 = ___	13 – 4 = ___
13 – 6 = ___	12 – 7 = ___	14 – 7 = ___
4 + 7 = ___	6 + 6 = ___	6 + 7 = ___

Ich habe für diese _39_ Aufgaben ____ Minuten und ____ Sekunden gebraucht.

22 Kettenaufgaben

Verbinde das richtige Ergebnis mit der Kettenaufgabe!
Trage das fehlende Ergebnis in das Kästchen ein!

3 + 2 + 7 + 5 – 8 – 4 + 6 – 3 + 8 =	
13 – 4 – 2 + 7 + 6 – 7 – 4 + 3 =	12
18 – 9 + 3 – 5 + 7 + 3 – 4 – 3 =	16

Susanne Rehse / Nadine Schmid / Marietta Krenn: Wir lernen und üben Mathematik im eigenen Tempo 1/2. Illustratorin: Kornelia Weise

23 <u>Sachrechnen: Bono geht einkaufen</u>

Bono möchte sich Tier-Sticker kaufen:

Teddy	Schnecke	Tiger	Schlange	Schmetterling
4 Ct	8 Ct	10 Ct	9 Ct	6 Ct

Wenn du ausrechnen möchtest, wie viel Bono von
den *20* Cent zurückbekommt, musst du den Preis für
beide Dinge berechnen und dann abziehen:

Rechengeld: © ECB

Bono kauft sich einen Teddy
und einen Schmetterling.
Er bezahlt mit einem *20* Cent - Stück.
F: Wie viel bekommt Bono zurück?

R (Preis für Sticker): _____

R (Wechselgeld): _____

A: Bono bekommt _____ Ct zurück.

→ Bono hat nun einen Teddy, einen Schmetterling und sein restliches Geld.

 Schneide die Aufgaben aus. Klebe sie auf deinen Block.
Schreibe die Frage (F:), die Rechnungen (R:) und die Antwort (A:) auf.

> Bono kauft sich einen Tiger und eine Schnecke.
> Er bezahlt mit einem *20* Cent - Stück.
>
> Bono kauft sich eine Schlange und einen Schmetterling.
> Er bezahlt mit einem *20* Cent - Stück.
>
> Bono kauft sich <u>zwei</u> Teddys.
> Er bezahlt mit einem *20* Cent - Stück.

24 Entdeckerpäckchen

Ich habe etwas ent-
deckt. Du auch?

1	3	–	5	=	
1	2	–	4	=	
1	1	–	3	=	
1	0	–	2	=	
	9	–	1	=	

1	7	–	8	=	
1	6	–	7	=	
1	5	–	6	=	
1	4	–	5	=	
1	3	–	4	=	

Die erste Zahl wird um _____ kleiner.

Die zweite Zahl wird _____ .

Das Ergebnis _____ .

1	2	–		=	9
1	3	–		=	8
1	4	–		=	7
1	5	–		=	6
1	6	–		=	5

Die erste Zahl wird um

_____ größer.
Das Ergebnis _____

_____ .

Die zweite Zahl wird

_____ .

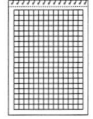 Erfinde zwei eigene Entdeckerpäckchen.
Schreibe auch die Regel dazu auf!

Susanne Rehse / Nadine Schmid / Marietta Krenn: Wir lernen und üben Mathematik im eigenen Tempo 1/2. Illustratorin: Kornelia Weise

25 Sicher, möglich, unmöglich

Bono geht auf den Rummelplatz. Dort stehen Glücksräder.
Wenn Bono ein Herz dreht, bekommt er einen Gewinn.
Bei welchem Glücksrad ist das sicher , bei welchen möglich , bei
welchen unmöglich ? Schreibe die Begriffe unter die Glücksräder:

26 Zeichne eigene Glücksräder:

Es ist sicher, dass grün gewinnt:

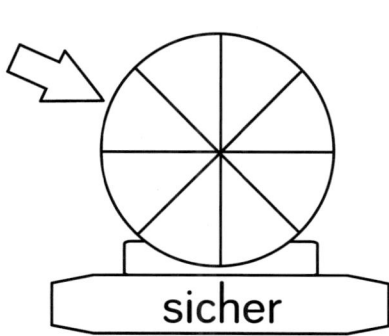

sicher

Es ist unmöglich, dass grün gewinnt:

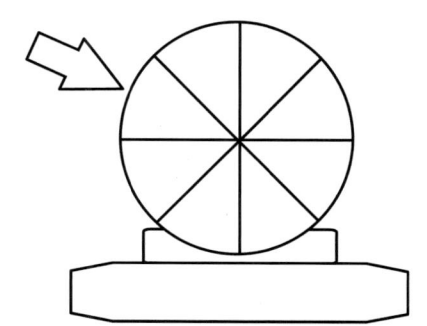

Es ist möglich, dass grün gewinnt:

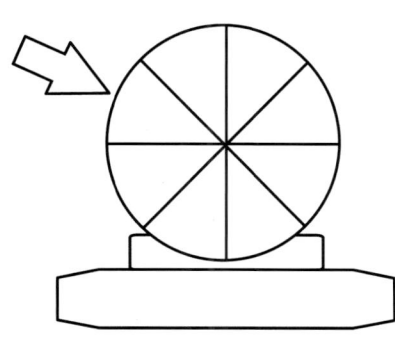

Es ist _____

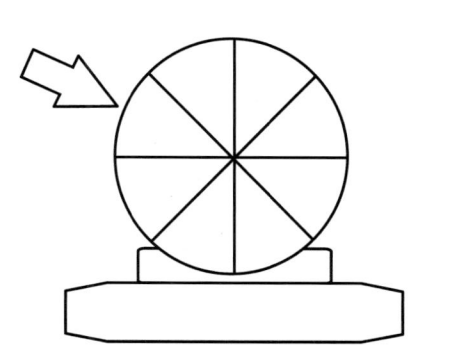

_____ :

Susanne Rehse / Nadine Schmid / Marietta Krenn: Wir lernen und üben Mathematik im eigenen Tempo 1/2. Illustratorin: Kornelia Weise

© 2017 Cornelsen Verlag GmbH, Berlin. Alle Rechte vorbehalten. Die Vervielfältigung dieser Seite ist für den eigenen Unterrichtsgebrauch gestattet. Für inhaltliche Veränderungen durch Dritte übernimmt der Verlag keine Verantwortung.

Susanne Rehse / Nadine Schmid / Marietta Krenn: Wir lernen und üben Mathematik im eigenen Tempo 1/2. Illustratorin: Kornelia Weise

Name:	Datum:

Kompetenztest zur Lernstufe 9

Zeig, was du kannst!

1. Löse die Aufgaben!

$10 - 7 =$ ___ $20 - 3 =$ ___

$10 - 5 =$ ___ $20 - 9 =$ ___

$10 - 8 =$ ___ $20 - 4 =$ ___

$10 - 6 =$ ___ $20 - 2 =$ ___

$\boxed{18}$

2. Rechne. Denke an Bonos Trick: „Erst bis zur 10 und dann weiter."

$15 - 7 =$ ___ $15 -$ ___ $-$ ___ $=$ ___	$13 - 4 =$ ___ $13 -$ ___ $-$ ___ $=$ ___
$11 - 4 =$ ___ $11 -$ ___ $-$ ___ $=$ ___	$16 - 9 =$ ___ $16 -$ ___ $-$ ___ $=$ ___

$\boxed{16}$

3. Jetzt im Kopf!

$16 - 7 =$ ___ $15 - 6 =$ ___

$17 - 9 =$ ___ $17 - 9 =$ ___

$13 - 8 =$ ___ $16 - 7 =$ ___

$14 - 9 =$ ___ $12 - 3 =$ ___

$\boxed{18}$

4. Halbiere die Zahlen.

Zahl	6	8	18	20	14
Die Hälfte					

$\boxed{15}$

5. Platzhalteraufgaben. Löse sie mithilfe der Umkehraufgabe.

___ – 5 = 13	___ – 8 = 10	___ + 5 = 17	___ – 4 = 16
U: _____	U: _____	U: _____	U: _____

6. Wie geht es weiter? Schreibe zwei weitere Aufgaben dazu. Rechne aus.

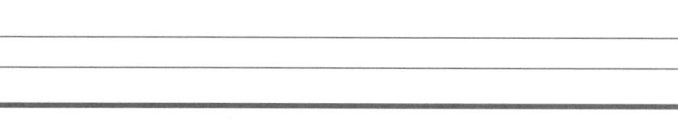

Was fällt dir auf?

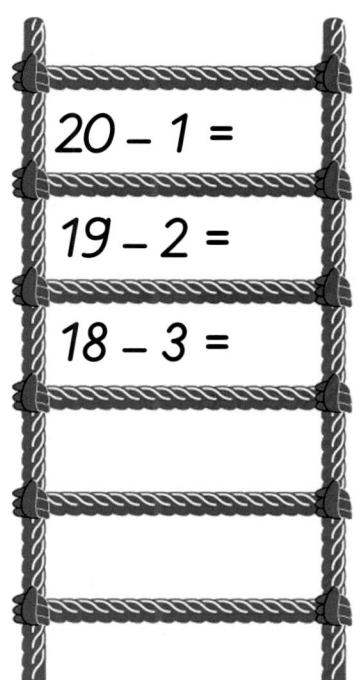

20 – 1 =

19 – 2 =

18 – 3 =

19

7. Zahlenrätsel

Zahl?

Bono denkt sich eine Zahl. Er halbiert die Zahl 18 und zieht davon 5 ab. Welche Zahl ist es?	Antwort: Die Zahl: _____
Er rechnet 4 und 8 zusammen. Dann nimmt er wieder 6 weg. Welche Zahl ist es?	Die Zahl: _____

12

Susanne Rehse / Nadine Schmid / Marietta Krenn: Wir lernen und üben Mathematik im eigenen Tempo 1/2. Illustratorin: Kornelia Weise

8. Sicher, möglich, unmöglich

Bono sammelt Murmeln. In seiner Schachtel hat er
8 blaue Murmeln, 2 rote Murmeln und 2 gelbe Murmeln.

Male die Murmeln entsprechend an:

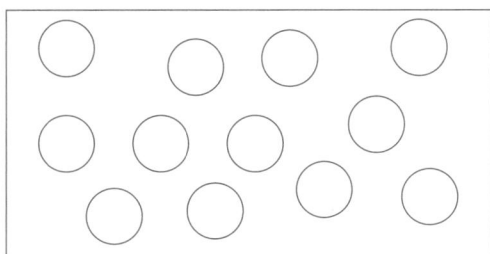

/1

Bono zieht mit geschlossen Augen Murmeln. Kreuze an:

	sicher	möglich	unmöglich
Bono zieht eine grüne Murmel.			
Bono zieht eine blaue Murmel.			
Bono zieht eine gelbe Murmel.			

/3

Welche Murmeln muss Bono in diese neue Schachtel
geben, damit er <u>sicher</u> eine blaue Murmel zieht? Zeichne.

/1

9. Rechengeschichte

Bono kauft sich noch grüne Murmeln.
Eine Murmel kostet 5 ct. Er möchte 4 Murmeln.

F: Wie viel _____ ?

R:

A: Bono _____ .

/4

Susanne Rehse/Nadine Schmid/Marietta Krenn: Wir lernen und üben Mathematik im eigenen Tempo 1/2. Illustratorin: Kornelia Weise

Kontrolliere nochmal alles ganz genau!

Wie hast du dich im Test gefühlt? ☺ ☺ ☹

Welche Aufgabe war am leichtesten für dich? Nummer: _____

Welche Aufgabe war am schwersten für dich? Nummer: _____

Rückmeldung zu den bearbeiteten Kompetenzen:

Aufgabe 1:	☺ ☺ ☹	Du hast den Aufbau des Zehners und Zwanzigers automatisiert.
Aufgabe 2:	☺ ☺ ☹	Du zerlegst Zahlen geschickt, um auf 10 zu vermindern und ziehst den Rest richtig ab.
Aufgabe 3:	☺ ☺ ☹	Du löst Minusaufgaben mit Übergang im Kopf.
Aufgabe 4:	☺ ☺ ☹	Du halbierst Zahlen.
Aufgabe 5:	☺ ☺ ☹	Du löst Platzhalteraufgaben mithilfe der Umkehraufgabe.
Aufgabe 6:	☺ ☺ ☹	Du erkennst mathematische Muster und führst sie entsprechend fort.
Aufgabe 7:	☺ ☺ ☹	Du durchdenkst Zahlenrätsel und findest die gesuchte Zahl.
Aufgabe 8:	☺ ☺ ☹	Du beherrschst die Begriffe sicher, möglich und unmöglich.
Aufgabe 9:	☺ ☺ ☹	Du erkennst bei einer einfachen Rechengeschichte die Fragestellung.
	☺ ☺ ☹	Du findest den passenden Lösungsweg zu einer einfachen Rechengeschichte und formulierst eine Antwort.

Das solltest du noch einmal üben: _____

Von 53 Punkten hast du _____ Punkte erreicht.

_____
Datum   Unterschrift der Eltern

Susanne Rehse / Nadine Schmid / Marietta Krenn: Wir lernen und üben Mathematik im eigenen Tempo 1/2. Illustratorin: Kornelia Weise

Lernstufe 10

Name:

begonnen am:

beendet am:

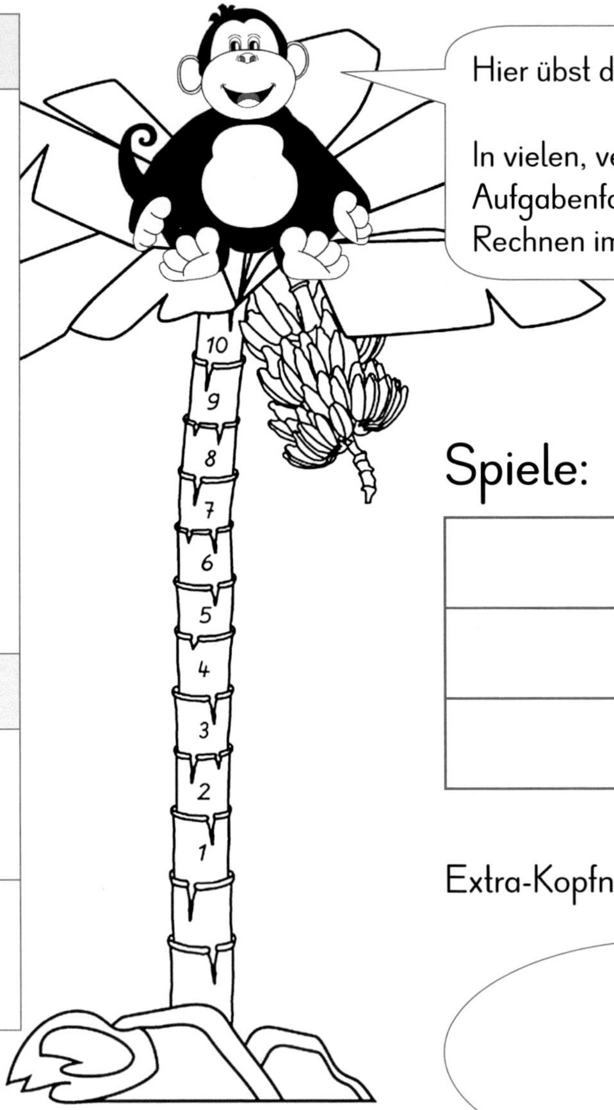

Hier übst du:

In vielen, verschiedenen Aufgabenformen das Rechnen im zweiten Zehner.

Spiele:

Extra-Kopfnuss für Super-Knobler:

Stufenheft: Aufgaben

				erledigt
1	2	3	4	5
6	7	8	9	10
11	12	13	14	15
16	17	18	19	20
21	22	23	24	25
26	27	28	29	30
31	32	33	34	35

Buch und Arbeitsheft

		erledigt
S. Nr.	S. Nr.	S. Nr.
S. Nr.	S. Nr.	S. Nr.
S. Nr.	S. Nr.	S. Nr.
S. Nr.	S. Nr.	S. Nr.

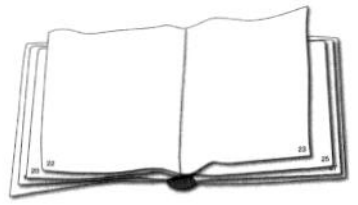

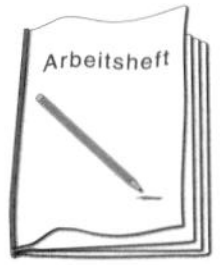

Arbeitsheft

Wie waren die Aufgaben für dich? Färbe ein!

leicht (grün)   mittel (gelb)   schwer (rot)

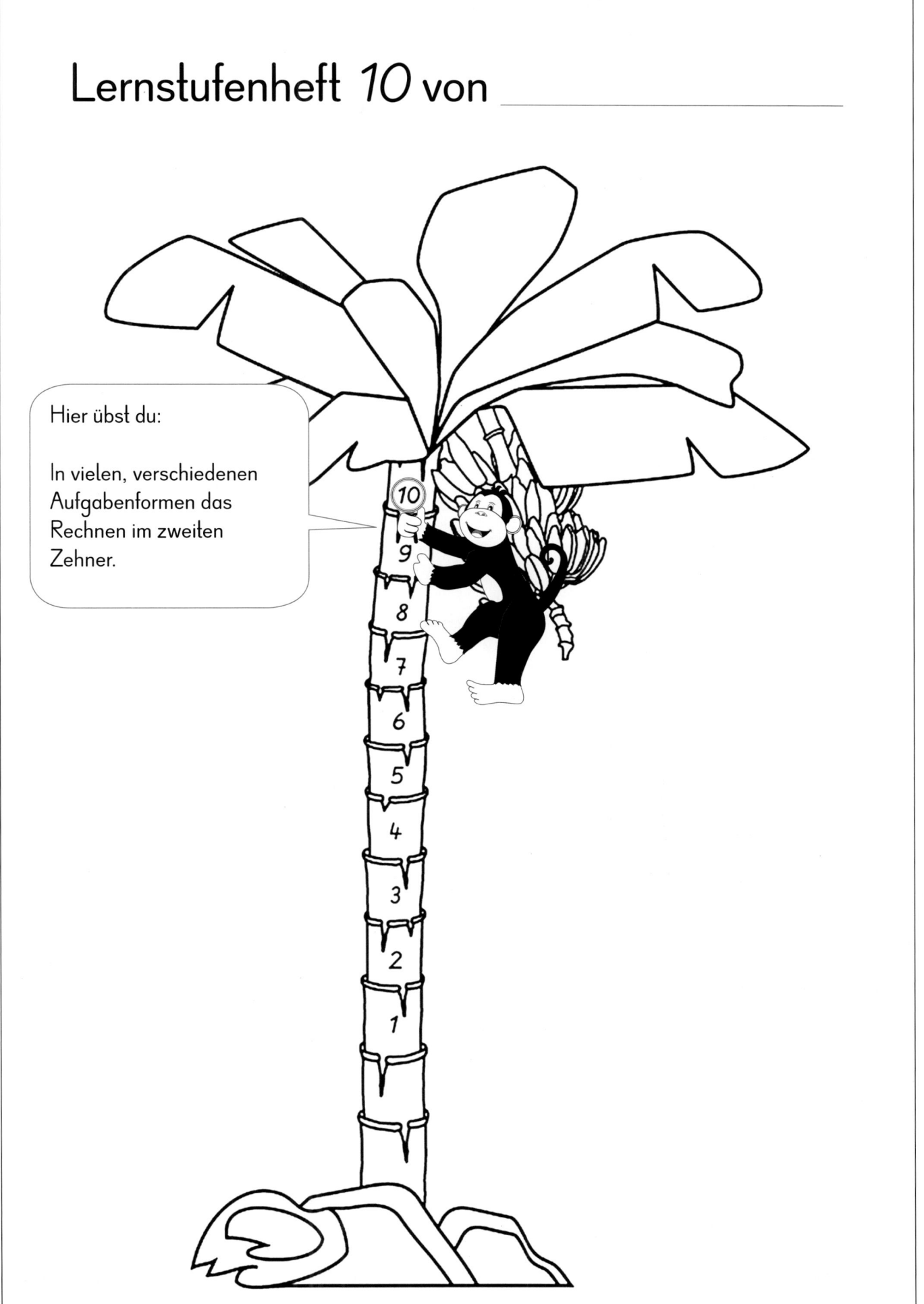

Hier übst du:

In vielen, verschiedenen Aufgabenformen das Rechnen im zweiten Zehner.

Susanne Rehse / Nadine Schmid / Marietta Krenn: Wir lernen und üben Mathematik im eigenen Tempo 1/2. Illustratorin: Kornelia Weise

Tauschaufgaben und Umkehraufgaben

Mit der Tauschaufgabe oder der Umkehraufgabe sind diese Aufgaben nicht mehr schwer!

Schau genau!

___ – 8 = 9 U:	3 + 9 = ___ T:	___ + 8 = 14 U:
___ – 5 = 7 U: _____	8 + 5 = ___ T: _____	6 + 9 = ___ T: _____
___ + 4 = 13 U: _____	___ – 9 = 10 U: _____	7 + 12 = ___ T: _____
___ – 5 = 7 U: _____	3 + 14 = ___ T: _____	___ + 8 = 14 U: _____

 Vergleichen: >, < oder =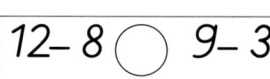

Rechne aus und vergleiche!

19– 5 ◯ 12+ 3 14	12– 8 ◯ 9– 3	13+ 3 ◯ 6+ 7	14– 8 ◯ 17– 9
9+ 2 ◯ 9+ 3	7+ 7 ◯ 20– 9	17– 8 ◯ 13– 7	13+ 4 ◯ 4+ 9
8+ 3 ◯ 16– 4	8+ 8 ◯ 10+ 5	12+ 3 ◯ 9+ 6	18– 9 ◯ 5+ 4
17– 5 ◯ 20– 7	16+ 3 ◯ 15+ 2	5+ 7 ◯ 6+ 7	13+ 7 ◯ 20– 1
5+ 6 ◯ 6+ 5	20–11 ◯ 10– 2	19–10 ◯ 5+ 4	7+ 6 ◯ 18– 5

Susanne Rehse / Nadine Schmid / Marietta Krenn: Wir lernen und üben Mathematik im eigenen Tempo 1/2. Illustratorin: Kornelia Weise

3 🍌 Gerade und ungerade Zahlen

Bono füllt Kugeln in Kästchen, die er übereinanderstapelt.
Dabei legt er bei jeder Zahl immer erst
links eine Kugel in ein Kästchen und dann
rechts eine Kugel. Dabei stellt Bono etwas fest:

1   3   5   7   9   11   13   15   ___ ___

Diese Zahlen kann ich

_____ aufteilen.

Daher sind es

_____ Zahlen.

2   4   6   8   10   12   ___ ___ ___ ___

Diese Zahlen kann ich

_____ aufteilen.

Daher sind es

_____ Zahlen.

Setze diese Wörter ein:

| gerecht | nicht gerecht | gerade | ungerade |

4 🍌 Tabellen mit Platzhaltern

8 + ___ = 11

+		5	6
8	11		
			15
7			

−	4		5
13		4	
16			
		13	

Susanne Rehse / Nadine Schmid / Marietta Krenn: Wir lernen und üben Mathematik im eigenen Tempo 1/2. Illustratorin: Kornelia Weise

Kombinieren: Bonos Teddy

Bono liebt seinen Teddy!
Er hat für ihn ein rotes und ein blaues T-Shirt.
Und *3* Hosen in den Farben: rot, blau und grün.

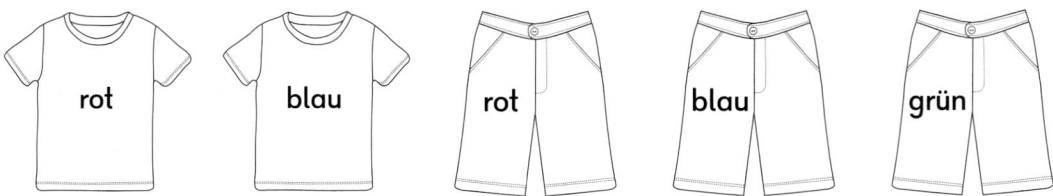

Bono mag es gar nicht, wenn sein Teddy gleich angezogen ist.
Deshalb kombiniert er T-Shirts und Hosen, <u>damit sein Teddy</u>
<u>jeden Tag anders aussieht.</u>

Male die verschiedenen Kombinationen!

Wie oft kann er seinen Teddy anders anziehen? _____ mal.

Susanne Rehse / Nadine Schmid / Marietta Krenn: Wir lernen und üben Mathematik im eigenen Tempo 1/2. Illustratorin: Kornelia Weise

6 **Gemischte Aufgaben: Schnellrechentest**

Wie schnell rechnest du? Stoppe die Zeit!

4 + ___ = 14	20 – 1 = 1	8 – 4 = ___
1 + ___ = 20	___ + 6 = 19	7 – ___ = 6
___ + 10 = 19	___ – 2 = 5	___ + 17 = 20
15 – ___ = 10	___ + 2 = 19	20 – 11 = ___
9 + 8 = ___	10 + ___ = 13	___ + 14 = 17
14 – 3 = ___	18 + 1 = ___	___ + 3 = 16
___ + 1 = 20	13 – ___ = 7	16 + ___ = 19
11 + 2 = ___	15 – ___ = 1	14 – 7 = ___
3 + 10 = ___	8 – 6 = ___	6 – ___ = 1
___ – 17 = 1	14 – 4 = ___	4 – 3 = ___
___ + 5 = 17	___ + 7 = 10	___ – 2 = 1
___ + 1 = 17	8 + ___ = 17	18 – ___ = 5
3 + ___ = 10	17 – ___ = 5	5 – 2 = ___

Ich habe für diese *39* Aufgaben _____ Minuten
und _____ Sekunden gebraucht.

 7 **Lückenfüller**

Du darfst nur diese vier Zahlen einfügen: 6 4 2 3

6 + ___ – ___ = 8	___ + 3 – ___ = 7
___ + ___ – ___ = 5	___ + ___ – ___ = 1

Susanne Rehse / Nadine Schmid / Marietta Krenn: Wir lernen und üben Mathematik im eigenen Tempo 1/2. Illustratorin: Kornelia Weise

 **Rechentricks: Der Trick mit der 10**

 Bono weiß:
Die 9 kommt vor der 10.
Also ist 9 eins weniger als 10.

$9 = 10 - 1$ oder auch $9 + 1 = 10$

$$+ 1 \quad \begin{array}{c} 9 + 8 \\ - 1 \\ 10 + 7 \end{array} \quad \begin{array}{c} = 17 \\ \uparrow \\ = 17 \end{array}$$

Ich rechne zur 9 eins dazu,
dann habe ich 10.
1 muss ich nun von der zweiten
Zahl wieder abziehen.
Jetzt ist die Rechnung sehr leicht!

Durch Bonos Trick werden Aufgaben mit der 9 ganz einfach:

9 + 6 = ___	9 + 3 = ___	9 + 5 = ___
10 + __ = ___	10 + __ = ___	10 + __ = ___
9 + 8 = ___	9 + 7 = ___	9 + 4 = ___
10 + __ = ___	10 + __ = ___	10 + __ = ___

 Die große Plus-Tabelle

+	8	5			7		1	
5								
11								17
	14							
5				14				
3			6					
					14	9		

© 2017 Cornelsen Verlag GmbH, Berlin. Alle Rechte vorbehalten. Die Vervielfältigung dieser Seite ist für den eigenen Unterrichtsgebrauch gestattet. Für inhaltliche Veränderungen durch Dritte übernimmt der Verlag keine Verantwortung.

Susanne Rehse / Nadine Schmid / Marietta Krenn: Wir lernen und üben Mathematik im eigenen Tempo 1/2. Illustratorin: Kornelia Weise

10 🍌 Wir wiederholen: <u>Verdoppeln und Halbieren</u>

Zahl	3	8	4	9	1	5	10	2
Das Doppelte								

Zahl	10	18	14	6	12	8	20	2
Die Hälfte								

$1 + 1 =$	$6 + 6 =$	$0 + 0 =$	$4 + 4 =$
$8 + 8 =$	$9 + 9 =$	$2 + 2 =$	$5 + 5 =$
$3 + 3 =$	$7 + 7 =$	$10 + 10 =$	$11 + 11 =$ 👑

$2 = 1 + 1$	$4 = \quad +$	$20 = \quad +$	$18 = \quad +$
$10 = \quad +$	$16 = \quad +$	$6 = \quad +$	$0 = \quad +$
$12 = \quad +$	$8 = \quad +$	$14 = \quad +$	$22 = \quad +$ 👑

11 🍌 <u>Zahlenraupen</u>

Merke

Bei dieser Zahlenraupe wird von einem Feld zum nächsten immer die gleiche Zahl dazugezählt oder abgezogen.

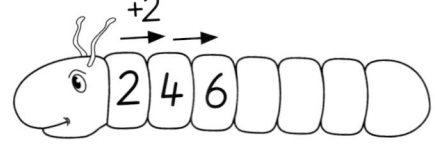

Es gibt aber auch kniffligere Zahlenraupen:

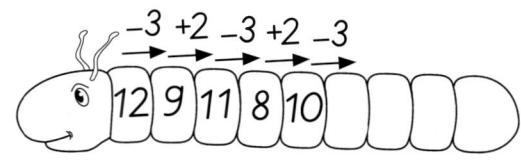

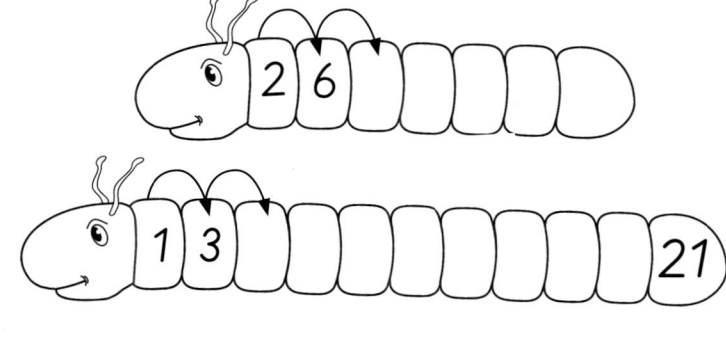

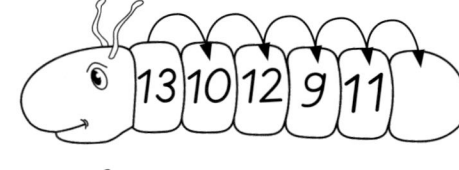

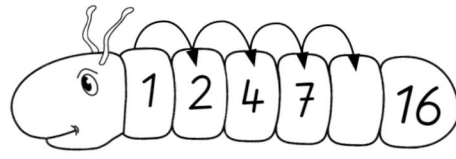

12 Plumi – 3 Zahlen 4 Aufgaben

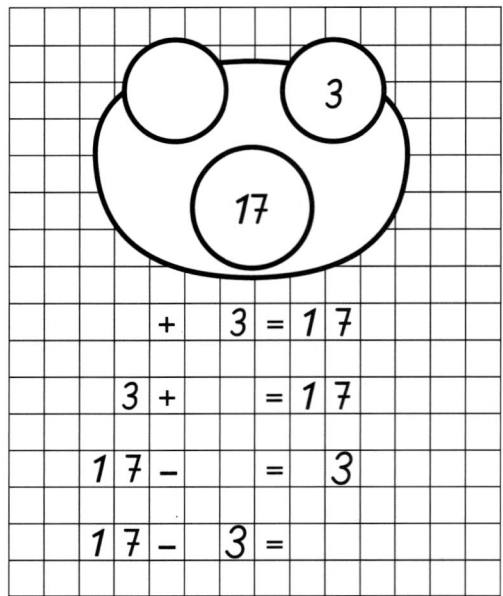

	+	3	=	1 7
3	+		=	1 7
1 7	–		=	3
1 7	–	3	=	

 Nun bist du dran:

Zeichne und schreibe die Plumis auf deinen Block.

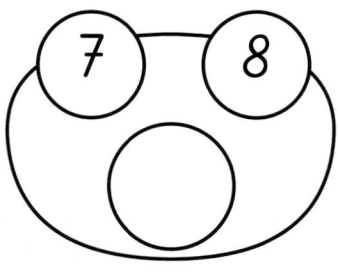

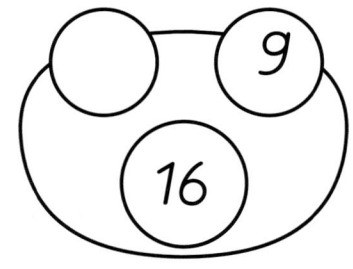

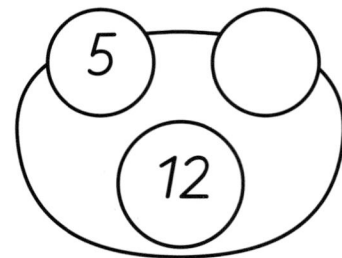

13 Die große Minus-Tabelle

–	2	5	3	4		6
11	13					
9				9		
7					6	
14			7			
		13				

14 <u>Ordnung im Regal</u>

Wo befinden sich die Dinge im Regal?

rechts oben	in der Mitte	oben in der Mitte	unten in der Mitte	unten links
unten rechts	rechts in der Mitte	links in der Mitte	links oben	

 Schneide das Regal und die Bilder aus.
Klebe die Gegenstände ins Regal.
Notiere daneben, wo sich was befindet.

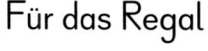 Für das Regal

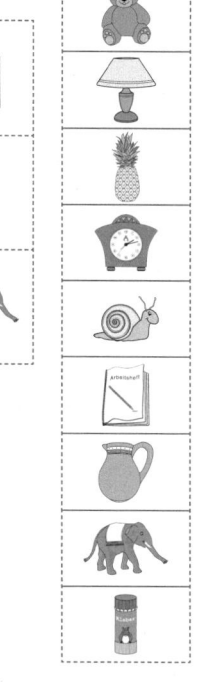

Susanne Rehse / Nadine Schmid / Marietta Krenn: Wir lernen und üben Mathematik im eigenen Tempo 1/2. Illustratorin: Kornelia Weise

15 🍌 Verdoppeln und halbieren für Profis

Schau genau!

Zahl	10		4			9		2
Das Doppelte		18		16	14		12	

Zahl	18	6		14		10		6
Die Hälfte			9		6		8	

16 🍌 Rechentricks: Der Trick mit dem Verdoppeln

Diese Verdoppelungen kann ich auswendig!

| 10 + 10 | 9 + 9 | 8 + 8 | 7 + 7 | 6 + 6 | 5 + 5 |

Bono verdoppelt und rechnet den Rest der zweiten Zahl dazu.
Schreibe richtig auf:

7 + 8   = ___
7 + 7 + 1 = ___

5 + 7   = ___
5 + 5 + __ = ___

3 + 4   = ___
3 + __ + __ = ___

6 + 8   = ___
6 + 6 + __ = ___

5 + 8   = ___
5 + _____

7 + 9   = ___
7 + _____

17 🍌 Zahlenraupen

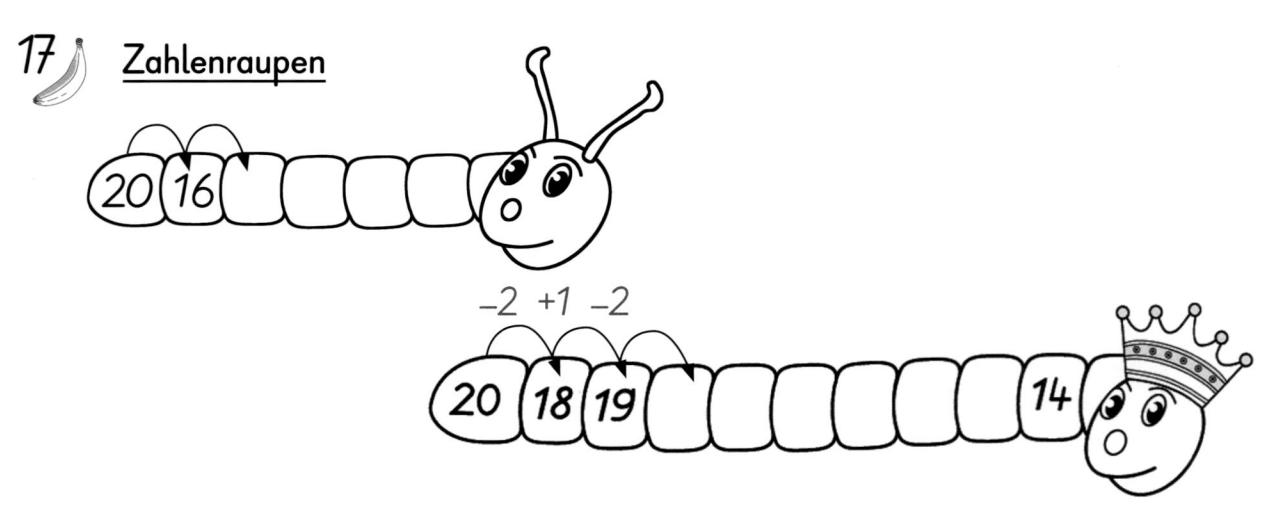

Susanne Rehse / Nadine Schmid / Marietta Krenn: Wir lernen und üben Mathematik im eigenen Tempo 1/2. Illustratorin: Kornelia Weise

18 Sachaufgaben

Welche Fragen kannst du beantworten? Male sie farbig an.

	Wer ist Lisa?
	Wie viele Kinder haben ein Eis?
	Wie viele Jungen sind dabei?

	Wie viele Schnecken sind es insgesamt?
	Wie alt sind die Schnecken?
	Wie viele Fühler sind es?

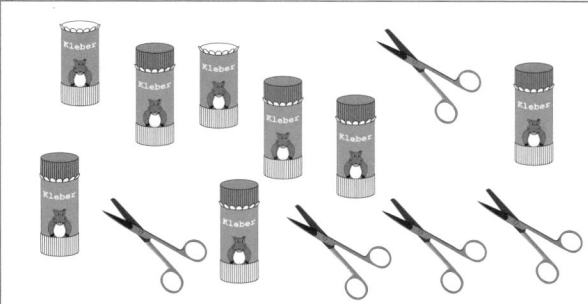	Wie viele Scheren sind es insgesamt?
	Wie viele Kleber sind leer?
	Wie viele volle Kleber sind da?

19 Zahlenraupen

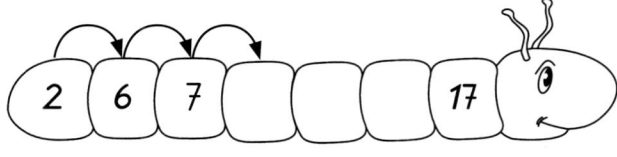

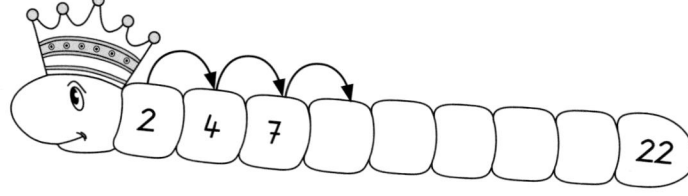

Nun bist du dran:
Zeichne und schreibe 2 verschiedene Zahlenraupen
auf deinen Block.

Susanne Rehse / Nadine Schmid / Marietta Krenn: Wir lernen und üben Mathematik im eigenen Tempo 1/2. Illustratorin: Kornelia Weise

20 Sachaufgaben

Was gehört zusammen? Male in der gleichen Farbe an. Rechne.

5 Affen spielen in den Bäumen. Es kommen 7 dazu.	$12 - 3 = \underline{\quad}$
12 Krokodile faulenzen im Fluss. 3 gehen an Land.	$5 + 7 = \underline{\quad}$
8 Koalas sitzen in den Bäumen. 3 kommen dazu.	$11 - 4 = \underline{\quad}$
11 Elefanten wandern durch die Steppe. 4 legen sich zum Schlafen.	$11 + 4 = \underline{\quad}$
12 Giraffen naschen an den Bäumen. 4 Giraffen kommen dazu.	$8 + 3 = \underline{\quad}$
11 Erdmännchen sitzen in ihrem Loch. 4 setzen sich noch dazu.	$12 + 4 = \underline{\quad}$

21 Kettenrechnen

Beim Kettenrechnen rechnest du immer mit dem Ergebnis weiter!

Fülle die Lücken. Erhältst du am Ende das richtige Ergebnis?

$16 - 7 = 9$	$9 + 8 = 17$	$17 - 7 = 10$	$\underline{\quad} - 3 = \underline{\quad}$	$\underline{\quad} + 8 = 15$

$20 - 3 = \underline{\quad}$	$\underline{\quad} - 8 = \underline{\quad}$	$\underline{\quad} + 3 = \underline{\quad}$	$\underline{\quad} - 5 = \underline{\quad}$	$\underline{\quad} + 7 = 14$

$13 + 6 = \underline{\quad}$	$\underline{\quad} - 4 = \underline{\quad}$	$\underline{\quad} - 9 = \underline{\quad}$	$\underline{\quad} + 5 = \underline{\quad}$	$\underline{\quad} - 7 = 4$

22 🍌 <u>Rechne vorteilhaft</u>

Denke an meine Rechentricks!

| Trick mit der *10* | Trick mit dem Verdoppeln |

| Umkehraufgabe | Tauschaufgabe |

Ich wende unten den Rechentrick an und beginne dort zu rechnen.
Das Ergebnis brauche ich nur noch abzuschreiben:

| $6 + 8 = $___ | $9 + 4 = $___ | $2 + 9 = $___ |
| $6 + 6 + 2 = $___ | $10 + 3 = $___ | $9 + 2 = $___ |

Finde nun selbst den passenden Rechentrick:

$3 + 9 = $___	___ $+ 8 = 15$	$5 + 6 = $___
$7 + 8 = $___	$9 + 2 = $___	___ $- 6 = 8$
$7 + 9 = $___	___ $- 3 = 8$	$8 + 9 = $___

23 🍌 <u>Verbinde die Aufgabe und die Umkehraufgabe</u>

$17 - 9$		$11 - 3$		$9 + 4$
$7 + 3$				
	$10 - 3$		$14 - 7$	
$7 + 7$				
	$13 - 4$		$8 + 9$	$8 + 3$

Susanne Rehse / Nadine Schmid / Marietta Krenn: Wir lernen und üben Mathematik im eigenen Tempo 1/2. Illustratorin: Kornelia Weise

24 <u>Wahrscheinlichkeiten: sicher, möglich, unmöglich</u>

Bono will mit geschlossenen Augen eine gepunktete Kugel ziehen.

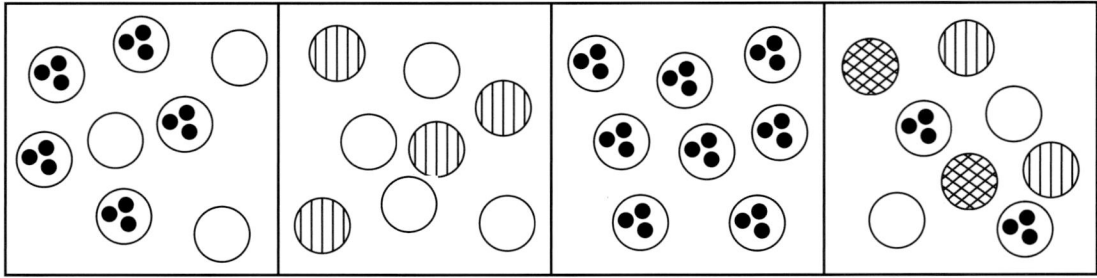

In welcher Schachtel ist das möglich?
In welcher Schachtel ist es sicher?
In welcher Schachtel ist es unmöglich?

Verbinde.

sicher	möglich	unmöglich

 Plumi will mit geschlossenen Augen eine blaue Kugel ziehen.
Male die Kugeln passend blau, rot oder grün an.

sicher	möglich	unmöglich

 Wie viele Kugeln muss Bono ziehen, damit er <u>sicher</u> eine weiße Kugel hat?

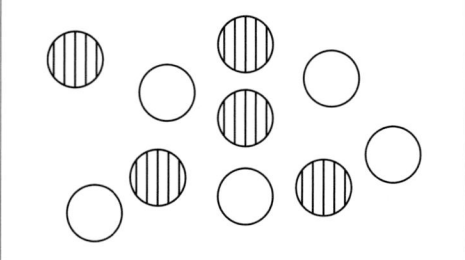

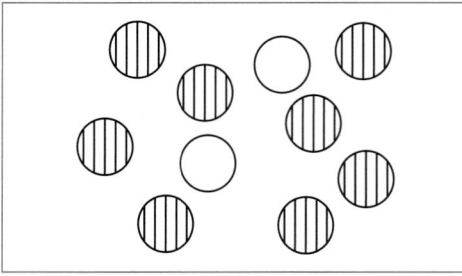

A: Bono muss _____ Kugeln
ziehen.

A: Bono muss _____ Kugeln
ziehen.

Susanne Rehse / Nadine Schmid / Marietta Krenn: Wir lernen und üben Mathematik im eigenen Tempo 1/2. Illustratorin: Kornelia Weise

25 Große Zahlenmauern

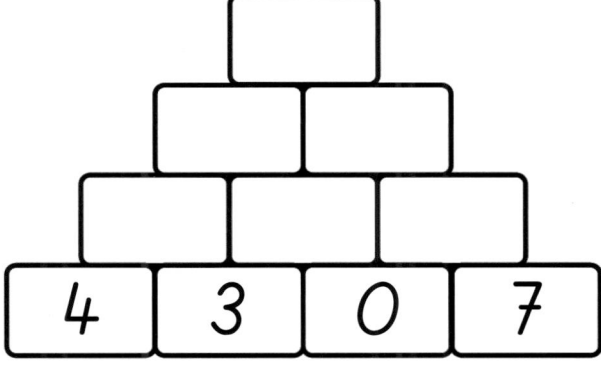

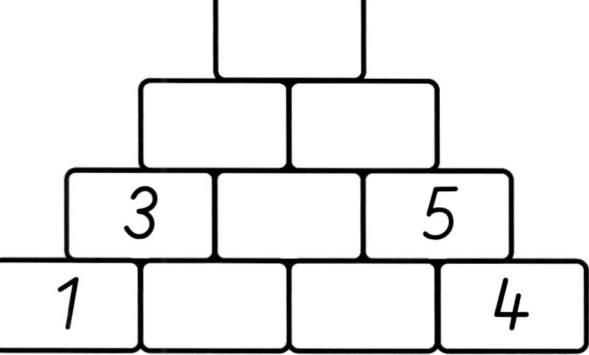

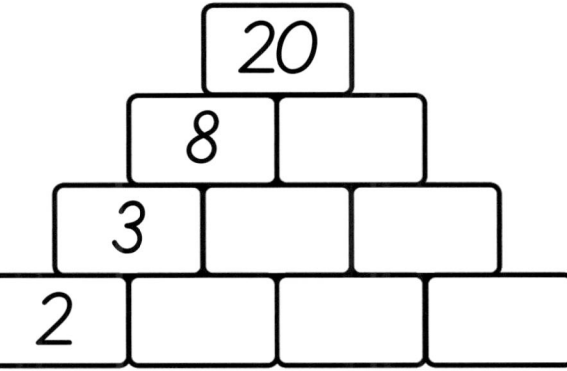

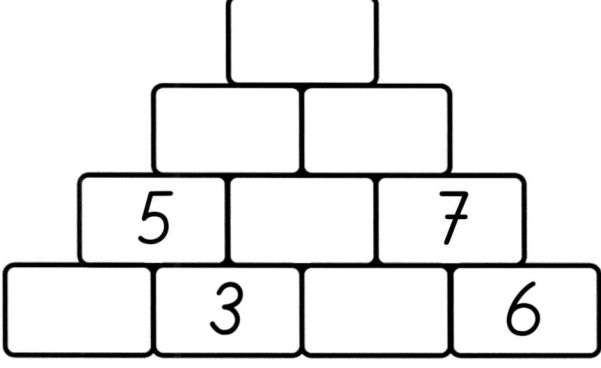

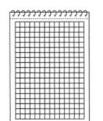 Erfinde selbst große Zahlenmauern.
Verwende als Zielstein
die Zahlen [17], [18] und [20].

Du bist ein super
Zahlenforscher!
Ich bin sehr stolz auf dich!

Susanne Rehse / Nadine Schmid / Marietta Krenn: Wir lernen und üben Mathematik im eigenen Tempo 1/2. Illustratorin: Kornelia Weise

26  <u>Diese Aufgaben können wir schon rechnen!</u>

Wie schnell bist du? Stoppe die Zeit!

3 − 2 = __	20 − 6 = __	__ − 1 = 7
8 + 8 = __	__ − 1 = 2	__ + 5 = 19
13 + __ = 20	7 − __ = 4	9 + __ = 19
16 + __ = 17	15 + 4 = __	19 + __ = 16
__ − 6 = 6	__ + 1 = 19	14 + 1 = __
__ + 4 = 7	__ + 3 = 18	13 − 12 = __
__ − 10 = 6	11 + __ = 14	11 − __ = 9
4 + 4 = __	15 + 5 = __	7 − __ = 2
14 − 10 = __	11 + 4 = __	14 − __ = 6
__ + 3 = 15	3 − __ = 1	8 + 10 = __
__ + 2 = 13	__ + 17 = 19	11 + 8 = __
4 − __ = 3	19 + 1 = __	__ + 9 = 18
11 + __ = 15	14 − __ = 4	__ − 2 = 6

Ich habe für diese *39* Aufgaben ____ Minuten und ____ Sekunden
gebraucht.

27 <u>Muster</u>

Setze das Muster richtig fort:

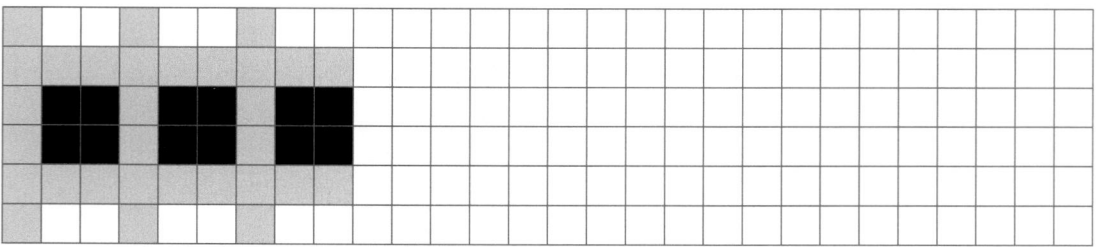

 Zeichne ein eigenes Muster auf den Block!
Verwende die Farben blau, gelb und grün.

28 Sachaufgaben

Unterstreiche die Zahlen, mit denen du etwas ausrechnen kannst.
Überlege dir eine sinnvolle **Frage**.
Rechne die Aufgabe aus.
Lies noch einmal die **Frage** durch.
Finde eine passende **Antwort**.

Im Baumhaus ist was los.

Im Baumhaus warten schon *5* Kinder. Sie haben noch *7* weitere Kinder eingeladen.

Es wurden *12* Gläser mit Limonade auf den Tisch gestellt. *8* Gläser sind schon leer getrunken.

Auf einem Teller liegen noch *6* Kekse.
Es waren insgesamt *15* Kekse.

Die Kinder blasen Luftballons auf. Insgesamt haben sie *20* Stück. *3* sind beim Aufblasen zerplatzt.

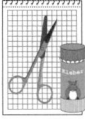 Schneide die Rechengeschichten aus und schreibe die Frage, die Rechnung und die Antwort dazu.

Susanne Rehse / Nadine Schmid / Marietta Krenn: Wir lernen und üben Mathematik im eigenen Tempo 1/2. Illustratorin: Kornelia Weise

29 Gerade und ungerade Zahlen

Erinnerst du dich an gerade und ungerade Zahlen?
Male die geraden Zahlen grün an.
Male die ungeraden Zahlen orange an.

5	14	20	4	7	10	16	20	15
2	17	18	19	16	3	4	11	18
10	8	9	6	12	12	1	10	6

Wenn du richtig angemalt hast, solltest du nun ein Muster sehen!

 30 Zahlenrätsel

a) Meine Zahl hat zwei gleiche Ziffern. Sie ist größer als 10
   und kleiner als 20.

   Meine gesuchte Zahl ist _____ .

b) Meine Zahl ist um 8 größer als 6.

   Meine gesuchte Zahl ist _____ .

c) Meine Zahl hat an der Zehnerstelle die Ziffer 1.
   Sie ist größer als 12 und kleiner als 15. Sie ist eine gerade Zahl.

   Meine gesuchte Zahl ist _____ .

d) Meine Zahl ist eine ungerade Zahl. Sie ist mehr als das
   Doppelte von 5 und kleiner als 12.

   Meine gesuchte Zahl ist _____ .

 Erfinde zwei eigene Zahlenrätsel und schreibe sie auf!
Ein anderes Kind aus deiner Klasse muss erraten,
welche Zahl gemeint ist.

Susanne Rehse / Nadine Schmid / Marietta Krenn: Wir lernen und üben Mathematik im eigenen Tempo 1/2. Illustratorin: Kornelia Weise

31 Zahlendreiecke

Fülle die Rechendreiecke mit der angegeben Anzahl der Plättchen.

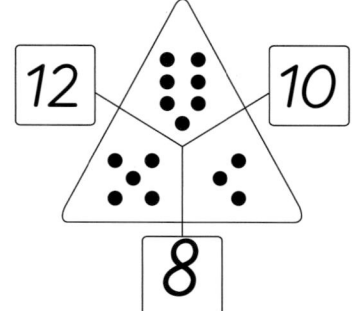

Hier durfte ich *15* Plättchen verwenden.

12	10

8

Du hast *19* Plättchen.

15	13

10

Du hast *18* Plättchen.

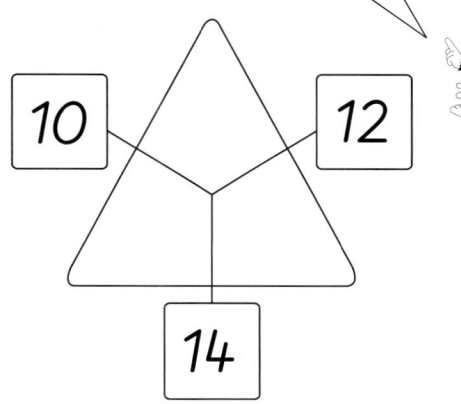

10	12

14

32 Muster

Setze das Muster richtig fort:

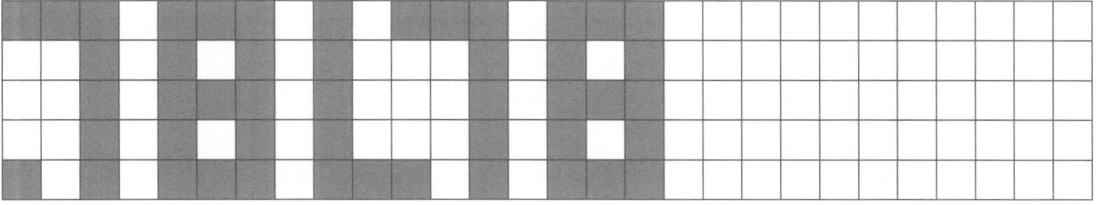

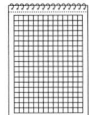 Zeichne ein eigenes Muster auf den Block!
Verwende die Farben blau, gelb und grün.

Susanne Rehse / Nadine Schmid / Marietta Krenn: Wir lernen und üben Mathematik im eigenen Tempo 1/2. Illustratorin: Kornelia Weise

Susanne Rehse / Nadine Schmid / Marietta Krenn: Wir lernen und üben Mathematik im eigenen Tempo 1/2. Illustratorin: Kornelia Weise

33 Zahlenknobelei

Jede Ziffer (0 1 2 3 4 5 6 7 8 9) hat ihre eigene Kugel.
Kannst du die Rechnungen lösen?

Ich schreibe mir als Hilfe die Ziffern auch zu den Rechnungen!

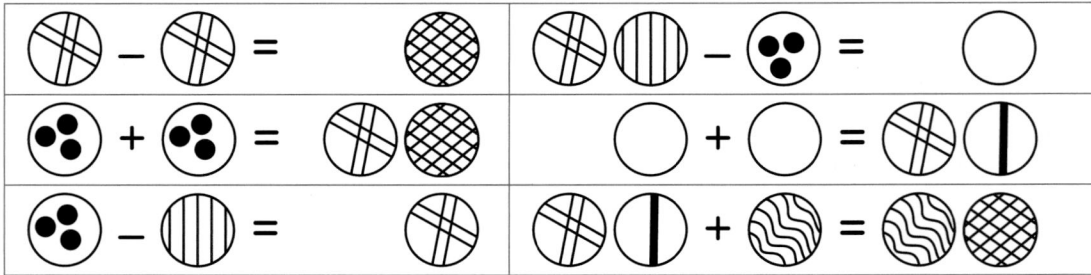

Schreibe in die Tabelle die passenden Ziffern:

Kugel							
Ziffer	1						

34 Schau genau

Zeichne die Bilder richtig fertig!

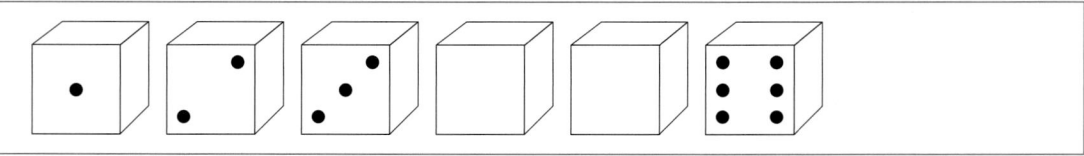

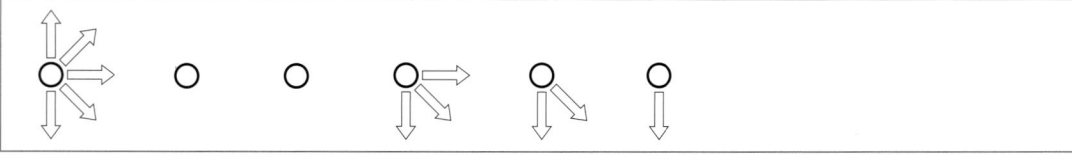

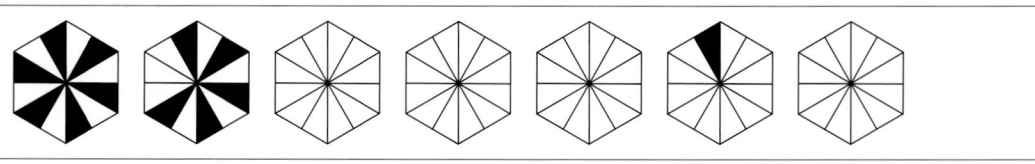

35 Bonos Zahlen ABC

Rechne die Aufgaben aus. Schreibe die richtigen Buchstaben neben die Lösung. Alle Buchstaben nacheinander ergeben einen Satz.

A	B	C	D	E	F	G	H	I	J	K	L	M	N
1	0	8	17	9	14	3	11	13	5	6	18	–	12

O	P	Q	R	S	T	U	V	W	X	Y	Z
7	16	–	15	4	10	20	–	2	19	–	–

1) 9 + 8 = ___ ☐
   10 + 10 = ___ ☐

2) 5 + 6 = ___ ☐
   16 – 15 = ___ ☐
   12 – 8 = ___ ☐
    5 + 5 = ___ ☐

Das 1. und 2. Wort hast du schon herausgefunden. Wenn du die anderen Aufgaben auch untereinander auf dem Block rechnest und die Buchstaben aufschreibst, hast du den Lösungssatz gefunden.

3) | 9 – 8 | 9 + 9 | 20 – 2 | 13 – 4 |

4) | 10 – 9 | 10 + 10 | 8 + 6 | 12 – 9 | 15 – 14 | 9 – 9 |
   | 6 + 3 | 7 + 5 |

5) | 9 + 8 | 14 – 5 | 8 + 7 |

6) | 17 – 8 | 7 + 8 | 12 – 8 | 5 + 5 | 6 + 3 | 6 + 6 |

7) | 18 – 12 | 10 + 8 | 9 – 8 | 11 – 7 | 10 – 6 | 13 – 4 |

8) | 11 – 8 | 18 – 9 | SCH | 0 + 1 | 7 + 7 | 6 + 8 | 19 – 9 | !

9) | 7 + 10 | 11 + 9 |

10) | 15 – 15 | 7 + 6 | 20 – 16 | 13 – 3 |

11) | 3 + 6 | 9 + 4 | 19 – 7 |

12) | 9 + 6 | 11 – 2 | CH | 5 + 4 | 15 – 3 | 20 – 4 |
    | 5 + 10 | 12 – 5 | 6 + 8 | 19 – 6 | !

Susanne Rehse / Nadine Schmid / Marietta Krenn: Wir lernen und üben Mathematik im eigenen Tempo 1/2. Illustratorin: Kornelia Weise

Kompetenztest zur Lernstufe 10

Zeig, was du kannst!

1. Löse die Aufgaben!

3 + 6 = __	11 – 3 = __
9 + 7 = __	15 – 9 = __
12 + 5 = __	17 – 4 = __
6 + 8 = __	20 – 5 = __

/8

2. Vergleiche. Schau genau: >, < oder =

18 – 3 ◯ 9 + 3 15	11 – 7 ◯ 8 – 3
8 + 2 ◯ 8 + 3	6 + 6 ◯ 20 – 9
7 + 3 ◯ 14 – 4	1 + 8 ◯ 10 – 1
7 – 5 ◯ 17 – 5	16 – 3 ◯ 15 – 2
7 + 4 ◯ 4 + 7	20 – 11 ◯ 10 – 2

/8

3. Kreise alle geraden Zahlen blau ein und alle ungeraden Zahlen grün.

13   5   2   14   18   20   1   7

/8

4. Für Verdoppelungsprofis

Zahl	6		9		7
Das Doppelte		16		20	

/5

Susanne Rehse / Nadine Schmid / Marietta Krenn: Wir lernen und üben Mathematik im eigenen Tempo 1/2. Illustratorin: Kornelia Weise

5. Platzhalteraufgaben

___ – 5 = 3	___ – 8 = 10	___ + 5 = 17	___ – 4 = 16
8 + ___ = 11	14 – ___ = 4	6 + ___ = 13	8 + ___ = 17

18

6. Große Rechenmauer

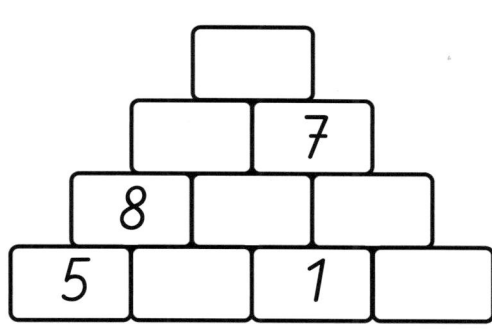

16

7. Plumi: Finde vier Aufgaben!

14

8. Zahlenraupen

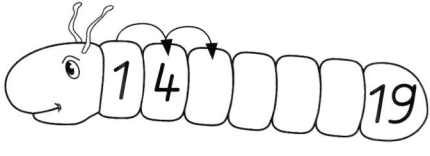   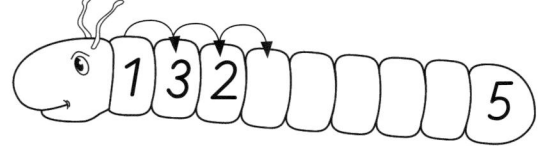

19

Susanne Rehse / Nadine Schmid / Marietta Krenn: Wir lernen und üben Mathematik im eigenen Tempo 1/2. Illustratorin: Kornelia Weise

9. Zahlenrätsel

Meine Zahl ist größer als *10* und kleiner als *13*.
Sie ist eine gerade Zahl. Meine Zahl ist _____ .

/1

10. Rechengeschichte: Affe ärgere dich nicht!

Bono spielt mit *3* Freunden das Spiel „Affe ärgere dich nicht".
Er hat schon fast alle von seinen *4* Figuren in sein Ziel gebracht.
Nur *1* Figur fehlt noch. Bono zählt, wie viele Felder er mit seiner
Figur noch hüpfen muss:
Es sind genau *13* Felder, damit er auch die letzte Figur im Ziel
hat und gewinnt.
Jetzt ist er mit würfeln dran. Er würfelt eine *5*.

F: Wie viele Felder bleiben nun noch bis zum Ziel?

Tipp: Kreise die Zahlen
im Text, die du zum
Rechnen brauchst, ein.

Rechnung:

Antwort: _____

/3

Wie kann Bono würfeln, um ins Ziel zu gelangen?
Male mögliche Würfelkombinationen auf!

/3

Susanne Rehse / Nadine Schmid / Marietta Krenn: Wir lernen und üben Mathematik im eigenen Tempo 1/2. Illustratorin: Kornelia Weise

Kontrolliere nochmal
alles ganz genau!

Wie hast du dich im Test gefühlt? ☺ ☺ ☹

Welche Aufgabe war am leichtesten für dich? Nummer: _____

Welche Aufgabe war am schwersten für dich? Nummer: _____

Rückmeldung zu den bearbeiteten Kompetenzen:

Aufgabe 1:	☺ ☺ ☹	Du rechnest Plus- und Minusaufgaben im Zahlenraum bis 20 sicher.
Aufgabe 2:	☺ ☺ ☹	Du vergleichst Ergebnisse mit den mathematischen Zeichen.
Aufgabe 3:	☺ ☺ ☹	Du unterscheidest gerade und ungerade Zahlen.
Aufgabe 4:	☺ ☺ ☹	Du verdoppelst und halbierst Zahlen flexibel.
Aufgabe 5:	☺ ☺ ☹	Du löst Platzhalteraufgaben sicher.
Aufgabe 6:	☺ ☺ ☹	Du durchdenkst die große Rechenmauer.
Aufgabe 7:	☺ ☺ ☹	Du findest alle Aufgaben einer Aufgabenfamilie.
Aufgabe 8:	☺ ☺ ☹	Du erkennst mathematische Rechenmuster und setzt sie folgerichtig fort.
Aufgabe 9:	☺ ☺ ☹	Du löst Zahlenrätsel.
Aufgabe 10:	☺ ☺ ☹	Du wählst die wesentlichen Informationen einer umfangreichen Rechengeschichte aus, um auf deren Lösung zu kommen.
	☺ ☺ ☹	Du findest den korrekten Lösungsweg zur Frage und formulierst eine passende Antwort.

Das solltest du noch einmal üben: _____

Von 63 Punkten hast du _____ Punkte erreicht.

_____

Datum   Unterschrift der Eltern

Susanne Rehse / Nadine Schmid / Marietta Krenn: Wir lernen und üben Mathematik im eigenen Tempo 1/2. Illustratorin: Kornelia Weise

Lernstufe 11

Name: _____ **begonnen am:** _____ **beendet am:** _____

Hier lernst du:

Die Zahlen bis 100 zu lesen, zu schreiben und auf unterschiedliche Arten darzustellen.

Spiele:

Extra-Kopfnuss für Super-Knobler:

Stufenheft: Aufgaben

				erledigt
1	2	3	4	5
6	7	8	9	10
11	12	13	14	15
16	17	18	19	20
21	22	23	24	25
26	27	28		

Buch und Arbeitsheft

			erledigt
S.	S.	S.	
Nr.	Nr.	Nr.	
S.	S.	S.	
Nr.	Nr.	Nr.	

Arbeitsheft

Wie waren die Aufgaben für dich? Färbe ein!

leicht (grün)	mittel (gelb)	schwer (rot)

Susanne Rehse / Nadine Schmid / Marietta Krenn: Wir lernen und üben Mathematik im eigenen Tempo 1/2. Illustratorin: Kornelia Weise

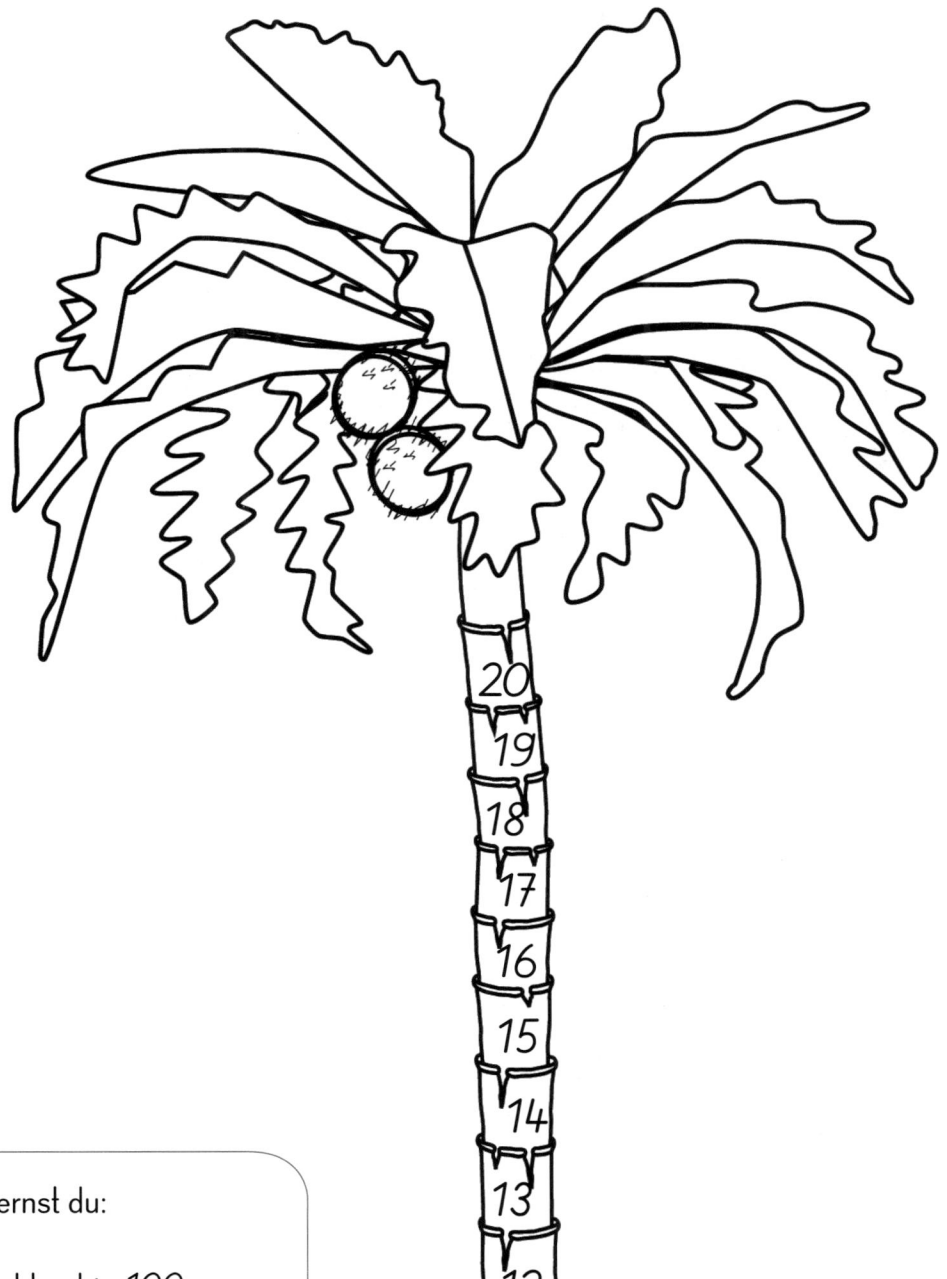

Hier lernst du:

Die Zahlen bis *100*
zu lesen, zu schreiben
und auf unterschiedliche
Arten darzustellen.

Susanne Rehse / Nadine Schmid / Marietta Krenn: Wir lernen und üben Mathematik im eigenen Tempo 1/2. Illustratorin: Kornelia Weise

1. Wir bündeln Zehner!

Wie viele sind es?
Fülle einen Becher drei mal nacheinander
mit verschiedenen Dingen. Das kannst du nehmen:

- Streichhölzer
- Bohnen
- Nudeln
- Kastanien
- Eicheln
- Büroklammern
- Was dir sonst noch einfällt.

> Tipp: Für deine Zehner-bündel kannst du eine Schnur oder große Gummis verwenden.

Schätze zuerst, wie viele es sind.
Bündle in Zehnern und zähle die Dinge.
Vergleiche dein Schätzergebnis mit der Zahl. Hast du gut geschätzt?

Gegenstand	geschätzt		gezählt		Kreuze an: So habe ich geschätzt: oder	
	Z	E	Z	E		

2. Findest du die gezählten Zahlen auf dem Zahlenstrich?

Markiere die Zahlen in verschiedenen Farben.

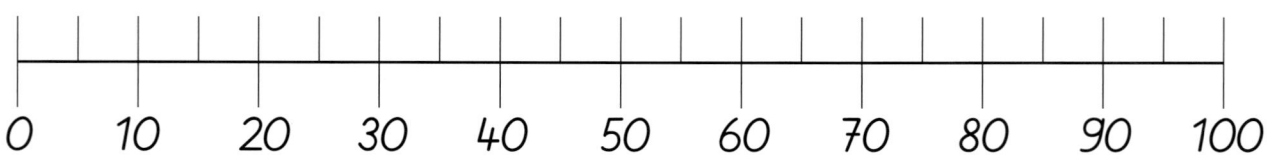

0   10   20   30   40   50   60   70   80   90   100

Susanne Rehse / Nadine Schmid / Marietta Krenn: Wir lernen und üben Mathematik im eigenen Tempo 1/2. Illustratorin: Kornelia Weise

3. Wir legen und schreiben Zehnerzahlen!

Was bedeutet das Gleiche? Ordne zu!
Nimm für jede Zehnerzahl eine andere Farbe.
Was ist keine Zehnerzahl? Streiche durch!

40	hundert	3 Z 0 E
30	dreizehn	5 Z 0 E
50	vierzig	4 Z 0 E
10	fünfzig	9 Z 0 E
70	fünfzehn	1 Z 0 E
20	siebzig	7 Z 0 E
90	neunzehn	6 Z 0 E
60	neunzig	2 Z 0 E
100	sechzehn	10 Z 0 E
80	sechzig	8 Z 0 E

hundert dreizehn vierzig fünfzig fünfzehn siebzig neunzehn neunzig sechzehn sechzig zwölf zehn achtzehn achtzig zwanzig dreißig siebzehn

Lege die Zahlen von Aufgabe 3 mit deinen Zehnerstreifen.
Beispiel: 20

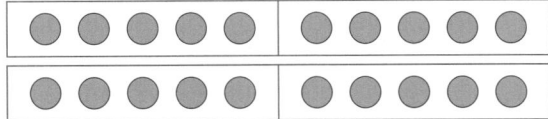

4. Schreibe die Zahlen auf den Block und zeichne die Geheimschrift dazu.

Zeichne die Zehnerstriche mit einem Lineal.

Beispiel:

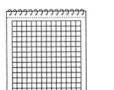
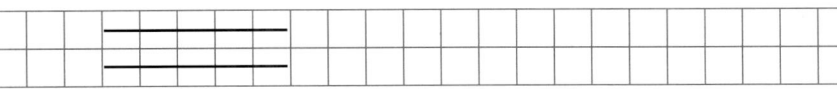

Susanne Rehse / Nadine Schmid / Marietta Krenn: Wir lernen und üben Mathematik im eigenen Tempo 1/2. Illustratorin: Kornelia Weise

5. Wir finden Nachbarzehner!
Das Dschungelrennen

| 10 | 20 | 30 |

Bastle dir Kärtchen mit <u>allen</u> Zehnerzahlen von 10 bis 100.
Lege sie geordnet vor dich hin.

| 10 | 20 | 30 | 40 | ...

6. Finde die Nachbarzehner. Benutze dazu deine Zahlkärtchen.

Zehner davor	Zehner	Zehner danach
	60	
	20	
	40	
	90	

Zehner davor	Zehner	Zehner danach
	80	
	50	
	70	
	30	

Wir vergleichen Zehnerzahlen

<	=	>
kleiner als	ist gleich	größer als

7. Spiel: Krokofalle

Mische deine Zahlkärtchen gut durch und lege sie verdeckt vor dich
auf den Tisch.
Ziehe zwei Karten.
Lege jede Karte mit deinen
Zehnerstreifen.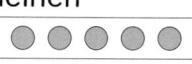
Welche Zahl ist größer?

Schreibe die Zahlen auf den Block und setze das richtige Zeichen
(> = <) dazwischen.

Susanne Rehse / Nadine Schmid / Marietta Krenn: Wir lernen und üben Mathematik im eigenen Tempo 1/2. Illustratorin: Kornelia Weise

Wir springen auf dem Zahlenstrahl!

8. Trage die Zehnerzahlen der Reihe nach ein.

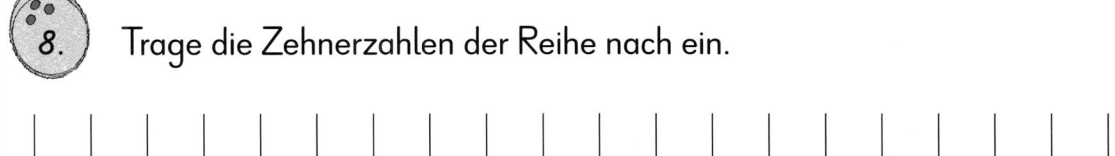

9. Das Känguru macht unterschiedlich große Sprünge.
Schreibe alle Zahlen auf deinen Block, bei denen es aufkommt.
Beispiel: Es beginnt bei *20* und macht *20*-er Sprünge:

| 2 | 0, | | 4 | 0, | | 6 | 0, | ... | | | | | | | | | |

Rechne immer plus!

a) Es beginnt bei *30* und macht *20*-er Sprünge.
b) Es beginnt bei *10* und macht *40*-er Sprünge.
c) Es beginnt bei *20* und macht *30*-er Sprünge.
d) Es beginnt bei *10* und macht *30*-er Sprünge.

10. Das Känguru springt jetzt **rückwärts**.
Es beginnt immer bei *100*. Schreibe auf.

Rechne immer minus!

a) Es macht *10*-er Sprünge zurück.
b) Es macht *20*-er Sprünge zurück.
c) Es macht *30*-er Sprünge zurück. Wo kommt es an? ____
d) Es macht *40*-er Sprünge zurück. Wo kommt es an? ____

11. Bonos Zahlenrätsel

a) Meine Zahl liegt zwischen *30* und *80* und ist größer als *60*.
b) Meine Zahl liegt vor der *60* und ist größer als *40*.
c) Meine Zahl liegt hinter der *80* und ist nicht die *90*.
d) Meine Zahl liegt vor der *50* und ist größer als *30*.
e) Meine Zahl liegt genau in der Mitte von *40* und *80*.

12. Gleich weit weg

a) Welche Zehnerzahlen sind gleich weit weg von *50*? Schreibe auf.
Der Zahlenstrahl hilft dir.
b) Mache dasselbe mit zwei selbst gewählten Zahlen.

Susanne Rehse / Nadine Schmid / Marietta Krenn: Wir lernen und üben Mathematik im eigenen Tempo 1/2. Illustratorin: Kornelia Weise

13. Wir rechnen mit Zehnerzahlen!

Wie viel fehlt von deiner Zehnerzahl bis *100*?
Male die Zehnerzahl auf deinem Hunderterfeld blau, die übrigen
Zehner rot an.

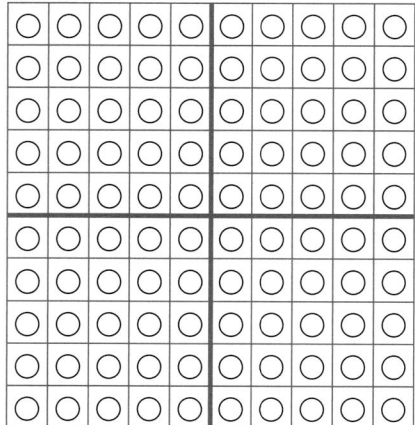
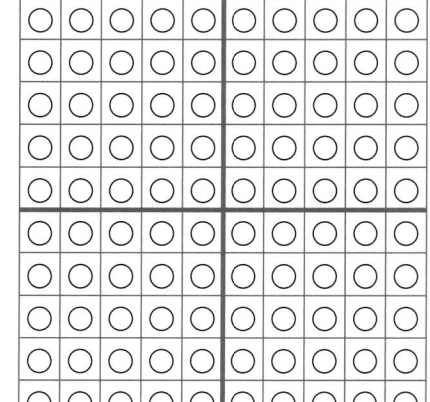

8 Z + ___ Z = 10 Z   3 Z + ___ Z = 10 Z

80 + ___ = 100   _____

14. Schneide sechs Hunderterfelder aus der Vorlage (nächste Seite)
aus und klebe sie auf den Block. Finde dazu selbst verschiedene
Ergänzungsaufgaben bis *100*.

15. Mache dasselbe mit den Ergebniszahlen: *90, 80, 70, 60*.
Zerlege diese Zahlen in 2 Zehnerzahlen.
Du kannst die Aufgaben im Kopf lösen oder wieder das Hunderterfeld
zu Hilfe nehmen.

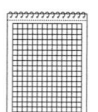

16. Bankspiel: Du sollst einen *100* Euro-Schein in kleinere Scheine wechseln.

| 100 | 50 | 20 | 10 | 5 |

Probiere mit deinem Rechengeld verschiedene Möglichkeiten aus.
Zeichne deine Lösungen auf den Block.
Wie viele Möglichkeiten findest du? ____

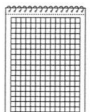

17. Du hast *90* Euro geschenkt bekommen und gehst einkaufen.
Erfinde eine Einkaufsgeschichte und schreibe sie auf den Block.
Du kannst auch Bilder aus Prospekten
ausschneiden.

Susanne Rehse / Nadine Schmid / Marietta Krenn: Wir lernen und üben Mathematik im eigenen Tempo 1/2. Illustratorin: Kornelia Weise

Rechengeld: © ECB

18. Finde *10* Plus- und *10* Minusaufgaben mit deinen Zahlkärtchen (Zehnerzahlen) und schreibe sie auf.
Bilde *10* Kettenaufgaben mit mindestens drei Zehnerzahlen und schreibe sie auf.

Vorlage Hunderterfelder

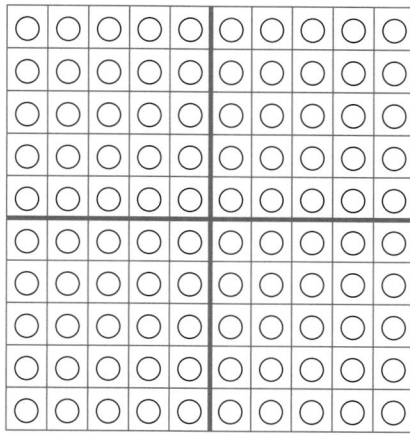

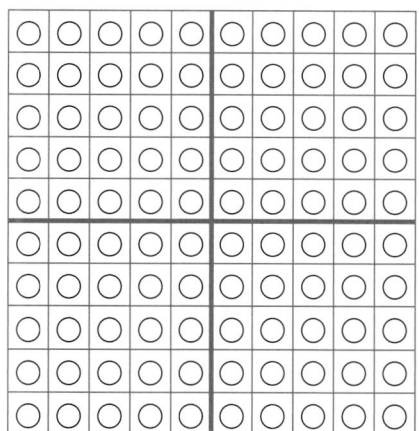

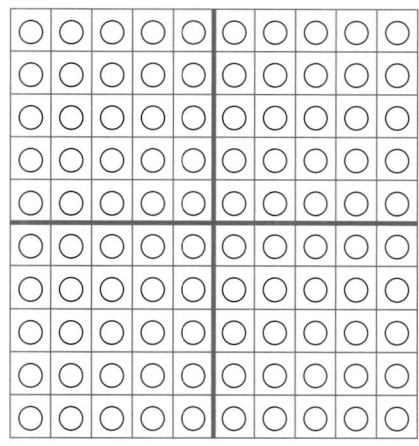

Susanne Rehse / Nadine Schmid / Marietta Krenn: Wir lernen und üben Mathematik im eigenen Tempo 1/2. Illustratorin: Kornelia Weise

19. Wir legen und schreiben zweistellige Zahlen!

Lege die folgenden Zahlen mit deinen Rechenstreifen und Spielmarken.

14 48 52 89 67 33 91 74 98 23 100

20. Lege nun für jeden Zehner und jeden Einer dieser Zahlen eine Spielmarke in die Stellenwerttafel.

Beispiel: 23

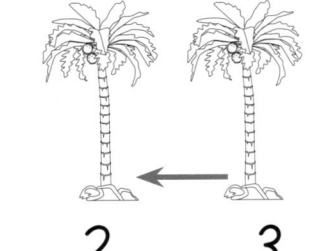

und zwanzig	drei
2	3

Lies die Zahlen deinem Partner vor.

Bonos Zahlenknobelei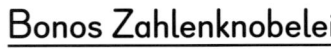

21. Du hast 8 Spielmarken. Welche zweistelligen Zahlen kannst du auf deiner Stellenwerttafel bilden?
Schreibe die Zahlen auf.
Findest du auch dreistellige Zahlen?

Für Knobelmeister:

22. Probiere das Gleiche mit 10 Spielmarken und schreibe alle Möglichkeiten auf.

Wir erforschen Spiegelzahlen

23. Schau dir die beiden Zahlen an. Was kannst du entdecken?
Schreibe deine Entdeckung auf. Wie viele solcher Zahlenpaare kannst du noch finden? Schreibe alle auf.

Z	E
2	1

Z	E
1	2

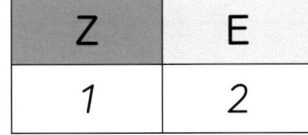

Susanne Rehse / Nadine Schmid / Marietta Krenn: Wir lernen und üben Mathematik im eigenen Tempo 1/2. Illustratorin: Kornelia Weise

 **24.** <u>Wir finden den Vorgänger und den Nachfolger!</u>

Trage den Vorgänger und den Nachfolger ein. Dein Zahlenstrahl hilft dir dabei.

Vorgänger	Zahl	Nachfolger
51	52	53
	43	
	87	
	99	
	61	
	60	

Zehner davor	Zahl	Zehner danach
70	74	80
	54	
	78	
	95	
	31	
	90	

 25. Zum guten Schluss: alles zusammen!

Zehner davor	Vorgänger	Zahl	Nachfolger	Zehner danach
		65		
			89	
		23		
	55			
		47		
		50		
			34	

Zeichne so eine Tabelle auf deinen Block und suche dir selbst noch 10 zweistellige Zahlen.

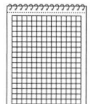

Susanne Rehse / Nadine Schmid / Marietta Krenn: Wir lernen und üben Mathematik im eigenen Tempo 1/2. Illustratorin: Kornelia Weise

Bonos Blitzrechenaufgaben mit der Zahl des Tages

(Mach diese Übung jeden Tag!)

Du brauchst dafür deine **Zahlkärtchen** (Zehner- und Einer).

So fängst du an: Ziehe die **Zahl des Tages**!

Lege die Zahlkärtchen verdeckt auf den Tisch, auf die eine Seite die blauen Zehnerkärtchen, auf die andere Seite die grünen Einerkärtchen. Ziehe jeweils ein Kärtchen. Bilde eine zweistellige Zahl.

Beispiel:

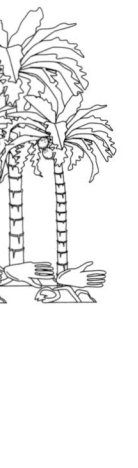

Nun musst du mit dieser Zahl Bonos Dschungel-Übungsweg durchlaufen.

45

Lies die Zahl jemandem laut vor.
Lege die Zahl mit Zehnerstreifen und Spielmarken.

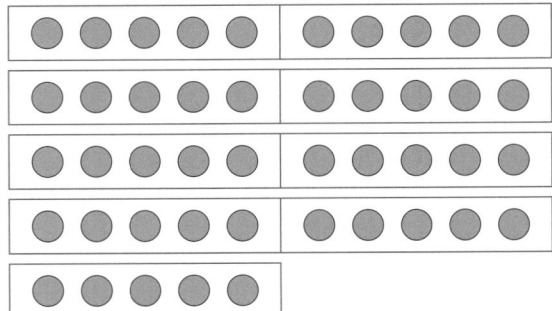

Suche die Zahl auf deinem Zahlenstrahl.
Bestimme den Vorgänger und den Nachfolger.

Lege die Zahl in der Stellenwerttafel mit Spielmarken.

H	Z	E
	● ●	● ●
	● ●	● ●
		●

Vertausche die Kärtchen und finde die Spiegelzahl.
Lege die Zahl mit Rechengeld.

Susanne Rehse / Nadine Schmid / Marietta Krenn: Wir lernen und üben Mathematik im eigenen Tempo 1/2. Illustratorin: Kornelia Weise

Wir forschen in unserer Klasse:
Mädchen und Jungen in deiner Klasse

 **26.** Baue zwei Steckwürfeltürme!

 Nimm für jedes Mädchen einen roten Würfel.

 Nimm für jeden Jungen einen blauen Würfel.

Stelle beide Türme nebeneinander auf und vergleiche.

Gibt es mehr Mädchen oder mehr Jungen? Vergleiche!
Schreibe: $<$ $>$ $=$

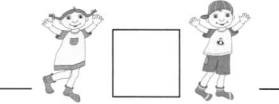

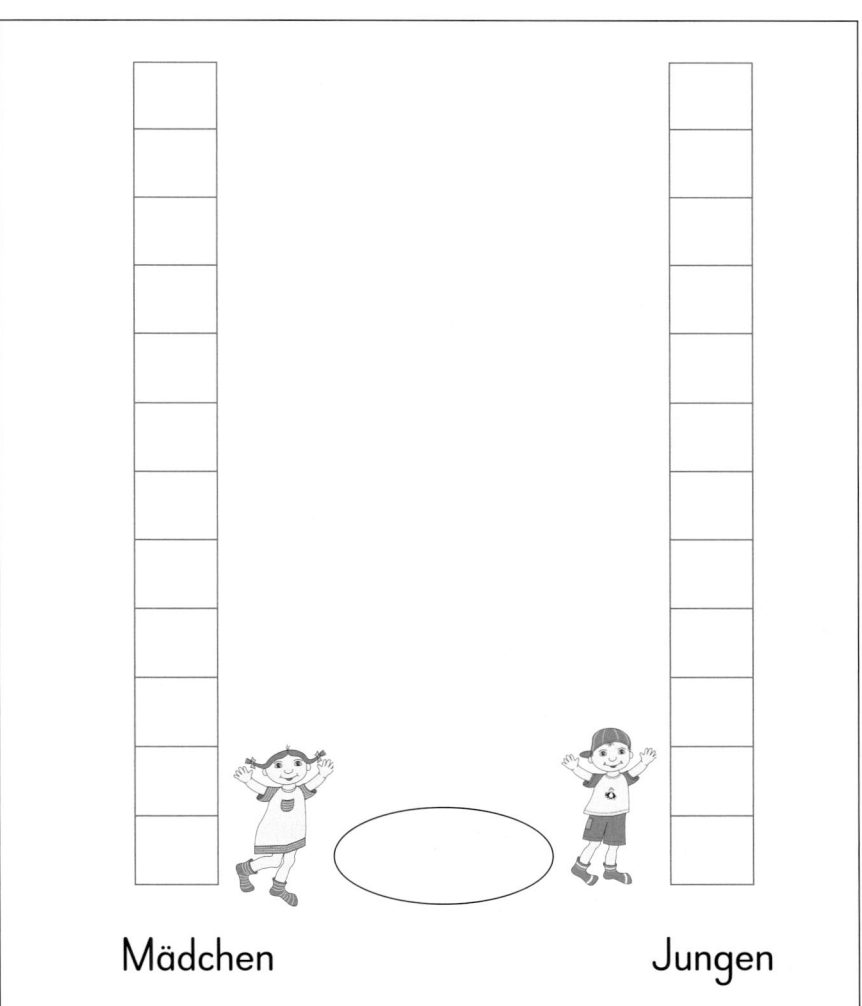

27. Zeichne ein Säulendiagramm!

Mädchen   Jungen

28. <u>Alter in deiner Klasse:</u>
<u>Wie viele Kinder haben welches Alter?</u>

Mache eine Strichliste:

5 Jahre alt	
6 Jahre alt	
7 Jahre alt	
8 Jahre alt	
9 Jahre alt	

Welches Alter kommt am häufigsten vor? _____

Welches Alter kommt am wenigsten vor? _____

Welches Alter kommt gar nicht vor? _____

Zeichne ein Säulendiagramm auf den Block. Trage die Daten ein!

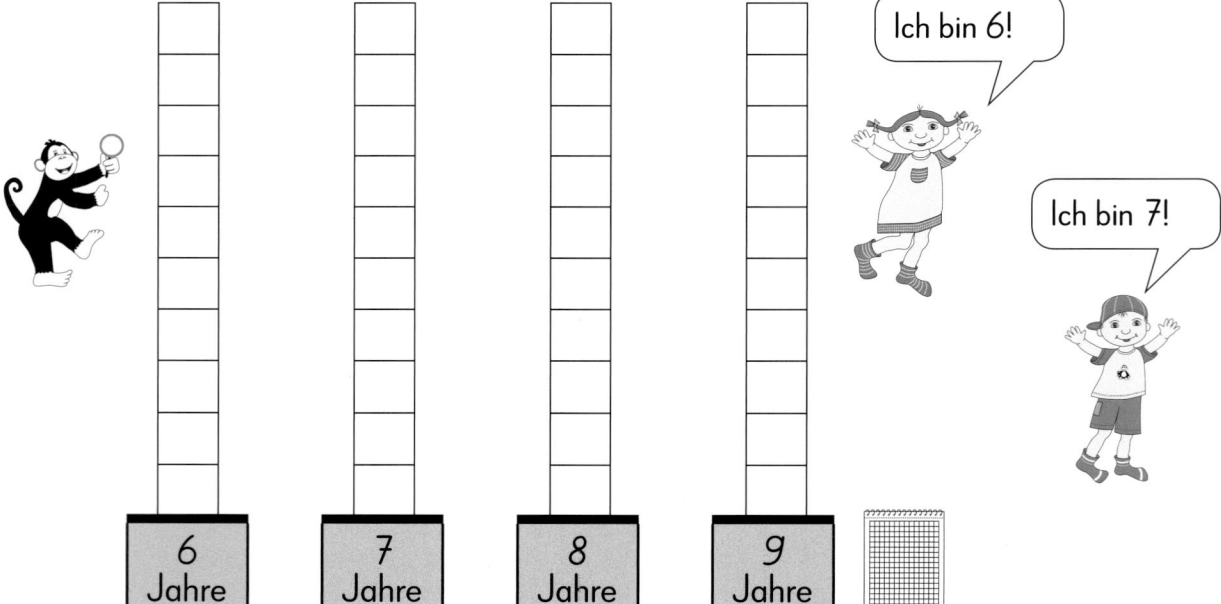

 Mach noch eine Strichliste für das Alter der Jungen und eine für das
Alter der Mädchen in deiner Klasse. Zeichne passende Säulen-
diagramme dazu.

Susanne Rehse / Nadine Schmid / Marietta Krenn: Wir lernen und üben Mathematik im eigenen Tempo 1/2. Illustratorin: Kornelia Weise

Susanne Rehse / Nadine Schmid / Marietta Krenn: Wir lernen und üben Mathematik im eigenen Tempo 1/2. Illustratorin: Kornelia Weise

Name:	Datum:

Kompetenztest zur Lernstufe 11

Zeig, was du kannst!

1. Verbinde die folgenden Zahlen mit dem Zahlenstrich! /5

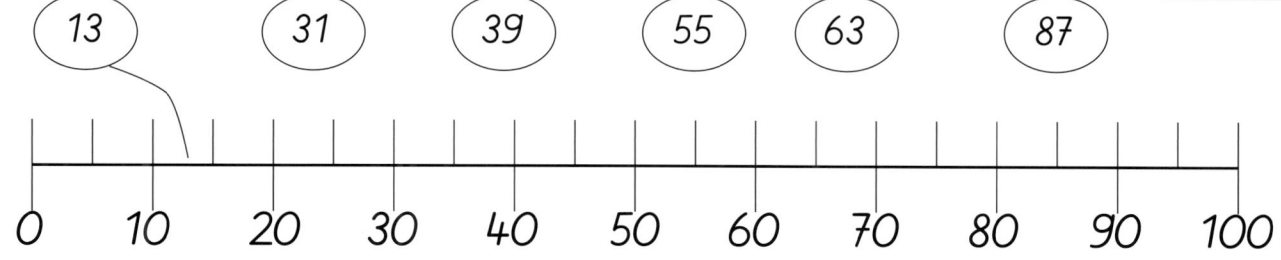

⟨13⟩   ⟨31⟩   ⟨39⟩   ⟨55⟩   ⟨63⟩   ⟨87⟩

0   10   20   30   40   50   60   70   80   90   100

2. Was gehört zusammen? Male mit der gleichen Farbe an! /10

78	5 Z 0 E	42	30 + 6	4 Z 2 E
2 Z 4 E	7 Z 8 E	▬▬▬▬ ••••••••	achtund-siebzig	70 + 8
50	24	3 Z 6 E	▬▬ ••••••	▬▬▬
zweiund-vierzig	2 + 40	sechsund-dreißig	20 + 4	36
▬▬▬ ••	fünfzig	50 + 0	▬▬ ••••	vierund-zwanzig

3. Finde die richtigen Zahlen! /8

Vorgänger	Zahl	Nachfolger
	59	
		20
	61	
35		

Zehner davor	Zahl	Zehner danach
	56	
	73	
	50	
	99	

4. Ergänze zur Hundert!

60 + = 100	40 + = 100	20 + = 100	30 + = 100
0 + = 100	90 + = 100	70 + = 100	100 + = 100

/ 4

5. Zahlensprünge. Setze die Zahlenreihe fort.

/ 5

80 , 70 , ____ , ____ , ____ , ____ , ____ , ____ , ____

10 , 30 , ____ , ____ , ____

6. Zahlenrätsel.

/ 3

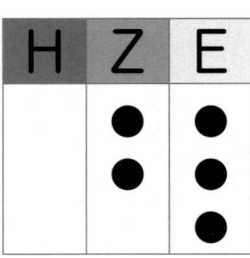

a) Lies die Zahl von der Stellenwerttafel ab.

Wie heißt sie? ____

b) Nimm an der Zehnerstelle ein Plättchen weg und lege es an die Einerstelle.

Wie heißt die Zahl? ____

7. Zahlenrätsel mit Zehnerzahlen.

/ 6

a) Meine Zahl liegt zwischen 20 und 60 und ist größer als 40.

Meine Zahl heißt: ____

b) Meine Zahl liegt vor der 50 und ist größer als 30.

Meine Zahl heißt: ____

c) Meine Zahl liegt hinter der 80 und ist nicht die 90.

Meine Zahl heißt: ____

Susanne Rehse / Nadine Schmid / Marietta Krenn: Wir lernen und üben Mathematik im eigenen Tempo 1 / 2. Illustratorin: Kornelia Weise

Kontrolliere nochmal alles ganz genau!

Wie hast du dich im Test gefühlt? ☺ 😐 ☹

Welche Aufgabe war am leichtesten für dich? Nummer: _____

Welche Aufgabe war am schwersten für dich? Nummer: _____

Rückmeldung zu den bearbeiteten Kompetenzen:

Aufgabe 1:	☺ 😐 ☹	Du findest Zahlen auf dem Zahlenstrich.
Aufgabe 2:	☺ 😐 ☹	Du kennst verschiedene Darstellungsformen von Zahlen.
Aufgabe 3:	☺ 😐 ☹	Du kennst Vorgänger, Nachfolger und die Nachbarzehner.
Aufgabe 4:	☺ 😐 ☹	Du ergänzt richtig zur Hundert.
Aufgabe 5:	☺ 😐 ☹	Du setzt Zahlenreihen mit Zehnerzahlen richtig fort.
Aufgabe 6:	☺ 😐 ☹	Du gehst mit der Stellenwerttafel richtig um.
Aufgabe 7:	☺ 😐 ☹	Du löst Zahlenrätsel mit Zehnerzahlen.

Das solltest du noch einmal üben: _____

Von 41 Punkten hast du _____ Punkte erreicht.

_____
Datum   Unterschrift der Eltern

Susanne Rehse / Nadine Schmid / Marietta Krenn: Wir lernen und üben Mathematik im eigenen Tempo 1/2. Illustratorin: Kornelia Weise

Lernstufe 12

Name:

begonnen am:

beendet am:

Hier lernst du:

Dich auf der Hundertertafel zu orientieren.

Stufenheft: Aufgaben

				erledigt
1	2	3	4	5
6	7	8	9	10
11	12	13	14	15
16	17			

Buch und Arbeitsheft

		erledigt
S. Nr.	S. Nr.	S. Nr.
S. Nr.	S. Nr.	S. Nr.
S. Nr.	S. Nr.	S. Nr.

Spiele:

Extra-Kopfnuss für Super-Knobler:

20 19 18 17 16 15 14 13 12 11

Wie waren die Aufgaben für dich? Färbe ein!

leicht (grün)   mittel (gelb)   schwer (rot)

Lernstufenheft *12* von _____

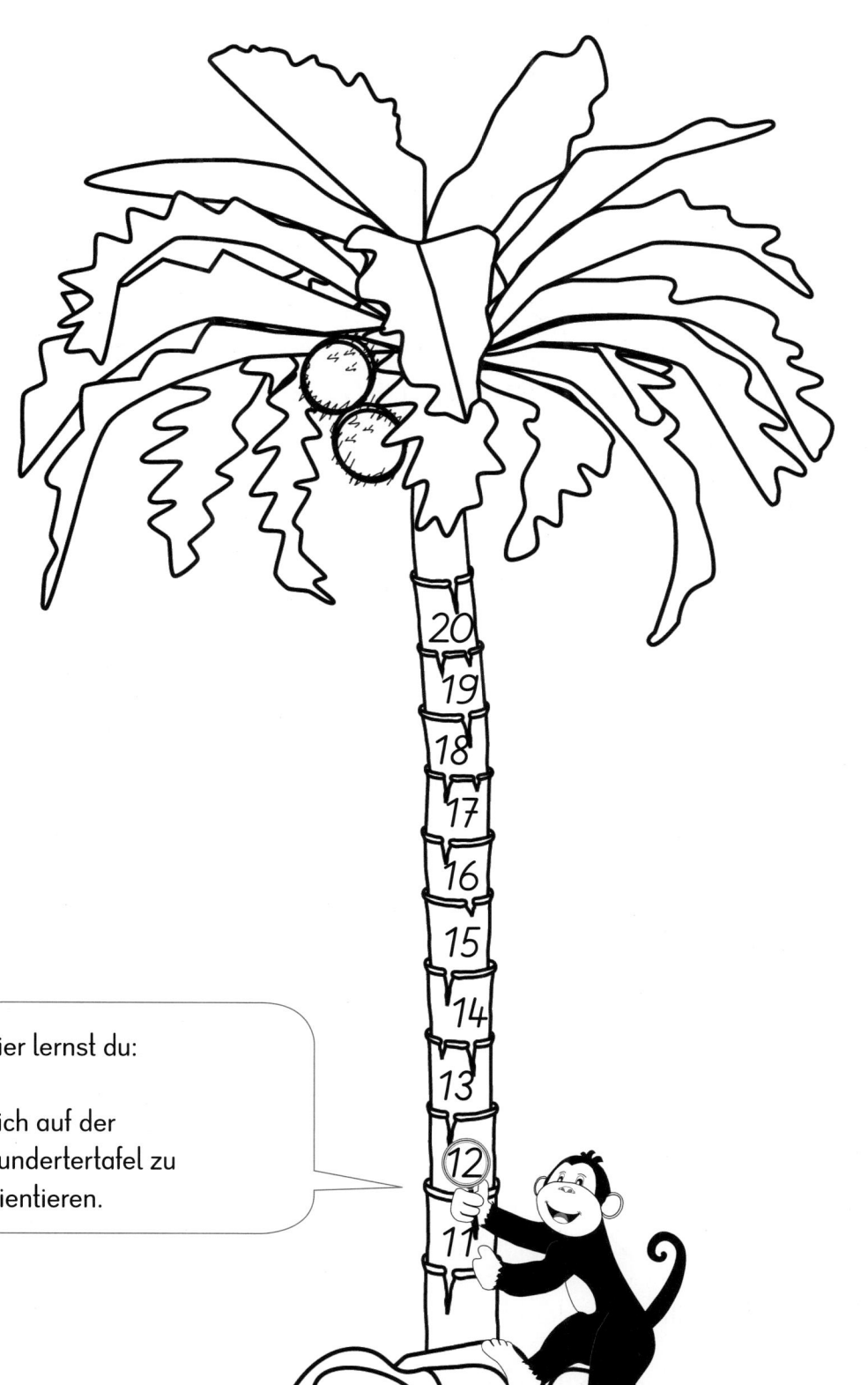

Hier lernst du:

Dich auf der Hundertertafel zu orientieren.

1. <u>Wir schauen uns das Hunderterfeld genau an!</u>

Untersuche die Ziffern auf dem Hunderterfeld genau.

1	2	3	4	5	6	7	8	9	10
11	12	13	14	15	16	17	18	19	20
21	22	23	24	25	26	27	28	29	30
31	32	33	34	35	36	37	38	39	40
41	42	43	44	45	46	47	48	49	50
51	52	53	54	55	56	57	58	59	60
61	62	63	64	65	66	67	68	69	70
71	72	73	74	75	76	77	78	79	80
81	82	83	84	85	86	87	88	89	90
91	92	93	94	95	96	97	98	99	100

Male an:

Alle Zahlen, die im Einer auf 2 enden: grün
Alle Zahlen, die im Einer auf 5 enden: rosa
Alle Zahlen, die im Einer auf 9 enden: blau
Alle Zahlen, die im Einer auf 0 enden: gelb

Wie oft kommt die Ziffer 0 in der Hundertertafel vor: _____

Wie oft kommt die Ziffer 2 in der Hundertertafel vor: _____

Wie oft kommt die Ziffer 3 in der Hundertertafel vor: _____

Wie oft kommt die Ziffer 4 in der Hundertertafel vor: _____

Wie oft kommt die Ziffer 5 in der Hundertertafel vor: _____

2. **Du bist ein Hundertertafel-Forscher!**

Schau genau und markiere.

1	2	3	4	5	6	7	8	9	10
11	12	13	14	15	16	17	18	19	20
21	22	23	24	25	26	27	28	29	30
31	32	33	34	35	36	37	38	39	40
41	42	43	44	45	46	47	48	49	50
51	52	53	54	55	56	57	58	59	60
61	62	63	64	65	66	67	68	69	70
71	72	73	74	75	76	77	78	79	80
81	82	83	84	85	86	87	88	89	90
91	92	93	94	95	96	97	98	99	100

Male an:

Alle Zahlen mit der gleichen Ziffer für Zehner und Einer: rot

Alle Zahlen, bei denen beide Ziffern um 1 verschieden sind: blau

Alle Zahlen, die an der Zehnerstelle eine 5 haben: rosa

Alle Zahlen, bei denen Zehner und Einer zusammen 10 ergeben: lila

Für Superforscher:

Alle Zahlen, bei denen beide Ziffern zusammen 9 ergeben: gelb

Alle Zahlen, bei denen beide Ziffern um 5 verschieden sind: grün

Wie viele gerade, wie viele ungerade Zahlen findest du in der

Hundertertafel?   gerade: _____   ungerade: _____

Susanne Rehse / Nadine Schmid / Marietta Krenn: Wir lernen und üben Mathematik im eigenen Tempo 1/2. Illustratorin: Kornelia Weise

3. Wir suchen Zahlen auf dem Hunderterfeld!

Finde die Palmen-Zahlen und schreibe sie der Reihe nach auf.

_____

_____

1	2	🌴	4	5	6	🌴	8	9	🌴
🌴	12	13	14	🌴	16	17	🌴	19	20
21	22	🌴	24	25	🌴	27	28	🌴	30
31	🌴	33	🌴	35	36	🌴	38	39	40
41	42	43	44	🌴	46	47	48	🌴	🌴
51	🌴	🌴	54	55	🌴	57	58	59	60
61	62	63	🌴	65	66	🌴	🌴	69	70
🌴	72	🌴	74	75	76	🌴	78	79	80
81	82	83	🌴	85	🌴	87	🌴	89	90
91	🌴	93	94	🌴	96	97	98	🌴	100

4. Ordne die Palmenzahlen von **groß** nach klein.

_____

_____

_____

_____

Susanne Rehse / Nadine Schmid / Marietta Krenn: Wir lernen und üben Mathematik im eigenen Tempo 1/2. Illustratorin: Kornelia Weise

Wir legen Muster auf dem Hunderterfeld!

5.

Überlege dir mit **5 Spielmarken** ein **zusammenhängendes Muster** auf deiner Hundertertafel.

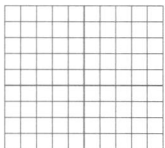

Zeichne deinen Ausschnitt auf einer leeren Hundertertafel ein und schreibe die verdeckten Zahlen auf.

Beispiel:

1	2	3	4	5	6	7	8	9	10
11	12	13	14	15	16	17	18	19	20
21	22	23	24	25	26	27	28	29	30
31	32	33	34	35	36	37	38	39	40
41	42	43	44	●	46	47	48	49	50
51	52	53	54	●	56	57	58	59	60
61	62	63	64	●	●	●	68	69	70
71	72	73	74	75	76	77	78	79	80
81	82	83	84	85	86	87	88	89	90
91	92	93	94	95	96	97	98	99	100

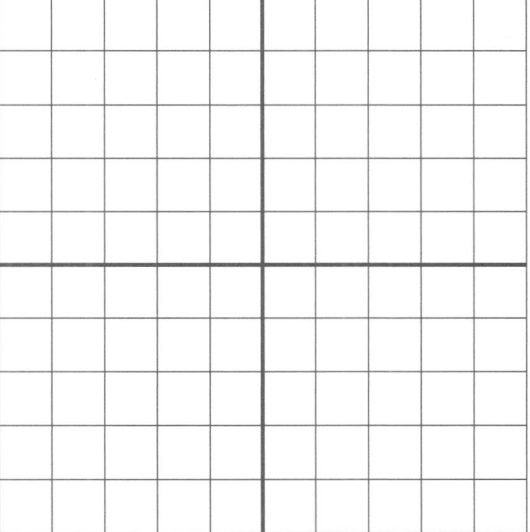

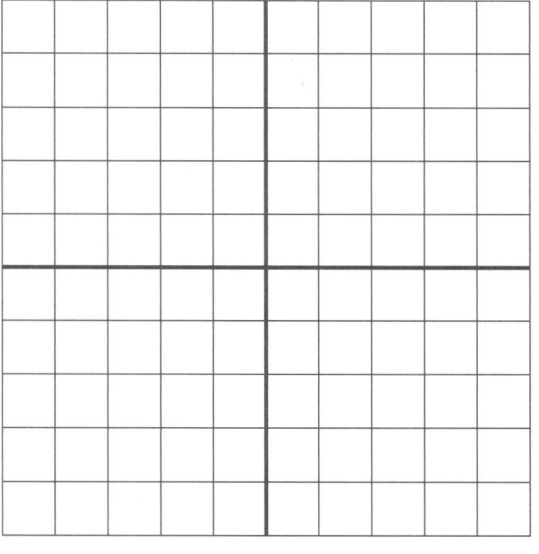

Susanne Rehse / Nadine Schmid / Marietta Krenn: Wir lernen und üben Mathematik im eigenen Tempo 1/2. Illustratorin: Kornelia Weise

6. Erfinde weitere Muster mit unterschiedlich vielen Spielmarken.
Zeichne und schreibe sie auf die Vorlagenfelder.

Susanne Rehse / Nadine Schmid / Marietta Krenn: Wir lernen und üben Mathematik im eigenen Tempo 1/2. Illustratorin: Kornelia Weise

 **7.** ## Wege auf der Hundertertafel

Bono will zur Palme laufen. Schreibe seinen Weg auf.
a) Folge Bonos Spur zur Palme. Schreibe alle Zahlen auf.

_____

b) Findest du einen kürzeren Weg? Zeichne ihn mit grün ein
   und schreibe die Zahlen auf.

_____

c) Er besucht auf dem Weg seinen Nilpferd-Freund Plumi.
   Zeichne einen Weg von Bono zu Plumi und dann zur Palme
   und schreibe die Zahlen auf.

_____

1	2	3	4	5	6	7	8	9	10
11	12	13	14	🐵	16	17	18	19	20
21	22	23	24	25	26	27	28	29	30
31	32	33	34	35	36	37	38	39	40
41	42	43	44	45	46	47	48	49	50
51	🦛	53	54	55	56	57	58	59	60
61	62	63	64	65	66	67	68	69	70
71	72	73	74	75	76	77	78	79	80
81	82	83	84	85	86	87	88	89	🌴
91	92	93	94	95	96	97	98	99	100

Susanne Rehse / Nadine Schmid / Marietta Krenn: Wir lernen und üben Mathematik im eigenen Tempo 1/2. Illustratorin: Kornelia Weise

Die Zahlenschlange

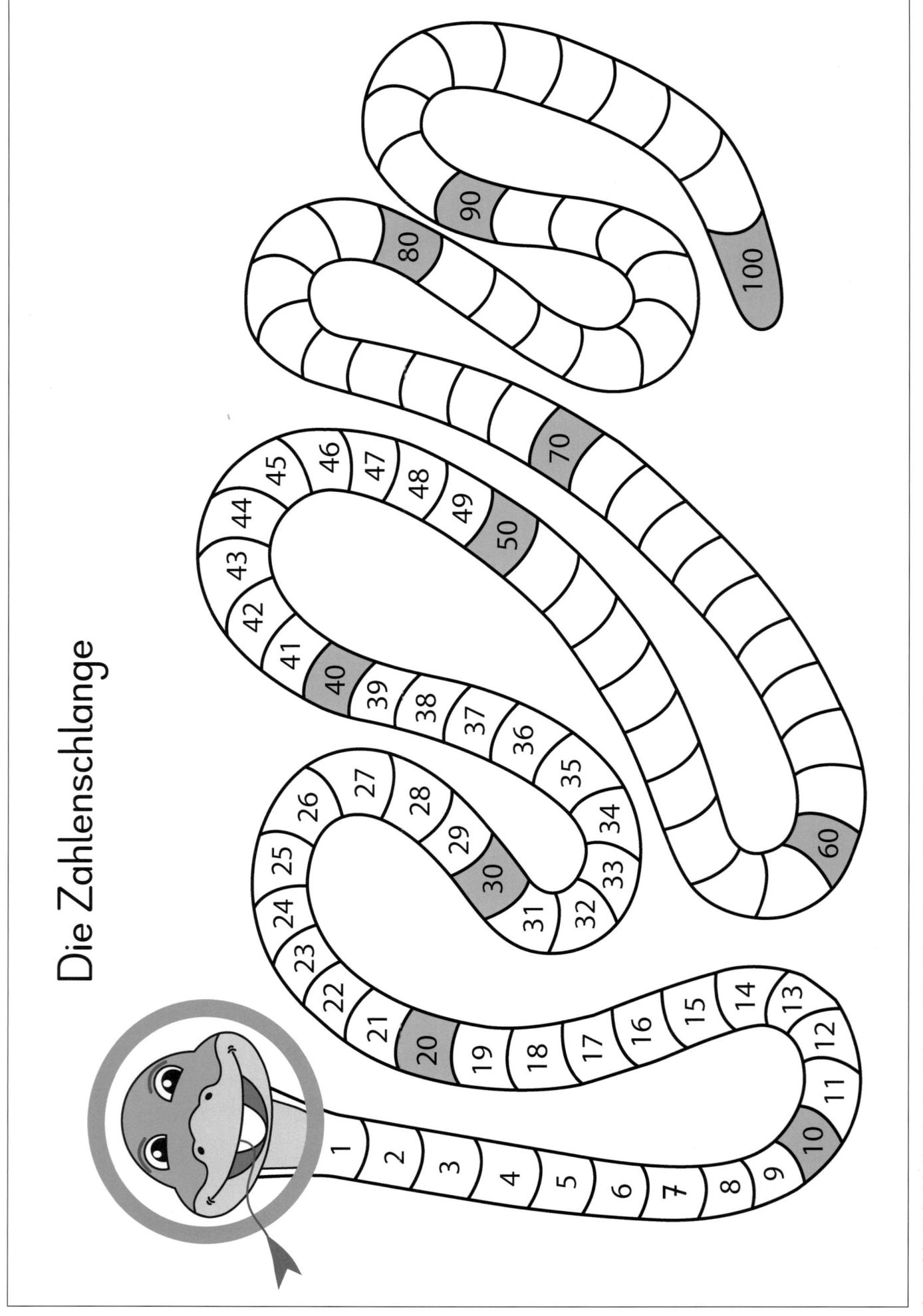

Susanne Rehse / Nadine Schmid / Marietta Krenn: Wir lernen und üben Mathematik im eigenen Tempo 1/2. Illustratorin: Kornelia Weise

Wir finden Zahlenfolgen!

8. Fülle die große Zahlenschlange (vorherige Seite).

9. Partner-Spiele mit der Zahlenschlange:

Dein Partner wählt mit einem Muggelstein eine Zahl aus. Der andere zählt *10* Zahlen vorwärts und *10* Zahlen rückwärts. Wechselt euch ab. Jeder kommt fünf mal dran.

Legt ein Muster auf die Schlange (Muggelsteine): auf jede zweite Zahl einen Stein. Beginnt bei der Zahl *1*. Schreibt nun alle Zahlen, die verdeckt sind, auf den Block.

Legt eine neue Zweierfolge. Beginnt nun bei der Zahl *2*. Schreibt auch diese Zahlen wieder auf.

Erfindet jetzt eigene Muster. Es soll ein leichtes und ein schwieriges Muster dabei sein. Schreibt die entstandenen Zahlenfolgen auf.

Susanne Rehse / Nadine Schmid / Marietta Krenn: Wir lernen und üben Mathematik im eigenen Tempo 1/2. Illustratorin: Kornelia Weise

Spiele mit der Zahlenschlange

Partnerspiel: Gleich weit weg!
Du brauchst: einen Muggelstein, 2 Spielfiguren

So geht's:
Suche eine beliebige Zahl auf der Schlange und lege einen Muggelstein darauf.
Jeder hüpft nun mit seinem Spielstein von dieser Zahl aus gleich viele Felder in jede Richtung (einer vor, einer zurück).
Schreibt auf, wo ihr gelandet seid, und wie weit beide Zahlen von der Startzahl entfernt sind.

Ziel davor	Startzahl	Ziel danach	Entfernung
13		17	2
	15		

Ziel davor	Startzahl	Ziel danach	Entfernung

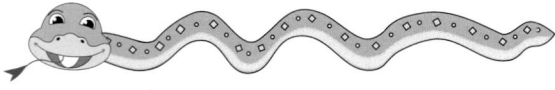

Ziel davor	Startzahl	Ziel danach	Entfernung

Ziel davor	Startzahl	Ziel danach	Entfernung

Susanne Rehse / Nadine Schmid / Marietta Krenn: Wir lernen und üben Mathematik im eigenen Tempo 1/2. Illustratorin: Kornelia Weise

 **11.** <u>Spiele mit der Zahlenschlange</u>

Partnerspiel: Fang die Zehnerzahl!

Du brauchst: einen Muggelstein, 2 Spielfiguren

So geht's:
Suche eine beliebige Zahl auf der Schlange und lege den Muggelstein
darauf.

Jeder hüpft nun mit seinem Spielstein zur vorigen oder nächsten
Zehnerzahl. Wie viele Felder musste jeder hüpfen? Schreibt eure
Ergebnisse in die Tabelle.

Voriger Zehner	Abstand	Startzahl	Abstand	Nächster Zehner
50	3	53	7	60

Was fällt dir bei den Abständen auf?

_____

_____

Susanne Rehse/ Nadine Schmid / Marietta Krenn: Wir lernen und üben Mathematik im eigenen Tempo 1/2. Illustratorin: Kornelia Weise

12. **Löse Bonos Zahlenrätsel**

Denke gut nach. Das Hunderterfeld kann dir helfen.

Meine Zahl hat 5 E und 7 Z. Sie heißt: _____

Meine Zahl hat 8 E und 2 Z. Sie heißt: _____

Meine Zahl hat 0 E und 4 Z. Sie heißt: _____

Meine Zahl liegt zwischen 73 und 75. _____

Der Vorgänger meiner Zahl ist 47. _____

Der Nachfolger meiner Zahl ist 88. _____

Meine Zahl ist größer als 66 und kleiner als 68. Sie heißt: _____

Meine Zahlen bestehen aus den Ziffern 7 und 2. Wie können sie

heißen? _____ und _____

Meine Zahl liegt zwischen 40 und 50. Sie hat doppelt so viele Zehner

wie Einer. _____

Meine Zahl hat doppelt so viele Einer wie Zehner und liegt zwischen

30 und 40.

Sie heißt: _____

Erfinde selbst ein Zahlenrätsel! Ein anderes Kind aus deiner Klasse

soll es lösen!

_____

_____

_____

_____

_____

Susanne Rehse / Nadine Schmid / Marietta Krenn: Wir lernen und üben Mathematik im eigenen Tempo 1/2. Illustratorin: Kornelia Weise

 **13.** <u>Wir teilen das Hunderterfeld!</u>

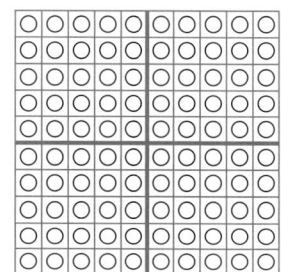

Nimm dir ein Vorlagenblatt mit Hunderterfeldern
(nächste Seite).

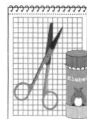 a) Teile ein Feld in *2* gleich große Teile. Klebe sie auf.
Wie viele Punkte hat jedes Teil? Schreibe auf: *100 = 2 mal* _____

b) Teile ein Feld in *4* gleich große Teile. Klebe sie auf.
Wie viele Punkte hat jedes Teil? Schreibe auf: *100 = 4 mal* _____

c) Teile ein Feld in *5* gleich große Teile. Klebe sie auf.
Wie viele Punkte hat jedes Teil? Schreibe auf: *100 = 5 mal* _____

d) Teile ein Feld in *10* gleich große Teile. Klebe sie auf.
Wie viele Punkte hat jedes Teil?
Schreibe auf: *100 = 10 mal* _____

14. <u>Wir stellen ein Maßband mit *100* cm her!</u>
Hole dir einen *1m* langen Papierstreifen von deiner Lehrerin.

Knicke ihn einmal genau in der Mitte:

Knicke ihn nochmal in der Mitte:

Trage nun die Zahlen ein: *0   25   50   75   100*

0   25   50   75   100

 Lege jetzt dein großes Lineal an und **zeichne die Zentimeter von *0* bis *100*** ein.
Nun hast du dein eigenes Metermaß. Was kannst du damit alles messen?

Susanne Rehse / Nadine Schmid / Marietta Krenn: Wir lernen und üben Mathematik im eigenen Tempo 1/2. Illustratorin: Kornelia Weise

Susanne Rehse / Nadine Schmid / Marietta Krenn: Wir lernen und üben Mathematik im eigenen Tempo 1/2. Illustratorin: Kornelia Weise

 **15.** <u>Wir messen mit cm!</u>

Nimm dein Lineal. Zeichne eine Strecke, die **1 cm** lang ist.

 Suche nun in deiner Umgebung Dinge, die ungefähr **1** cm lang sind.
Wie viele kannst du finden?
Zeichne und schreibe sie auf.

 **16.** <u>Wir messen mit cm!</u>

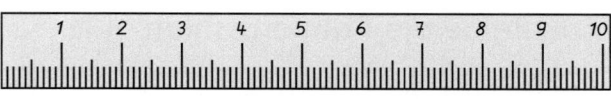

Nimm dein Lineal. Zeichne eine Strecke,
die **10 cm** lang ist.

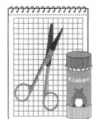 Suche nun in deiner Umgebung Dinge, die ungefähr **10** cm lang
oder breit sind. Wie viele kannst du finden?
Zeichne und schreibe sie auf.

 **17.** <u>Wir messen 1m!</u>

Nimm dein Maßband.

Das musst du wissen:
1 Meter = **100** Zentimeter
1 m   = **100** cm

 Suche nun in deiner Umgebung Dinge, die ungefähr
100 cm lang oder breit sind. Wie viele kannst du finden?
Zeichne und schreibe sie auf.

Susanne Rehse / Nadine Schmid / Marietta Krenn: Wir lernen und üben Mathematik im eigenen Tempo 1/2. Illustratorin: Kornelia Weise

Name:	Datum:

Kompetenztest zur Lernstufe 12

Zeig, was du kannst!

1. Ausschnitte aus dem Hunderterfeld

13	🌴	🌴
🌴	🌴	25
🌴	🌴	35

51	🐘	🐘	54
61	🐘	63	🐘
🐘	72	🐘	🐘

🌸	🌸	69
🌸	🌸	🌸
🌸	🌸	🌸

21

Schreibe die Palmenzahlen auf: 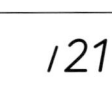 _____

Schreibe die Elefantenzahlen <u>geordnet</u> auf.

Beginne mit der **kleinsten** Zahl: _____

Schreibe die Blumenzahlen <u>geordnet</u> auf.

Beginne mit der **größten** Zahl: 🌸 _____

2

2. Zahlenrätsel zum Hunderterfeld

a) Starte im Hunderterfeld auf der 45.
Gehe 3 Felder nach rechts, dann 2 Felder nach
unten. Auf welcher Zahl bist du gelandet? ____

2

b) Starte auf der 72. Gehe 5 Felder nach oben,
dann 6 Felder nach rechts und 3 Felder nach unten.
Auf welcher Zahl bist du gelandet? ____

3

3. Zahlenrätsel für Experten

Die Zahl ist größer als 90 und hat
zwei gleiche Ziffern: ____

1

Die Zahl liegt zwischen 70 und 80.
Die Einerstelle ist um 1 größer als
die Zehnerstelle: ____

2

Susanne Rehse / Nadine Schmid / Marietta Krenn: Wir lernen und üben Mathematik im eigenen Tempo 1/2. Illustratorin: Kornelia Weise

4. Gleich weit weg: Setze die Zielzahlen richtig ein!
Berechne die Entfernung.

| 5 |

Ziel davor	Startzahl	Ziel danach	Entfernung	Ziel davor	Startzahl	Ziel danach	Entfernung
21		27		71		79	
22	24			74	75		
20				70			

5. Abstand zur Zehnerzahl

| 9 |

Voriger Zehner	Abstand	Startzahl	Abstand	Nächster Zehner
50	3	53	7	60
		85		
40	4			
			6	100

6. Zahlenrätsel

| 5 |

Meine Zahl hat 7 E und 8 Z. Sie heißt: ____

Meine Zahl hat 6 E und 3 Z. Sie heißt: ____

Meine Zahl ist größer als 55 und kleiner als 57. Sie heißt: ____

Meine Zahlen bestehen aus den Ziffern 4 und 9.

Wie können sie heißen? ____ und ____

Wie hast du dich im Test gefühlt? ☺ ☺ ☹

Welche Aufgabe war am leichtesten für dich? Nummer: ____

Welche Aufgabe war am schwersten für dich? Nummer: ____

Rückmeldung zu den bearbeiteten Kompetenzen:

Kontrolliere nochmal alles ganz genau!

Aufgabe 1:	☺ ☺ ☹	Du orientierst dich auf dem Hunderterfeld.
Aufgabe 2:	☺ ☺ ☹	Du findest Wege auf dem Hunderterfeld.
Aufgabe 3:	☺ ☺ ☹	Du kennst dich mit den Stellenwerten (Einer, Zehner) aus.
Aufgabe 4:	☺ ☺ ☹	Du berechnest Entfernungen.
Aufgabe 5:	☺ ☺ ☹	Du berechnest den Abstand einer Zahl zur vorigen und nächsten Zehnerzahl.
Aufgabe 6:	☺ ☺ ☹	Du löst verschiedene Zahlenrätsel.

Das solltest du noch einmal üben: _____

Von 50 Punkten hast du _____ Punkte erreicht.

_____

Datum   Unterschrift der Eltern

Susanne Rehse / Nadine Schmid / Marietta Krenn: Wir lernen und üben Mathematik im eigenen Tempo 1/2. Illustratorin: Kornelia Weise

Lernstufe 13

Name:

begonnen am:

beendet am:

Hier lernst du:

Plus- und Minusrechnen mit einer zweistelligen und einer einstelligen Zahl.

Spiele:

Extra-Kopfnuss für Super-Knobler:

Stufenheft: Aufgaben

				erledigt
1	2	3	4	5
6	7	8	9	10
11	12	13	14	15
16	17	18	19	20
21	22	23	24	25
26	27	28	29	30
31				

Buch und Arbeitsheft

			erledigt
S. Nr.	S. Nr.	S. Nr.	
S. Nr.	S. Nr.	S. Nr.	

Wie waren die Aufgaben für dich? Färbe ein!

leicht (grün) mittel (gelb) schwer (rot)

Lernstufe 13: ZE +/- E

13.1

Susanne Rehse / Nadine Schmid / Marietta Krenn: Wir lernen und üben Mathematik im eigenen Tempo 1/2. Illustratorin: Kornelia Weise

Lernstufenheft *13* von _____

Hier lernst du:

Plus- und Minusrechnen mit einer zweistelligen und einer einstelligen Zahl.

Susanne Rehse / Nadine Schmid / Marietta Krenn: Wir lernen und üben Mathematik im eigenen Tempo 1/2. Illustratorin: Kornelia Weise

1. **Wir rechnen Zehnerzahlen plus Einer!**

Schreibe die Aufgaben auf deinen Block und rechne sie aus.
Deine Hundertertafel hilft dir dabei.

a)	b)	c)	d)
$40 + 6 =$	$20 + 9 =$	$30 + 3 =$	$70 + 8 =$
$50 + 7 =$	$70 + 7 =$	$60 + 9 =$	$90 + 5 =$
$30 + 4 =$	$80 + 6 =$	$50 + 1 =$	$40 + 3 =$
$10 + 5 =$	$50 + 2 =$	$40 + 8 =$	$90 + 9 =$

Schreibe so:

| 3 | 0 | + | | 5 | = | 3 | 5 |

Tipp: Rechne zuerst die Einer zusammen:

$0 + 5 = 5$

Rechne dann die Zehner dazu.

2. **Wir rechnen Zehnerzahlen minus Einer!**

Schreibe die Aufgaben auf deinen Block und rechne sie aus.
Deine Hundertertafel hilft dir dabei.

a)	b)	c)	d)
$40 - 6 =$	$20 - 9 =$	$30 - 3 =$	$70 - 8 =$
$50 - 7 =$	$70 - 7 =$	$60 - 9 =$	$90 - 5 =$
$30 - 4 =$	$80 - 6 =$	$50 - 1 =$	$50 - 2 =$
$60 - 4 =$	$40 - 8 =$	$90 - 9 =$	$40 - 3 =$

Schreibe so:

| 3 | 0 | – | | 5 | = | 2 | 5 |

Tipp: Rechne zuerst $10 - 5$ im Kopf: $10 - 5 = 5$

Überlege dann: welcher Zehner kommt vor meiner
Zehnerzahl? $30 \Rightarrow 20$

Rechne dann die Einer zu dem vorigen Zehner
dazu: $20 + 5 = 25$

Susanne Rehse / Nadine Schmid / Marietta Krenn: Wir lernen und üben Mathematik im eigenen Tempo 1/2. Illustratorin: Kornelia Weise

Susanne Rehse / Nadine Schmid / Marietta Krenn: Wir lernen und üben Mathematik im eigenen Tempo 1/2. Illustratorin: Kornelia Weise

3. **Wir rechnen zweistellige Zahlen plus Einer ohne Übergang!**

| 5 | 6 | + | | 3 | = | | |

So hat Bono gerechnet:

| **Z** | E | | **Z** | E | | **Z** | E |

	6	+		3	=		9
5	0	+		9	=	5	9

Wie hat Bono gerechnet? Erkläre seinen Rechenweg.

Der Wortspeicher hilft dir dabei:

Zuerst, dann, danach,
erste Zahl, zweite Zahl, Ergebnis,
Zehner, Einer,
zusammenzählen

_____

_____

_____

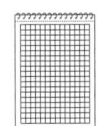

Probiere Bonos Rechenweg an diesen Aufgaben aus.
Schreibe jede Aufgabe mit Rechenweg auf den Block.

| 33 + 6 = | 45 + 3 = | 87 + 3 = | 72 + 5 = |
| 24 + 4 = | 64 + 2 = | 92 + 4 = | 56 + 3 = |

Wir rechnen zweistellige Zahlen plus Einer ohne Übergang!

Rechne schnell. Bonos Trick hilft dir dabei.

a)	b)	c)	d)
93 + 2 =	45 + 2 =	85 + 4 =	52 + 2 =
57 + 3 =	33 + 3 =	62 + 1 =	76 + 3 =
68 + 1 =	81 + 5 =	34 + 6 =	98 + 1 =
75 + 2 =	52 + 5 =	51 + 3 =	78 + 2 =
64 + 5 =	67 + 2 =	38 + 1 =	45 + 2 =

Versuche immer schneller im Kopf zu rechnen.

a)	b)	c)	d)
91 + 8 =	28 + 2 =	83 + 3 =	34 + 3 =
46 + 3 =	99 + 1 =	64 + 4 =	22 + 7 =
21 + 7 =	74 + 6 =	75 + 5 =	11 + 8 =
84 + 3 =	55 + 4 =	81 + 6 =	44 + 5 =
66 + 3 =	36 + 2 =	93 + 4 =	89 + 1 =

Denke dir selbst noch 10 solcher Aufgaben aus.

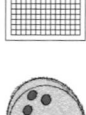

Bilde mit den Zahlen auf der linken Seite und den Zahlen auf der rechten Seite möglichst viele Plusaufgaben. Schreibe sie auf:

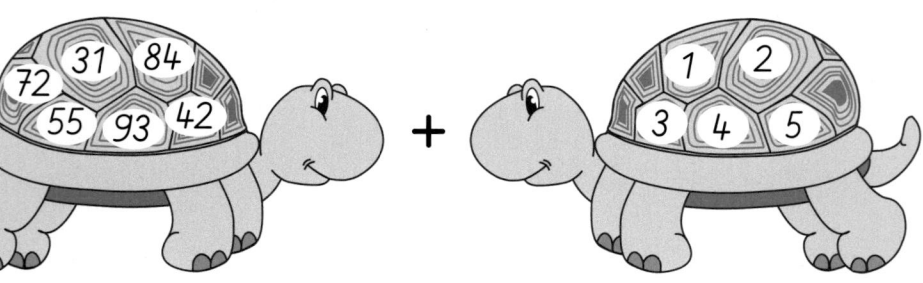

Susanne Rehse / Nadine Schmid / Marietta Krenn: Wir lernen und üben Mathematik im eigenen Tempo 1/2. Illustratorin: Kornelia Weise

 **8.** **Wir rechnen zweistellige Zahlen minus Einer ohne Übergang!**

| 5 | 8 | – | | 2 | = | | |

So hat Bono gerechnet:

Z E   Z E   Z E

	8	–		2	=		6
5	0	+		6	=	5	6

Wie hat Bono gerechnet? Erkläre seinen Rechenweg.

Der Wortspeicher hilft dir dabei:

Zuerst, dann, danach,
erste Zahl, zweite Zahl, Ergebnis,
Zehner, Einer, abziehen,
zusammenzählen

_____

_____

_____

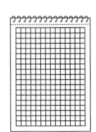 Probiere Bonos Rechenweg an diesen Aufgaben aus.
Schreibe jede Aufgabe mit Rechenweg auf den Block.

37 – 6 =	45 – 3 =	89 – 3 =	76 – 5 =
28 – 4 =	64 – 2 =	97 – 4 =	53 – 2 =

Susanne Rehse / Nadine Schmid / Marietta Krenn: Wir lernen und üben Mathematik im eigenen Tempo 1/2. Illustratorin: Kornelia Weise

9. <u>Wir rechnen zweistellige Zahlen minus Einer ohne Übergang!</u>

Rechne schnell. Bonos Trick hilft dir dabei.

Rechne zuerst die kleine Aufgabe im Kopf!

a)	b)	c)	d)
98 – 2 =	45 – 2 =	85 – 4 =	52 – 2 =
57 – 3 =	36 – 3 =	62 – 1 =	76 – 3 =
66 – 1 =	88 – 5 =	37 – 6 =	98 – 7 =
75 – 2 =	59 – 5 =	55 – 3 =	78 – 2 =
68 – 5 =	67 – 2 =	38 – 7 =	45 – 4 =

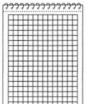

10. Versuche immer schneller im Kopf zu rechnen.

a)	b)	c)	d)
99 – 8 =	28 – 2 =	83 – 3 =	34 – 3 =
46 – 3 =	99 – 1 =	68 – 4 =	29 – 7 =
100 – 7 =	78 – 6 =	79 – 5 =	20 – 8 =
84 – 3 =	55 – 4 =	88 – 6 =	48 – 5 =
66 – 3 =	36 – 2 =	97 – 4 =	89 – 3 =

11. Denke dir selbst noch *10* solcher Aufgaben aus.

12. Bilde mit den Zahlen auf der linken Seite und den Zahlen auf der rechten Seite möglichst viele Minusaufgaben. Schreibe sie auf:

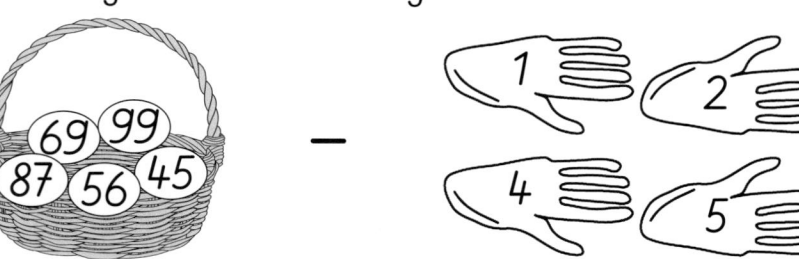

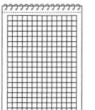

© 2017 Cornelsen Verlag GmbH, Berlin. Alle Rechte vorbehalten. Die Vervielfältigung dieser Seite ist für den eigenen Unterrichtsgebrauch gestattet. Für inhaltliche Veränderungen durch Dritte übernimmt der Verlag keine Verantwortung.

Susanne Rehse / Nadine Schmid / Marietta Krenn: Wir lernen und üben Mathematik im eigenen Tempo 1/2. Illustratorin: Kornelia Weise

13. Wir rechnen Plus- und Minusaufgaben ohne Übergang!

Jetzt geht's durcheinander!

Achte auf die Rechenzeichen!

37 – 7 =	37 + 2 =	22 – 2 =	92 + 4 =
73 + 4 =	47 – 5 =	83 + 5 =	38 – 6 =
67 – 5 =	93 + 3 =	88 – 7 =	86 + 3 =
62 + 7 =	97 – 5 =	97 + 2 =	79 – 6 =
87 – 4 =	88 + 2 =	59 – 7 =	17 + 2 =
54 + 5 =	68 – 5 =	15 + 3 =	28 – 6 =
56 – 3 =	69 + 1 =	65 – 2 =	66 + 4 =
46 + 4 =	47 – 4 =	35 + 5 =	44 – 3 =
36 – 1 =	72 + 4 =	77 – 6 =	63 + 7 =
67 + 2 =	58 – 8 =	23 + 4 =	98 + 2 =
29 – 7 =	82 + 6 =	63 + 6 =	19 – 4 =
28 + 2 =	86 – 5 =	86 + 2 =	43 + 6 =

14.  Finde zu den **Ergebniszahlen** in den Schneckenhäusern selbst Plus- und Minusaufgaben.

Beispiel:

$$56 = 53 + 3$$
$$56 = 60 - 4$$

15. <u>Wir ergänzen zum nächsten Zehner!</u>

Hier ist eine kleine Vorübung für dich.
Erinnerst du dich noch an die Traumpartner?
Zusammen ergeben sie die Zahl *10*.
Ergänze sie, damit sie zusammen glücklich sind.

Schreibe alle Plusaufgaben auf den Block.
Male für jede Aufgabe, die du geschrieben hast, ein Herz rot an.

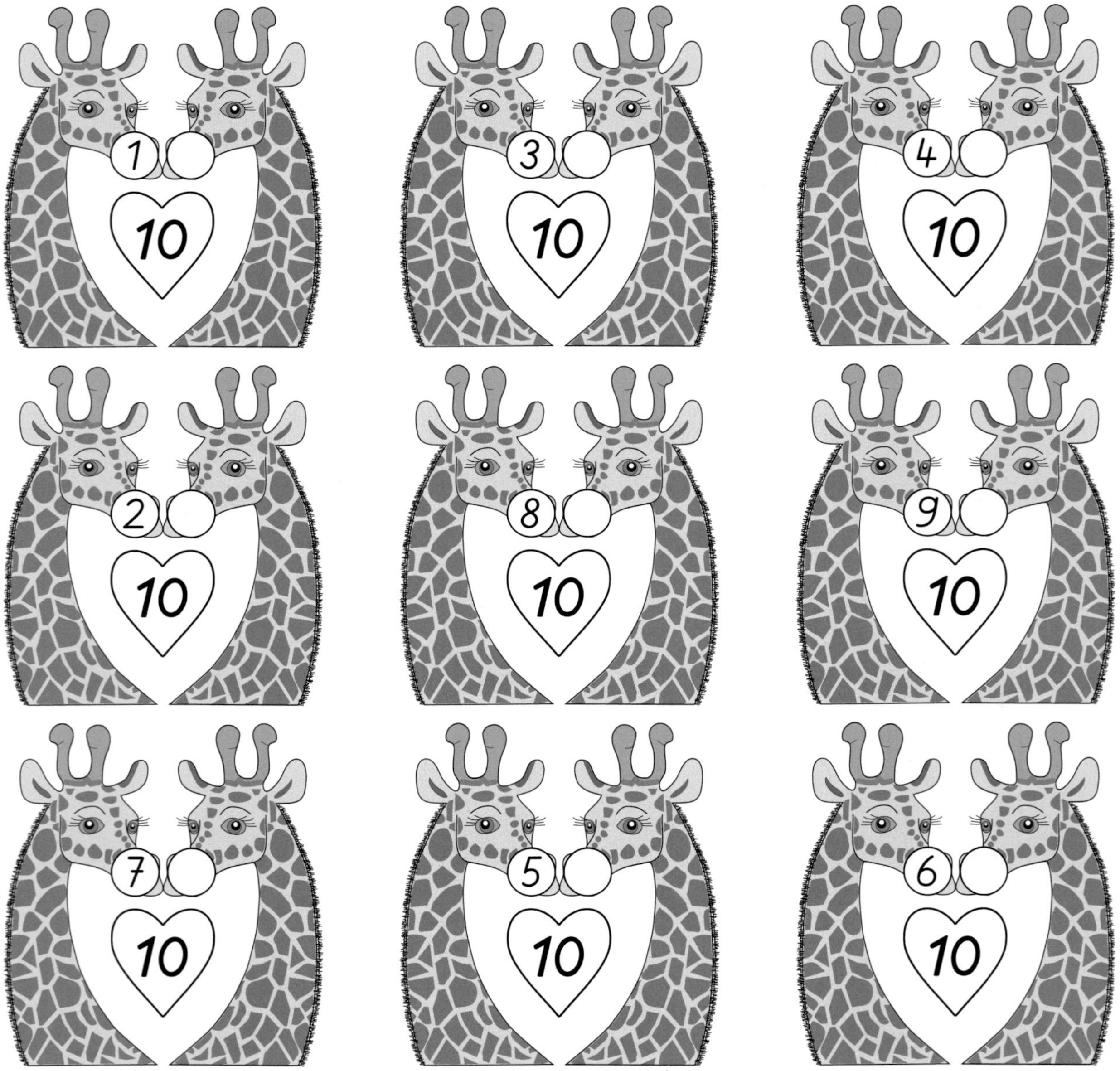

1   10

3   10

4   10

2   10

8   10

9   10

7   10

5   10

6   10

16. Schau dir deine Traumpartner-Aufgaben noch einmal an.
Findest du eine Ordnung?
Schreibe die Aufgaben geordnet auf den Block.

Susanne Rehse / Nadine Schmid / Marietta Krenn: Wir lernen und üben Mathematik im eigenen Tempo 1/2. Illustratorin: Kornelia Weise

 **17.** <u>Wir ergänzen zum nächsten Zehner!</u>

Nun ist es ganz leicht für dich, die Zehner voll zu machen!

 24  56  73  68  99  47

 23  74  85  92  39

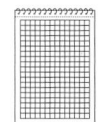 Ergänze die Bärenzahlen zum nächsten Zehner.
Schreibe so auf den Block: $62 + 8 = 70$

 62

 **18.** <u>Wir rechnen plus mit Übergang!</u>

Rechne in zwei Schritten: Immer erst zum nächsten Zehner.

$37 + 9 =$
$37 + 3 = \boxed{40}$
$40 + 6 = 46$

Wie hat Bono gerechnet? Erkläre seinen Trick!

_____

_____

_____

_____

Susanne Rehse / Nadine Schmid / Marietta Krenn: Wir lernen und üben Mathematik im eigenen Tempo 1/2. Illustratorin: Kornelia Weise

 **19.** <u>Wir rechnen plus mit Übergang!</u>

Jetzt bist du dran!
Finde viele Aufgaben mit meinen
Schatzkisten!

Ziehe aus jeder Kiste eine Zahl und addiere.
Schreibe die Aufgaben in **zwei Schritten** auf!

27 46 58 39
65 76 87 19

6
9 7
5 8

 **20.** <u>Zahlenforscher</u>

Finde *10* Aufgaben mit **plus 9**.
Schreibe sie untereinander auf den Block.

✿ Markiere alle **Einer**stellen. Vergleiche die erste Zahl mit
   dem Ergebnis jeder Aufgabe. Was fällt dir auf?
✿ Findest du einen Rechentrick? Schreibe ihn auf.

Der Wortspeicher hilft dir:

Zehner, Einer, um … mehr , um … weniger

_____

_____

_____

_____

✿ Erkläre deinen Trick einem anderen Kind.

Susanne Rehse / Nadine Schmid / Marietta Krenn: Wir lernen und üben Mathematik im eigenen Tempo 1/2. Illustratorin: Kornelia Weise

 **21.**

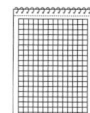 Gibt es auch einen Rechentrick für Aufgaben mit plus 8 und plus 7?

Finde noch 10 Aufgaben mit plus 8 und plus 7,
schreibe sie auf den Block und rechne sie aus.

> Du bist ein super Zahlenforscher.
> Mach bitte weiter so!

 **22.** **Wir rechnen minus mit Übergang!**

> Rechne in zwei Schritten:
> Immer erst zum vorigen Zehner.
> $33 - 9 =$
> $33 - \boxed{3} = 30$
> $30 - \boxed{6} = 24$

Wie hat Bono gerechnet? Erkläre seinen Trick!

_____

_____

_____

> Jetzt bist du dran! Rechne in zwei Schritten aus
> und schreibe die Aufgaben auf den Block.

 **23.** Willst du die Zahlen aus dem Zahlenschloss befreien?
Ziehe von jedem Turm (grau) die Zahl im Erdgeschoss ab.
Ziehe dann von jedem 1. Stock (schwarz) die Zahl im Erdgeschoss ab.

91	81	74	62	94	37	45
72	53	81	34	76	55	67
3	4	5	6	7	8	9

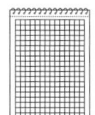 Beispiel:

$91 - 3 =$ $72 - 3 =$
$91 - 1 = 90$ $72 - 2 = 70$
$90 - 2 = 88$ $70 - 1 = 69$

Susanne Rehse / Nadine Schmid / Marietta Krenn: Wir lernen und üben Mathematik im eigenen Tempo 1/2. Illustratorin: Kornelia Weise

24. Wir rechnen nun die Schritte im Kopf!

61 – 4 =	47 – 9 =	22 – 6 =	23 – 4 =
65 – 7 =	14 – 3 =	92 – 5 =	33 – 6 =
61 – 5 =	24 – 5 =	81 – 7 =	52 – 8 =
84 – 7 =	93 – 5 =	72 – 6 =	54 – 6 =
83 – 5 =	44 – 8 =	53 – 7 =	45 – 8 =
47 – 4 =	68 – 5 =	41 – 4 =	22 – 6 =
51 – 8 =	76 – 9 =	65 – 8 =	94 – 5 =
34 – 5 =	28 – 9 =	47 – 8 =	52 – 3 =
30 – 1 =	25 – 6 =	77 – 8 =	66 – 9 =
55 – 7 =	68 – 9 =	23 – 9 =	82 – 8 =
23 – 7 =	65 – 7 =	43 – 4 =	12 – 4 =
64 – 6 =	86 – 7 =	59 – 10 =	73 – 6 =

25. Und jetzt geht es durcheinander. Achte auf Plus und Minus!

32 – 7 =	37 + 8 =	22 – 6 =	92 + 9 =
73 + 8 =	47 – 8 =	87 + 5 =	34 – 7 =
64 – 5 =	98 + 3 =	86 – 7 =	86 + 8 =
67 + 7 =	92 – 6 =	97 + 6 =	74 – 6 =
87 – 9 =	88 + 7 =	51 – 6 =	17 + 4 =
54 + 8 =	62 – 5 =	15 + 6 =	21 – 7 =
52 – 3 =	69 + 4 =	62 – 4 =	66 + 7 =
46 + 5 =	42 – 8 =	35 + 7 =	44 – 6 =
36 – 9 =	72 + 9 =	74 – 7 =	63 + 8 =
67 + 7 =	58 – 9 =	23 + 8 =	98 + 4 =
26 – 7 =	85 + 6 =	67 + 6 =	13 – 4 =
28 + 7 =	82 – 5 =	86 + 4 =	48 + 7 =

Susanne Rehse / Nadine Schmid / Marietta Krenn: Wir lernen und üben Mathematik im eigenen Tempo 1/2. Illustratorin: Kornelia Weise

Wir rechnen mit der Waage!

Aufgepasst! Die Waage muss immer auf beiden Seiten vom = Zeichen gleich sein.

Rechne Plusaufgaben mit der Waage.

$$25 + \underline{\ \ } = 34 \qquad 58 + \underline{\ \ } = 63$$

$$27 + \underline{\ \ } = 32 \qquad 74 + \underline{\ \ } = 82$$

$$67 + \underline{\ \ } = 73 \qquad 89 + \underline{\ \ } = 93$$

Finde noch 10 Waagen-Aufgaben mit Plus, schreibe sie auf den Block und rechne sie aus.

Hier musst du auf beiden Seiten etwas dazu legen, damit die Waage gleich wird.

$$25 + \underline{\ \ } = 30 + 2 \qquad 67 + \underline{\ \ } = 68 + \underline{\ \ }$$

$$44 + \underline{\ \ } = 49 + 4 \qquad 85 + \underline{\ \ } = 89 + \underline{\ \ }$$

Finde noch 10 solcher Knobel-Waagen-Aufgaben mit Plus. Schreibe sie auf den Block und rechne sie aus.

Rechne Minusaufgaben mit der Waage.

$$25 - \underline{\ \ } = 18 \qquad 52 - \underline{\ \ } = 45$$

$$27 - \underline{\ \ } = 19 \qquad 74 - \underline{\ \ } = 66$$

$$67 - \underline{\ \ } = 58 \qquad 83 - \underline{\ \ } = 77$$

Finde noch 10 Waagen-Aufgaben mit Minus, schreibe sie auf den Block und rechne sie aus.

Hier musst du auf beiden Seiten etwas wegnehmen, damit die Waage gleich wird.

$$25 - \underline{\ \ } = 23 - 6 \qquad 67 - \underline{\ \ } = 68 - \underline{\ \ }$$

$$44 - \underline{\ \ } = 41 - 2 \qquad 85 - \underline{\ \ } = 89 - \underline{\ \ }$$

Susanne Rehse / Nadine Schmid / Marietta Krenn: Wir lernen und üben Mathematik im eigenen Tempo 1/2. Illustratorin: Kornelia Weise

 **30.** <u>Hier gibt's was zu entdecken …</u>

Rechne die Aufgaben der Entdeckerpäckchen weiter und
untersuche, was passiert.

$12 + 8 =$	$89 + 2 =$
$22 + 7 =$	$88 + 3 =$
$32 + 6 =$	$87 + 4 =$

Schreibe deine Entdeckung auf.
Der Wortspeicher hilft dir:

> Erste Zahl, zweite Zahl, Ergebnis, Zehner, Einer,
> wird um ___ mehr / weniger, bleibt gleich

Das ist mir beim ersten
Päckchen aufgefallen:

_____

_____

_____

_____

Das ist mir beim zweiten
Päckchen aufgefallen:

_____

_____

_____

_____

  **31.** Finde selbst noch 2 Entdeckerpäckchen und schreibe sie
auf den Block.

Du bist spitze!

Susanne Rehse / Nadine Schmid / Marietta Krenn: Wir lernen und üben Mathematik im eigenen Tempo 1/2. Illustratorin: Kornelia Weise

Name:	Datum:

Kompetenztest zur Lernstufe 13

Zeig, was du kannst!

1. Rechnen mit Zehnerzahlen

Achte immer auf das Rechenzeichen!

40 + 5 =	60 – 8 =	30 – 7 =	50 + 3 =	
90 – 9 =	70 – 6 =	80 + 4 =	60 + 9 =	/4

2. Aufgaben ohne Zehnerübergang

89 – 6 =	33 + 4 =	56 + 2 =	89 – 8 =	
74 + 5 =	67 – 7 =	46 – 5 =	94 + 4 =	/4

3. Ergänze oder vermindere zum nächsten Zehner!

86 – = 80	32 + = 40	54 + =	79 – =	/3

4. Rechne in zwei Schritten!

Erst zur Zehn ...

36 + 8 =	78 + 9 =	54 – 6 =	45 – 7 =	
36 + = 40				
40 +				/8

5. Rechne nun die Aufgaben im Kopf!

52 – 5 =	76 + 7 =	39 + 5 =	43 – 8 =	
66 + 9 =	84 – 6 =	75 – 9 =	58 + 4 =	/8

Susanne Rehse / Nadine Schmid / Marietta Krenn: Wir lernen und üben Mathematik im eigenen Tempo 1/2. Illustratorin: Kornelia Weise

6. Aufgaben mit der Rechenwaage

64 – ___ = 58	66 + ___ = 71	93 – ___ = 86	45 – ___ = 37	*18*
73 + ___ = 82	38 – ___ = 29	87 + ___ = 94	55 + ___ = 63	

Kontrolliere nochmal alles ganz genau!

Wie hast du dich im Test gefühlt? ☺ 😐 ☹

Welche Aufgabe war am leichtesten für dich? Nummer: _____

Welche Aufgabe war am schwersten für dich? Nummer: _____

Rückmeldung zu den bearbeiteten Kompetenzen:

Aufgabe 1:	☺ 😐 ☹	Du rechnest zu Zehnerzahlen Einerzahlen richtig dazu.
	☺ 😐 ☹	Du ziehst von Zehnerzahlen Einerzahlen richtig ab.
Aufgabe 2:	☺ 😐 ☹	Du rechnest Plusaufgaben ohne Zehnerübergang richtig aus.
	☺ 😐 ☹	Du rechnest Minusaufgaben ohne Zehnerübergang richtig aus.
Aufgabe 3:	☺ 😐 ☹	Du ergänzt zweistellige Zahlen zum nächsten Zehner.
	☺ 😐 ☹	Du verminderst zweistellige Zahlen zum vorherigen Zehner.
Aufgabe 4:	☺ 😐 ☹	Du zerlegst Plusaufgaben in sinnvolle Rechenschritte.
	☺ 😐 ☹	Du zerlegst Minusaufgaben in sinnvolle Rechenschritte.
Aufgabe 5:	☺ 😐 ☹	Du löst Plusaufgaben mit Zehnerübergang.
	☺ 😐 ☹	Du löst Minusaufgaben mit Zehnerübergang.
Aufgabe 6:	☺ 😐 ☹	Du berechnest Platzhalter korrekt.

Das solltest du noch einmal üben: _____

Von *35* Punkten hast du _____ Punkte erreicht.

_____

Datum   Unterschrift der Eltern

Lernstufe 14

Name:

begonnen am:

beendet am:

Hier lernst du:

Einfache Plus- und Minusaufgaben mit zweistelligen Zahlen zu rechnen.

Stufenheft: Aufgaben

erledigt			
1	2	3	4	5
6	7	8	9	10
11	12	13	14	15

Buch und Arbeitsheft

erledigt		
S.	S.	S.
Nr.	Nr.	Nr.
S.	S.	S.
Nr.	Nr.	Nr.
S.	S.	S.
Nr.	Nr.	Nr.

Spiele:

Extra-Kopfnuss für Super-Knobler:

20 19 18 17 16 15 14 13 12 11

Wie waren die Aufgaben für dich? Färbe ein!

leicht (grün)   mittel (gelb)   schwer (rot)

Susanne Rehse / Nadine Schmid / Marietta Krenn: Wir lernen und üben Mathematik im eigenen Tempo 1/2. Illustratorin: Kornelia Weise

Lernstufenheft 14 von _____

Hier lernst du:

Einfache Plus- und Minusaufgaben mit zweistelligen Zahlen zu rechnen.

20
19
18
17
16
15
14
13
12
11

Susanne Rehse / Nadine Schmid / Marietta Krenn: Wir lernen und üben Mathematik im eigenen Tempo 1/2. Illustratorin: Kornelia Weise

1. Wir rechnen zweistellige Zahlen plus Zehner!

Schreibe die Aufgaben auf den Block und rechne sie aus.
Deine Hundertertafel hilft dir dabei.

a)	b)	c)
42 + 20 =	25 + 60 =	35 + 50 =
51 + 40 =	46 + 30 =	62 + 30 =
33 + 30 =	83 + 10 =	57 + 10 =
74 + 10 =	54 + 20 =	43 + 50 =
29 + 50 =	41 + 40 =	19 + 80 =

Schreibe so:

4	2	+	2	0	=	6	2

> **Tipp:** Rechne zuerst die Zehner
> zusammen: 40 + 20 = 60
> Rechne dann die Einer dazu.

2. Wir rechnen zweistellige Zahlen minus Zehner!

Schreibe die Aufgaben auf den Block und rechne sie aus.
Deine Hundertertafel hilft dir dabei.

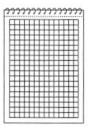

a)	b)	c)
42 – 20 =	95 – 60 =	75 – 50 =
51 – 40 =	46 – 30 =	62 – 30 =
33 – 30 =	83 – 10 =	57 – 10 =
74 – 10 =	54 – 20 =	93 – 50 =
89 – 50 =	41 – 40 =	99 – 80 =

Schreibe so:

4	2	–	2	0	=	2	2

> **Tipp:** Ziehe zuerst die Zehner
> voneinander ab: 40 – 20 = 20
> Rechne dann die Einer dazu.

Susanne Rehse / Nadine Schmid / Marietta Krenn: Wir lernen und üben Mathematik im eigenen Tempo 1/2. Illustratorin: Kornelia Weise

3. **Wir legen Aufgaben mit zweistelligen Zahlen mit Material!**

Lege die Plusaufgabe mit Zehnerstreifen und Spielmarken.

$$32 \quad + \quad 43 =$$

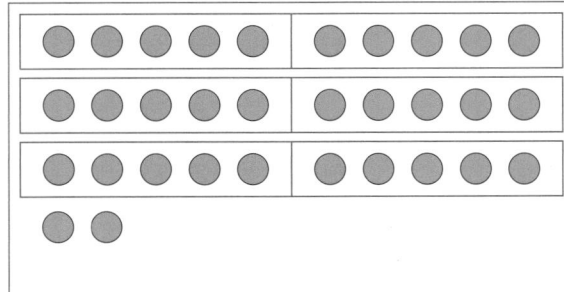 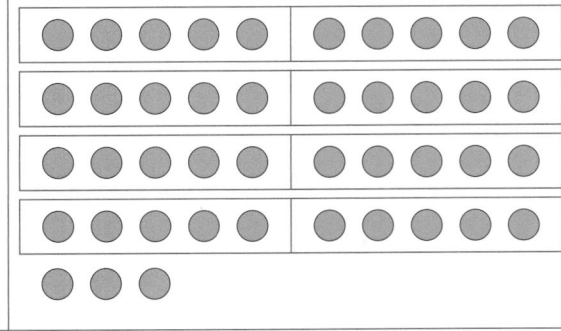

 Zähle nun alle Zehnerstreifen und alle Einer zusammen.

Was ist das Ergebnis? _____

Lege auch diese Aufgaben mit deinem Material und schreibe auf:

23 + 45 =	47 + 22 =	73 + 26 =
64 + 24 =	52 + 36 =	35 + 44 =

 **4.** Lege die Minusaufgabe mit Zehnerstreifen und Spielmarken.

$$78 \quad - \quad 32 =$$

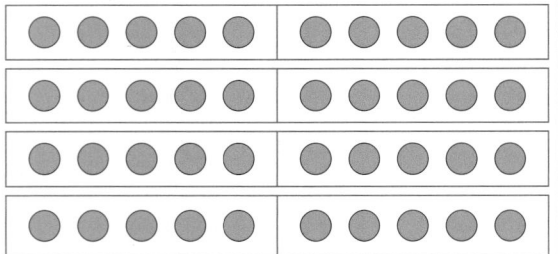 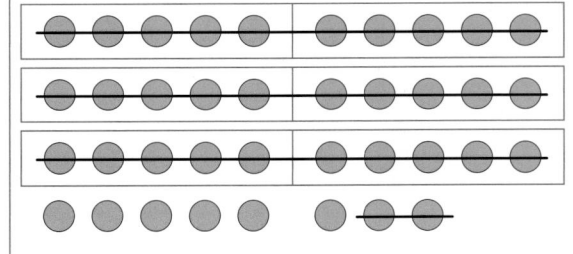

 Nimm jetzt Zehner und Einer weg!

Was ist das Ergebnis? _____

Lege auch diese Aufgaben mit deinem Material und schreibe auf:

45 – 23 =	47 – 22 =	77 – 46 =
64 – 21 =	56 – 33 =	89 – 45 =

Susanne Rehse/ Nadine Schmid/ Marietta Krenn: Wir lernen und üben Mathematik im eigenen Tempo 1/2. Illustratorin: Kornelia Weise

 **5.** **Wir rechnen plus mit zweistelligen Zahlen ohne Übergang!**

Ich probiere meinen **ersten** Rechenweg aus!

| 5 6 | + | 1 3 | = | 6 9 |

Das ist Bonos *1.* Rechenweg:

5 0	+	1 0	=	6 0
6	+	3	=	9
6 0	+	9	=	6 9

Wie hat Bono gerechnet? Erkläre seinen Rechenweg.

Der Wortspeicher hilft dir dabei:

> Zuerst, dann, danach, Zehner, Einer, Ergebnis, zusammenzählen

 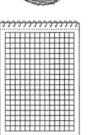 **6.** Schreibe diese Aufgaben auf deinen Block und rechne sie wie Bono aus.

a)	b)	c)
42 + 25 =	25 + 62 =	35 + 54 =
51 + 43 =	46 + 33 =	62 + 36 =
33 + 34 =	83 + 16 =	57 + 12 =
74 + 16 =	54 + 25 =	43 + 55 =
29 + 51 =	41 + 47 =	19 + 81 =

Wie findest du meinen **ersten** Rechenweg?

Susanne Rehse / Nadine Schmid / Marietta Krenn: Wir lernen und üben Mathematik im eigenen Tempo 1/2. Illustratorin: Kornelia Weise

7. <u>Wir rechnen plus mit zweistelligen Zahlen ohne Übergang!</u>

Ich probiere meinen **zweiten** Rechenweg aus!

5	6	+	1	3	=	6	9

Das ist Bonos 2. Rechenweg:

5	6	+	1	0	=	6	6
6	6	+		3	=	6	9

Wie hat Bono gerechnet? Erkläre seinen Rechenweg.

Der Wortspeicher hilft dir dabei:

Zuerst, dann,
Zehner, Einer,
dazu

8. Schreibe diese Aufgaben auf deinen Block und rechne sie wie Bono aus.

a)	b)	c)
32 + 25 =	35 + 62 =	25 + 54 =
41 + 43 =	26 + 33 =	42 + 36 =
53 + 34 =	63 + 16 =	67 + 12 =
64 + 16 =	74 + 25 =	33 + 55 =
19 + 51 =	51 + 47 =	19 + 71 =

Wie findest du meinen **zweiten** Rechenweg?

Susanne Rehse / Nadine Schmid / Marietta Krenn: Wir lernen und üben Mathematik im eigenen Tempo 1/2. Illustratorin: Kornelia Weise

 **9.** Wir rechnen plus mit zweistelligen Zahlen ohne Übergang!

> Ich probiere meinen **dritten**
> Rechenweg aus!

| 5 6 | + | 1 3 | = | 6 9 |

Das ist Bonos *3.* Rechenweg:

| 5 6 | + | 3 | = | 5 9 |
| 5 9 | + | 1 0 | = | 6 9 |

Wie hat Bono gerechnet? Erkläre seinen Rechenweg.

Der Wortspeicher hilft dir dabei:

> Zuerst, dann,
> Zehner, Einer,
> dazu

 **10.** Schreibe diese Aufgaben auf deinen Block und
rechne sie wie Bono aus.

a)	b)	c)
33 + 25 =	34 + 62 =	23 + 54 =
45 + 43 =	25 + 33 =	41 + 36 =
56 + 34 =	61 + 16 =	66 + 12 =
63 + 16 =	72 + 25 =	32 + 55 =
12 + 51 =	53 + 47 =	18 + 71 =

> Wie findest du meinen **dritten** Rechenweg?

Susanne Rehse / Nadine Schmid / Marietta Krenn: Wir lernen und üben Mathematik im eigenen Tempo 1/2. Illustratorin: Kornelia Weise

 **11.** **Probiere nun selbst und finde deinen Rechenweg!**

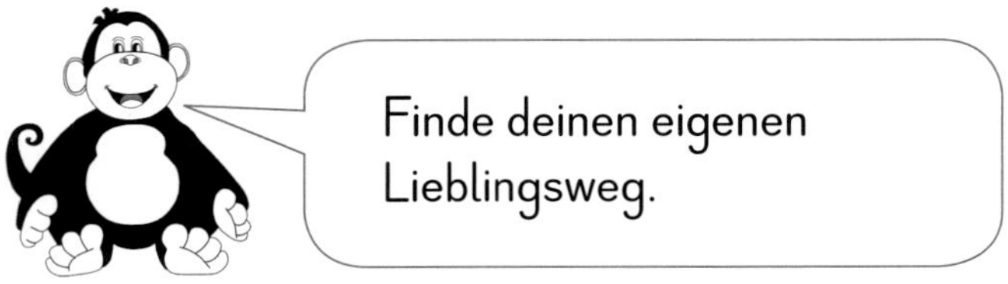

Finde deinen eigenen
Lieblingsweg.

 Wähle den Weg, mit dem du am besten rechnen kannst, und
schreibe deine Schritte auf.

Das ist Bonos Baumhaus. Bilde mit den Zahlen aus dem
Orangenbaum und den Zahlen in den Blättern möglichst viele
Plusaufgaben.

Jede Orangenbaumzahl, die du **zwei mal** benutzt hast, darfst
du orange ausmalen, jede Blätterzahl, die du **zwei mal**
benutzt hast, grün.

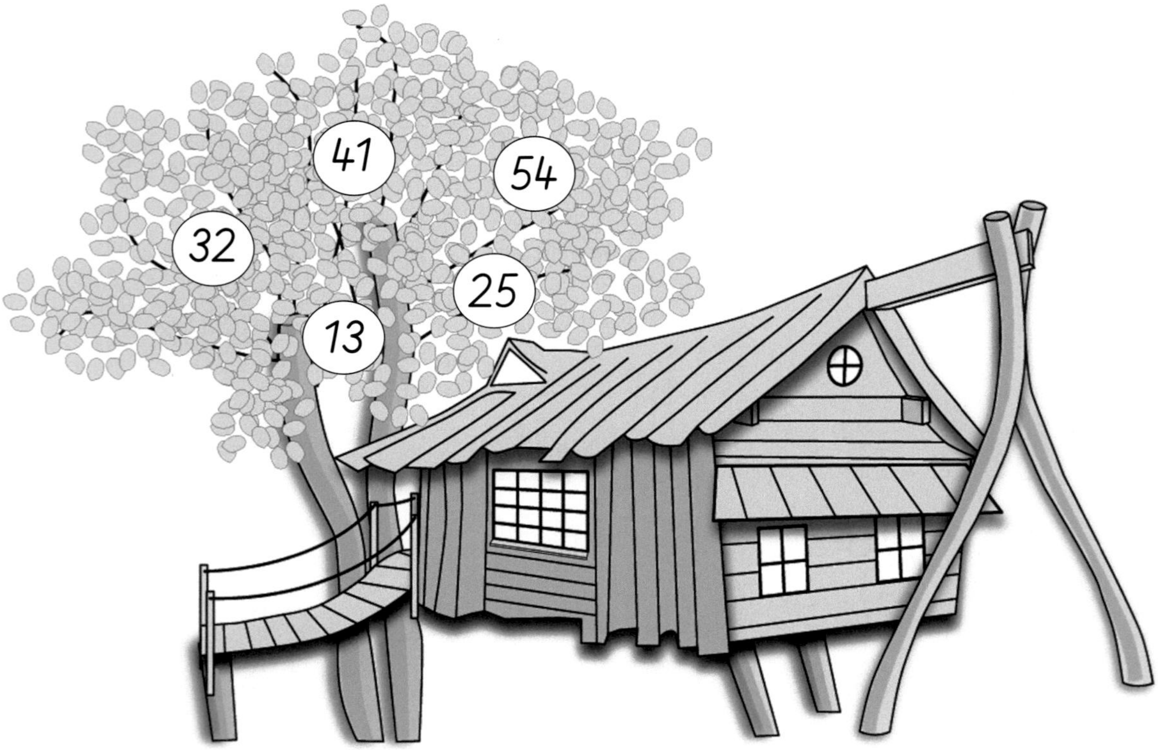

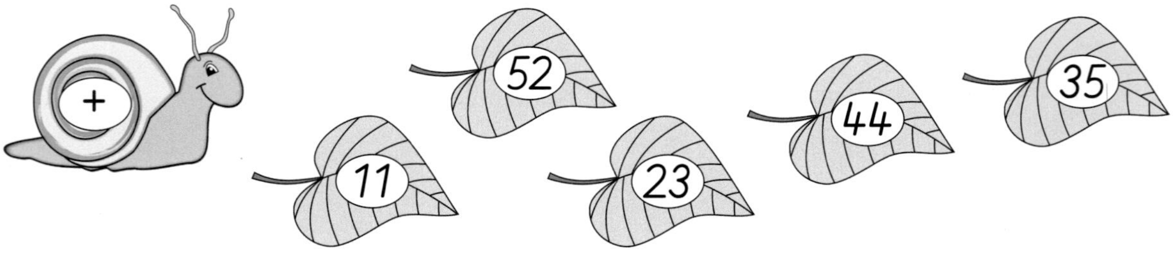

Susanne Rehse / Nadine Schmid / Marietta Krenn: Wir lernen und üben Mathematik im eigenen Tempo 1/2. Illustratorin: Kornelia Weise

12. ## Wir rechnen minus mit zweistelligen Zahlen ohne Übergang!

Rechne minus!

$$58 - 24 = \underline{}$$

Probiere nun alle 3 Rechenwege mit Minus aus. Schau nochmal bei den Wegen mit Plus nach.
Schreibe dazu:

1. Weg: 2. Weg: 3. Weg:

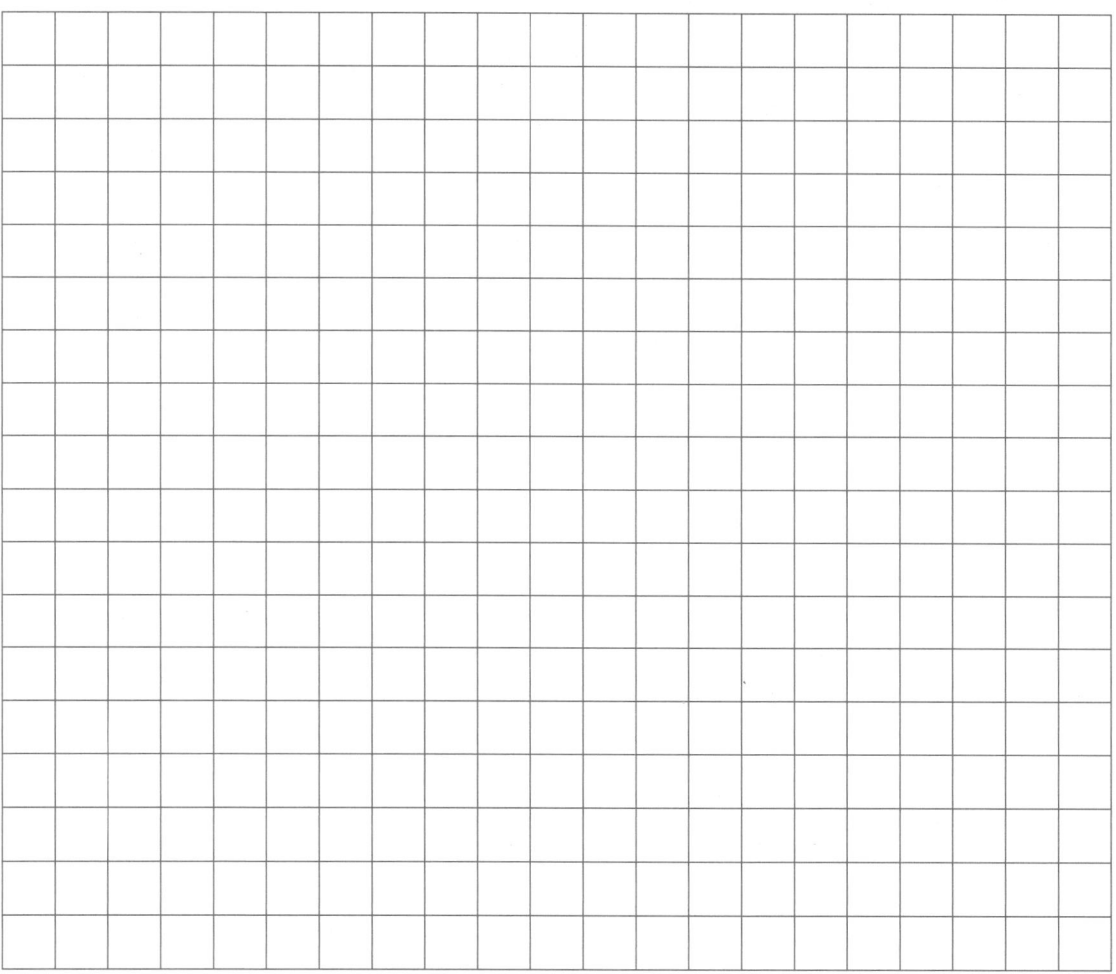

Erkläre: Mit welchem Weg rechnest du am liebsten? Warum?

_____

_____

_____

 **13.** **Rechne minus!**

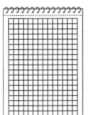 Probiere hier den **zweiten** und den **dritten** Rechenweg aus.

Finde viele Minusaufgaben mit den Kokosnüssen der linken und der rechten Seite (mindestens *10* Aufgaben pro Rechenweg).
Schreibe jede Aufgabe in Schritten auf.

Jede Kokosnuss,
deren Zahl du
zwei mal benutzt hast,
darfst du braun
anmalen.

78 69   22 15

57 66   34 41

95 87 100   24 32 25

88 67 36   13 42 44

–

Susanne Rehse / Nadine Schmid / Marietta Krenn: Wir lernen und üben Mathematik im eigenen Tempo 1/2. Illustratorin: Kornelia Weise

Wir rechnen plus und minus mit zweistelligen Zahlen ohne Übergang!

Rechne schnell im Kopf. Stoppe deine Zeit.

34 + 51 =	96 – 55 =	33 + 24 =
47 – 22 =	31 + 47 =	64 – 23 =
23 + 45 =	66 – 35 =	42 + 27 =
57 – 46 =	81 + 18 =	98 – 44 =
61 + 17 =	59 – 46 =	64 + 35 =
56 – 32 =	24 + 63 =	95 – 62 =
17 + 62 =	65 – 43 =	76 + 13 =
87 – 56 =	53 + 34 =	77 – 23 =
53 + 22 =	76 – 42 =	12 + 34 =
79 – 45 =	51 + 44 =	94 – 13 =
42 + 27 =	69 – 24 =	55 + 22 =
34 – 21 =	24 + 54 =	67 – 32 =
55 + 33 =	55 – 31 =	71 + 18 =

Wie lange hast du gebraucht?

_____ Minuten

Wenn du **weniger** als **15 Minuten**
gebraucht hast,
bist du schon richtig gut!

Susanne Rehse / Nadine Schmid / Marietta Krenn: Wir lernen und üben Mathematik im eigenen Tempo 1/2. Illustratorin: Kornelia Weise

 **15.** <u>Im Dschungel gibt es viele bunte Vögel:
Keiner sieht aus wie der andere!</u>

Bei dieser Vogelart kommen nur drei verschiedene Farben vor:
grün, **rot** und **gelb**

Kopf (grün)

Körper (rot)

Schwanzfeder (gelb)

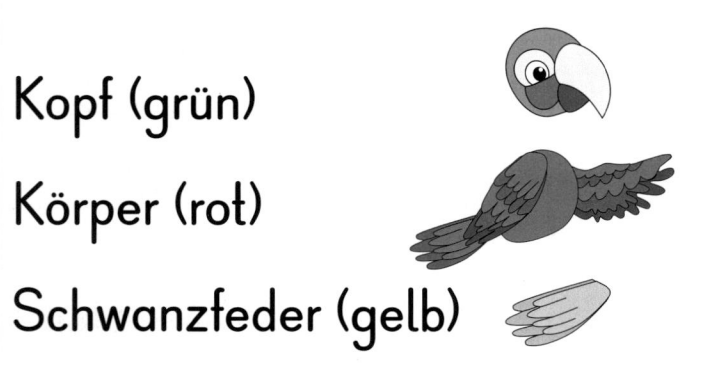

Wie viele Möglichkeiten kannst du finden?

 Schneide die Vögel aus, male sie an und finde eine Ordnung.

Achtung: Es gibt auch einfarbige oder zweifarbige Vögel!!!

Susanne Rehse / Nadine Schmid / Marietta Krenn: Wir lernen und üben Mathematik im eigenen Tempo 1/2. Illustratorin: Kornelia Weise

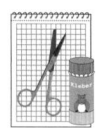

Susanne Rehse / Nadine Schmid / Marietta Krenn: Wir lernen und üben Mathematik im eigenen Tempo 1/2. Illustratorin: Kornelia Weise

Name:	Datum:

Kompetenztest zur Lernstufe 14

Zeig, was du kannst!

1. Zähle die Zehnerzahlen dazu.

26 + 30 =	67 + 20 =	34 + 60 =
45 + 40 =	82 + 10 =	58 + 30 =

/ 6

2. Ziehe die Zehnerzahlen ab.

48 – 20 =	67 – 30 =	94 – 60 =
95 – 40 =	82 – 50 =	58 – 40 =

/ 6

3. Rechne die Plusaufgaben in Schritten.
   Wähle deinen Lieblingsweg.

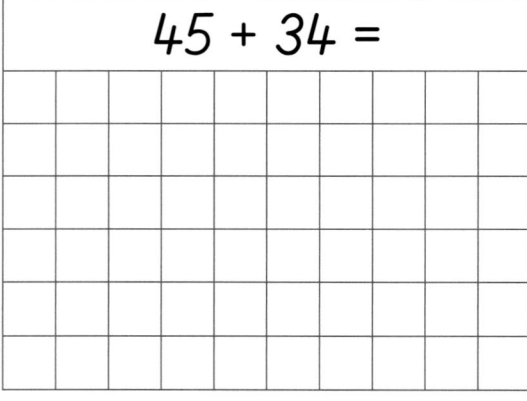

45 + 34 =

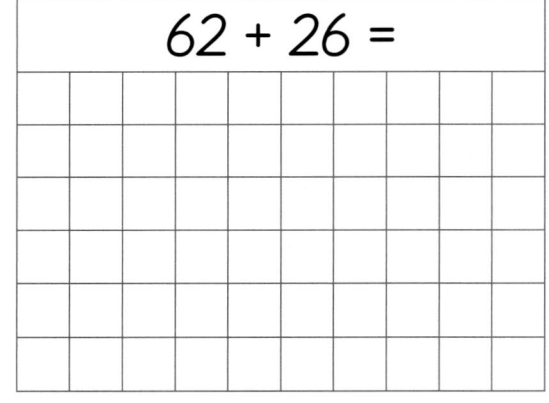

62 + 26 =

/ 6

4. Erkläre mit eigenen Worten, wie du gerechnet hast.

_____

_____

_____

/ 4

Susanne Rehse / Nadine Schmid / Marietta Krenn: Wir lernen und üben Mathematik im eigenen Tempo 1/2. Illustratorin: Kornelia Weise

5. Rechne die Minusaufgaben in Schritten.
Wähle deinen Lieblingsweg.

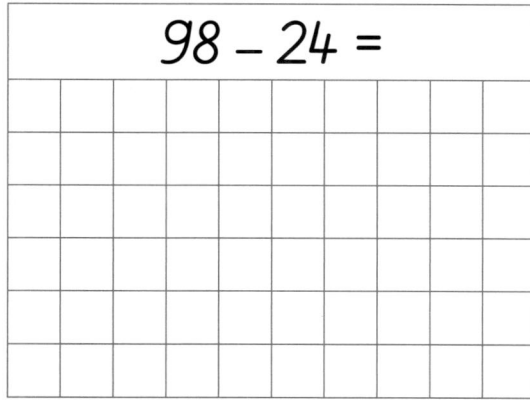

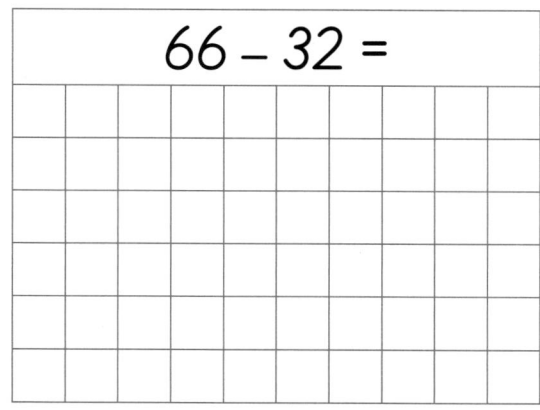

/ 6

6. Erkläre mit eigenen Worten, wie du gerechnet hast.

_____

_____   / 4

_____

7. Rechne die Plus- und Minusaufgaben im Kopf.
Achte auf das Rechenzeichen!

34 + 51 =	96 − 55 =	33 + 24 =
47 − 22 =	31 + 47 =	64 − 23 =
23 + 45 =	66 − 35 =	42 + 27 =
57 − 46 =	81 + 18 =	98 − 44 =
61 + 17 =	59 − 46 =	64 + 35 =
56 − 32 =	24 + 63 =	95 − 62 =

/ 18

Susanne Rehse / Nadine Schmid / Marietta Krenn: Wir lernen und üben Mathematik im eigenen Tempo 1/2. Illustratorin: Kornelia Weise

8. Löse die Rechengeschichte.

Bono geht einkaufen. Er kauft sich eine
Uhr für *34* Euro und eine Lampe für *45* Euro.

Frage: _____

Rechnung:

/4

Antwort: _____

Wie hast du dich im Test gefühlt? ☺ ☹ ☹

Welche Aufgabe war am leichtesten für dich? Nummer: _____

Welche Aufgabe war am schwersten für dich? Nummer: _____

<u>Rückmeldung zu den bearbeiteten Kompetenzen:</u>

Kontrolliere nochmal
alles ganz genau!

Aufgabe 1:	☺ ☹ ☹	Du addierst zweistellige Zahlen mit Zehnerzahlen.
Aufgabe 2:	☺ ☹ ☹	Du subtrahierst zweistellige Zahlen mit Zehnerzahlen.
Aufgabe 3:	☺ ☹ ☹	Du löst Plusaufgaben mit zweistelligen Zahlen ohne Zehnerübergang in sinnvollen Schritten.
Aufgabe 5:	☺ ☹ ☹	Du löst Minusaufgaben mit zweistelligen Zahlen ohne Zehnerübergang in sinnvollen Schritten.
Aufgabe 4/6:	☺ ☹ ☹	Du kannst erklären wie du gerechnet hast.
Aufgabe 7:	☺ ☹ ☹	Du rechnest Plus- und Minusaufgaben mit zweistelligen Zahlen im Kopf.
Aufgabe 8:	☺ ☹ ☹	Du findest zu einer einfachen Rechengeschichte Frage, Rechnung und Antwort.

Das solltest du noch einmal üben: _____

Von *54* Punkten hast du _____ Punkte erreicht.

_____
Datum   Unterschrift der Eltern

Susanne Rehse / Nadine Schmid / Marietta Krenn: Wir lernen und üben Mathematik im eigenen Tempo 1/2. Illustratorin: Kornelia Weise

Lernstufe 15

Name:

begonnen am:

beendet am:

Stufenheft: Aufgaben

erledigt

1	2	3	4	5
6	7	8	9	10
11	12	13	14	15
16	17	18	19	20
21	22	23	24	25
26	27	28		

Hier lernst du:

Schwierige Plus- und Minusaufgaben mit zweistelligen Zahlen zu rechnen.

Spiele:

Extra-Kopfnuss für Super-Knobler:

Buch und Arbeitsheft

erledigt

S. Nr. | S. Nr. | S. Nr.
S. Nr. | S. Nr. | S. Nr.

Wie waren die Aufgaben für dich? Färbe ein!

leicht (grün) | mittel (gelb) | schwer (rot)

Lernstufe 15: ZE +/– ZE mit ZÜ

15.1

Susanne Rehse / Nadine Schmid / Marietta Krenn: Wir lernen und üben Mathematik im eigenen Tempo 1/2. Illustratorin: Kornelia Weise

Lernstufenheft *15* von _____

Susanne Rehse / Nadine Schmid / Marietta Krenn: Wir lernen und üben Mathematik im eigenen Tempo 1/2. Illustratorin: Kornelia Weise

Hier lernst du:

Schwierige Plus- und Minusaufgaben mit zweistelligen Zahlen zu rechnen.

20
19
18
17
16
15
14
13
12
11

1. Wir rechnen Lückenaufgaben: Plus mit Zehnerzahlen

Schreibe die Aufgaben auf den Block und rechne sie aus.
Deine Hundertertafel hilft dir dabei.

a)

32	+		= 52
45	+		= 85
76	+		= 96
53	+		= 73
24	+		= 64

b)

51	= 21	+	
63	= 33	+	
25	= 5	+	
78	= 48	+	
92	= 52	+	

c)

	+ 45	= 85
	+ 64	= 94
	+ 36	= 86
	+ 28	= 98
	+ 37	= 67

Schreibe so:

| 3 | 2 | + | 2 | 0 | = | 5 | 2 |

> **Tipp:** Ergänze die Zehner: 30 + 20 = 50
> Die Einer bleiben gleich.

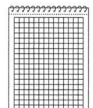

2. Wir rechnen Lückenaufgaben: Minus mit Zehnerzahlen

Schreibe die Aufgaben auf den Block und rechne sie aus.
Deine Hundertertafel hilft dir dabei.

a)

43	−		= 23
52	−		= 42
64	−		= 34
78	−		= 58
87	−		= 37

b)

12	= 42	−	
34	= 54	−	
26	= 86	−	
67	= 97	−	
45	= 75	−	

c)

	− 50	= 45
	− 30	= 62
	− 40	= 44
	− 20	= 57
	− 60	= 29

Schreibe so:

| 4 | 3 | − | 2 | 0 | = | 2 | 3 |

> **Tipp:** Ziehe die Zehner voneinander ab:
> 40 − 20 = 20 Die Einer bleiben.

Susanne Rehse / Nadine Schmid / Marietta Krenn: Wir lernen und üben Mathematik im eigenen Tempo 1/2. Illustratorin: Kornelia Weise

3. Jetzt wird plus über den Zehner gerechnet!

Lege die Aufgaben mit deinem Material!

Lege die Plusaufgabe mit Zehnerstreifen und Spielmarken.

$$39 \quad + \quad 43 =$$

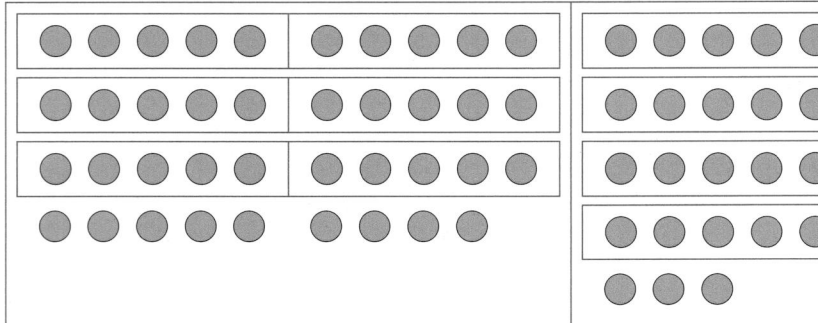
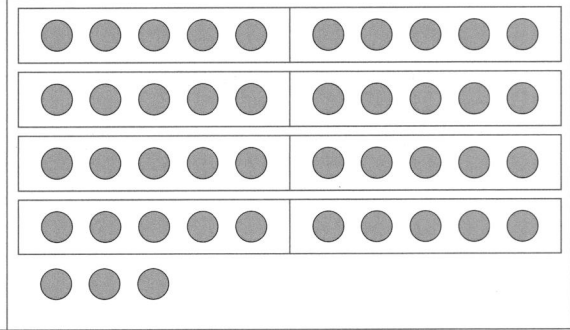

Hier musst du tauschen:

10 Spielmarken

in einen Zehnerstreifen.

Was ist das Ergebnis? _____

4.

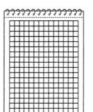

Lege auch diese Aufgaben mit deinem Material und schreibe auf:

27 + 45 =	47 + 26 =	73 + 29 =
64 + 28 =	59 + 36 =	38 + 44 =
57 + 16 =	68 + 28 =	25 + 48 =
49 + 39 =	79 + 14 =	46 + 35 =

Susanne Rehse / Nadine Schmid / Marietta Krenn: Wir lernen und üben Mathematik im eigenen Tempo 1/2. Illustratorin: Kornelia Weise

5. **Wir rechnen Plusaufgaben mit Zehnerübergang!**

Bono rechnet mit Bananen und Kokosnüssen.
So rechnet Bono:

Eine Banane ist ein Zehner

 = Z

Eine Kokosnuss ist ein Einer

 = E

Zehn Kokosnüsse tausche ich in eine leckere Banane.

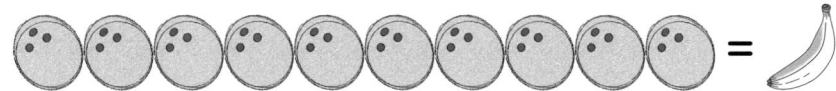

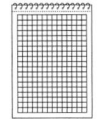 Zeichne und schreibe Bonos Rechnungen auf den Block.

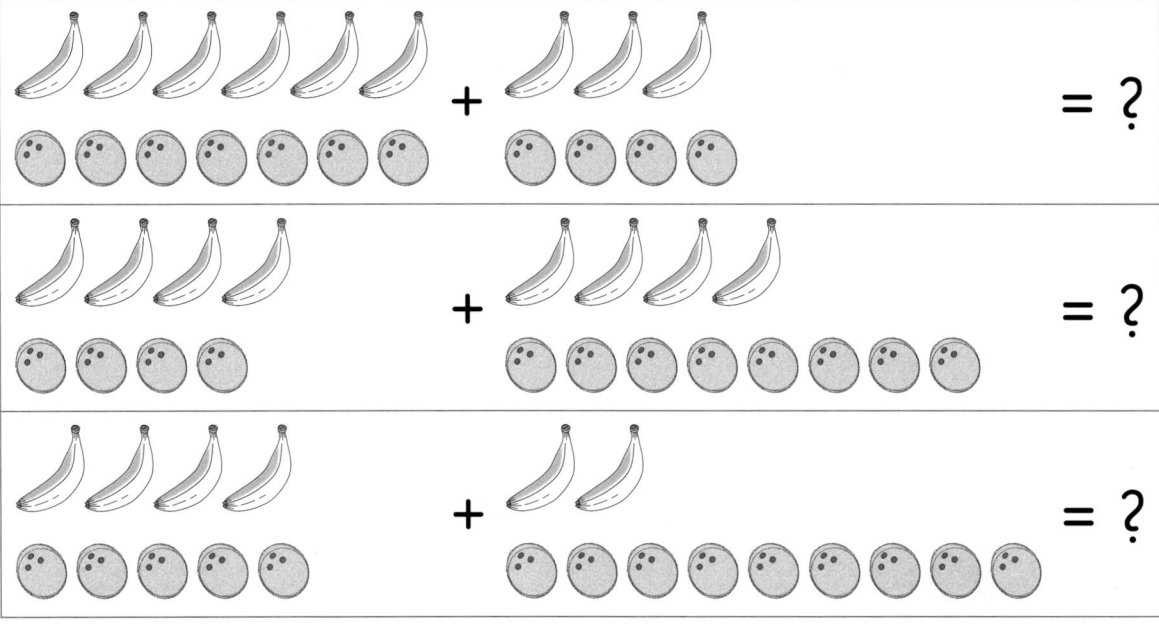

Susanne Rehse / Nadine Schmid / Marietta Krenn: Wir lernen und üben Mathematik im eigenen Tempo 1/2. Illustratorin: Kornelia Weise

 **6.** <u>Wir rechnen Minusaufgaben mit Zehnerübergang!</u>

Lege die Minusaufgabe mit Zehnerstreifen und Spielmarken.

$$72 \quad - \quad 34 =$$

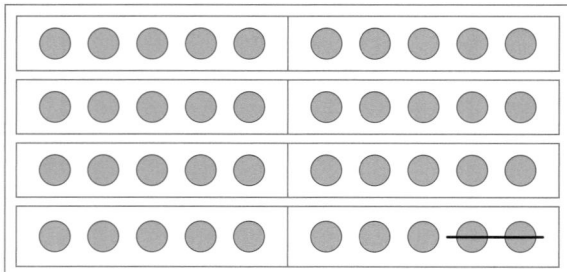 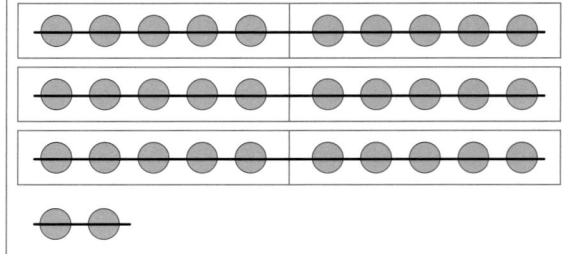

Nimm jetzt Zehner und Einer weg!

Achtung:
Hier musst du
erst einen Zehner
in Einer umtauschen.

Dann kannst du die restlichen Einer wegnehmen.

Was ist das Ergebnis? _____

Lege auch diese Aufgaben mit deinem Material und schreibe auf:

42 – 26 =	45 – 17 =	71 – 46 =
64 – 38 =	53 – 35 =	86 – 59 =
92 – 55 =	74 – 46 =	31 – 12 =
53 – 36 =	62 – 27 =	54 – 37 =

Klasse! Jetzt rechnest
du schon mit richtig
großen Zahlen!

Susanne Rehse / Nadine Schmid / Marietta Krenn: Wir lernen und üben Mathematik im eigenen Tempo 1/2. Illustratorin: Kornelia Weise

7. Wir rechnen Minusaufgaben mit Zehnerübergang!

Bono frisst gern frische Blätter. Er hat sich einen Blättervorrat angelegt.
An einem Ast sind immer **10 Blätter**.

Rechne aus, wie viele Blätter jeweils noch in Bonos Vorrat sind.
Achtung:
Manchmal muss Bono einen neuen Ast anknabbern.

Streiche durch, wie viele Blätter Bono frisst, und schreibe Bonos Rechnungen auf den Block.
Bei welcher Rechnung musste Bono keinen neuen Ast anknabbern? Kreise sie grün ein.

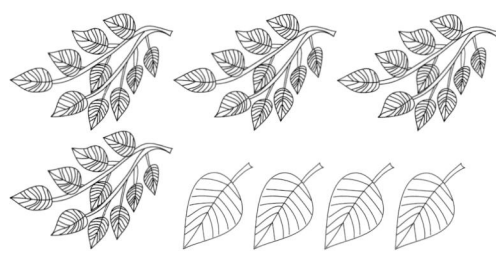

$- \quad 26 \quad = \; ?$

$- \quad 48 \quad = \; ?$

$- \quad 22 \quad = \; ?$

8. <u>Wir rechnen plus auf verschiedenen Rechenwegen!</u>

Ich probiere meinen **ersten** Rechenweg aus!

| 5 6 | + | 1 8 | = | 7 4 |

Das ist Bonos *1.* Rechenweg:

5 0	+	1 0	=	6 0
		6	+		8	=	1 4
6 0	+	1 4	=	7 4

Wie hat Bono gerechnet? Erkläre seinen Rechenweg.

Der Wortspeicher hilft dir dabei:

Zuerst, dann, danach, Zehner, Einer, Ergebnis, zusammenzählen

9. Schreibe die Aufgaben auf deinen Block und rechne sie wie Bono aus.

a)	b)	c)
48 + 25 =	25 + 67 =	39 + 54 =
59 + 33 =	46 + 35 =	67 + 26 =
37 + 34 =	73 + 19 =	57 + 18 =
76 + 16 =	57 + 27 =	46 + 45 =
29 + 54 =	48 + 47 =	19 + 73 =

Wie findest du meinen **ersten** Rechenweg?

Susanne Rehse / Nadine Schmid / Marietta Krenn: Wir lernen und üben Mathematik im eigenen Tempo 1/2. Illustratorin: Kornelia Weise

10. <u>Wir rechnen plus auf verschiedenen Rechenwegen!</u>

Ich probiere meinen **zweiten** Rechenweg aus!

| 5 6 | + | 1 8 | = | 7 4 |

Das ist Bonos 2. Rechenweg:

| 5 6 | + | 1 0 | = | 6 6 |
| 6 6 | + | 8 | = | 7 4 |

_____

_____

_____

Wie hat Bono gerechnet? Erkläre seinen Rechenweg.

Der Wortspeicher hilft dir dabei:

Zuerst, dann,
Zehner, Einer,
dazu

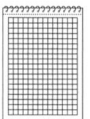

11. Schreibe die Aufgaben auf deinen Block und rechne sie wie Bono aus.

a)	b)	c)
32 + 29 =	35 + 56 =	28 + 54 =
44 + 48 =	26 + 36 =	44 + 36 =
53 + 39 =	68 + 16 =	67 + 18 =
64 + 17 =	69 + 25 =	36 + 55 =
19 + 55 =	35 + 47 =	19 + 69 =

Wie findest du meinen **zweiten** Rechenweg?

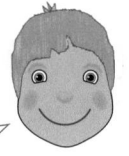

Susanne Rehse / Nadine Schmid / Marietta Krenn: Wir lernen und üben Mathematik im eigenen Tempo 1/2. Illustratorin: Kornelia Weise

12. **Wir rechnen plus auf verschiedenen Rechenwegen!**

Ich probiere meinen **dritten** Rechenweg aus!

| 5 | 6 | + | 1 | 8 | = | 7 | 4 |

Das ist Bonos 3. Rechenweg:

| 5 | 6 | + | | 8 | = | 6 | 4 |
| 6 | 4 | + | 1 | 0 | = | 7 | 4 |

Wie hat Bono gerechnet? Erkläre seinen Rechenweg.

Der Wortspeicher hilft dir dabei:

> Zuerst, dann,
> Zehner, Einer,
> dazu

13. Schreibe die Aufgaben auf deinen Block und rechne sie wie Bono aus.

a)
34 + 28 =
45 + 46 =
56 + 37 =
63 + 19 =
12 + 59 =

b)
33 + 67 =
25 + 39 =
63 + 18 =
54 + 27 =
47 + 47 =

c)
23 + 59 =
47 + 36 =
66 + 17 =
39 + 57 =
18 + 74 =

Wie findest du meinen **dritten** Rechenweg?

Susanne Rehse / Nadine Schmid / Marietta Krenn: Wir lernen und üben Mathematik im eigenen Tempo 1/2. Illustratorin: Kornelia Weise

 **14.** <u>Probiere nun selbst und finde deinen Rechenweg!</u>

 Finde deinen eigenen Lieblingsweg.

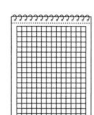 Rechne die Aufgaben mit deinem Lieblingsweg und schreibe deine Schritte auf.

Bilde mit den Zahlen von der Bananenpalme und den Zahlen der Kokospalme möglichst viele **Plusaufgaben** (mindestens *10*).

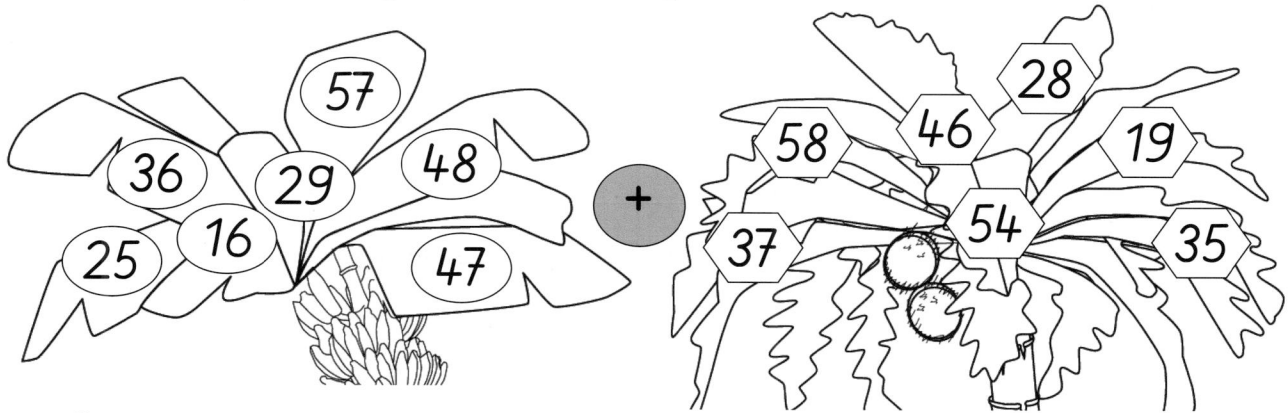

 **15.** Die Elefanten haben Nummern. Aus diesen Ziffern kannst du verschiedene zweistellige Zahlen bilden.

 Wie viele Möglichkeiten gibt es? _____
Schreibe alle möglichen zweistelligen Zahlen auf Kärtchen.

 **16.** Bilde mit diesen Zahlkärtchen möglichst viele Plusaufgaben.

 Beispiel: | 56 | 34 |

$$56 + 34 = \boxed{90}$$
$$56 + 30 = 86$$
$$86 + \ \ 4 = 90$$

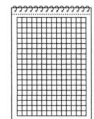 Schreibe die Aufgaben in **Schritten** auf.

Susanne Rehse / Nadine Schmid / Marietta Krenn: Wir lernen und üben Mathematik im eigenen Tempo 1/2. Illustratorin: Kornelia Weise

17. <u>Wie viele fehlen bis *100*?</u>

Bono schwingt sich in zwei Sprüngen bis *100*.

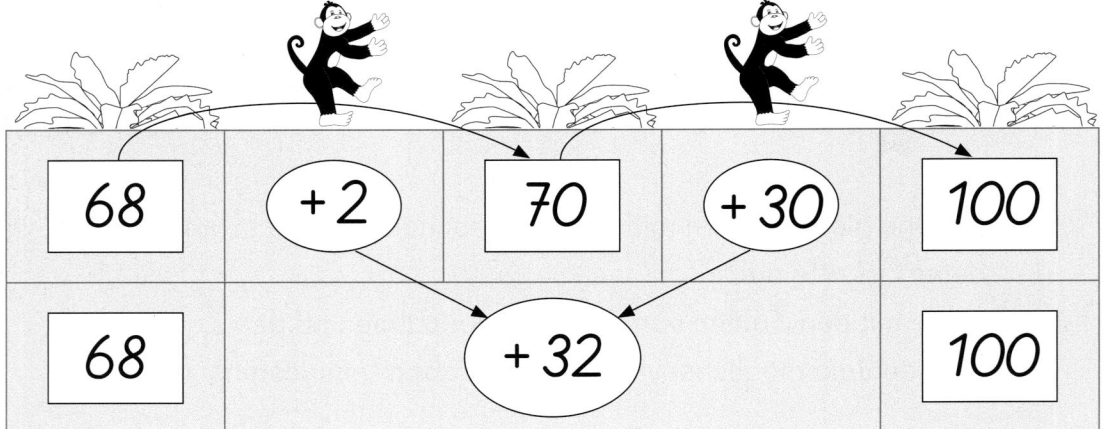

Erkläre, wie er das macht.

_____

_____

Ergänze die Kokosnusszahlen **bis** *100*.
Rechne in Sprüngen wie Bono.
Schreibe deinen Rechenweg genau auf.
Male jede Kokosnuss, die du ergänzt hast, an.

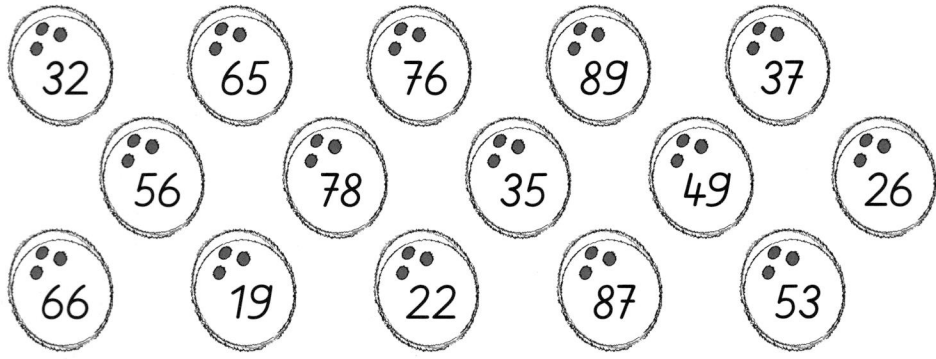

 18. Würfle dir mit zwei Würfeln (Neunerwürfel) eine zweistellige Zahl.
Beispiel: Zahl: **4 2**

Würfel: Shutterstock / Antonia Giroux

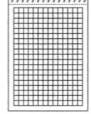 **Ergänze die Zahl bis *100*.** Mach das mit mindestens *10* Zahlen.
Schreibe die Einer grün und die Zehner blau.

Susanne Rehse / Nadine Schmid / Marietta Krenn: Wir lernen und üben Mathematik im eigenen Tempo 1/2. Illustratorin: Kornelia Weise

19. <u>Traumpaare</u>

Nur zusammen sind wir *100*.

Finde viele verschiedene verliebte Löwenpaare mit zweistelligen Zahlen (ohne 0). Kontrolliere an der Hundertertafel.

47   100   53

100   100   100

100   100   100

100   100   100

100   100   100

100   100   100

Susanne Rehse / Nadine Schmid / Marietta Krenn: Wir lernen und üben Mathematik im eigenen Tempo 1/2. Illustratorin: Kornelia Weise

20. <u>Wir rechnen minus mit zweistelligen Zahlen!</u>

Rechne minus.

$$58 - 29 = \underline{\quad}$$

Probiere nun **alle 3 Rechenwege**

mit Minus aus.

Achtung: **ein Weg funktioniert nicht!**

Welcher Weg funktioniert nicht?
Erkläre: Warum?

_____

_____

21. <u>Rechne minus.</u>

Probiere hier den **zweiten** und den **dritten** Rechenweg aus.

Finde viele Minusaufgaben mit den Blumen auf der linken und der rechten Seite (mindestens *10* Aufgaben pro Rechenweg). Jede Blüte, die in drei verschiedenen Aufgaben vorkommt, darfst du bunt anmalen. Schreibe jede Aufgabe **in Schritten** auf.

Susanne Rehse / Nadine Schmid / Marietta Krenn: Wir lernen und üben Mathematik im eigenen Tempo 1/2. Illustratorin: Kornelia Weise

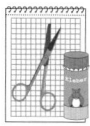

Wir üben Plus- und Minusaufgaben!

22. Schreibe alle geraden Zahlen zwischen *20* und *50* auf.
Es sollen **keine** Zehnerzahlen dabei sein.
Bilde mit den geraden zweistelligen Zahlen
viele (mindestens *10*) Plusaufgaben.

23. Schreibe alle ungeraden Zahlen zwischen *20* und *50* auf.
Bilde mit den ungeraden zweistelligen Zahlen
viele (mindestens *10*) Plusaufgaben.

24. Suche dir eine Zahl zwischen *20* und *30*
aus (**keine** Zehnerzahl). Zum Beispiel: *24*
Bilde nun die Spiegelzahl: *42*

 Ziehe die kleinere der beiden Zahlen von der größeren ab.

42 – 24 = [   ] Welches Ergebnis erhältst du?
Mach das mit *5* weiteren Zahlen zwischen *20* und *30*.
Vergleiche die Ergebnisse. Schreibe deine Entdeckung auf.

25. Mache das Gleiche nun mit *5* Zahlen zwischen *40* und *50*
und mit *5* Zahlen zwischen *70* und *80*.
Vergleiche die Ergebnisse.

26. Suche dir eine **zweistellige** Lieblingszahl (ohne *0*)
zwischen *50* und *100*.

Schreibe sie auf: _____
Denke dir nun viele (mindestens *10*) verschiedene Aufgaben
aus, in denen deine Zahl vorkommt.
Es können Plus- und Minusaufgaben sein.
Zeichne nun eine Liste auf den Block und ordne die Aufgaben so:

Leicht für mich	Schwer für mich

Susanne Rehse / Nadine Schmid / Marietta Krenn: Wir lernen und üben Mathematik im eigenen Tempo 1/2. Illustratorin: Kornelia Weise

27. <u>Wir rechnen Plus- und Minusaufgaben mit Übergang!</u>

Rechne schnell im Kopf. Stoppe deine Zeit.

34 + 58 =	92 – 55 =	37 + 24 =
41 – 25 =	38 + 47 =	62 – 23 =
28 + 45 =	63 – 35 =	49 + 27 =
52 – 36 =	88 + 8 =	92 – 44 =
65 + 17 =	52 – 46 =	68 + 35 =
51 – 38 =	27 + 67 =	91 – 62 =
17 + 68 =	64 – 48 =	76 + 16 =
83 – 56 =	59 + 39 =	72 – 25 =
55 + 29 =	74 – 46 =	17 + 34 =
74 – 45 =	58 + 47 =	94 – 15 =
49 + 27 =	61 – 24 =	55 + 27 =
34 – 28 =	25 + 56 =	63 – 38 =
55 + 39 =	53 – 38 =	77 + 18 =

Wie lange hast du gebraucht?

_____ Minuten

Wenn du **weniger** als **25 Minuten**
gebraucht hast,
bist du schon richtig gut!

Susanne Rehse / Nadine Schmid / Marietta Krenn: Wir lernen und üben Mathematik im eigenen Tempo 1/2. Illustratorin: Kornelia Weise

28. Jetzt wird geknobelt!

Zum Schluss noch eine Knobelaufgabe für dich.

Löse diese Knobelaufgabe:

In Bonos Dschungel gibt es Erdmännchen,
die auf **zwei** Beinen stehen
und Elefanten, die auf **vier** Beinen gehen.
Sie sind Bonos Freunde.

Bono bekommt heute Besuch von seinen Freunden.
Er zählt *10 Köpfe* und *26 Beine*.

Wie viele Erdmännchen und wie viele Elefanten sind es?

Du kannst dir eine Skizze anfertigen.
Schreibe auch eine Rechnung dazu auf.

Na, hast du es herausbekommen?
Dann ernenne ich dich zum
Knobelmeister.
Der Pokal gehört dir!

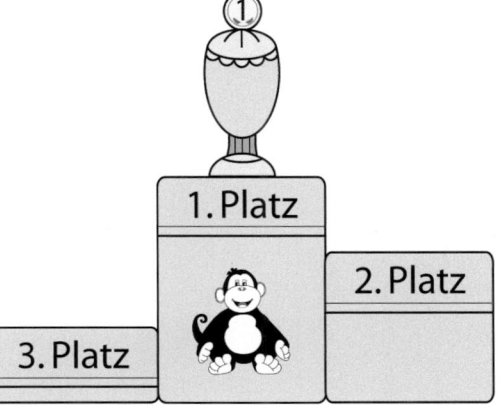

Susanne Rehse / Nadine Schmid / Marietta Krenn: Wir lernen und üben Mathematik im eigenen Tempo 1/2. Illustratorin: Kornelia Weise

Name:	Datum:

Kompetenztest zur Lernstufe 15

Zeig, was du kannst!

1. Berechne die Lückenaufgaben mit Zehnerzahlen!

4	2	+			=	6	2
3	8	+			=	5	8
6	7	+			=	9	7

4	8	–			=	2	8
9	6	–			=	3	6
7	9	–			=	4	9

6

2. Rechne diese Plusaufgabe mit Zehnerübergang
auf zwei verschiedenen Wegen. Rechne in Schritten!
Erkläre jeweils, wie du gerechnet hast!

1. Weg:

3

3

2. Weg:

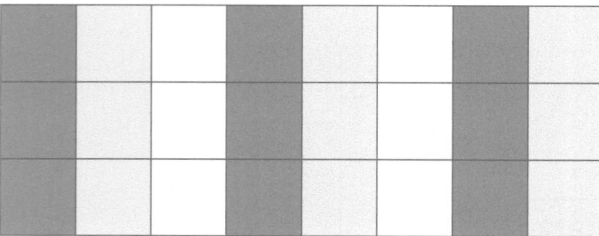

3

3

3. Verliebte 100. Ergänze auf 100!

$\boxed{16}$

4. Rechne diese Minusaufgabe mit Zehnerübergang auf zwei verschiedenen Wegen. Rechne in Schritten! Erkläre jeweils, wie du gerechnet hast!

$\boxed{7\ 2} - \boxed{3\ 6} = \boxed{}$

1. Weg:

Z E   Z E

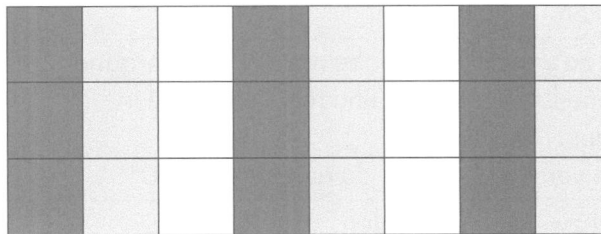

$\boxed{13}$

$\boxed{13}$

2. Weg:

Z E   Z E

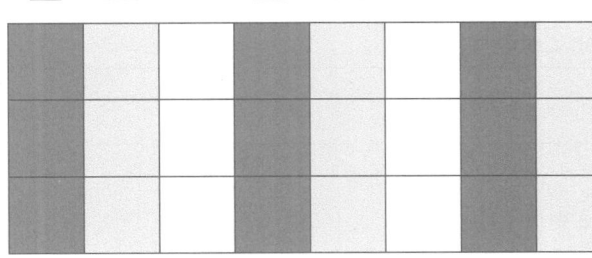

$\boxed{13}$

$\boxed{13}$

Susanne Rehse / Nadine Schmid / Marietta Krenn: Wir lernen und üben Mathematik im eigenen Tempo 1/2. Illustratorin: Kornelia Weise

5. Rechne diese Aufgaben im Kopf. Achte auf die Rechenzeichen!

34 + 58 =	92 – 55 =	37 + 24 =	
41 – 25 =	38 + 47 =	62 – 23 =	
28 + 45 =	63 – 35 =	49 + 27 =	
52 – 36 =	88 + 8 =	92 – 44 =	
65 + 17 =	52 – 46 =	68 + 35 =	/ 15

Kontrolliere nochmal alles ganz genau!

Wie hast du dich im Test gefühlt? ☺ 😐 ☹

Welche Aufgabe war am leichtesten für dich? Nummer: _____

Welche Aufgabe war am schwersten für dich? Nummer: _____

Rückmeldung zu den bearbeiteten Kompetenzen:

Aufgabe 1:	☺ 😐 ☹	Du löst Platzhalteraufgaben durch Ergänzen von Zehnerzahlen.
Aufgabe 2:	☺ 😐 ☹	Du findest zu einer Plusaufgabe mit Zehnerübergang verschiedene Lösungswege und rechnest diese in Schritten aus.
	☺ 😐 ☹	Du erklärst verständlich, wie du gerechnet hast.
Aufgabe 3:	☺ 😐 ☹	Du ergänzt zweistellige Zahlen auf 100.
Aufgabe 4:	☺ 😐 ☹	Du findest zu einer Minusaufgabe mit Zehnerübergang verschiedene Lösungswege und rechnest diese in Schritten aus.
	☺ 😐 ☹	Du erklärst verständlich, wie du gerechnet hast.
Aufgabe 4:	☺ 😐 ☹	Du löst Plus - und Minusaufgaben mit zweistelligen Zahlen im Kopf.

Das solltest du noch einmal üben: _____

Von 51 Punkten hast du _____ Punkte erreicht.

_____   _____
Datum   Unterschrift der Eltern

Susanne Rehse / Nadine Schmid / Marietta Krenn: Wir lernen und üben Mathematik im eigenen Tempo 1/2. Illustratorin: Kornelia Weise

Lernstufe 16

Name:

begonnen am:

beendet am:

Hier übst du:

Schwierige Plus- und Minusaufgaben mit zweistelligen Zahlen auf unterschiedliche Arten zu lösen und Rechenvorteile zu nutzen.

Spiele:

Extra-Kopfnuss für Super-Knobler:

Stufenheft: Aufgaben

erledigt

1	2	3	4	5
6	7	8	9	10
11	12	13	14	15
16	17	18	19	20
21	22	23	24	25
26	27	28	29	30
31	32	33	34	35
36	37	38	39	40
41	42	43	44	

Buch und Arbeitsheft

erledigt

S.	S.	S.	S.
Nr.	Nr.	Nr.	Nr.

S.	S.	S.	S.
Nr.	Nr.	Nr.	Nr.

Arbeitsheft

Wie waren die Aufgaben für dich? Färbe ein!

leicht (grün)   mittel (gelb)   schwer (rot)

Lernstufenheft 16 von _____

Hier übst du:

Schwierige Plus- und Minusaufgaben mit zweistelligen
Zahlen auf unterschiedliche Arten
zu lösen und Rechenvorteile zu
nutzen.

Susanne Rehse / Nadine Schmid / Marietta Krenn: Wir lernen und üben Mathematik im eigenen Tempo 1/2. Illustratorin: Kornelia Weise

1. ## Wir rechnen mit Plumis!

Heute kommt mein Freund **Plumi** zu mir.
Er liebt **Plus** - und **Minus**aufgaben.

Bilde mit drei Zahlen vier Aufgaben.

36   45
81

67   28

55   38

26   17

Susanne Rehse / Nadine Schmid / Marietta Krenn: Wir lernen und üben Mathematik im eigenen Tempo 1/2. Illustratorin: Kornelia Weise

2. Schneide die Plumis aus und klebe sie auf den Block.
Schreibe immer vier Aufgaben darunter.

Wir rechnen Kettenaufgaben!

 3. Rechne geschickt.

 Kannst du die Zahlen so vertauschen, dass es leichter auszurechnen ist? Schau dir die Einer genau an!

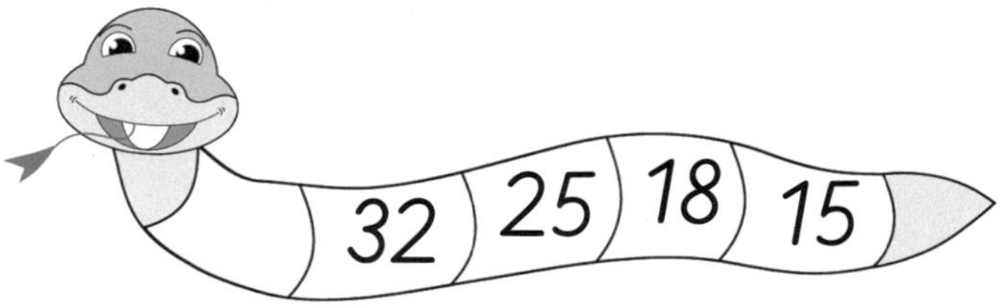

$32) 25) 18) 15$

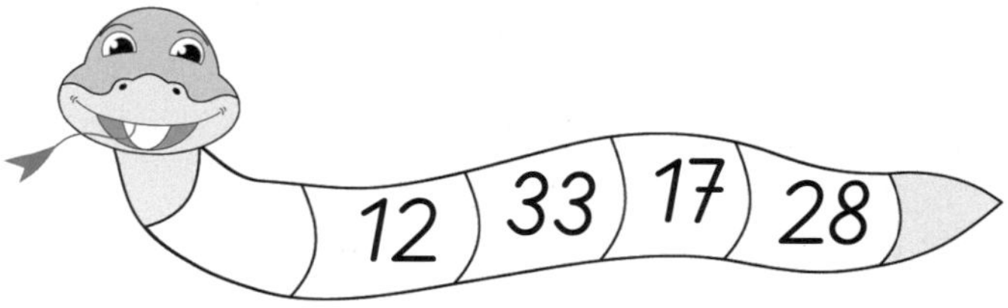

$12) 33) 17) 28$

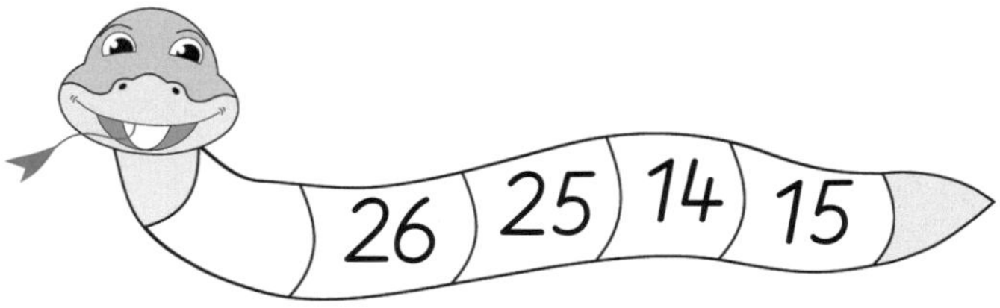

$26) 25) 14) 15$

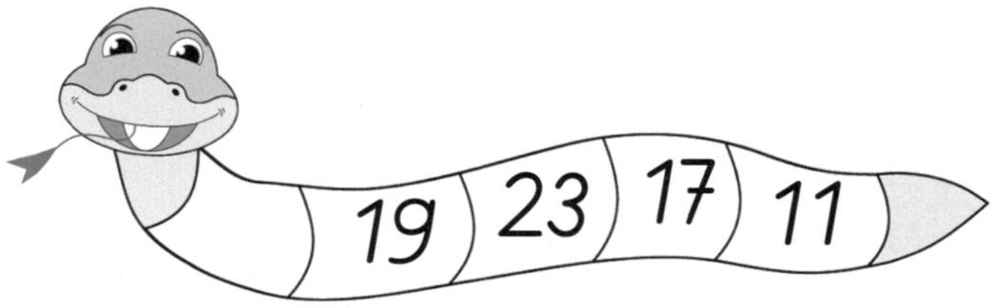

$19) 23) 17) 11$

Susanne Rehse / Nadine Schmid / Marietta Krenn: Wir lernen und üben Mathematik im eigenen Tempo 1/2. Illustratorin: Kornelia Weise

4. <u>Wir rechnen plus mit Neunerzahlen!</u>

Heute zeige ich dir meinen tollen Trick, wie du Plus- und Minusaufgaben mit Neunerzahlen ganz schnell rechnen kannst:

$$36 + 49 = \boxed{85}$$
$$36 + 50 = 86$$
$$86 - 1 = 85$$

Erkläre Bonos Trick.

_____

_____

_____

5. Rechne wie Bono.
Schreibe die Aufgaben in einzelnen Schritten
auf den Block.

  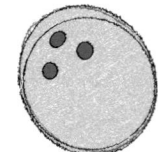

a)	b)	c)
$34 + 29 =$	$33 + 69 =$	$23 + 59 =$
$45 + 49 =$	$25 + 39 =$	$47 + 39 =$
$56 + 39 =$	$63 + 19 =$	$66 + 19 =$
$63 + 19 =$	$74 + 29 =$	$39 + 59 =$
$12 + 59 =$	$57 + 49 =$	$18 + 79 =$

 **6.** **<u>Wir rechnen minus mit Neunerzahlen!</u>**

Mit Minus funktioniert mein Trick auch:

$$76 - 49 = \boxed{27}$$
$$76 - 50 = 26$$
$$26 + 1 = 27$$

Erkläre, wie Bonos Trick bei Minus funktioniert.

_____

_____

_____

 **7.** Rechne Minusaufgaben mit Bonos Trick.
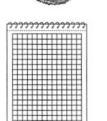 Schreibe die Aufgaben in einzelnen Schritten
auf den Block.

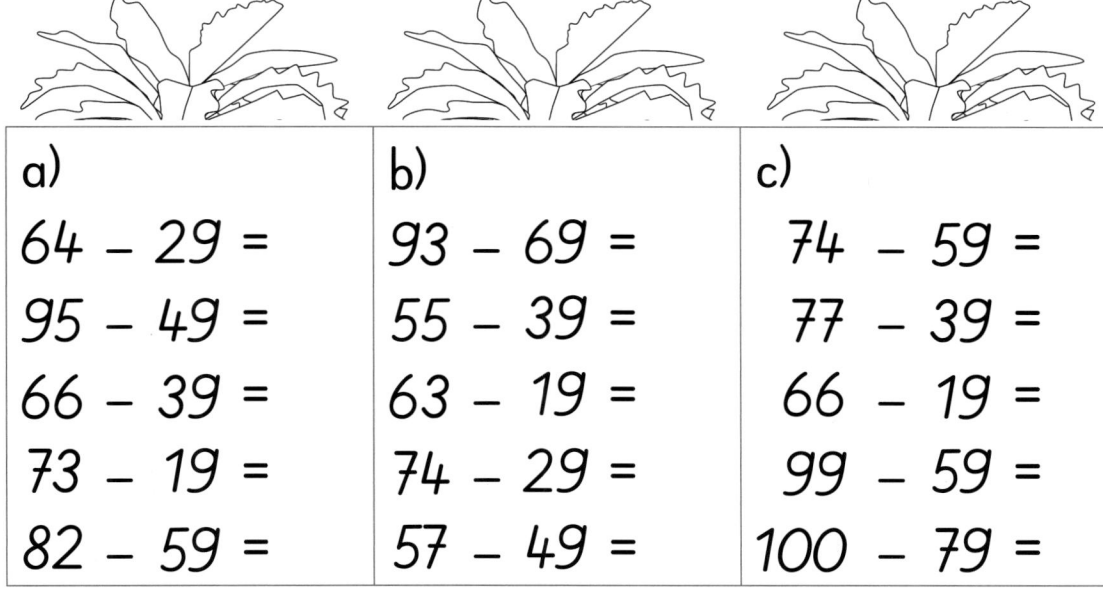

a)	b)	c)
64 – 29 =	93 – 69 =	74 – 59 =
95 – 49 =	55 – 39 =	77 – 39 =
66 – 39 =	63 – 19 =	66 – 19 =
73 – 19 =	74 – 29 =	99 – 59 =
82 – 59 =	57 – 49 =	100 – 79 =

Susanne Rehse / Nadine Schmid / Marietta Krenn: Wir lernen und üben Mathematik im eigenen Tempo 1/2. Illustratorin: Kornelia Weise

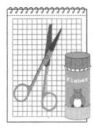

Wir verdoppeln und halbieren zweistellige Zahlen!

8. Verdopple alle Zahlen, die zwischen 20 und 30 liegen.
Schreibe die Verdoppelungsaufgaben auf den Block.

9. Verdopple alle Zahlen, die zwischen 30 und 40 liegen.
Schreibe die Verdoppelungsaufgaben auf den Block.

10. Verdopple alle Zahlen, die zwischen 40 und 50 liegen.
Schreibe die Verdoppelungsaufgaben auf den Block.

11. Halbiere alle geraden Zahlen zwischen 20 und 40.
Schreibe so auf den Block:

Beispiel:　　34
　　　　30 = 15 + [15]
　　　　　4 =　2 + [2]
　　　　15 +　2 = 17
　　　Die Hälfte von 34 ist 17.

12. Halbiere alle geraden Zahlen zwischen 40 und 80.
Schreibe sie ebenfalls in Schritten auf den Block.

13. Halbiere alle geraden Zahlen zwischen 80 und 100.
Kannst du das schon im Kopf rechnen?

Bono kauft ein – Rechnen mit Geld

Bono hat sich ein Baumhaus gebaut.

Nun möchte er es noch gemütlich einrichten.
Bono schaut in seine Schatztruhe. Er hat 500 Euro gespart.
Im Dschungelladen gibt es Möbel und andere Dinge zu kaufen.

Erfinde mit einem Partner zusammen Einkaufsgeschichten.

Wie möchte Bono sich einrichten?
Ihr könnt das Baumhaus von innen zeichnen.

Regal 58 €   Stuhl 25 €   Tisch 76 €   Uhr 19 €

Krug 12 €   Glas 3 €   Teddy 9 €   Lampe 47 €   Vorhänge 27 €

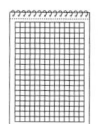

Bono kann nicht alles auf einmal tragen, er geht mehrmals einkaufen.
Er nimmt nie mehr als 100 Euro mit.

- Wie oft geht Bono einkaufen?
- Mit wie viel Geld geht Bono jeweils einkaufen?
- Wie viel Geld bekommt er zurück?
- Reichen seine 500 Euro? Bleibt noch Geld übrig?
- Schreibt und zeichnet eure Einkaufsgeschichten
  auf den Block.

Susanne Rehse / Nadine Schmid / Marietta Krenn: Wir lernen und üben Mathematik im eigenen Tempo 1/2. Illustratorin: Kornelia Weise

15. Plusaufgaben mit Lücke in der Mitte

Plusaufgaben mit Lücke in der Mitte sind gar nicht schwer.

Schau, wie ich das rechne:

$57 +$ ⟵ $= 83$

$83 \ominus 57 =$ ☐

$83 \ominus 50 = 33$

$33 \ominus 7 = \boxed{26}$

Erkläre Bonos Trick, indem du den Lückentext ausfüllst:

Plusaufgaben mit Platzhalter in der Mitte rechnet man am

besten mit der _____ . Das Ergebnis kommt

nach _____ , aus _____ wird _____ .

Nun kann man die Minusaufgabe in _____ ausrechnen.

Das Ergebnis kommt in die _____ .

Lösungswörter: Lücke, Plus, Minus, Umkehraufgabe, Schritten, vorne

16. Rechne diese Aufgaben mit Bonos Trick:
Schreibe jede Aufgabe in Schritten auf.

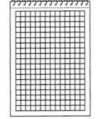

| 36 + ___ = 72 | 48 + ___ = 63 | 69 + ___ = 84 |
| 17 + ___ = 91 | 24 + ___ = 42 | 55 + ___ = 73 |

17. Plusaufgaben mit Lücke vorne

Lücke vorne – kein Problem!
Rechne von hinten mit der
Umkehraufgabe.

$$\underline{\quad} \oplus 42 = 81$$
$$81 \ominus 42 = \underline{\quad}$$

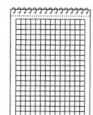

Rechne diese Aufgaben mit Bonos Trick:
Schreibe jede Aufgabe in Schritten auf.

___ + 34 = 72	___ + 46 = 63	___ + 58 = 84
___ + 28 = 91	___ + 27 = 42	___ + 45 = 73

Siehst du, mit meinen Tricks ist das
nicht schwer:

Plusaufgaben mit Lücke in der Mitte und Lücke
vorne rechnest du jetzt ganz leicht.

Übe noch ein bisschen durcheinander!

18. Jetzt geht es durcheinander:

___ + 44 = 72	46 + ___ = 73	___ + 36 = 54
25 + ___ = 61	___ + 16 = 44	___ + 55 = 71
76 + ___ = 82	___ + 43 = 55	86 + ___ = 100
___ + 32 = 65	23 + ___ = 62	___ + 65 = 88

Susanne Rehse / Nadine Schmid / Marietta Krenn: Wir lernen und üben Mathematik im eigenen Tempo 1/2. Illustratorin: Kornelia Weise

19. Minusaufgaben mit Lücke

Minusaufgaben mit **Lücke vorne** sind ganz einfach.
Hier rechnest du wieder die **Umkehraufgabe**:

$$\underline{\quad} \ominus 25 = 32$$
$$\overline{32 \oplus 25} = \underline{\quad}$$

Aus Minus wird Plus!

Rechne diese Aufgaben mit Bonos Trick:
Schreibe jede Aufgabe in einzelnen Schritten auf.

___ – 27 = 32	___ – 18 = 53	___ – 79 = 14
___ – 75 = 21	___ – 36 = 42	___ – 18 = 63

Minusaufgaben mit Lücke **in der Mitte**,
pass ganz besonders auf hier bitte!

$$72 \ominus \underline{\quad} = 36$$
$$\overline{72 \ominus 36} = \underline{\quad}$$

Siehst du: das <u>Minus bleibt da</u>!
Hier rechnest du <u>nicht</u> die Umkehraufgabe.

20. Rechne diese Aufgaben mit Bonos Trick:
Schreibe jede Aufgabe in Schritten auf.

64 – ___ = 37	52 – ___ = 27	76 – ___ = 38
74 – ___ = 26	45 – ___ = 19	83 – ___ = 67

Susanne Rehse / Nadine Schmid / Marietta Krenn: Wir lernen und üben Mathematik im eigenen Tempo 1/2. Illustratorin: Kornelia Weise

21. Wir rechnen mit der Waage!

Aufgepasst!

Die Waage muss immer auf beiden
Seiten vom = Zeichen gleich sein.

Einfache Plus-Waagen

Rechne das Ergebnis auf der einen Seite aus. Ergänze dann
die andere Seite so, dass beide Seiten gleich sind.

a)

$56 + 27 = 48 + $ _____

$39 + 43 = 26 + $ _____

b)

$75 + 18 = 57 + $ _____

$67 + 28 = 36 + $ _____

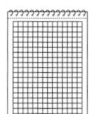
Überlege dir noch 4 einfache Plus-Waagen und schreibe
die Rechnungen dazu auf den Block.

22. Schwierige Plus-Waagen

Hier musst du auf jeder Seite so viel dazu tun, dass die
Waage auf beiden Seiten gleich ist.

a)

$66 + $ _____ $ = 45 + $ _____

$39 + $ _____ $ = 15 + $ _____

b)

$87 + $ _____ $ = 57 + $ _____

$48 + $ _____ $ = 27 + $ _____

Überlege dir noch 4 schwierige Plus-Waagen und schreibe
die Rechnungen dazu auf den Block.

Susanne Rehse / Nadine Schmid / Marietta Krenn: Wir lernen und üben Mathematik im eigenen Tempo 1/2. Illustratorin: Kornelia Weise

 **23.** <u>**Wir rechnen plus und minus mit der Waage!**</u>

Aufgepasst!

Die Waage muss immer auf beiden Seiten vom = Zeichen gleich sein.

<u>Minus - Waagen</u>

Rechne minus so, dass beide Seiten gleich sind.

a)
$$56 - 27 = 48 - \underline{}$$
$$67 - 43 = 76 - \underline{}$$

b)
$$75 - \underline{} = 57 - \underline{}$$
$$67 - \underline{} = 46 - \underline{}$$

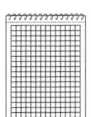 Überlege dir noch 4 Minus - Waagen und schreibe die Rechnungen dazu auf den Block.

 **24.** <u>Plus - Minus - Waagen</u>

 Achte auf die Zeichen!
Die Waage muss auf beiden Seiten gleich sein.

a)
$$63 - \underline{} = 45 + \underline{}$$
$$39 + \underline{} = 72 - \underline{}$$

b)
$$37 + \underline{} = 58 - \underline{}$$
$$48 - \underline{} = 27 + \underline{}$$

 Überlege dir noch 4 Plus - Minus - Waagen und schreibe die Rechnungen dazu auf den Block.

25. <u>Wir berechnen Zahlenmauern!</u>

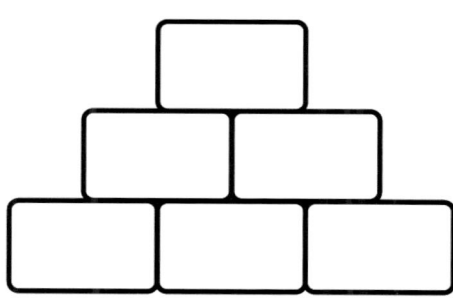

Male an:

Den linken Eckstein in der untersten Reihe: rot
Den Mittelstein in der untersten Reihe: orange
Den rechten Eckstein in der untersten Reihe: gelb
Den linken Stein in der mittleren Reihe: blau
Den rechten Stein in der mittleren Reihe: grün
Den Deckstein: lila

Finde alle möglichen Rechenmauern mit den Grundsteinen!

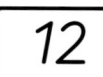

 Zeichne oder stemple sie auf den Block.

Wie viele Möglichkeiten gibt es? _____
Schau dir die Zahlen in den Decksteinen an. Was fällt dir auf?
Schreibe deine Entdeckung auf.

 **26.** Zeichne diese Zahlenmauer auf den Block
und rechne sie aus:

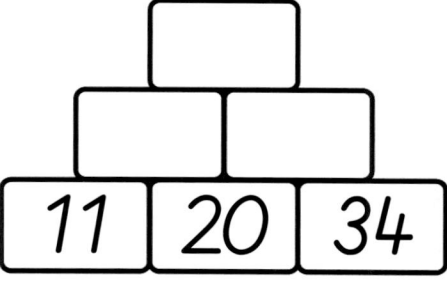

 **27.** Erhöhe nun den **linken Eckstein um 1**. Rechne auch diese Mauer aus.
Was passiert mit dem **Deckstein**? Warum ist das wohl so?
Schreibe deine Entdeckung auf.
Erhöhe den **linken Eckstein noch drei mal**. Wie verändert sich
deine Mauer?
Erhöhe nun den **Mittelstein vier mal um 1**. Was passiert?

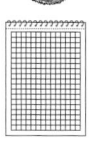 **28.** Nun erhöhe den **rechten Eckstein vier mal um 1**. Vergleiche wieder
die **Decksteine**. Schreibe deine Entdeckung auf.

Susanne Rehse / Nadine Schmid / Marietta Krenn: Wir lernen und üben Mathematik im eigenen Tempo 1/2. Illustratorin: Kornelia Weise

Stempel: Fotolia / css0101 127073975

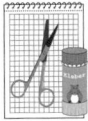

Wir erforschen Zahlenmauern!

Werde mit mir ein Zahlenmauern-König!

 **29.** Erfinde drei Zahlenmauern mit dem Deckstein $\boxed{50}$.

 **30.** Erfinde drei Zahlenmauern mit dem Deckstein $\boxed{100}$.

 **31.** Würfle mit zwei Zehnerwürfeln eine zweistellige Zahl. Schreibe sie in den Deckstein einer Mauer. Rechne die Mauer von oben nach unten aus. Finde noch drei andere Mauern mit dem gleichen Deckstein.

 **32.** Erfinde eine Zahlenmauer mit ganz großen Zahlen.

 **33.** Schreibe nur in die zwei Steine der 2. Reihe zweistellige Zahlen. Rechne die restlichen Steine so aus, dass die Mauer stimmt. Mach das mit drei Mauern.

 **34.** Erfinde eine Zahlenmauer mit vier Grundsteinen.

---

 35. Erfinde eine Zahlenmauer mit fünf Grundsteinen.

---

 36. Baue eine Mauer mit 4 Grundsteinen. Die Zahlen sollen aufeinander folgen: z.B. 2, 3, 4, 5. Rechne sie aus.

---

37. Baue eine Mauer mit 4 Grundsteinen. Die Zahlen sollen aufeinander folgen. Rechne sie aus.

$\boxed{1}$ $\boxed{2}$ $\boxed{3}$ $\boxed{4}$

Erhöhe nun jeden Stein um *1*. Mach das mit vier weiteren Mauern.

Die Zahlen ziehen um!

So geht es:

Im *1.* Stock wohnen *2* Zahlen.

Links wohnt immer die größere Zahl, rechts die kleinere.

Addiere beide Zahlen (*3 + 2*). Das Ergebnis (*5*) zieht in das Dach.

Ziehe nun die kleinere von der größeren Zahl ab (*3 – 2*).

Das Ergebnis (*1*) zieht in den Keller.

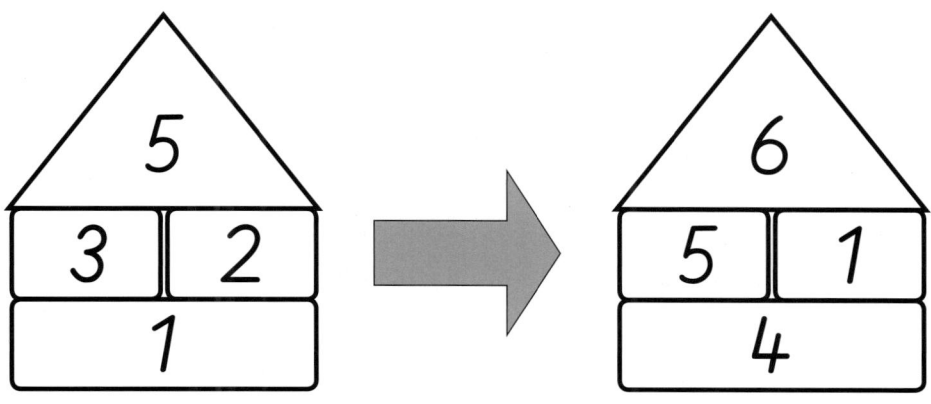

Nun zieht die Dachzahl in das nächste Haus, links in den *1.* Stock und die Kellerzahl rechts in den *1.* Stock.

So geht es immer weiter. Du kannst ganz lange Straßen bilden.

Hole dir dazu Papierstreifen und klebe sie aneinander.

Zeichne oder stemple Zahlenhäuser auf. Das Spiel geht so lange, bis du das Haus nicht mehr ausrechnen kannst.

Dann ist deine Straße zu Ende.

38. Beginne deine Häuserreihe mit den Zahlen: │ 14 │ │ 11 │

Untersuche deine Häuser:

Was passiert in jedem zweiten Haus? Schreibe es auf.

39. Beginne deine Häuserreihe mit einer **einstelligen** und einer **zweistelligen** Zahl.

40. Beginne deine Häuserreihe mit **zwei ungeraden**, **zweistelligen Zahlen**.

Erfinde eine oder mehrere eigene Häuserreihen.

Wie lang ist deine längste Häuserreihe geworden? _____ Häuser lang.

Hier ist ein tolles Rechenspiel für dich.

41.

Wir rechnen Zahlendreiecke!

Berechne die Zahlendreiecke.

Ganz schön schwierig!

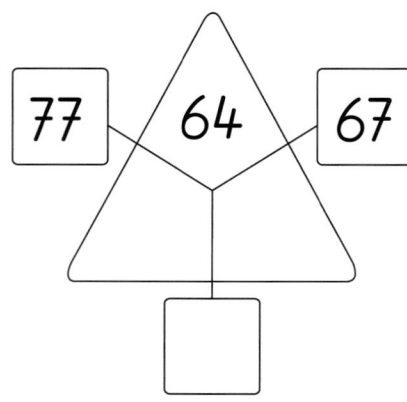

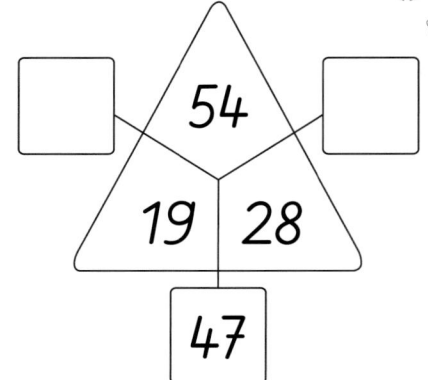

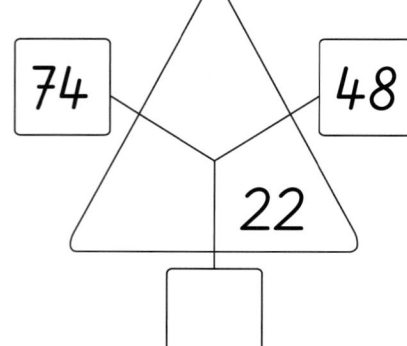

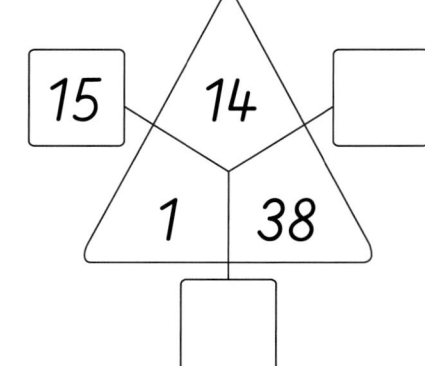

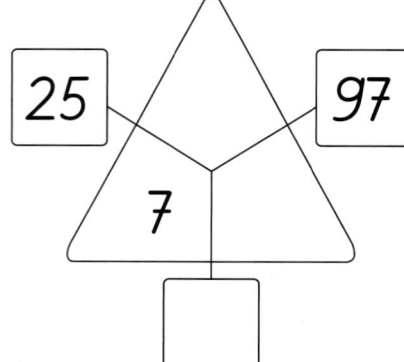

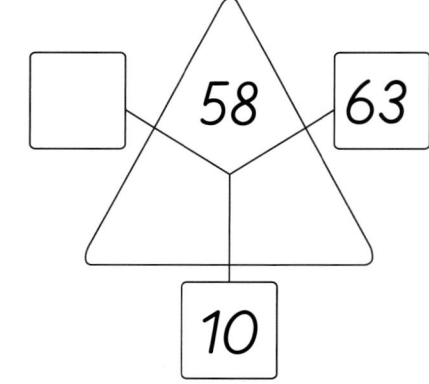

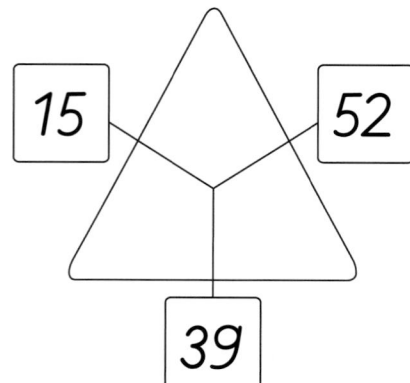

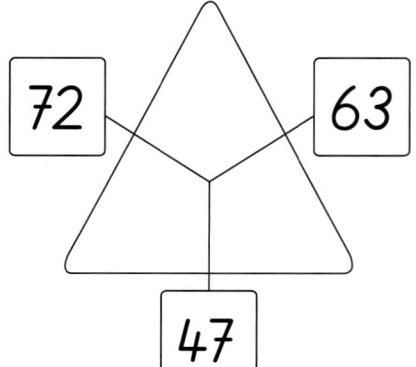

 42. **Entdeckerpäckchen**

Rechne die Aufgaben aus. Schau dir die Zahlen genau an. Setze das Päckchen richtig fort.

Schreibe auf, was sich verändert oder gleich bleibt.

23 + 11 =
24 + 12 =
25 + 13 =
26 + 14 =

Das habe ich entdeckt:

Die erste Zahl:

_____

Die zweite Zahl:

_____

Das Ergebnis:

_____

 Hier gibt es eine Menge zu entdecken.

83 – 14 =
65 – 13 =
47 – 12 =
29 – 11 =

Das habe ich entdeckt:

Die erste Zahl:

_____

Die zweite Zahl:

_____

Das Ergebnis:

_____

Lücke im Kopf!

 **43.** Rechne schnell. Stelle dir den Wecker.

34 + ___ = 57	92 – ___ = 55	37 + ___ = 56
41 – ___ = 28	38 + ___ = 67	62 – ___ = 23
28 + ___ = 55	63 – ___ = 38	49 + ___ = 78
52 – ___ = 36	88 + ___ = 97	92 – ___ = 46
65 + ___ = 88	52 – ___ = 36	68 + ___ = 99
51 – ___ = 36	27 + ___ = 67	91 – ___ = 18
17 + ___ = 79	64 – ___ = 23	76 + ___ = 94
83 – ___ = 21	59 + ___ = 87	72 – ___ = 25
55 + ___ = 76	74 – ___ = 46	17 + ___ = 64
74 – ___ = 45	58 + ___ = 100	94 – ___ = 15
49 + ___ = 73	61 – ___ = 24	55 + ___ = 83
34 – ___ = 12	25 + ___ = 78	63 – ___ = 38
55 + ___ = 89	53 – ___ = 38	77 + ___ = 95

Wie lange hast du gebraucht?

_____ Minuten

Wenn du **weniger als 30 Minuten** gebraucht hast, bist du schon richtig gut!

44. Bonos lustige Knobelei

Zum Schluss noch eine Knobelaufgabe für dich.

Löse diese Knobelaufgabe:

Bono lädt seine Freunde zum Abendessen in sein neues Baumhaus ein.
Es kommen:

Muldi

Plumi

Leo

Bono

Elo

Zur Begrüßung gibt **jedes** Tier **jedem anderen** die Pfote.
Wie viele Male treffen sich zwei Pfoten?

Zeichne alle Möglichkeiten auf.

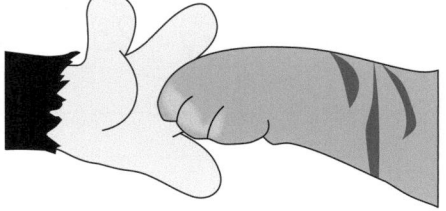

Damit es schneller geht, kannst für die Tiere auch den Anfangsbuchstaben ihres Namens benutzen.

Fällt dir dazu auch eine Rechnung ein?

Susanne Rehse / Nadine Schmid / Marietta Krenn: Wir lernen und üben Mathematik im eigenen Tempo 1/2. Illustratorin: Kornelia Weise

Name:	Datum:

Kompetenztest zur Lernstufe 16

Zeig, was du kannst!

1. Rechne die Plumis aus!

/16

46 27

35 72

2. Kettenrechnungen

/4

Rechne vorteilhaft! Vertausche die Zahlen so, dass du leichter rechnen kannst!

Rechne plus.	Rechne plus.
17 28 13 32	16 25 15 44

3. Wie rechnest du mit Neunerzahlen? Rechne geschickt!

/4

34 + 49 =	82 – 39 =

Susanne Rehse / Nadine Schmid / Marietta Krenn: Wir lernen und üben Mathematik im eigenen Tempo 1/2. Illustratorin: Kornelia Weise

4. Verdopple diese Zahlen! Schreibe die Rechnungen auf!

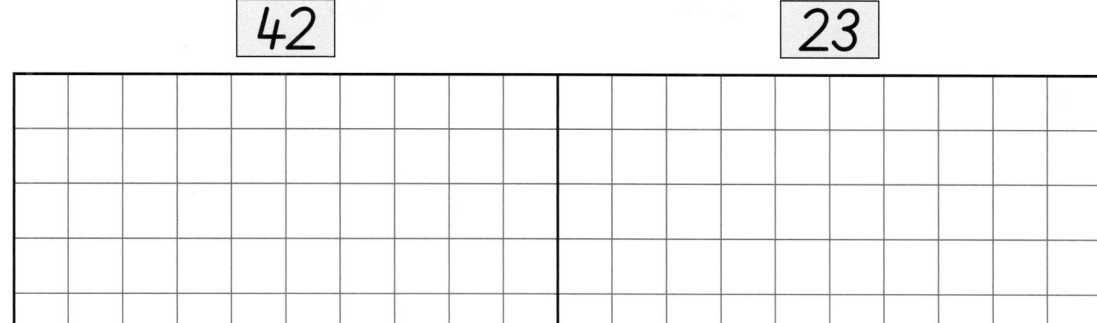

5. Halbiere diese Zahlen! Schreibe die Rechnungen auf!

/4

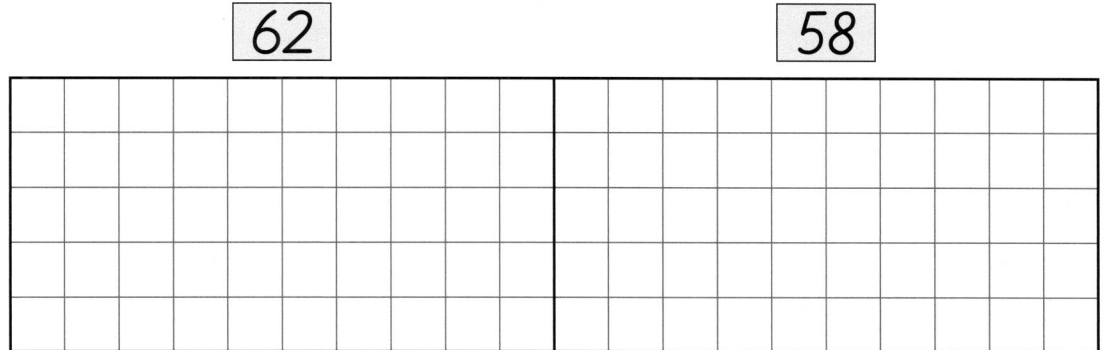

6. Plus - und Minusaufgaben mit Lücke vorne. Denke an Bonos Trick!

/4

___ + 44 = 72	___ – 27 = 42

7. Plus - und Minusaufgaben mit Lücke in der Mitte. Rechne in Schritten! Pass auf bei Minus!

/4

48 + ___ = 63	45 – ___ = 19

Susanne Rehse / Nadine Schmid / Marietta Krenn: Wir lernen und üben Mathematik im eigenen Tempo 1/2. Illustratorin: Kornelia Weise

8. Setze ein, was fehlt!

9. Denke an die Rechenwaage!

| 14 | | 16 |

$$56 + 27 = 48 + \underline{}$$

$$87 + \underline{} = 57 + \underline{}$$

$$56 - 27 = 48 - \underline{}$$

$$48 - \underline{} = 37 - \underline{}$$

Kontrolliere nochmal alles ganz genau!

Wie hast du dich im Test gefühlt? ☺ ☺ ☹

Welche Aufgabe war am leichtesten für dich? Nummer: _____

Welche Aufgabe war am schwersten für dich? Nummer: _____

Rückmeldung zu den bearbeiteten Kompetenzen:

Aufgabe 1:	☺ ☺ ☹	Du findest Aufgabenfamilien und rechnest sie richtig aus.
Aufgabe 2:	☺ ☺ ☹	Du findest Rechenvorteile durch Vertauschen von Zahlen.
Aufgabe 3:	☺ ☺ ☹	Du rechnest geschickt bei Neunerzahlen.
Aufgabe 4:	☺ ☺ ☹	Du verdoppelst zweistellige Zahlen korrekt.
Aufgabe 5:	☺ ☺ ☹	Du halbierst zweistellige Zahlen korrekt.
Aufgabe 6:	☺ ☺ ☹	Du löst Aufgaben mit Platzhalter vorne durch Anwendung der Umkehraufgabe.
Aufgabe 7:	☺ ☺ ☹	Du rechnest Aufgaben mit Platzhalter in der Mitte in sinnvollen Schritten.
Aufgabe 8:	☺ ☺ ☹	Du löst Gleichungen mit einer unbekannten Zahl.
Aufgabe 9:	☺ ☺ ☹	Du löst Gleichungen mit zwei unbekannten Zahlen.

Das solltest du noch einmal üben: _____

Von 42 Punkten hast du _____ Punkte erreicht.

_____
Datum

_____
Unterschrift der Eltern

© 2017 Cornelsen Verlag GmbH, Berlin. Alle Rechte vorbehalten. Die Vervielfältigung dieser Seite ist für den eigenen Unterrichtsgebrauch gestattet. Für inhaltliche Veränderungen durch Dritte übernimmt der Verlag keine Verantwortung.

Susanne Rehse / Nadine Schmid / Marietta Krenn: Wir lernen und üben Mathematik im eigenen Tempo 1/2. Illustratorin: Kornelia Weise

Lernstufe 17

Name: **begonnen am:**   **beendet am:**

Hier lernst du:

Mal- und Geteiltaufgaben kennen.

Stufenheft: Aufgaben

					erledigt
1	2	3	4	5	
6	7	8	9	10	
11	12	13	14	15	
16	17	18			

Buch und Arbeitsheft

				erledigt
S.	S.	S.	S.	
Nr.	Nr.	Nr.	Nr.	
S.	S.	S.	S.	
Nr.	Nr.	Nr.	Nr.	
S.	S.	S.	S.	
Nr.	Nr.	Nr.	Nr.	

Arbeitsheft

Spiele:

Extra-Kopfnuss für Super-Knobler:

20 19 18 17 16 15 14 13 12 11

Wie waren die Aufgaben für dich? Färbe ein!

leicht (grün)	mittel (gelb)	schwer (rot)

Susanne Rehse / Nadine Schmid / Marietta Krenn: Wir lernen und üben Mathematik im eigenen Tempo 1/2. Illustratorin: Kornelia Weise

Lernstufenheft *17* von _____

Hier lernst du:

Mal- und Geteiltaufgaben kennen.

Susanne Rehse / Nadine Schmid / Marietta Krenn: Wir lernen und üben Mathematik im eigenen Tempo 1/2. Illustratorin: Kornelia Weise

Susanne Rehse / Nadine Schmid / Marietta Krenn: Wir lernen und üben Mathematik im eigenen Tempo 1/2. Illustratorin: Kornelia Weise

 **1.**

Wir rechnen mit dem Spiegel:
Alles doppelt, alles zwei mal.

Mit dem Spiegel kannst du ein Muster **verdoppeln**.
Nun ist es **zwei mal** da.

Lege so:

●			Spiegel			⬤
	●				⬤	
		●		⬤		
Musterbild			+	Spiegelbild		

Schreibe so:

3	+	3	=	6
	plus			
2	·	3	=	6
	mal			

3 plus 3 ist 6
2 **mal** 3 ist 6

Du brauchst: Rechenplättchen und einen Spiegel.

Lege nun Muster mit deinen Plättchen und spiegele sie.

 Zeichne das **Muster** und das **Spiegelbild** auf deinen Block.
Zeichne die **Spiegelachse** mit Lineal dazwischen.

Schreibe immer die Plus - und die Malaufgabe darunter.

Anzahl der Plättchen	1	2	3	4	5	6	7	8	9	10

2. <u>Wir lernen Malaufgaben kennen!</u>

Bono bekommt Besuch von seinen Freunden.
Jeder bringt ihm zwei Bananen mit.

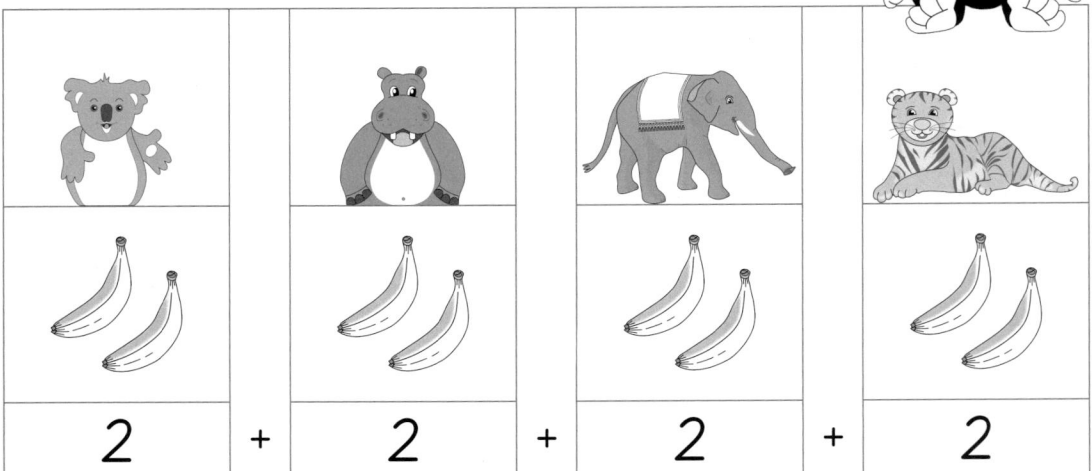

Wie viele Bananen hat Bono von jedem bekommen? ____

Wievielmal hat er Bananen bekommen? ____ - mal

Wie viele Bananen hat Bono zusammen bekommen? ____

Schreibe die Malaufgabe auf.

	·	2	=	
	mal			

Vergleiche die Plusaufgabe mit der Malaufgabe. Was fällt dir auf?

_____

_____

3. Rechne aus, wie viele Bananen Bono jedes Mal bekommt.
a) 2 Freunde bringen jeweils 2 Bananen.
b) 5 Freunde bringen jeweils 2 Bananen.
c) 6 Freunde bringen jeweils 2 Bananen.
d) 10 Freunde bringen jeweils 2 Bananen.

Schreibe jedes Mal die Plus - und die Malaufgabe auf.

Susanne Rehse / Nadine Schmid / Marietta Krenn: Wir lernen und üben Mathematik im eigenen Tempo 1/2. Illustratorin: Kornelia Weise

4. <u>Wie viele sind es?</u>

Schreibe die Plus- und die Malaufgabe zu den Bildern.

Palmen?

| 3 | + | 3 | + | 3 | = | |

| 3 | mal | 3 | | 3 | · | 3 | = | |

Blätter?

| 10 | + | | + | | = | |

| | mal | 10 | | | · | | = | |

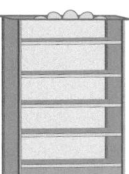

Fächer?

| |

| | mal | | | | · | | = | |

Schlangen?

| | + | | + | | = | |

| | mal | | | | · | | = | |

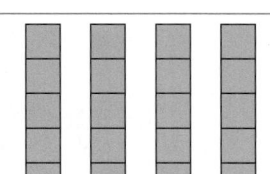

Bauklötze?

| | + | | + | | + | | + | | = | |

| | mal | | | | · | | = | |

Kinder?

| | + | | = | |

| | mal | | | | · | | = | |

 **5.** <u>Wie viele sind es?</u>

Schreibe nur noch die Malaufgabe zu den Bildern.

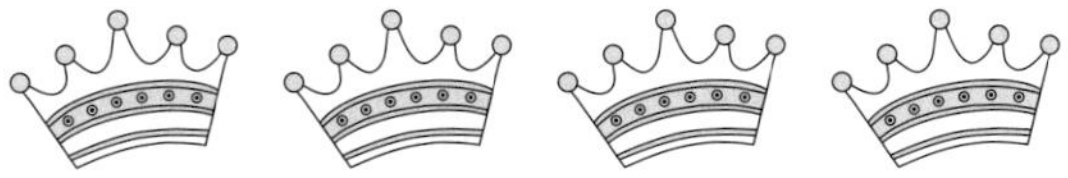

Zacken?

| | mal | | | | · | | = | |

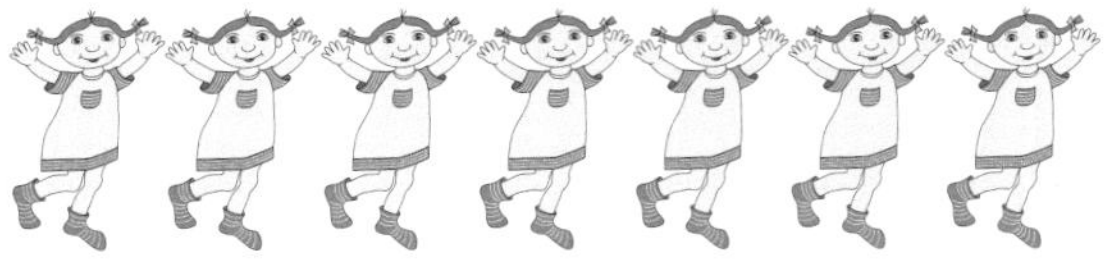

Beine?

| | mal | | | | · | | = | |

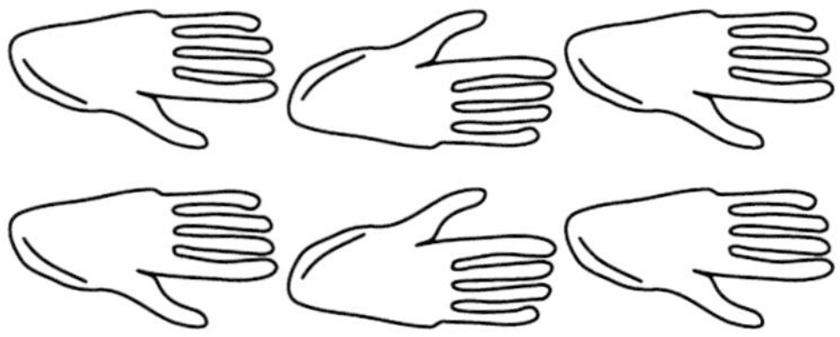

Finger?

| | mal | | | | · | | = | |

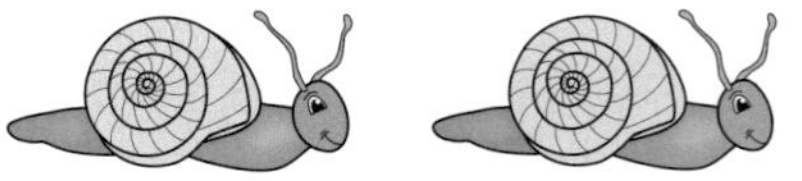

Beine?

| | mal | | | | · | | = | |

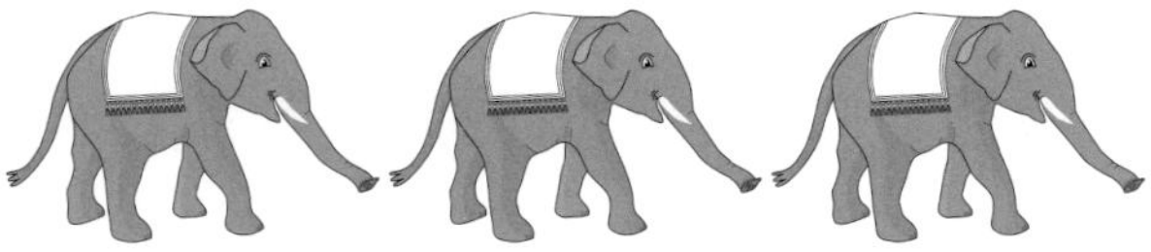

Beine?

| | mal | | | | · | | = | |

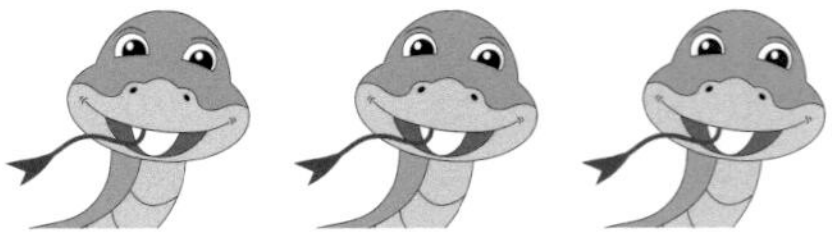

Zungen?

| | mal | | | | · | | = | |

 Klasse! Jetzt rechnest du schon richtige Malaufgaben!

 **6.** <u>Malaufgaben-Forscher</u>

Bilde Malaufgaben.
Achtung: zu einem Bild kannst du **keine** Malaufgabe bilden.
Kreuze es an.

·	=

·	=

·	=

Erkläre, warum du zu dem einen Bild keine Malaufgabe bilden konntest.

_____

_____

Wie muss eine Plusaufgabe sein, damit man aus ihr eine Malaufgabe machen kann?

_____

_____

 **7.** Wo entdeckst du überall **Malaufgaben** in **deiner Umgebung**?

 Zeichne sie auf, schreibe die Aufgaben dazu. Du kannst auch aus Katalogen oder Prospekten Bilder ausschneiden.

Gestalte eine **Malaufgaben-Seite**.

Malaufgabe in meiner Umgebung

Susanne Rehse / Nadine Schmid / Marietta Krenn: Wir lernen und üben Mathematik im eigenen Tempo 1/2. Illustratorin: Kornelia Weise

8. <u>Legen auf der Multiplikationstafel:</u>

Lege folgende Aufgabe mit deinen Plättchen auf die Multiplikationstafel und schreibe das Ergebnis auf!

$$2 \cdot 3 =$$

Lege die Aufgabe, drehe dann deine Tafel um:

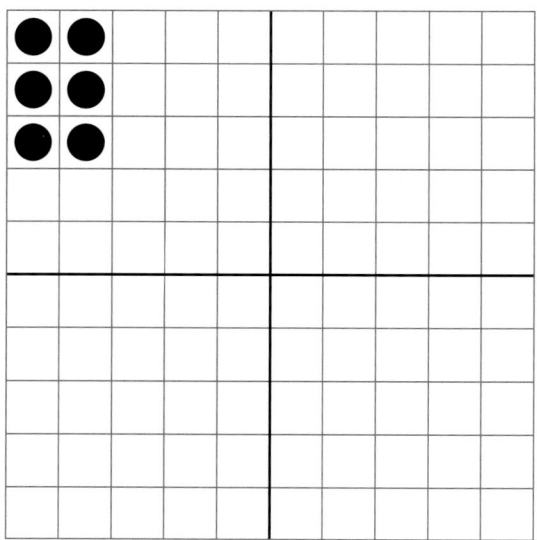

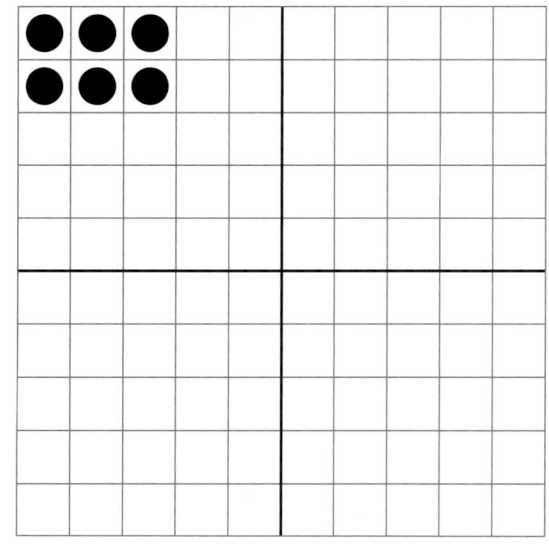

3 mal 2 =		2 mal 3 =	
3 · 2 =		2 · 3 =	

Was fällt dir an den beiden Malaufgaben auf? Beschreibe mithilfe des Wortspeichers.

_____

_____

_____

_____

Wortspeicher:

erste Zahl,
zweite Zahl,
tauschen
Ergebnis

Susanne Rehse / Nadine Schmid / Marietta Krenn: Wir lernen und üben Mathematik im eigenen Tempo 1/2. Illustratorin: Kornelia Weise

9. Legen auf der Multiplikationstafel:

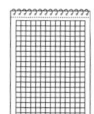 Lege folgende Aufgabe mit deinen Plättchen auf der Multiplikationstafel und schreibe die Aufgabe und die Tauschaufgabe auf deinen Block:

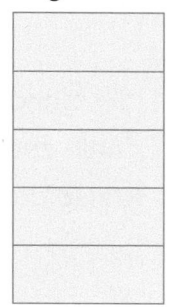

Aufgabe	Tauschaufgabe	Ergebnis
3 · 5 =	5 · 3 =	
4 · 3 =	· =	
3 · 6 =	· =	
7 · 4 =	· =	
2 · 8 =	· =	

Erfinde eigene Aufgaben und schreibe sie mit der Tauschaufgabe auf.

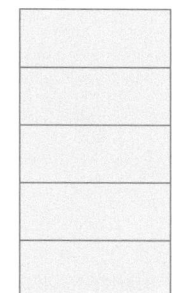

Aufgabe	Tauschaufgabe	Ergebnis
· =	· =	
· =	· =	
· =	· =	
· =	· =	
· =	· =	

10. Bonos Rechenrätsel:

 Schreibe deinen Rechenweg und die Antwort auf. Du kannst dir auch eine Skizze anfertigen oder die Multiplikationstafel nutzen.

 Wie viele Beine haben 6 Erdmännchen?

 Wie viele Ohren haben 5 Tiger?

 Wie viele Flügel haben 9 Schmetterlinge?

 Wie viele Mäuler haben 10 Krokodile?

Susanne Rehse / Nadine Schmid / Marietta Krenn: Wir lernen und üben Mathematik im eigenen Tempo 1/2. Illustratorin: Kornelia Weise

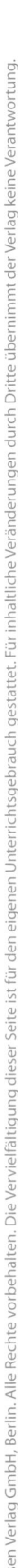

11. **Jetzt wird geteilt (Division)!**

> Ich teile eine Menge in lauter gleiche Bündel ein.
>
> Dann zähle ich die Anzahl der Bündel.

Hilf Bono die Bananen in **6 er - Bündel** zu packen.

Zähle zuerst alle Bananen.

Kreise dann immer 6 Bananen ein.

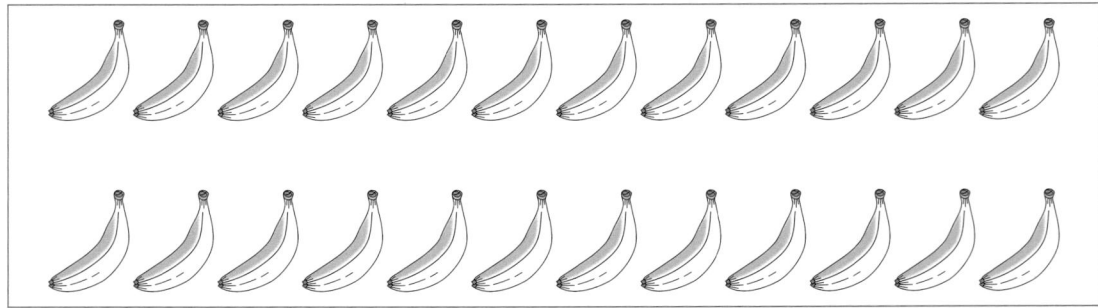

Insgesamt sind es: ☐ Bananen.

Aufgeteilt sind es: ☐ 6 er - Bündel.

Merke

Das kannst du so rechnen:

☐ geteilt durch 6 = ☐

Wir schreiben: ☐ : 6 = ☐

Wir sprechen: ☐ geteilt durch 6 ist gleich ☐

Bono hat ☐ Sechserbündel.

Susanne Rehse / Nadine Schmid / Marietta Krenn: Wir lernen und üben Mathematik im eigenen Tempo 1/2. Illustratorin: Kornelia Weise

12. Wir bündeln weiter (Division)!

Übe Teilen durch Bündeln.

Hilf mir verschiedene Bündel zu machen.

Schreibe die Geteiltaufgabe darunter.

Achtung: Nach vorne kommt die
Gesamtzahl – also alle Bananen zusammen!

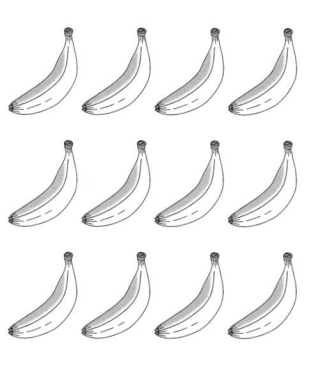

12 : 2 =

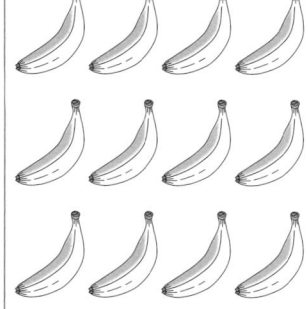

___ : 3 =

___ : 5 =

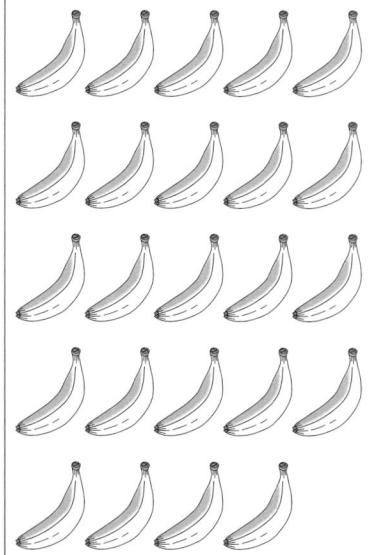

___ : 4 =

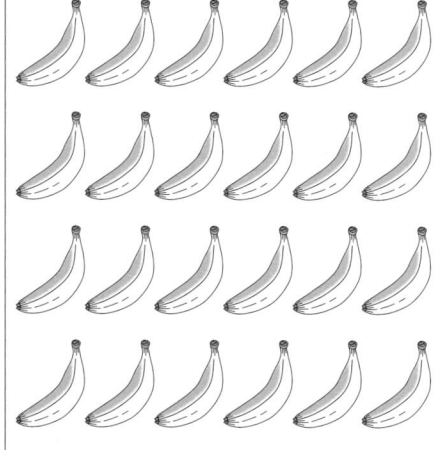

___ : 6 =

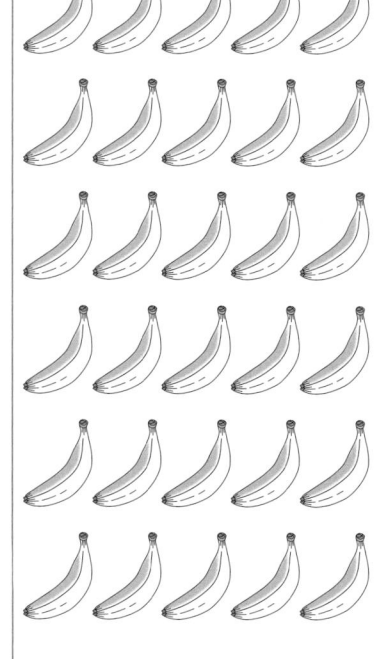

___ : 10 =

Susanne Rehse / Nadine Schmid / Marietta Krenn: Wir lernen und üben Mathematik im eigenen Tempo 1/2. Illustratorin: Kornelia Weise

13. Gerecht aufteilen – das kannst du!

Bono hat Kokosnüsse geerntet. Jetzt will er sie gerecht an seine zwei Freunde verteilen.

Streiche immer eine Kokosnuss durch und male sie jeweils abwechselnd in die Körbchen der Freunde. Wie viele Kokosnüsse hat jeder bekommen?

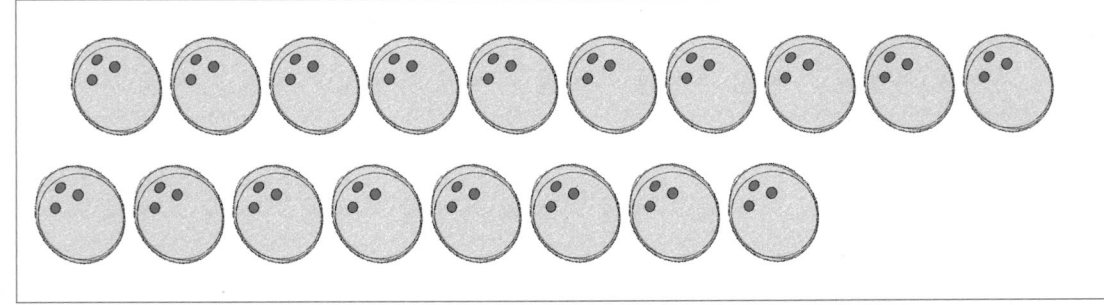

| Plumi | Muldi |

Insgesamt sind es: ☐ Kokosnüsse.

Aufgeteilt sind es 2 mal: ☐ Kokosnüsse.

Merke

Das kannst du so rechnen:

☐ geteilt durch 2 = ☐

Wir schreiben: ☐ : 2 = ☐

Jeder bekommt ☐ Kokosnüsse,

denn ☐ mal 2 = ☐ .

Susanne Rehse / Nadine Schmid / Marietta Krenn: Wir lernen und üben Mathematik im eigenen Tempo 1/2. Illustratorin: Kornelia Weise

 **14.** <u>Teilen mit der Divisionstafel:</u>

Lege folgende Aufgabe mit
deinen Plättchen auf der
Divisionstafel und
schreibe das Ergebnis auf!

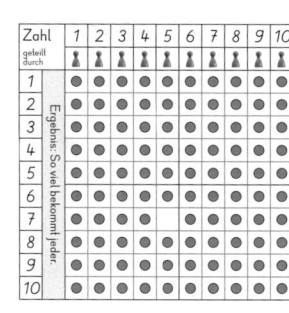

$$12 : 3 =$$

So geht es:

Zähle *12* Plättchen ab.
Gib nun den ersten drei Spielfiguren abwechselnd immer
ein Plättchen bis alle verteilt sind.
Wie viele Plättchen hat jede Figur bekommen?

 **15.** <u>Legen auf der Divisionstafel:</u>

Lege folgende Aufgaben mit deinen Plättchen auf der
Divisionstafel und schreibe die Geteiltaufgabe und die
Malaufgabe auf:

Geteiltaufgabe				, denn	Malaufgabe		
30	:	5	=		·	5	= 30
21	:	3	=		·	3	= 21
36	:	6	=		·	6	= 36
28	:	4	=		·	4	= 28
32	:	8	=		·	8	= 32

Jetzt bist du fit und wirst das Einmaleins
richtig gut lernen!

Susanne Rehse / Nadine Schmid / Marietta Krenn: Wir lernen und üben Mathematik im eigenen Tempo 1/2. Illustratorin: Kornelia Weise

 **16.** <u>Zum guten Schluss:</u>
<u>Bonos eiskalte Rechengeschichten</u>

Wenn es heiß ist, essen die Freunde am liebsten ein Eis.

Jeder hat heute ein Eis mit 3 Kugeln.
Wie viele Kugeln essen sie insgesamt?

Schreibe deinen Rechenweg und die Antwort auf.

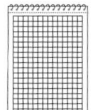 **17.** Kroko bringt heute 25 Kugeln Bananeneis mit.

Er teilt gerecht mit seinen 4 Freunden.
Wie viele Kugeln bekommt jeder?

Schreibe deinen Rechenweg und die Antwort auf.

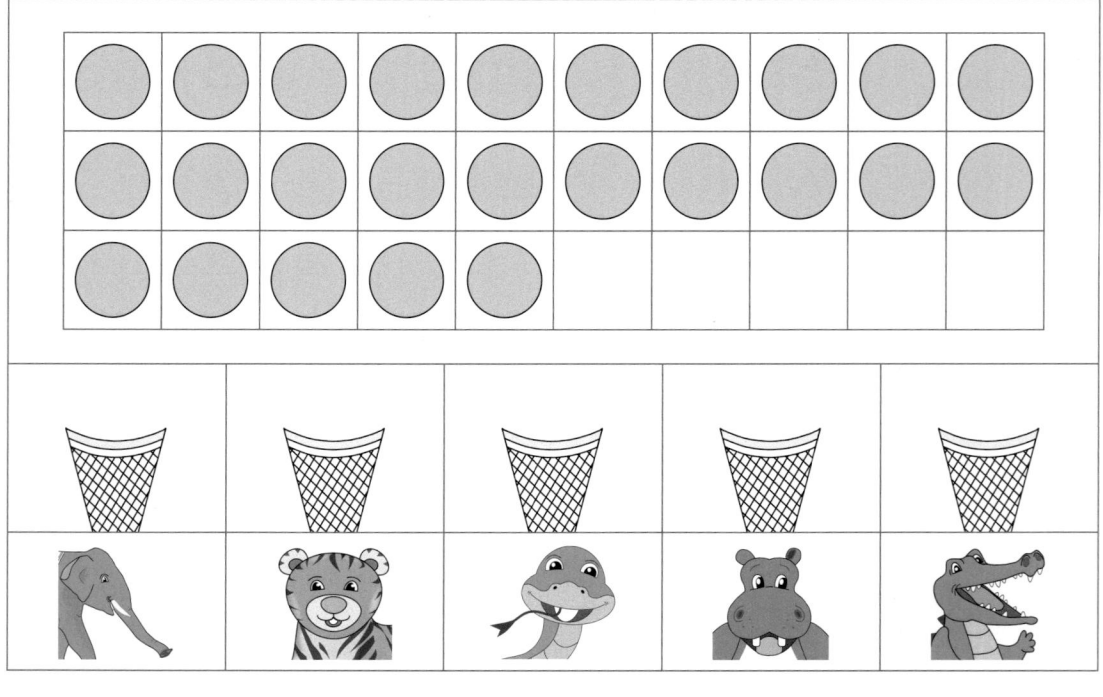

Susanne Rehse / Nadine Schmid / Marietta Krenn: Wir lernen und üben Mathematik im eigenen Tempo 1/2. Illustratorin: Kornelia Weise

 **18.** <u>Bonos eiskalte Knobelaufgabe:</u>

In der Dschungel-Eisbar gibt es drei Sorten Eis:

Bananeneis – gelb

Schokoladeneis – braun

und Meloneneis – rot

Wie viele verschiedene Eistüten mit zwei Kugeln Eis kann der Eismann machen?

Tipp: Man kann auch zwei Kugeln von derselben Sorte nehmen.

Suche dir einen Partner.

 Zeichnet alle Möglichkeiten für verschiedene Eistüten mit **zwei** Kugeln auf.

 Vergleicht eure Ergebnisse.

Achtung: Es darf kein Eis zweimal geben.

Wie viele Möglichkeiten habt ihr gefunden? ☐

 **Für Super-Knobler:**

 Findet ihr auch alle Möglichkeiten für ein Eis mit **drei** Kugeln?

 Wie ist es, wenn es noch Pistazieneis (grün) gibt?

Susanne Rehse / Nadine Schmid / Marietta Krenn: Wir lernen und üben Mathematik im eigenen Tempo 1/2. Illustratorin: Kornelia Weise

Name:	Datum:

Kompetenztest zur Lernstufe 17

Zeig, was du kannst!

1. Verdopple die Zahlen!

Zahl	6	2	4	3	9	7	5	8	10	1
das Doppelte										

2. Vom Plus- zum Malrechnen:

15

16

Zeichne eine <u>Skizze</u> der Aufgabe.

Schreibe die Aufgabe zuerst als <u>Plus-</u>, dann als <u>Malaufgabe</u> auf.

Bono deckt den Tisch mit Gläsern.
Er trägt jedes Mal zwei Gläser.

a) Wie viele Gläser stehen auf dem Tisch,
   wenn Bono **4 mal** gelaufen ist? Es sind _____ Gläser.

Skizze	Plusaufgabe	Malaufgabe

b) Wie viele Gläser stehen auf dem Tisch,
   wenn Bono **7 mal** gelaufen ist? Es sind _____ Gläser.

Skizze	Plusaufgabe	Malaufgabe

3. Bono bringt immer 5 Bananen.

   Er läuft 4 Mal. Bono bringt _____ Bananen.

Skizze	Plusaufgabe	Malaufgabe

/ 3

4. Bono verpackt die Kokosnüsse in 6er-Bündel.

   Kreise ein!
   Schreibe die Aufgabe als Geteiltaufgabe auf!

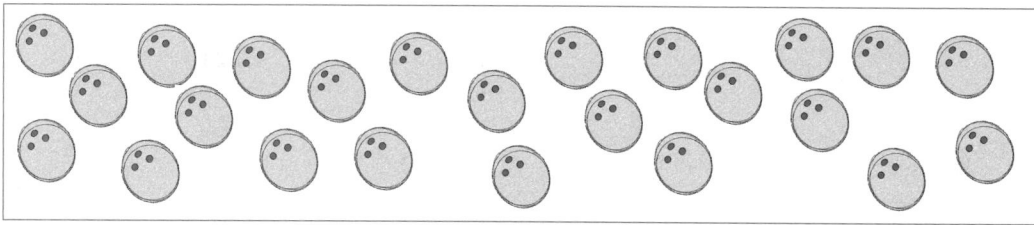

   Er hat _____ Kokosnüsse. Wie viele Bündel sind es? _____

	:		=	

/ 4

5. Bono verteilt seine Kokosnüsse gerecht an seine Freunde.

   Er hat 21 Kokosnüsse. Wie viele Kokosnüsse bekommt
   jeder Freund in seinen Korb? Streiche aus und ordne zu!

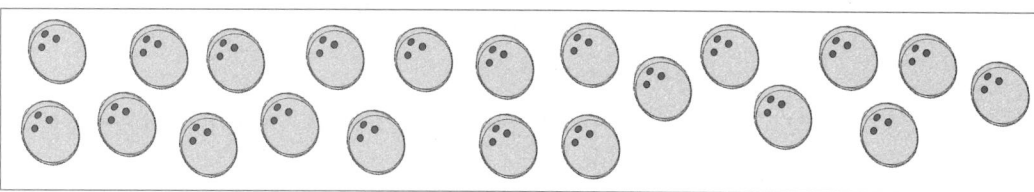

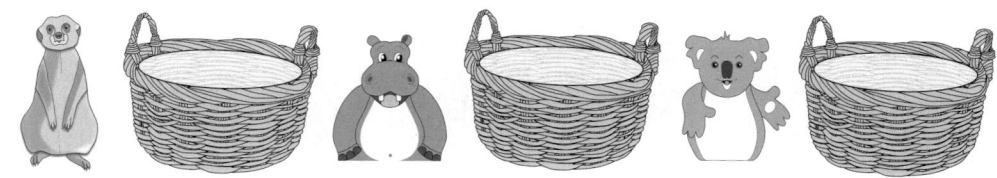

	:		=		Jeder bekommt _____ Kokosnüsse.

/ 4

Susanne Rehse / Nadine Schmid / Marietta Krenn: Wir lernen und üben Mathematik im eigenen Tempo 1/2. Illustratorin: Kornelia Weise

6. Denke dir zu dieser Malaufgabe eine eigene Rechengeschichte aus!

2	·	3	=	

_____

/ 3

7. Denke dir zu dieser Geteiltaufgabe eine eigene Rechengeschichte aus!

12	:	2	=	

_____

/ 3

Kontrolliere nochmal alles ganz genau!

Wie hast du dich im Test gefühlt? ☺ ☺ ☹

Welche Aufgabe war am leichtesten für dich? Nummer: _____

Welche Aufgabe war am schwersten für dich? Nummer: _____

Rückmeldung zu den bearbeiteten Kompetenzen:

Aufgabe 1:	☺ ☺ ☹	Du verdoppelst die Zahlen bis 10.
Aufgabe 2/3:	☺ ☺ ☹	Du findest zu einer Geschichte die passende Plus- und Malaufgabe.
Aufgabe 4:	☺ ☺ ☹	Du teilst eine Menge durch Bündeln auf und findest die passende Geteiltaufgabe.
Aufgabe 5:	☺ ☺ ☹	Du verteilst eine Menge gerecht und bildest die passende Geteiltaufgabe.
Aufgabe 6:	☺ ☺ ☹	Du findest zu einer Malaufgabe eine passende Rechengeschichte.
Aufgabe 7:	☺ ☺ ☹	Du findest zu einer Geteiltaufgabe eine passende Rechengeschichte.

Das solltest du noch einmal üben: _____

Von 28 Punkten hast du _____ Punkte erreicht.

_____

Datum   Unterschrift der Eltern

Susanne Rehse / Nadine Schmid / Marietta Krenn: Wir lernen und üben Mathematik im eigenen Tempo 1/2. Illustratorin: Kornelia Weise

Lernstufe 18

Name:

begonnen am:

beendet am:

Hier lernst du:

Die Kernaufgaben des kleinen Einmaleins und ihre Umkehraufgaben.

Spiele:

Extra-Kopfnuss für Super-Knobler:

Stufenheft: Aufgaben

erledigt

1	2	3	4	5
6	7	8	9	10
11	12	13	14	15
16	17	18	19	20
21	22	23	24	25
26	27	28	29	30
31	32	33	34	35
36	37	38	39	40
41	42			

Buch und Arbeitsheft

erledigt

S. Nr. S. Nr. S. Nr.

S. Nr. S. Nr. S. Nr.

Arbeitsheft

Wie waren die Aufgaben für dich? Färbe ein!

leicht (grün)   mittel (gelb)   schwer (rot)

20 19 18 17 16 15 14 13 12 11

Lernstufenheft *18* von _____

Hier lernst du:

Die Kernaufgaben des kleinen Einmaleins und ihre Umkehraufgaben.

Susanne Rehse / Nadine Schmid / Marietta Krenn: Wir lernen und üben Mathematik im eigenen Tempo 1/2. Illustratorin: Kornelia Weise

Bonos Einmaleins-Plan

mal ●	1	2	3	4	5	6	7	8	9	10
1	1·1 =	1·2 =	1·3 =	1·4 =	1·5 =	1·6 =	1·7 =	1·8 =	1·9 =	1·10 =
2	2·1 =	2·2 =	2·3 =	2·4 =	2·5 =	2·6 =	2·7 =	2·8 =	2·9 =	2·10 =
3	3·1 =	3·2 =	3·3 =	3·4 =	3·5 =	3·6 =	3·7 =	3·8 =	3·9 =	3·10 =
4	4·1 =	4·2 =	4·3 =	4·4 =	4·5 =	4·6 =	4·7 =	4·8 =	4·9 =	4·10 =
5	5·1 =	5·2 =	5·3 =	5·4 =	5·5 =	5·6 =	5·7 =	5·8 =	5·9 =	5·10 =
6	6·1 =	6·2 =	6·3 =	6·4 =	6·5 =	6·6 =	6·7 =	6·8 =	6·9 =	6·10 =
7	7·1 =	7·2 =	7·3 =	7·4 =	7·5 =	7·6 =	7·7 =	7·8 =	7·9 =	7·10 =
8	8·1 =	8·2 =	8·3 =	8·4 =	8·5 =	8·6 =	8·7 =	8·8 =	8·9 =	8·10 =
9	9·1 =	9·2 =	9·3 =	9·4 =	9·5 =	9·6 =	9·7 =	9·8 =	9·9 =	9·10 =
10	10·1 =	10·2 =	10·3 =	10·4 =	10·5 =	10·6 =	10·7 =	10·8 =	10·9 =	10·10 =

Trage immer die Ergebnisse der gelernten Reihen ein.

Male alle **Königsaufgaben gelb** an.

Male alle **Quadratzahlen rot** an.

Diese Aufgaben musst du auswendig können.

Merke

Susanne Rehse / Nadine Schmid / Marietta Krenn: Wir lernen und üben Mathematik im eigenen Tempo 1/2. Illustratorin: Kornelia Weise

1. Das ist ganz leicht – Das Einmaleins mit 1:

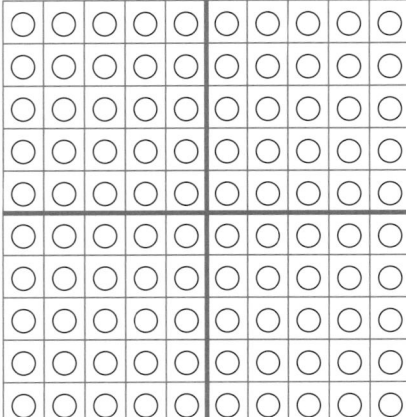

Lege das Einmaleins mit 1 auf deiner Multiplikationstafel. Male die entsprechenden Plättchen an.

Schreibe die Ergebnisse auf. Schreibe die Tauschaufgabe auf.

Malaufgabe

1 · 1 =		
2 · 1 =		
3 · 1 =		
4 · 1 =		
5 · 1 =		
6 · 1 =		
7 · 1 =		
8 · 1 =		
9 · 1 =		
10 · 1 =		

Tauschaufgabe

1 · 1 =		
1 · 2 =		
1 · 3 =		
1 · 4 =		
1 · 5 =		
1 · 6 =		
1 · 7 =		
1 · 8 =		
1 · 9 =		
1 · 10 =		

 2. Male alle Ergebnisse von Aufgabe 1 **gelb** an.

Die Einmaleinsaufgaben mit 1 sind **Königsaufgaben**.

 3. Trage die Ergebnisse der Malaufgaben und der Tauschaufgaben des Einmaleins mit 1 nun auch in deinen **großen Einmaleins-Plan** ein und male sie **gelb** an.

© 2017 Cornelsen Verlag GmbH, Berlin. Alle Rechte vorbehalten. Die Vervielfältigung dieser Seite ist für den eigenen Unterrichtsgebrauch gestattet. Für inhaltliche Veränderungen durch Dritte übernimmt der Verlag keine Verantwortung.

Susanne Rehse / Nadine Schmid / Marietta Krenn: Wir lernen und üben Mathematik im eigenen Tempo 1/2. Illustratorin: Kornelia Weise

 **4.** Umrahme die Ergebnisse der Einser-Reihe auf dem Hunderter-Feld mit einem roten Stift.

1	2	3	4	5	6	7	8	9	10
11	12	13	14	15	16	17	18	19	20
21	22	23	24	25	26	27	28	29	30
31	32	33	34	35	36	37	38	39	40
41	42	43	44	45	46	47	48	49	50
51	52	53	54	55	56	57	58	59	60
61	62	63	64	65	66	67	68	69	70
71	72	73	74	75	76	77	78	79	80
81	82	83	84	85	86	87	88	89	90
91	92	93	94	95	96	97	98	99	100

 **5.** Verbinde die **letzte Ziffer** der Ergebnisse der Einser-Reihe auf dem Einmaleinsstern mit einem roten Stift.
Benutze dein Lineal.

Der Einserstern:

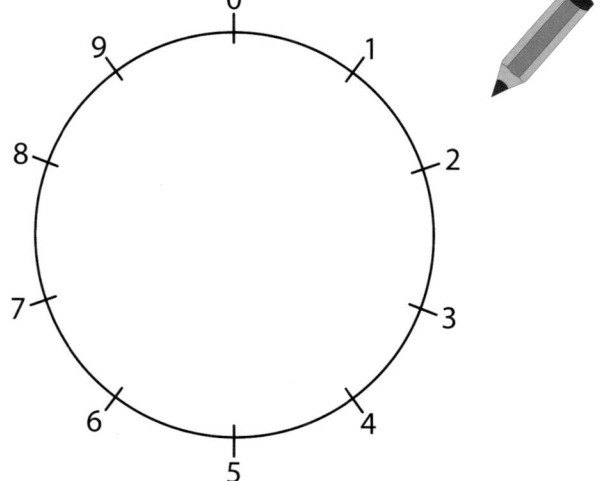

Susanne Rehse / Nadine Schmid / Marietta Krenn: Wir lernen und üben Mathematik im eigenen Tempo 1/2. Illustratorin: Kornelia Weise

6. <u>Das ist auch leicht – Das Einmaleins mit *10*:</u>

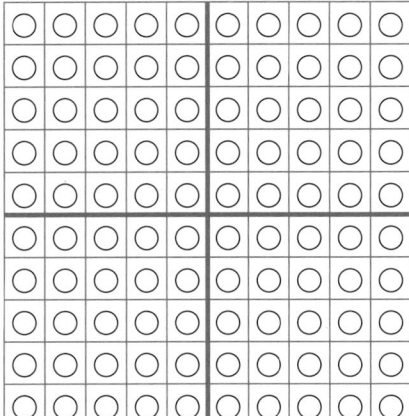

Lege das Einmaleins
mit *10* auf deiner
Multiplikationstafel.
Male die entsprechenden
Plättchen an.

Schreibe die Ergebnisse auf. Schreibe die Tauschaufgabe auf.

Malaufgabe	Tauschaufgabe

1 · 1 0 =		
2 · 1 0 =		
3 · 1 0 =		
4 · 1 0 =		
5 · 1 0 =		
6 · 1 0 =		
7 · 1 0 =		
8 · 1 0 =		
9 · 1 0 =		
1 0 · 1 0 =		

1 0 · 1 =		
1 0 · 2 =		
1 0 · 3 =		
1 0 · 4 =		
1 0 · 5 =		
1 0 · 6 =		
1 0 · 7 =		
1 0 · 8 =		
1 0 · 9 =		
1 0 · 1 0 =		

7.  Male alle Ergebnisse von Aufgabe 6 **gelb** an.
Die Einmaleinsaufgaben mit *10* sind **Königsaufgaben**.
Trage die Ergebnisse nun auch in deinen **großen Einmaleins-Plan**
ein und male sie **gelb** an. Achtung: Auch die Tauschaufgaben sind
Königsaufgaben.
Du musst sie auch gelb anmalen.

Susanne Rehse / Nadine Schmid / Marietta Krenn: Wir lernen und üben Mathematik im eigenen Tempo 1/2. Illustratorin: Kornelia Weise

 **8.** Umrahme die Ergebnisse der Zehner-Reihe auf dem
Hunderter-Feld mit einem hellbraunen Stift.

1	2	3	4	5	6	7	8	9	10
11	12	13	14	15	16	17	18	19	20
21	22	23	24	25	26	27	28	29	30
31	32	33	34	35	36	37	38	39	40
41	42	43	44	45	46	47	48	49	50
51	52	53	54	55	56	57	58	59	60
61	62	63	64	65	66	67	68	69	70
71	72	73	74	75	76	77	78	79	80
81	82	83	84	85	86	87	88	89	90
91	92	93	94	95	96	97	98	99	100

Vergleiche die Ergebnisse von der Einser-Reihe mit den Ergebnissen
von der Zehner-Reihe.
Schreibe auf, was dir aufgefallen ist.

_____

_____

_____

Susanne Rehse / Nadine Schmid / Marietta Krenn: Wir lernen und üben Mathematik im eigenen Tempo 1/2. Illustratorin: Kornelia Weise

Jetzt wird fleißig geübt!

9. Bonos Einmaleins-Kletter-Leiter.

Komm, klettere mit mir die Zehnerleiter hinauf und hinunter!

Schreibe die Malaufgaben des Zehner-Einmaleins noch einmal mit Ergebnis auf.
Lies sie dir einige Male hinauf und hinunter vor.
Kannst du sie schon auswendig?

10. Das kannst du bestimmt!

Verbinde Aufgabe und Ergebnis.

	· 10	
3		20
4		50
2		30
5		70
8		40
10		10
6		60
9		80
7		100
1		90

Setze ein, womit malgenommen wird.

10	·		=	70
10	·		=	50
10	·		=	100
10	·		=	60
10	·		=	30
10	·		=	40
10	·		=	80
10	·		=	20
10	·		=	10
10	·		=	90

Susanne Rehse / Nadine Schmid / Marietta Krenn: Wir lernen und üben Mathematik im eigenen Tempo 1/2. Illustratorin: Kornelia Weise

Teilen durch 10:

11. Die Früchte sollen verpackt werden. Immer 10 in eine Kiste.
Kreise immer 10 ein. Zähle dann, wie viele Kisten du brauchst.

6	0	:	1	0	=		

denn:

		·	1	0	=		

		:	1	0	=		

denn:

		·	1	0	=		

12. Verpacke auch diese Lebensmittel in Zehnerkisten:

50 Mangos	70 Bananen	90 Kokosnüsse	40 Avocados	30 Kiwis	80 Äpfel

 Schreibe die Geteilt- und die Malaufgabe untereinander, wie bei
Aufgabe 13.

Aufteilen in 10er-Bündel
ist nicht schwer!

Susanne Rehse / Nadine Schmid / Marietta Krenn: Wir lernen und üben Mathematik im eigenen Tempo 1/2. Illustratorin: Kornelia Weise

 **13.** <u>Jetzt lernst du das Einmaleins mit 5:</u>

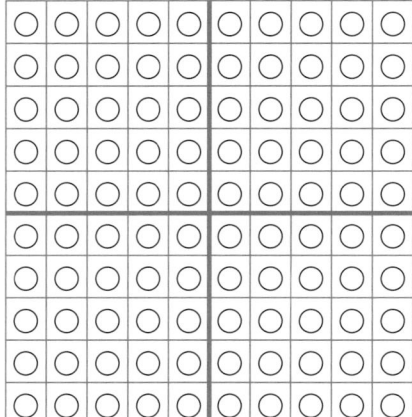

Lege das Einmaleins mit 5 auf deiner Multiplikationstafel. Male die entsprechenden Plättchen an.

Schreibe die Ergebnisse auf. Drehe die Multiplikationstafel um.
Schreibe die Tauschaufgabe auf.

Malaufgabe

1	·	5	=		
2	·	5	=		
3	·	5	=		
4	·	5	=		
5	·	5	=		
6	·	5	=		
7	·	5	=		
8	·	5	=		
9	·	5	=		
10	·	5	=		

Tauschaufgabe

5	·	1	=		
5	·	2	=		
5	·	3	=		
5	·	4	=		
5	·	5	=		
5	·	6	=		
5	·	7	=		
5	·	8	=		
5	·	9	=		
5	·	10	=		

 14. Male alle Ergebnisse von Aufgabe *13* **gelb** an.
Die Einmaleinsaufgaben mit *5* sind **Königsaufgaben**.

Susanne Rehse / Nadine Schmid / Marietta Krenn: Wir lernen und üben Mathematik im eigenen Tempo 1/2. Illustratorin: Kornelia Weise

 **15.** Trage die Ergebnisse der Malaufgaben und der Tauschaufgaben des Einmaleins mit 5 nun auch in deinen **großen Einmaleins-Plan** ein und male sie **gelb** an.

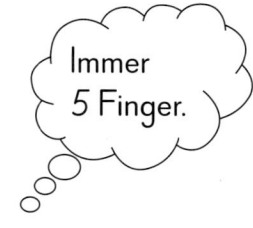

Immer 5 Finger.

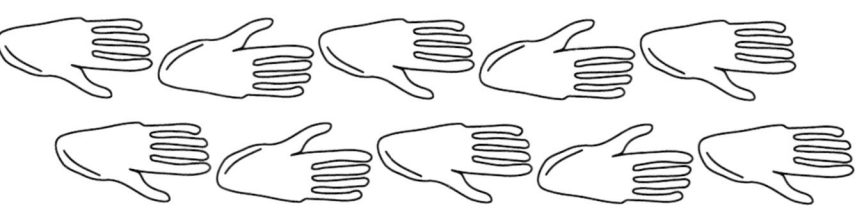

 **16.** Umrahme die Ergebnisse der Fünfer-Reihe auf dem Hunderter-Feld mit einem hellblauen Stift.

Schau dir die Ergebnisse genau an.

Was fällt dir auf?

1	2	3	4	5	6	7	8	9	10
11	12	13	14	15	16	17	18	19	20
21	22	23	24	25	26	27	28	29	30
31	32	33	34	35	36	37	38	39	40
41	42	43	44	45	46	47	48	49	50
51	52	53	54	55	56	57	58	59	60
61	62	63	64	65	66	67	68	69	70
71	72	73	74	75	76	77	78	79	80
81	82	83	84	85	86	87	88	89	90
91	92	93	94	95	96	97	98	99	100

Verbinde die <u>letzte Ziffer</u> der Ergebnisse der Fünfer-Reihe auf dem Einmaleinsstern mit einem hellblauen Stift. Benutze dein Lineal.

Der Fünferstern:

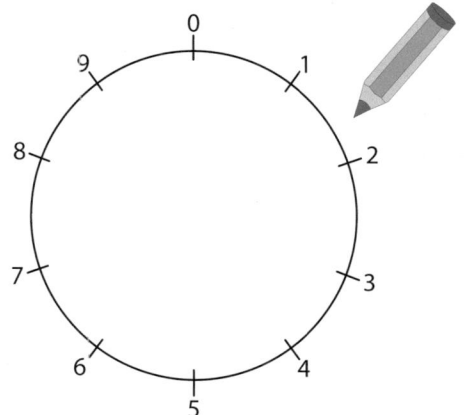

Susanne Rehse / Nadine Schmid / Marietta Krenn: Wir lernen und üben Mathematik im eigenen Tempo 1/2. Illustratorin: Kornelia Weise

17. <u>Wir üben die Fünfer- und die Zehner-Reihe!</u>

Zeichne Bonos **Fünfersprünge** bis zur Zahl *50* hellblau ein.

Zeichne Bonos **Zehnersprünge** bis zur Zahl *50* hellbraun ein.

Beginne immer bei *0*.

Bei welchen Zahlen treffen sich die beiden Sprünge?

Male einen roten Punkt darüber.

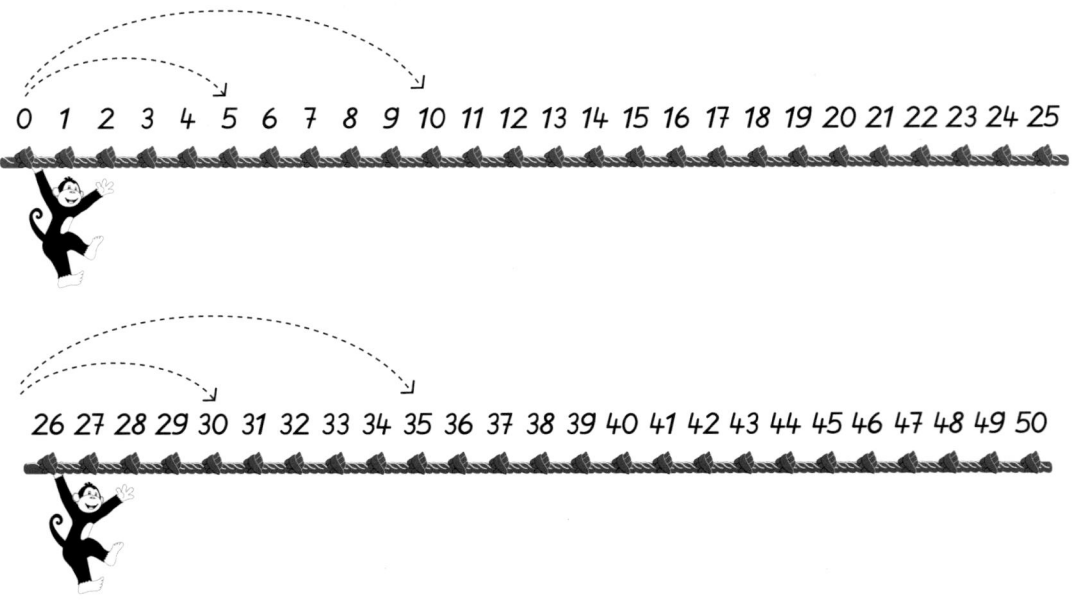

 Schau dir die Länge der Sprünge an. Vergleiche sie. Was fällt dir auf?

_____

_____

_____

Schreibe die Zehner- und die Fünfer-Reihe untereinander auf.

Was stellst du fest? Setze die Wörter richtig ein, dann erfährst du einen

wichtigen Trick.

	1	2	3	4	5	6	7	8	9	10
10 mal	10	20								
5 mal	5									

Bei manchen Reihen kannst du _____.

Das Einmaleins mit *5* ist die _____ vom Einmaleins mit *10*.

Setze ein: Hälfte, halbieren

Susanne Rehse / Nadine Schmid / Marietta Krenn: Wir lernen und üben Mathematik im eigenen Tempo 1/2. Illustratorin: Kornelia Weise

 **Übe fleißig!**

 **18.** Schreibe die Malaufgaben mit *10* und *5* auf deinen Block.
Schreibe so: *1 · 10 = 10* , *1 · 5 = 5*
2 · 10 = ___ , *2 · 5 = ___*

 **19.** Schreibe zu diesen Ergebnissen Malaufgaben mit *10* und *5* auf.

60 25 30 45 10 20 35

Zu welchen Ergebnissen gibt es sowohl eine Malaufgabe mit *10* als auch eine mit *5*? Kreise sie ein.

 **20.** Berechne mit einer Malaufgabe: (Zeichne zuerst eine Skizze.)

a) Bono hat Geburtstag. Muldi, Plumi, Kroko und Ele legen ihr gespartes Geld zusammen für ein Geschenk. Jeder hat **5 Euro**.

Wie viel Geld haben sie zusammen?

Rechengeld: © ECB

b) Für das Dschungeltheater werden Stühle aufgestellt. Immer **5 Stühle** stehen in einer Reihe. Bono stellt **8 Reihen** auf.
Wie viele Gäste können sitzen?

c) Wer hat mehr Geld?
Plumi hat *3 Zehn-Euro-Scheine*,
Muldi hat *5 Fünf-Euro-Scheine*.

Rechengeld: © ECB

d) Bono spielt mit Kroko Kniffel.
Bono würfelt 6 mal hintereinander 5 Punkte.
Kroko würfelt 4 mal hintereinander 10 Punkte.
Wer hat mehr Punkte gewürfelt?

Susanne Rehse / Nadine Schmid / Marietta Krenn: Wir lernen und üben Mathematik im eigenen Tempo 1/2. Illustratorin: Kornelia Weise

 **21.** __Jetzt lernst du das Einmaleins mit 2:__

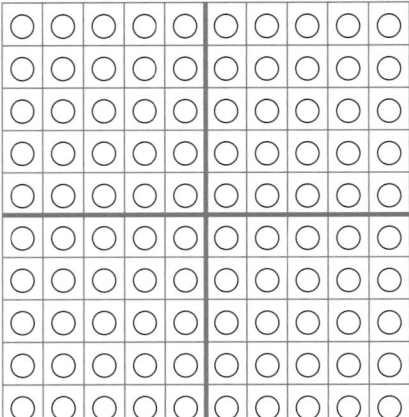

Lege das Einmaleins mit 2 auf deiner Multiplikationstafel. Male die entsprechenden Plättchen an.

Schreibe die Ergebnisse auf. Schreibe die Tauschaufgabe auf.

Malaufgabe

| 1 · 2 = |
| 2 · 2 = |
| 3 · 2 = |
| 4 · 2 = |
| 5 · 2 = |
| 6 · 2 = |
| 7 · 2 = |
| 8 · 2 = |
| 9 · 2 = |
| 10 · 2 = |

Tauschaufgabe

| 2 · 1 = |
| 2 · 2 = |
| 2 · 3 = |
| 2 · 4 = |
| 2 · 5 = |
| 2 · 6 = |
| 2 · 7 = |
| 2 · 8 = |
| 2 · 9 = |
| 2 · 10 = |

 **22.** Male alle Ergebnisse von Aufgabe 21 **gelb** an. Die Einmaleinsaufgaben mit 2 sind **Königsaufgaben**.

Susanne Rehse / Nadine Schmid / Marietta Krenn: Wir lernen und üben Mathematik im eigenen Tempo 1/2. Illustratorin: Kornelia Weise

23. Trage die Ergebnisse der Malaufgaben und der Tauschaufgaben des Einmaleins mit 2 nun auch in deinen **großen Einmaleins-Plan** ein und male sie **gelb** an.

Ich habe **zwei** Flügel.

24. Umrahme die Ergebnisse der Zweier-Reihe auf dem Hunderter-Feld mit einem grünen Stift.

1	2	3	4	5	6	7	8	9	10
11	12	13	14	15	16	17	18	19	20
21	22	23	24	25	26	27	28	29	30
31	32	33	34	35	36	37	38	39	40
41	42	43	44	45	46	47	48	49	50
51	52	53	54	55	56	57	58	59	60
61	62	63	64	65	66	67	68	69	70
71	72	73	74	75	76	77	78	79	80
81	82	83	84	85	86	87	88	89	90
91	92	93	94	95	96	97	98	99	100

25. Verbinde die <u>letzte Ziffer</u> der Ergebnisse der Zweier-Reihe auf dem Einmaleinsstern mit einem grünen Stift. Benutze dein Lineal.

Der Zweierstern:

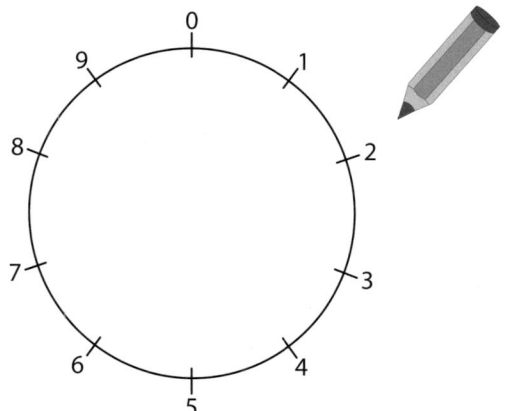

Susanne Rehse / Nadine Schmid / Marietta Krenn: Wir lernen und üben Mathematik im eigenen Tempo 1/2. Illustratorin: Kornelia Weise

Übe das Einmaleins mit 2!

26. Welcher Wurm trifft sich mit welcher Schnecke? Verbinde.
Schreibe dann alle Malaufgaben mit Ergebnis auf.

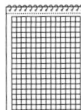

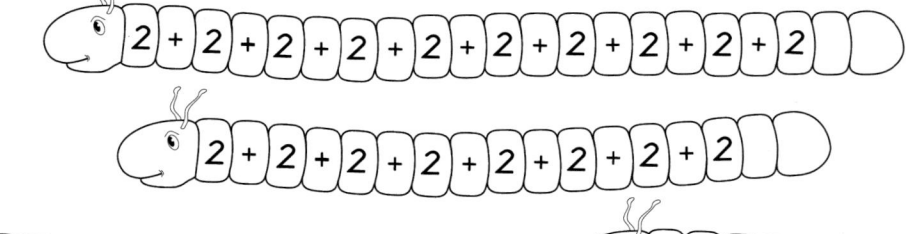

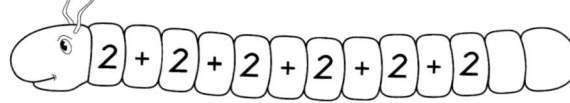 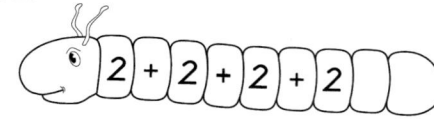

27. Rechne die Plus- und die Malaufgabe aus.

2	+	2	=	
3	+	3	=	
4	+	4	=	
5	+	5	=	
6	+	6	=	
7	+	7	=	
8	+	8	=	
9	+	9	=	
10	+	10	=	

2	·	2	=	
3	·	2	=	
4	·	2	=	
5	·	2	=	
6	·	2	=	
7	·	2	=	
8	·	2	=	
9	·	2	=	
10	·	2	=	

Na, ist dir etwas aufgefallen? Richtig, beim Einmaleins mit 2 kannst du die Zahlen einfach verdoppeln.

28. Rechne schnell im Kopf!

Zahl	6	3	7	5	0	10	2	9	4	1	8
·2											

Susanne Rehse / Nadine Schmid / Marietta Krenn: Wir lernen und üben Mathematik im eigenen Tempo 1/2. Illustratorin: Kornelia Weise

 **29.** <u>Teilen durch 2 mit der Divisionstafel:</u>

Probiere: Welche Mengen kannst du gerecht
auf 2 aufteilen, welche nicht? Kreuze an!

Zahl	Geht auf	Geht nicht auf
11		
12		
13		
14		
15		
16		

Zahl	Geht auf	Geht nicht auf
16		
17		
18		
19		
20		
10		

Rahme alle Zahlen, die du durch 2 teilen konntest, **rot** ein,
alle Zahlen, die du nicht gerade durch 2 teilen konntest, **blau**.

 **30.** Setze richtig ein, und hilf Bono den Merksatz zu schreiben.

Zahlen, die du genau durch _____ teilen kannst,

heißen _____ Zahlen.

Zahlen, bei denen ein _____ bleibt,

nennt man _____ Zahlen.

Setze ein: ungerade, gerade, zwei, Rest

Merke

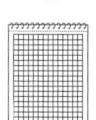 **31.** Schreibe alle rot umrahmten Zahlen von Aufgabe 29 als Geteiltaufgaben auf.
So: 12 : 2 =

Susanne Rehse / Nadine Schmid / Marietta Krenn: Wir lernen und üben Mathematik im eigenen Tempo 1/2. Illustratorin: Kornelia Weise

Wir üben Teilen!

32. Schreibe die Geteiltaufgaben mit 2 auf und die Malaufgabe darunter.

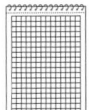

$14 : 2 =$	$4 : 2 =$	$8 : 2 =$	$12 : 2 =$
$10 : 2 =$	$18 : 2 =$	$16 : 2 =$	$20 : 2 =$

Rechne **zuerst** die Malaufgabe aus,
dann ist das Teilen nicht mehr schwer.
Schreibe so:

$$14 : 2 = \boxed{}$$
$$\boxed{7} \cdot 2 = 14$$

33. Schreibe die Geteiltaufgaben mit 10 auf und die
Malaufgabe darunter.

$20 : 10 =$	$50 : 10 =$	$70 : 10 =$	$90 : 10 =$
$30 : 10 =$	$60 : 10 =$	$40 : 10 =$	$100 : 10 =$

34. Schreibe die Geteiltaufgaben mit 5 auf und die
Malaufgabe darunter.

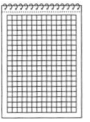

$10 : 5 =$	$20 : 5 =$	$15 : 5 =$	$40 : 5 =$
$35 : 5 =$	$25 : 5 =$	$45 : 5 =$	$30 : 5 =$

35. Schreibe die gemischten Geteiltaufgaben auf und die
Malaufgabe darunter.

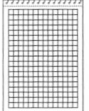

$18 : 2 =$	$50 : 5 =$	$10 : 10 =$	$2 : 2 =$
$15 : 5 =$	$60 : 10 =$	$14 : 2 =$	$20 : 5 =$

Merke

> Die **Geteiltaufgabe** ist die **Umkehraufgabe** zur Malaufgabe.

Susanne Rehse / Nadine Schmid / Marietta Krenn: Wir lernen und üben Mathematik im eigenen Tempo 1/2. Illustratorin: Kornelia Weise

3 Zahlen – 4 Aufgaben: Rechne mit Muldi!

Multipliziere die Augenzahlen. Die Zahl in Muldis Maul ist das Ergebnis.

Los geht's!

Jetzt weißt du, warum ich **Muldi** heiße:
Ich liebe Multiplikations- und Divisionsaufgaben.
Bilde mit **drei Zahlen** vier Aufgaben und schreibe sie in meinen Bauch.
So:

$$2 \cdot 10 = 20$$
$$10 \cdot 2 = 20$$
$$20 : 2 = 10$$
$$20 : 10 = 2$$

Susanne Rehse / Nadine Schmid / Marietta Krenn: Wir lernen und üben Mathematik im eigenen Tempo 1/2. Illustratorin: Kornelia Weise

37. Schneide die Muldis aus und klebe sie auf den Block. Schreibe immer vier Aufgaben darunter.

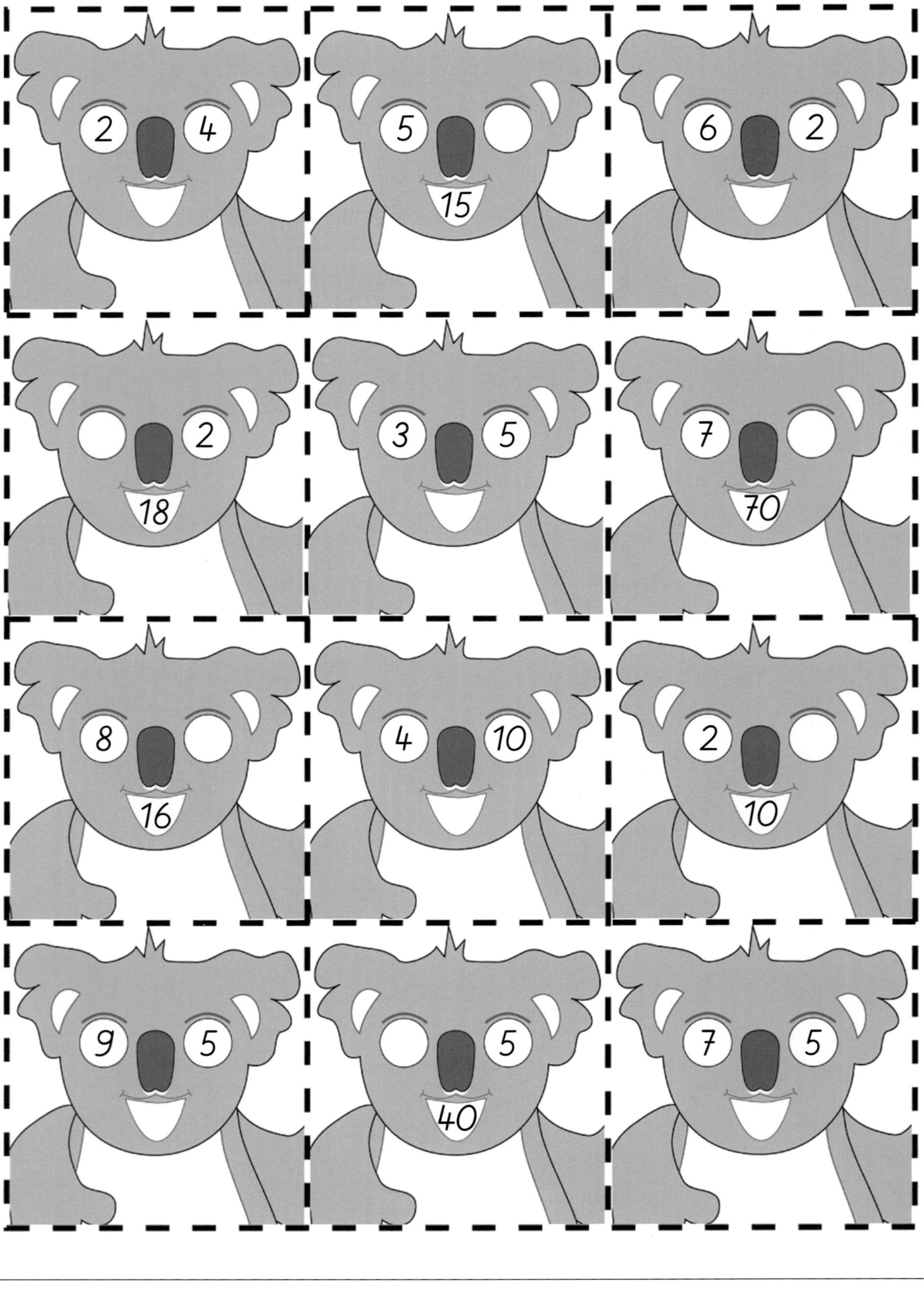

2 · 4	5 ... 15	6 · 2
2 ... 18	3 · 5	7 ... 70
8 ... 16	4 · 10	2 ... 10
9 · 5	5 ... 40	7 · 5

Susanne Rehse / Nadine Schmid / Marietta Krenn: Wir lernen und üben Mathematik im eigenen Tempo 1/2. Illustratorin: Kornelia Weise

38. Wir üben Mal- und Geteiltaufgaben!

Rechne schnell im Kopf.
Stoppe deine Zeit.

Gib Gas!
Du kannst es!

2 · 2 = ___	30 : 10 = ___	4 · 10 = ___
30 : 5 = ___	2 · 5 = ___	20 : 2 = ___
25 : 5 = ___	18 : 2 = ___	6 · 5 = ___
8 · 2 = ___	14 : 2 = ___	50 : 5 = ___
12 : 2 = ___	9 · 5 = ___	40 : 5 = ___
8 : 2 = ___	15 : 5 = ___	6 · 2 = ___
7 · 10 = ___	70 : 10 = ___	6 : 2 = ___
35 : 5 = ___	7 · 5 = ___	14 : 2 = ___
90 : 10 = ___	45 : 5 = ___	3 · 2 = ___
7 · 2 = ___	20 : 10 = ___	20 : 5 = ___
10 : 10 = ___	30 : 1 = ___	9 · 2 = ___
4 · 5 = ___	10 : 5 = ___	10 : 2 = ___
5 : 1 = ___	16 : 2 = ___	8 · 5 = ___

Wie lange hast du gebraucht?

_____ Minuten

Wenn du **weniger als 15 Minuten** gebraucht hast, bist du schon richtig gut!

Susanne Rehse / Nadine Schmid / Marietta Krenn: Wir lernen und üben Mathematik im eigenen Tempo 1/2. Illustratorin: Kornelia Weise

Jetzt lernst du die Quadratzahlen!

39.

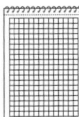

Zeichne diese Einmaleinsaufgaben als Kästchenmuster auf.

Bsp.: $2 \cdot 2 = 4$ $\qquad$ $3 \cdot 3 =$ ___

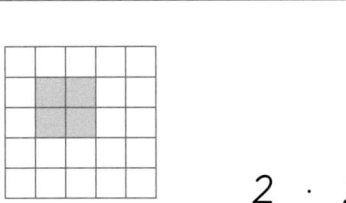

$2 \cdot 2 = 4$

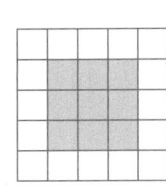

$3 \cdot 3 =$ ___

Schreibe die Ergebnisse auf:

$1 \cdot 1 =$			
$2 \cdot 2 =$			
$3 \cdot 3 =$			
$4 \cdot 4 =$			
$5 \cdot 5 =$			
$6 \cdot 6 =$			
$7 \cdot 7 =$			
$8 \cdot 8 =$			
$9 \cdot 9 =$			
$10 \cdot 10 =$			

Was fällt dir an den Aufgaben auf?

_____

_____

_____

_____

_____

Warum heißen die Ergebnisse wohl Quadratzahlen?

_____

_____

_____

40.

Male alle Ergebnisse von Aufgabe *39* **rot** an.
Die Quadratzahlen sind wichtig.
Trage die Ergebnisse der Quadrataufgaben nun auch in deinen **großen**
Einmaleins-Plan ein und male sie **rot** an.

Susanne Rehse / Nadine Schmid / Marietta Krenn: Wir lernen und üben Mathematik im eigenen Tempo 1/2. Illustratorin: Kornelia Weise

 **41.** Umrahme die Ergebnisse der Quadrat-Reihe auf dem Hunderter-Feld mit deiner Lieblingsfarbe.

1	2	3	4	5	6	7	8	9	10
11	12	13	14	15	16	17	18	19	20
21	22	23	24	25	26	27	28	29	30
31	32	33	34	35	36	37	38	39	40
41	42	43	44	45	46	47	48	49	50
51	52	53	54	55	56	57	58	59	60
61	62	63	64	65	66	67	68	69	70
71	72	73	74	75	76	77	78	79	80
81	82	83	84	85	86	87	88	89	90
91	92	93	94	95	96	97	98	99	100

 **42.** Verbinde die <u>**letzte Ziffer**</u> der Ergebnisse der Quadrat-Reihe auf dem Einmaleinsstern mit verschiedenen bunten Farben. Benutze dein Lineal.

Der Quadratstern:

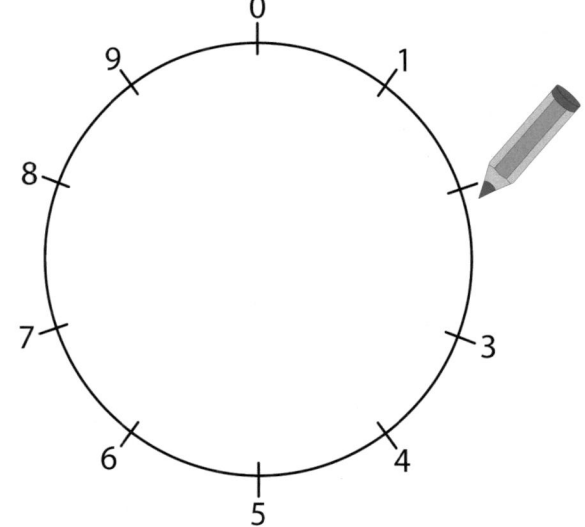

Susanne Rehse / Nadine Schmid / Marietta Krenn: Wir lernen und üben Mathematik im eigenen Tempo 1/2. Illustratorin: Kornelia Weise

Name:	Datum:

Kompetenztest zur Lernstufe 18

Zeig, was du kannst!

1. Verbinde die Aufgabe mit dem richtigen Ergebnis! | /5 |

Aufgabe	6·10	2·10	4·10	3·10	9·10	7·10	5·10	8·10	10·10	1·10

Ergebnis	90	70	20	50	60	100	80	10	30	40

2. Setze ein, womit malgenommen wird! | /5 |

10 ·	=	70
10 ·	=	50
10 ·	=	100
10 ·	=	60
10 ·	=	30
10 ·	=	40
10 ·	=	80
10 ·	=	20
10 ·	=	10
10 ·	=	90

3. Male nur Ergebnisse der Fünfer-Reihe hellblau an. | /4 |

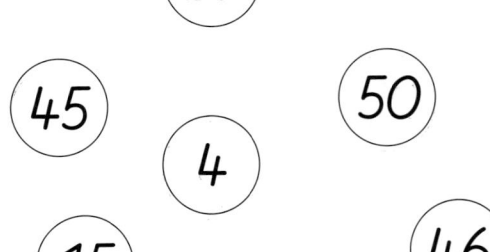

25 10 68 40 18 24 37 30 45 50 4 15 35 46

4. Bono hat <u>vier</u> 5 Euro-Scheine in seinem Geldbeutel. Wie viele Euro sind das zusammen? | /3 |

Rechnung:

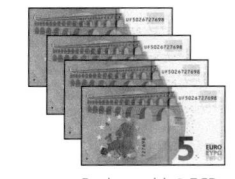

Rechengeld: © ECB

Antwort: _____

5. Bono und Kroko spielen Kniffel.
   Bono würfelt <u>sieben</u> mal *5* Punkte.
   Kroko würfelt <u>vier</u> mal *10* Punkte.
   Wer hat mehr Punkte gewürfelt?
   Rechnung:

/ 3

Antwort: _____

6. Rechne das Zweier-Einmaleins im Kopf!

/ 3

Zahl	6	3	7	5	0	10	2	9	4	8
· 2										

7. Welche Zahlen kannst du durch *5* teilen?
   Male sie hellblau an!
   Welche Zahlen kannst du durch *10* teilen?
   Umrahme sie orange!

/ 5

| 50 | 35 | 15 | 20 | 45 | 40 | 5 | 10 | 25 | 30 |

8. Schreibe alle Geteiltaufgaben mit *5* und *10* und die
   passenden Malaufgaben zu diesen Zahlen auf!

/ 15

Geteiltaufgabe	Malaufgabe
	, denn
	, denn
	, denn
	, denn
	, denn
	, denn
	, denn
	, denn
	, denn
	, denn
	, denn
	, denn
	, denn
	, denn
	, denn

Susanne Rehse / Nadine Schmid / Marietta Krenn: Wir lernen und üben Mathematik im eigenen Tempo 1/2. Illustratorin: Kornelia Weise

9. Rechne aus!　　/ 10　　　　　　　　/ 4

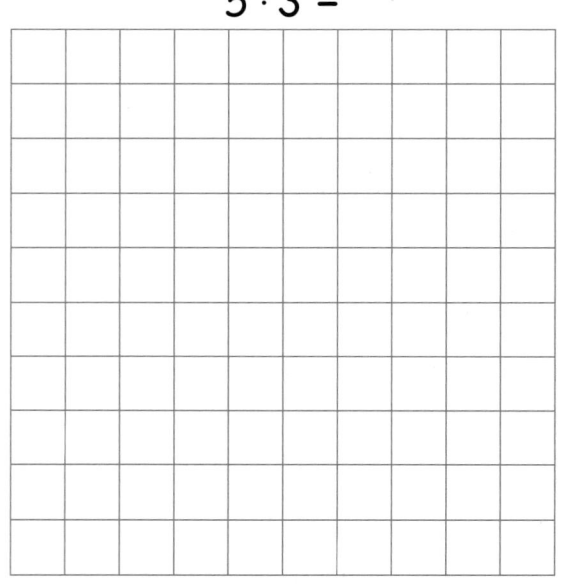

Wie nennt man die Ergebnisse dieser Malaufgaben?

_____

_____

Erkläre, warum das so ist!

_____

_____

_____

10.　Zeichne diese Malaufgaben als Kästchenmuster!　　/ 2

5 · 3 =

6 · 10 =

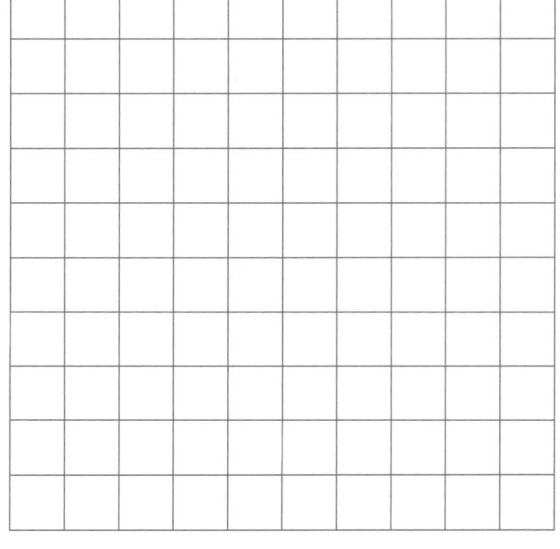

11. Löse diese Rechengeschichte in mehreren Schritten!

Bono geht mit seinem Korb Bananen pflücken. In seinen Korb passen immer nur 5 Bananen hinein. Bono geht drei mal los und kommt jedes Mal mit einem vollen Korb wieder. Zu Hause packt er alle Bananen aus. Da kommen seine zwei Freunde Muldi und Plumi vorbei. Bono teilt die Bananen gerecht mit seinen Freunden.
Wie viele Bananen bekommt jeder von ihnen?

Rechnung:

Antwort: _____

Kontrolliere nochmal alles ganz genau!

Wie hast du dich im Test gefühlt? ☺ ☺ ☹

Welche Aufgabe war am leichtesten für dich? Nummer: _____

Welche Aufgabe war am schwersten für dich? Nummer: _____

Rückmeldung zu den bearbeiteten Kompetenzen:

Aufgabe 1, 2:	☺ ☺ ☹	Du bist sicher im Zehner-Einmaleins.
Aufgabe 3, 4	☺ ☺ ☹	Du bist sicher im Fünfer-Einmaleins.
Aufgabe 5:	☺ ☺ ☹	Du löst eine einfache Rechengeschichte.
Aufgabe 6:	☺ ☺ ☹	Du löst Aufgaben des Zweier-Einmaleins richtig.
Aufgabe 7, 8	☺ ☺ ☹	Du teilst Mengen durch 5 und 10 und bildest die Umkehraufgabe.
Aufgabe 9:	☺ ☺ ☹	Du kennst die Quadratzahlen und kannst erklären, woher der Begriff kommt.
Aufgabe 10:	☺ ☺ ☹	Du stellst Malaufgaben als Flächenmuster dar.
Aufgabe 11:	☺ ☺ ☹	Du findest den Rechenweg zu einer mehrgliedrigen Sachaufgabe und löst sie korrekt.

Das solltest du noch einmal üben: _____

Von 64 Punkten hast du _____ Punkte erreicht.

_____
Datum   Unterschrift der Eltern

Susanne Rehse / Nadine Schmid / Marietta Krenn: Wir lernen und üben Mathematik im eigenen Tempo 1/2. Illustratorin: Kornelia Weise

Lernstufe 19

Name:

begonnen am:

beendet am:

Hier lernst du:

Das Teilen mit Rest und das Einmaleins mit 4 und 8.

Stufenheft: Aufgaben

				erledigt
1	2	3	4	5
6	7	8	9	10
11	12	13	14	15
16	17	18	19	20
21	22	23	24	25
26	27	28	29	30
31	32	33	34	35
36	37	38	39	40
41	42	43		

Buch und Arbeitsheft

			erledigt
S.	S.	S.	
Nr.	Nr.	Nr.	
S.	S.	S.	
Nr.	Nr.	Nr.	

Arbeitsheft

Spiele:

Extra-Kopfnuss für Super-Knobler:

11 12 13 14 15 16 17 18 19 20

Wie waren die Aufgaben für dich? Färbe ein!

leicht (grün)   mittel (gelb)   schwer (rot)

Lernstufenheft *19* von _____

Hier lernst du:

Das Teilen mit Rest
und das Einmaleins
mit 4 und 8.

Susanne Rehse / Nadine Schmid / Marietta Krenn: Wir lernen und üben Mathematik im eigenen Tempo 1/2. Illustratorin: Kornelia Weise

Bonos Einmaleins - Plan

mal ●	1	2	3	4	5	6	7	8	9	10
1	1·1 =	1·2 =	1·3 =	1·4 =	1·5 =	1·6 =	1·7 =	1·8 =	1·9 =	1·10 =
2	2·1 =	2·2 =	2·3 =	2·4 =	2·5 =	2·6 =	2·7 =	2·8 =	2·9 =	2·10 =
3	3·1 =	3·2 =	3·3 =	3·4 =	3·5 =	3·6 =	3·7 =	3·8 =	3·9 =	3·10 =
4	4·1 =	4·2 =	4·3 =	4·4 =	4·5 =	4·6 =	4·7 =	4·8 =	4·9 =	4·10 =
5	5·1 =	5·2 =	5·3 =	5·4 =	5·5 =	5·6 =	5·7 =	5·8 =	5·9 =	5·10 =
6	6·1 =	6·2 =	6·3 =	6·4 =	6·5 =	6·6 =	6·7 =	6·8 =	6·9 =	6·10 =
7	7·1 =	7·2 =	7·3 =	7·4 =	7·5 =	7·6 =	7·7 =	7·8 =	7·9 =	7·10 =
8	8·1 =	8·2 =	8·3 =	8·4 =	8·5 =	8·6 =	8·7 =	8·8 =	8·9 =	8·10 =
9	9·1 =	9·2 =	9·3 =	9·4 =	9·5 =	9·6 =	9·7 =	9·8 =	9·9 =	9·10 =
10	10·1 =	10·2 =	10·3 =	10·4 =	10·5 =	10·6 =	10·7 =	10·8 =	10·9 =	10·10 =

Nimm deinen **eigenen** Plan!

Trage immer die Ergebnisse der gelernten Reihen ein.
Male alle **Königsaufgaben gelb** an.

Übe jeden Tag eine Reihe und lasse dich
von einem Erwachsenen abfragen.

Das Einmaleins musst du im Schlaf können!

Susanne Rehse / Nadine Schmid / Marietta Krenn: Wir lernen und üben Mathematik im eigenen Tempo 1/2. Illustratorin: Kornelia Weise

Wie fit bist du noch?

1. Bilde mit den Zahlen auf der linken und der rechten Seite der Zahlenhöhle viele verschiedene Malaufgaben (mindestens 20). Schreibe sie auf.

2. Finde Geteiltaufgaben zu diesen Ergebnissen. Achtung: Zu den Herzzahlen gibt es gleich mehrere Geteiltaufgaben. Schreibe alle Aufgaben so auf: $20 : 10 = 2, \ 20 : 2 = 10$
$20 : \ 5 = 4, \ 20 : 4 = \ 5$

| ♡ 20 | 35 | ♡ 12 | 8 | ♡ 40 | 45 | ♡ 30 | 18 |

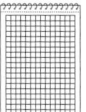

3. Finde Geteiltaufgaben zu diesen Quadratzahlen.
Schreibe sie so auf: $9 : 3 = 3$

| 9 | 36 | 16 | 64 | 49 | 81 |

Wie fit bist du noch?

4. Finde die Malaufgabe und die Geteiltaufgabe, die zusammengehören. Male sie in der gleichen Farbe an. Schreibe sie dann nebeneinander auf.

50 : 10 = ___	30 : 5 = ___	9 · 2 = ___
3 · 5 = ___	15 : 5 = ___	5 · 10 = ___
10 · 5 = ___	6 · 5 = ___	18 : 2 = ___

5. Rechne die Mal- und Geteiltkästchen aus.

Versuche immer schneller zu werden.
Bei Geteiltaufgaben, die dir schwerfallen,
nimm den Einmaleins-Plan zu Hilfe.

·	2	5	10
3			
5			
4			
8			
6			
9			
7			
2			
10			

:	2
20	
10	
18	
14	
12	
8	
6	
16	
4	

:	5
10	
30	
15	
20	
35	
25	
40	
50	
45	

:	10
40	
30	
100	
60	
90	
20	
10	
70	
80	

Susanne Rehse / Nadine Schmid / Marietta Krenn: Wir lernen und üben Mathematik im eigenen Tempo 1/2. Illustratorin: Kornelia Weise

 **6.** <u>**Jetzt teilen wir mit Rest!**</u>

3 Kokosnüsse an 2 Freunde verteilen:
Das geht nicht!

Manchmal geht die Geteiltaufgabe nicht genau auf.
Es bleibt ein **Rest**.

Wir sprechen:

3 geteilt durch 2 ist 1, Rest 1

Wir schreiben:

<u>3 : 2 = 1</u> R: 1

Eine Nuss bleibt übrig – kein Problem,
die schenke ich dem gefräßigen Kroko!

Teile die Kokosnüsse durch 2. Schreibe auf, wenn ein Rest bleibt.

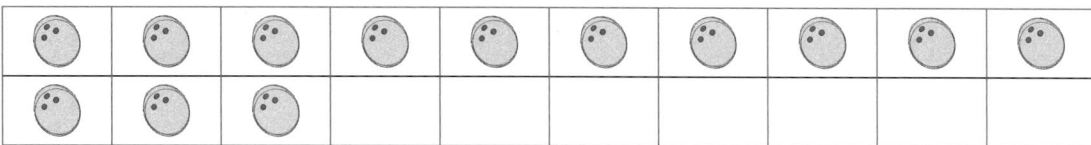

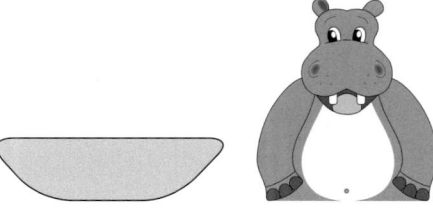 

		:	2	=		R:	

Susanne Rehse / Nadine Schmid / Marietta Krenn: Wir lernen und üben Mathematik im eigenen Tempo 1/2. Illustratorin: Kornelia Weise

Teilen mit Rest ist gar nicht schwer!

7. Teile die Nüsse auf. Schreibe auf, wenn ein Rest bleibt.

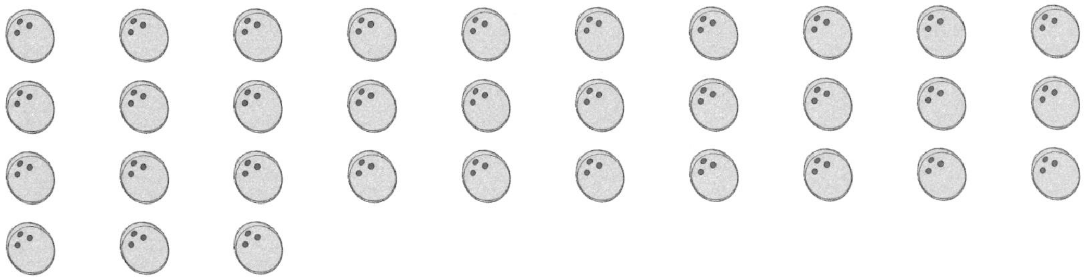

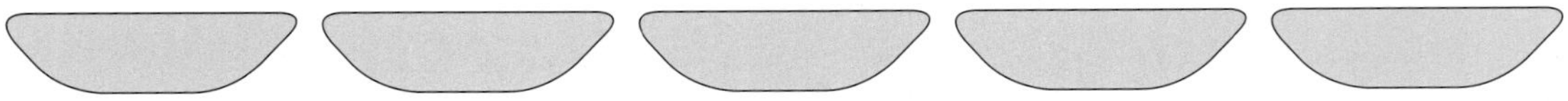

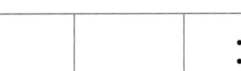

		:	5	=		R:	

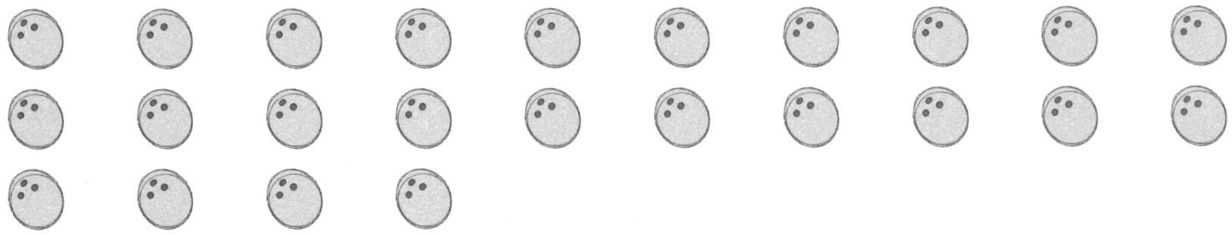

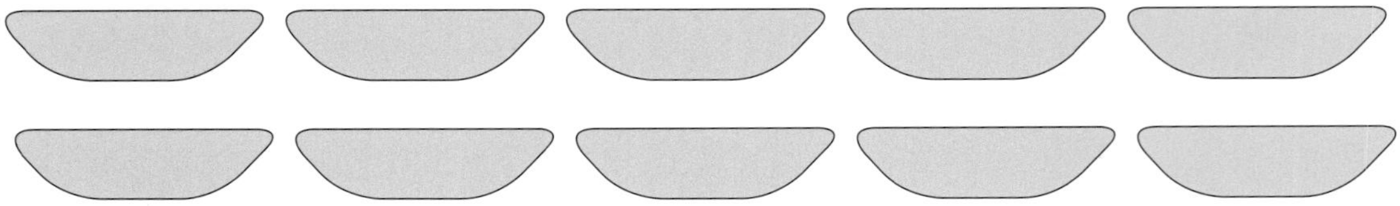

		:	1	0	=		R:	

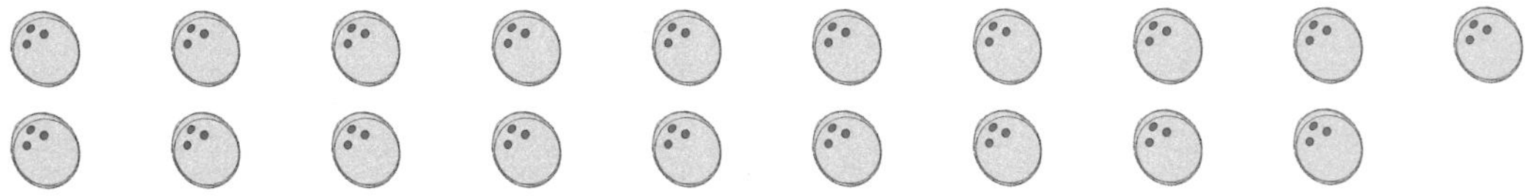

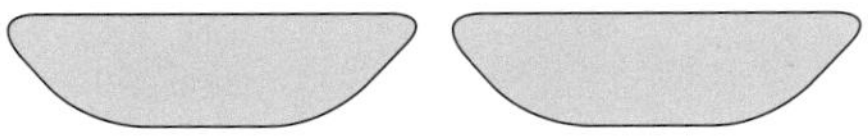

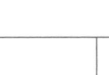

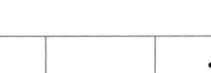

		:	2	=		R:	

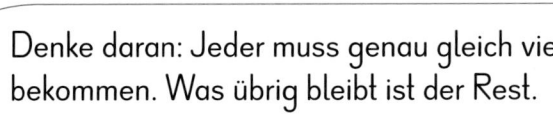

Denke daran: Jeder muss genau gleich viel bekommen. Was übrig bleibt ist der Rest.

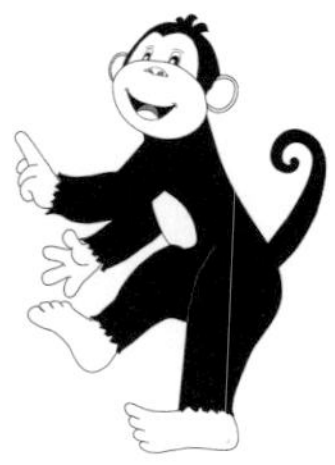

Susanne Rehse/Nadine Schmid/Marietta Krenn: Wir lernen und üben Mathematik im eigenen Tempo 1/2. Illustratorin: Kornelia Weise

8. **Teilen mit Rest – mit Bonos Trick ganz leicht!**

So geht Teilen mit Rest auch im Kopf ganz leicht:

$$32 : 10 =$$

Denke an die Zahl im Zehner-Einmaleins, die genau vor 32 kommt.

Richtig:

$$3 \cdot 10 = 30$$
$$30 \text{ kommt vor } 32$$
$$30 \text{ ist zwei weniger als } 32$$

Jetzt kannst du rechnen:

3	0	:	1	0	=	3		
3	2	:	1	0	=	3	R:	2

Übe das Teilen mit Rest! Schreibe die Aufgabe mit der Hilfsaufgabe wie in Bonos Beispiel auf.

a) Denke an das Einmaleins mit 2!

5 : 2 =	7 : 2 =	9 : 2 =	13 : 2 =
3 : 2 =	17 : 2 =	15 : 2 =	19 : 2 =

b) Denke an das Einmaleins mit 5!

7 : 5 =	12 : 5 =	18 : 5 =	24 : 5 =
33 : 5 =	48 : 5 =	37 : 5 =	29 : 5 =

b) Denke an das Einmaleins mit 10!

25 : 10 =	37 : 10 =	49 : 10 =	63 : 10 =
74 : 10 =	97 : 10 =	72 : 10 =	101 : 10 =

Susanne Rehse / Nadine Schmid / Marietta Krenn: Wir lernen und üben Mathematik im eigenen Tempo 1/2. Illustratorin: Kornelia Weise

9. **Das Einmaleins mit 4:**

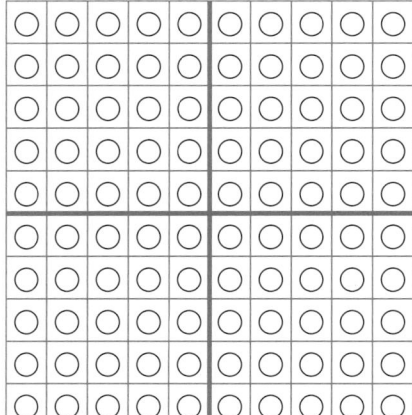

Lege das Einmaleins mit 4 auf deiner Multiplikationstafel. Male die entsprechenden Plättchen an.

Schreibe die Ergebnisse auf. Schreibe die Tauschaufgabe auf.

Malaufgabe

1 ·	4 =	
2 ·	4 =	
3 ·	4 =	
4 ·	4 =	
5 ·	4 =	
6 ·	4 =	
7 ·	4 =	
8 ·	4 =	
9 ·	4 =	
10 ·	4 =	

Tauschaufgabe

4 ·	1 =	
4 ·	2 =	
4 ·	3 =	
4 ·	4 =	
4 ·	5 =	
4 ·	6 =	
4 ·	7 =	
4 ·	8 =	
4 ·	9 =	
4 ·	10 =	

 **10.** Male alle **Königsaufgaben** von Aufgabe **9 gelb** an.
Die musst du gut können.
Trage die Ergebnisse vom Vierer-Einmaleins nun auch in deinen
großen Einmaleins-Plan ein. Achtung: auch die Tauschaufgaben
werden eingetragen. Lerne die Aufgaben gut. Lass dich abfragen.

Susanne Rehse / Nadine Schmid / Marietta Krenn: Wir lernen und üben Mathematik im eigenen Tempo 1/2. Illustratorin: Kornelia Weise

11. Umrahme die Ergebnisse der Vierer-Reihe auf
dem Hunderter-Feld mit einem gelben Stift.

1	2	3	4	5	6	7	8	9	10
11	12	13	14	15	16	17	18	19	20
21	22	23	24	25	26	27	28	29	30
31	32	33	34	35	36	37	38	39	40
41	42	43	44	45	46	47	48	49	50
51	52	53	54	55	56	57	58	59	60
61	62	63	64	65	66	67	68	69	70
71	72	73	74	75	76	77	78	79	80
81	82	83	84	85	86	87	88	89	90
91	92	93	94	95	96	97	98	99	100

12. Verbinde die **letzte Ziffer** der Ergebnisse der Vierer-Reihe auf dem
Einmaleinsstern mit einem gelben Stift. Benutze dein Lineal.

Der Viererstern:

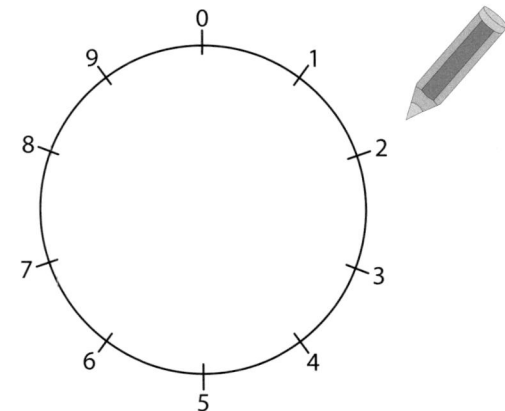

13. Rechne aus. Was fällt dir an den Ergebnissen auf?
Schreibe auf, was du entdeckt hast.

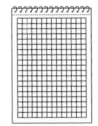

	1	2	3	4	5	6	7	8	9	10
2 mal										
4 mal										

Susanne Rehse / Nadine Schmid / Marietta Krenn: Wir lernen und üben Mathematik im eigenen Tempo 1/2. Illustratorin: Kornelia Weise

 **14.** **Das Einmaleins mit 8:**

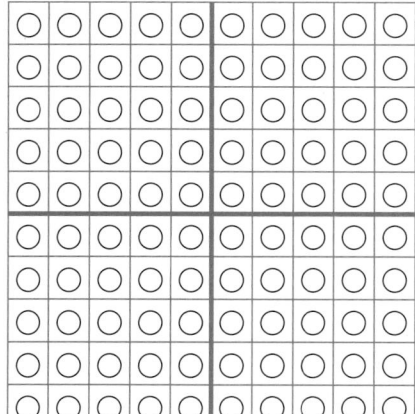

Lege das Einmaleins mit 8 auf deiner Multiplikationstafel. Male die entsprechenden Plättchen an.

Schreibe die Ergebnisse auf. Schreibe die Tauschaufgabe auf.

Malaufgabe

Tauschaufgabe

1 ·	8 =			8 ·	1 =
2 ·	8 =			8 ·	2 =
3 ·	8 =			8 ·	3 =
4 ·	8 =			8 ·	4 =
5 ·	8 =			8 ·	5 =
6 ·	8 =			8 ·	6 =
7 ·	8 =			8 ·	7 =
8 ·	8 =			8 ·	8 =
9 ·	8 =			8 ·	9 =
10 ·	8 =			8 ·	10 =

 **15.** Male alle **Königsaufgaben** von Aufgabe **14 gelb** an. Die musst du gut können.

 **16.** Trage die Ergebnisse vom Achter-Einmaleins nun auch in deinen **großen Einmaleins-Plan** ein. Achtung: auch die Tauschaufgaben werden eingetragen. Lerne die Aufgaben gut. Lass dich abfragen.

Susanne Rehse / Nadine Schmid / Marietta Krenn: Wir lernen und üben Mathematik im eigenen Tempo 1/2. Illustratorin: Kornelia Weise

 **17.** Umrahme auf dem Hunderter-Feld die Ergebnisse
der Zweier-Reihe mit einem grünen Stift, die
der Vierer-Reihe mit einem gelben und
die der Achter-Reihe mit einem dunkelbraunen Stift.

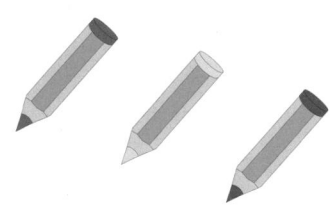

1	2	3	4	5	6	7	8	9	10
11	12	13	14	15	16	17	18	19	20
21	22	23	24	25	26	27	28	29	30
31	32	33	34	35	36	37	38	39	40
41	42	43	44	45	46	47	48	49	50
51	52	53	54	55	56	57	58	59	60
61	62	63	64	65	66	67	68	69	70
71	72	73	74	75	76	77	78	79	80
81	82	83	84	85	86	87	88	89	90
91	92	93	94	95	96	97	98	99	100

 **18.** Vergleiche die Ergebnisse!
 Wo treffen sich die Ergebnisse der Zweier- und der Vierer-Reihe?

_____

Wo treffen sich die Ergebnisse der Vierer- und der Achter-Reihe?

_____

Bei welchen Zahlen treffen sich alle drei Reihen?

_____

Susanne Rehse / Nadine Schmid / Marietta Krenn: Wir lernen und üben Mathematik im eigenen Tempo 1/2. Illustratorin: Kornelia Weise

 **19.** Verbinde die <u>**letzte Ziffer**</u> der Ergebnisse der Achter-Reihe auf dem Einmaleinsstern mit einem dunkelbraunen Stift. Benutze dein Lineal.

Der Achterstern:

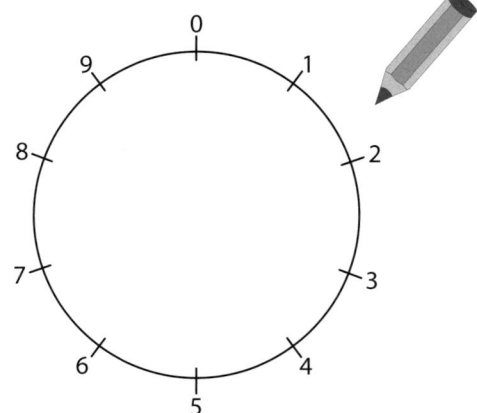

 **20.** Rechne aus. Was fällt dir an den Ergebnissen auf? Schreibe auf, was du entdeckt hast.

	1	2	3	4	5	6	7	8	9	10
2 mal										
4 mal										
8 mal										

Jetzt kennst du noch einen tollen Trick zum Einmaleins: den **Verdoppelungstrick**.

 **21.** Rechne schnell durch Verdoppeln!

	·2	·4	·8
3			
6			
4			
2			
5			
7			
9			

Susanne Rehse / Nadine Schmid / Marietta Krenn: Wir lernen und üben Mathematik im eigenen Tempo 1/2. Illustratorin: Kornelia Weise

22. <u>Teilen durch 4 und 8 mit der Divisionstafel:</u>

Teile gerecht durch 4 und 8.

Zahl	geteilt durch 4
8	
12	
24	
20	
32	
36	
16	

Zahl	geteilt durch 8
8	
16	
32	
24	
40	
48	
56	

Zahl	geteilt durch 8
80	
72	
64	

Rahme alle Zahlen, die du durch 4 und auch durch 8 teilen konntest, **rot** ein.

23. Verteile die Gläser auf den Tischen.

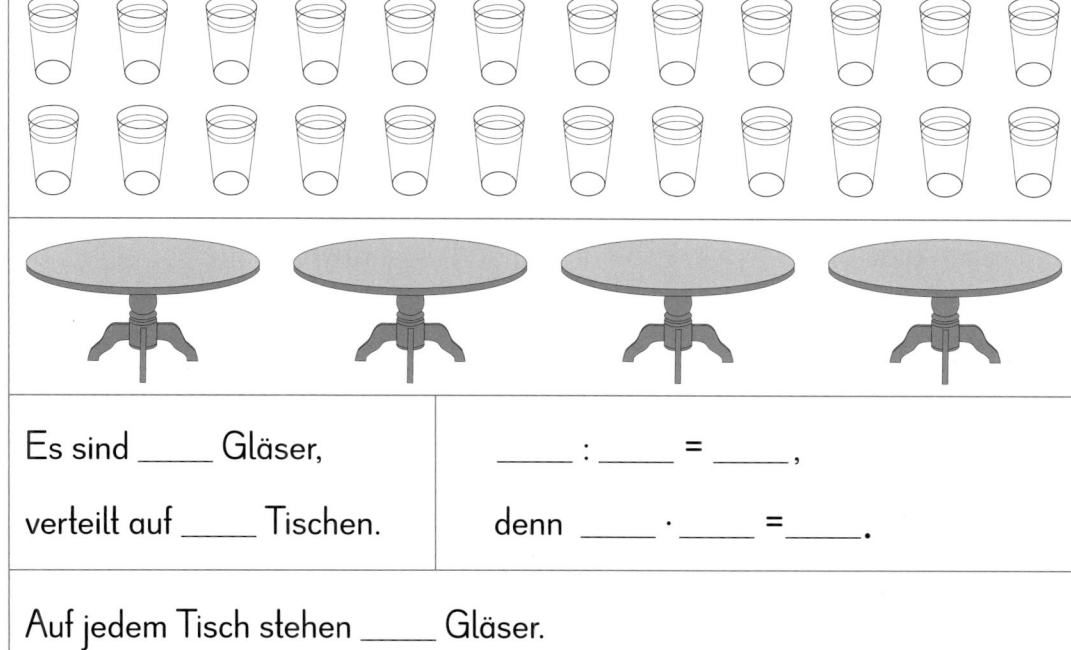

Es sind _____ Gläser,

verteilt auf _____ Tischen.

_____ : _____ = _____ ,

denn _____ · _____ = _____ .

Auf jedem Tisch stehen _____ Gläser.

Susanne Rehse / Nadine Schmid / Marietta Krenn: Wir lernen und üben Mathematik im eigenen Tempo 1/2. Illustratorin: Kornelia Weise

24. Verpacke immer 8 Stifte in eine Schachtel.

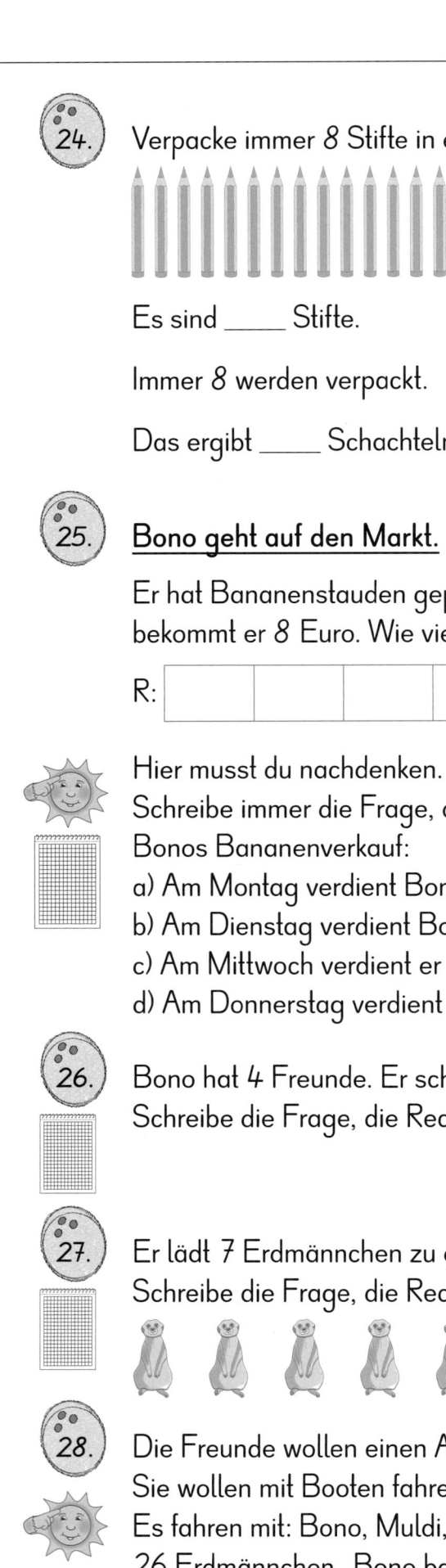

Es sind _____ Stifte.

Immer 8 werden verpackt.

Das ergibt _____ Schachteln.

_____ : _____ = _____ ,

denn _____ · _____ = _____ .

25. <u>Bono geht auf den Markt.</u>

Er hat Bananenstauden gepflückt. Für eine Staude bekommt er 8 Euro. Wie viel Euro verdient er heute?

R:

Hier musst du nachdenken.
Schreibe immer die Frage, die Rechnung und die Antwort auf.
Bonos Bananenverkauf:

a) Am Montag verdient Bono 56 Euro.
b) Am Dienstag verdient Bono 72 Euro.
c) Am Mittwoch verdient er 64 Euro.
d) Am Donnerstag verdient er 32 Euro.

Schreibe so
auf den Block:
Frage: …
Rechnung: …
Antwort: …

Rechengeld: © ECB

26. Bono hat 4 Freunde. Er schenkt jedem 10 Euro.
Schreibe die Frage, die Rechnung und die Antwort auf.

27. Er lädt 7 Erdmännchen zu einem Eis ein. Jedes Eis kostet 4 Euro.
Schreibe die Frage, die Rechnung und die Antwort auf.

28. Die Freunde wollen einen Ausflug zum Dschungelsee machen.
Sie wollen mit Booten fahren. In ein Boot passen 8 Tiere.
Es fahren mit: Bono, Muldi, Plumi, Ele, Tiger, Kroko und
26 Erdmännchen. Bono baut die Boote.
Schreibe die Frage, die Rechnung und die Antwort auf.

Susanne Rehse / Nadine Schmid / Marietta Krenn: Wir lernen und üben Mathematik im eigenen Tempo 1/2. Illustratorin: Kornelia Weise

29. Schneide die Muldis aus und klebe sie auf den Block.
Schreibe immer vier Aufgaben darunter.

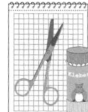

4 2	4 3	8 2
5 8	7 4	6 8
9 4	7 8	3 8
4 6	9 8	4 5

Susanne Rehse / Nadine Schmid / Marietta Krenn: Wir lernen und üben Mathematik im eigenen Tempo 1/2. Illustratorin: Kornelia Weise

Übe fleißig Mal - und Geteiltaufgaben!

 **30.** Setze die fehlende Zahl in die Lücke ein und schreibe die Geteiltaufgabe daneben.

6	·	4	=	24	, denn	24	:	4	=
	·	4	=	32	, denn		:	4	=
	·	4	=	12	, denn		:	4	=
	·	4	=	20	, denn		:	4	=
	·	4	=	16	, denn		:	4	=
	·	4	=	8	, denn		:	4	=
	·	4	=	40	, denn		:	4	=
	·	4	=	36	, denn		:	4	=

	·	8	=	24	, denn	24	:	8	=
	·	8	=	48	, denn		:	8	=
	·	8	=	16	, denn		:	8	=
	·	8	=	32	, denn		:	8	=
	·	8	=	40	, denn		:	8	=
	·	8	=	64	, denn		:	8	=
	·	8	=	80	, denn		:	8	=
	·	8	=	72	, denn		:	8	=

 **31.** Finde zu jeder dieser Zahlen eine Geteiltaufgabe durch 4 und eine durch 8. Schreibe beide Aufgaben untereinander auf.

Denke an das Einmaleins mit 4 und 8.

 **32.** Das Muldi - Baby hat nur 2 Aufgaben im Bauch.

$$4 \cdot 4 = 16$$
$$16 : 4 = 4$$

Warum hat das Muldi - Baby nur 2 Aufgaben im Bauch? Schau dir die Zahlen genau an. Schreibe auf, was dir aufgefallen ist.

_____

_____

_____

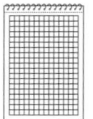 **33.** Finde zu diesen Zahlen Muldi - Baby - Aufgaben. Schreibe sie auf.

34. <u>Teilen mit Rest:</u>

Erinnerst du dich noch an meinen Trick? Denke an das Ergebnis vor der Zahl.

Immer 8 Elefanten gehen zusammen spazieren. Kreise ein.
Bleibt ein Rest? Schreibe die Aufgabe auf.

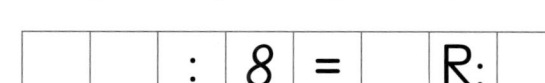

☐ ☐ : 8 = ☐ R: ☐

Mach dir eine Skizze, wenn du unsicher bist.

 35. Rechne diese Aufgabe auch für folgende Zahlen aus:

27 Elefanten   47 Elefanten
34 Elefanten   22 Elefanten
59 Elefanten   78 Elefanten

 **36.** Kreise ein. Immer 4! Schreibe die Aufgaben mit Rest auf.

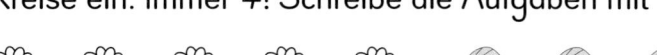

☐ ☐ : 4 = ☐ R: ☐   ☐ ☐ : 4 = ☐ R: ☐

 37. Rechne diese Aufgaben mit Rest auch für folgende Zahlen aus:

25   27   5
34   31   13
17   18   39

Susanne Rehse / Nadine Schmid / Marietta Krenn: Wir lernen und üben Mathematik im eigenen Tempo 1/2. Illustratorin: Kornelia Weise

38. <u>Teilen mit Rest:</u>

 Das fällt dir sicher nicht mehr schwer.

Kreise ein. Immer 5! Schreibe die Aufgaben mit Rest auf.

 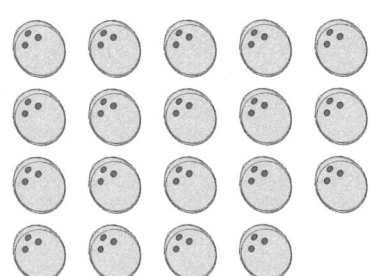

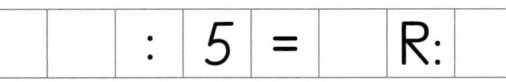   : 5 =   R:

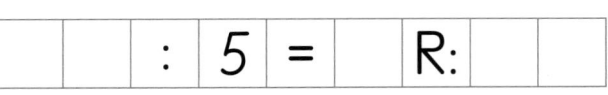   : 5 =   R:

 **39.** Rechne diese Aufgaben mit Rest auch für folgende Zahlen aus:

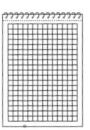

 26   38   7

 37   42   49

 14   29   32

 40. Kreise ein. Immer 2! Schreibe die Aufgaben mit Rest auf.

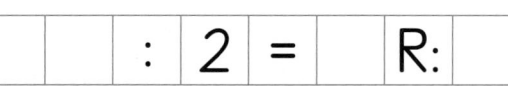   : 2 =   R:

      : 2 =   R:

 **41.** Rechne diese Aufgaben mit Rest auch für folgende Zahlen aus:

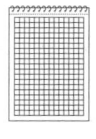

 21   5   9

 7   11   23

17   3   19

Susanne Rehse / Nadine Schmid / Marietta Krenn: Wir lernen und üben Mathematik im eigenen Tempo 1/2. Illustratorin: Kornelia Weise

42. **Teilen mit Rest – kunterbunt durch alle Reihen!**

Nimm deine
Divisionstafel
zu Hilfe!

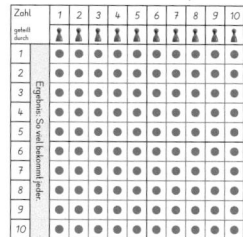

 Bono möchte Blumen pflanzen. Er hat *33* kleine Pflanzen gekauft.
Auf jedes Beet sollen gleich viele Blumen gepflanzt werden.

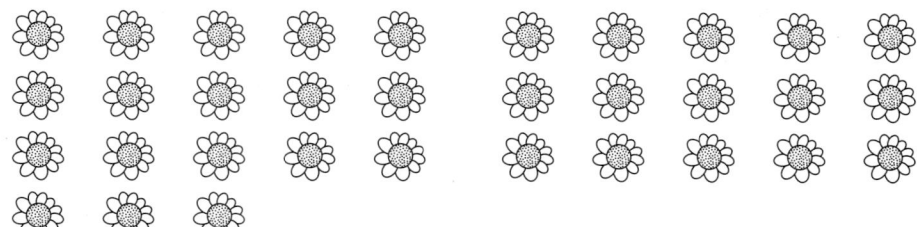

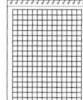 Wie viele Pflanzen kommen immer auf ein Beet? Bleibt ein Rest?

a) bei *2* Beeten

b) bei *5* Beeten

c) bei *4* Beeten

d) bei *8* Beeten

e) bei *10* Beeten

Schreibe so auf den Block:

a) *33* : 2 = _____ R: 2

Bono pflanzt _____ Blumen auf jedes Beet.

_____ Blumen bleiben übrig.

43. Teile die Bärenzahlen durch alle Zahlen auf der rechten Seite.
Schreibe die Geteiltaufgaben mit Rest auf.

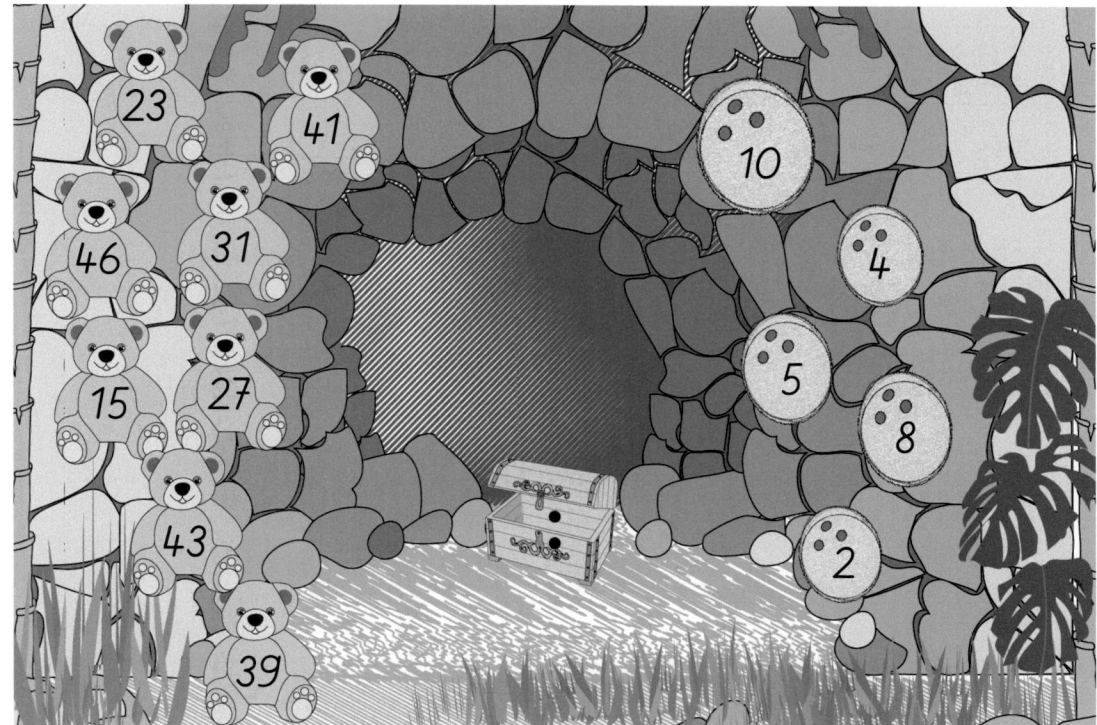

Name:	Datum:

Kompetenztest zur Lernstufe *19*

Zeig, was
du kannst!

1. Bilde zu jedem Muldi zwei Mal- und zwei
   Geteiltaufgaben!

2. Rechne diese Geteiltaufgaben im Kopf!

/ 6

$36 : 4 =$	$56 : 8 =$	$25 : \ 5 =$
$15 : 3 =$	$24 : 6 =$	$28 : \ 7 =$
$54 : 9 =$	$16 : 2 =$	$100 : 10 =$

/ 9

3. Schreibe alle möglichen Geteiltaufgaben zu diesen
   Zahlen auf!

12	20	18

/ 15

Susanne Rehse / Nadine Schmid / Marietta Krenn: Wir lernen und üben Mathematik im eigenen Tempo 1/2. Illustratorin: Kornelia Weise

4. Finde zu diesen Quadratzahlen jeweils die passende
Malaufgabe und die passende Geteiltaufgabe!

64	49	81

5. Die Lehrerin möchte ihre Klasse mit *19* Kindern in
Vierergruppen einteilen.

/6

a) Wie viele Gruppen kann sie bilden?
Schreibe die Rechnung und die Antwort auf!

R: _____

A: _____.

/2

/1

b) Bleiben Kinder übrig? Es bleiben _____.

6. Male an:

blau: die Geteiltaufgabe geht auf.
grün: bei dieser Geteiltaufgabe bleibt ein Rest.

36 : 9	62 : 7	27 : 9
28 : 8	45 : 6	35 : 7

/6

Susanne Rehse / Nadine Schmid / Marietta Krenn: Wir lernen und üben Mathematik im eigenen Tempo 1/2. Illustratorin: Kornelia Weise

7. Teile mit Rest! Schreibe die Hilfsaufgabe darunter!

27 : 8 = R:	17 : 5 = R:	29 : 3 = R:

_____

18 : 4 = R:	30 : 7 = R:	51 : 6 = R:

_____

/ 12

8. Rechengeschichte

Bono hat Geburtstag.  Er lädt drei Freunde ein.

Auf dem Tisch stehen 8 Kokosnusslimonaden und 7 Ananas.
Sie wollen alles gerecht untereinander aufteilen.

 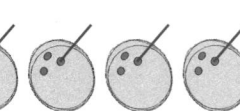 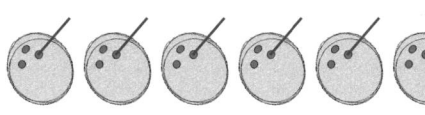

Finde die Frage, die Rechnung und die Antwort.

Frage: _____

_____ ?

Rechnung:

Antwort: _____

_____ .

/ 5

9. Schreibe die Muldi-Baby-Aufgaben auf!
Erkläre, was das Besondere an diesen Aufgaben ist.

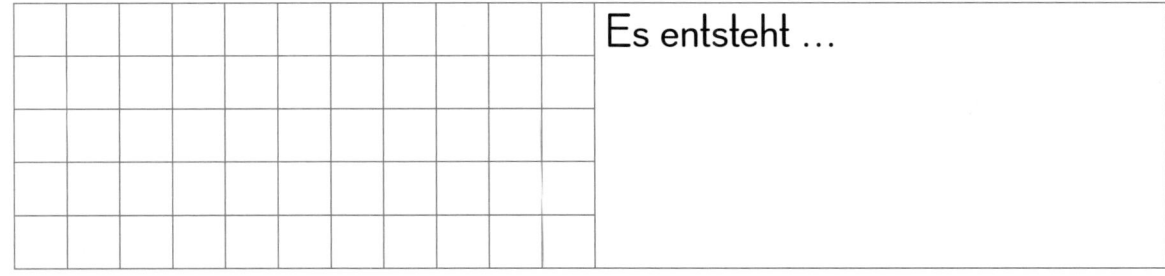

	Erklärung:

Male die Malaufgabe in Kästchen! Was entsteht?

	Es entsteht …

Kontrolliere nochmal alles ganz genau!

/5

Wie hast du dich im Test gefühlt? ☺ 😐 ☹

Welche Aufgabe war am leichtesten für dich? Nummer: _____

Welche Aufgabe war am schwersten für dich? Nummer: _____

Rückmeldung zu den bearbeiteten Kompetenzen:

Aufgabe 1:	☺ 😐 ☹	Du findest Aufgabenfamilien und rechnest sie richtig aus.
Aufgabe 2:	☺ 😐 ☹	Du rechnest Geteiltaufgaben im Kopf aus.
Aufgabe 3:	☺ 😐 ☹	Du findest alle möglichen Geteiltaufgaben zu Ergebnissen.
Aufgabe 4:	☺ 😐 ☹	Du findest die passenden Aufgaben zu Quadratzahlen.
Aufgabe 5:	☺ 😐 ☹	Du rechnest Geteiltaufgaben mit Rest mithilfe von bildlichen Darstellungen.
Aufgabe 6:	☺ 😐 ☹	Du erkennst, ob eine Geteiltaufgabe aufgeht oder ein Rest bleibt.
Aufgabe 7:	☺ 😐 ☹	Du rechnest Geteiltaufgaben mit Rest im Kopf.
Aufgabe 8:	☺ 😐 ☹	Du kannst eine Rechengeschichte mit mehreren Lösungsschritten sinnvoll bearbeiten.
Aufgabe 9:	☺ 😐 ☹	Du kannst die Eigenschaften der Quadratzahlen erklären.

Das solltest du noch einmal üben: _____

Von **67** Punkten hast du _____ Punkte erreicht.

_____
Datum   Unterschrift der Eltern

Susanne Rehse / Nadine Schmid / Marietta Krenn: Wir lernen und üben Mathematik im eigenen Tempo 1/2. Illustratorin: Kornelia Weise

Lernstufe 20

Name:

begonnen am:

beendet am:

Hier lernst du:

Das Erschließen neuer Malaufgaben und übst die restlichen Einmaleins-Reihen.

Spiele:

Extra-Kopfnuss für Super-Knobler:

Stufenheft: Aufgaben

erledigt

1	2	3	4	5
6	7	8	9	10
11	12	13	14	15
16	17	18	19	20
21	22	23	24	25
26	27	28	29	30
31	32	33	34	35
36	37	38	39	40

Buch und Arbeitsheft

erledigt

S. Nr.	S. Nr.	S. Nr.	S. Nr.	S. Nr.	
S. Nr.	S. Nr.	S. Nr.	S. Nr.	S. Nr.	

Arbeitsheft

Wie waren die Aufgaben für dich? Färbe ein!

leicht (grün)   mittel (gelb)   schwer (rot)

Susanne Rehse / Nadine Schmid / Marietta Krenn: Wir lernen und üben Mathematik im eigenen Tempo 1/2. Illustratorin: Kornelia Weise

Lernstufenheft 20 von _____

Hier lernst du:

Das Erschließen neuer Malaufgaben und übst die restlichen Einmaleins-Reihen.

Susanne Rehse / Nadine Schmid / Marietta Krenn: Wir lernen und üben Mathematik im eigenen Tempo 1/2. Illustratorin: Kornelia Weise

Bonos Einmaleins - Plan

mal ●	1	2	3	4	5	6	7	8	9	10
1	1·1=	1·2=	1·3=	1·4=	1·5=	1·6=	1·7=	1·8=	1·9=	1·10=
2	2·1=	2·2=	2·3=	2·4=	2·5=	2·6=	2·7=	2·8=	2·9=	2·10=
3	3·1=	3·2=	3·3=	3·4=	3·5=	3·6=	3·7=	3·8=	3·9=	3·10=
4	4·1=	4·2=	4·3=	4·4=	4·5=	4·6=	4·7=	4·8=	4·9=	4·10=
5	5·1=	5·2=	5·3=	5·4=	5·5=	5·6=	5·7=	5·8=	5·9=	5·10=
6	6·1=	6·2=	6·3=	6·4=	6·5=	6·6=	6·7=	6·8=	6·9=	6·10=
7	7·1=	7·2=	7·3=	7·4=	7·5=	7·6=	7·7=	7·8=	7·9=	7·10=
8	8·1=	8·2=	8·3=	8·4=	8·5=	8·6=	8·7=	8·8=	8·9=	8·10=
9	9·1=	9·2=	9·3=	9·4=	9·5=	9·6=	9·7=	9·8=	9·9=	9·10=
10	10·1=	10·2=	10·3=	10·4=	10·5=	10·6=	10·7=	10·8=	10·9=	10·10=

Nimm deinen **eigenen** Plan!

Trage <u>immer</u> die Ergebnisse der gelernten Reihen ein.
Male alle **Königsaufgaben gelb** an.

Übe jeden Tag eine Reihe und lasse dich von einem
Erwachsenen abfragen.

Das Einmaleins musst du im Schlaf können!

Susanne Rehse / Nadine Schmid / Marietta Krenn: Wir lernen und üben Mathematik im eigenen Tempo 1/2. Illustratorin: Kornelia Weise

Teste dein Können!

Rechne schnell im Kopf. Stoppe deine Zeit.

8 · 2 =	30 : 5 =	4 · 4 =
40 : 5 =	8 · 5 =	4 : 4 =
35 : 5 =	18 : 2 =	8 · 5 =
8 · 8 =	16 : 4 =	56 : 8 =
12 : 4 =	9 · 5 =	40 : 4 =
8 : 4 =	16 : 8 =	6 · 8 =
7 · 4 =	64 : 8 =	36 : 4 =
25 : 5 =	8 · 7 =	14 : 2 =
48 : 8 =	24 : 4 =	7 · 8 =
7 · 2 =	20 : 4 =	20 : 5 =
4 · 8 =	72 : 8 =	8 · 4 =
4 · 5 =	32 : 4 =	10 : 2 =
45 : 5 =	16 : 2 =	8 · 3 =

Wie lange hast du gebraucht?
_____ Minuten
Wenn du **weniger als 15 Minuten**
gebraucht hast,
bist du schon richtig gut!

Susanne Rehse / Nadine Schmid / Marietta Krenn: Wir lernen und üben Mathematik im eigenen Tempo 1/2. Illustratorin: Kornelia Weise

2. Teste dein Können!

Rechne die Aufgaben aus. Schreibe sie dann geordnet auf den Block unter das richtige Krokodil.

Hallo Kinder, kennt ihr mich noch?

Ich bin Kroko, der Vielfraß.

Heute gibt es Malaufgaben-Futter für mich. Mmmmm-jammi!

$6 \cdot 9 =$	$2 \cdot 5 =$	$2 \cdot 15 =$
$4 \cdot 4 =$	$8 \cdot 5 =$	$6 \cdot 6 =$
$5 \cdot 3 =$	$8 \cdot 8 =$	$6 \cdot 4 =$
$9 \cdot 9 =$	$3 \cdot 8 =$	$10 \cdot 10 =$
$3 \cdot 4 =$	$4 \cdot 8 =$	$3 \cdot 10 =$
$8 \cdot 4 =$	$7 \cdot 7 =$	$6 \cdot 5 =$
$7 \cdot 4 =$	$10 \cdot 9 =$	$7 \cdot 8 =$

größer als 30   gleich 30   kleiner als 30

Susanne Rehse / Nadine Schmid / Marietta Krenn: Wir lernen und üben Mathematik im eigenen Tempo 1/2. Illustratorin: Kornelia Weise

3. <u>Neue Malaufgaben erschließen:</u>
<u>Das Einmaleins mit 3</u>

Jetzt zeige ich dir, wie du mit
den **Königsaufgaben** alle anderen
Einmaleins-Reihen erschließen kannst.

Die Aufgaben der **Dreier-Reihe** kannst du mit den Aufgaben
des Einmaleins mit *2* und des Einmaleins mit *1* ausrechnen.

Beispiel:

Die Aufgabe heißt: $\quad 3 \cdot 3 = \square$

<u>Zerlege die Aufgabe in zwei Königsaufgaben!</u>

Du kennst die Aufgabe: $\quad 2 \cdot 3 = \boxed{6}$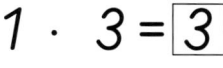

und die Aufgabe: $\quad 1 \cdot 3 = \boxed{3}$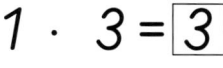

Zähle nun die Ergebnisse zusammen.

$\boxed{6} \quad \boxed{3} \quad \boxed{9}$

$6 + 3 = 9$

also: $\quad \underline{3 \cdot 3 = 9}$

Merke

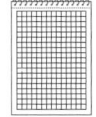 Rechne auch die übrigen Aufgaben der Dreier-Reihe auf diese Weise aus.
Schreibe sie mit den Hilfsaufgaben auf den Block.

$1 \cdot 3 =$	$2 \cdot 3 =$	$3 \cdot 3 =$	$4 \cdot 3 =$	$5 \cdot 3 =$	$6 \cdot 3 =$	$7 \cdot 3 =$	$8 \cdot 3 =$	$9 \cdot 3 =$	$10 \cdot 3 =$
👑	👑	$2 \cdot 3 =$	$2 \cdot 3 =$	👑	$3 \cdot 3 =$	$5 \cdot 3 =$	$5 \cdot 3 =$	$5 \cdot 3 =$	👑
		$1 \cdot 3 =$	$2 \cdot 3 =$		$3 \cdot 3 =$	$2 \cdot 3 =$	$3 \cdot 3 =$	$2 \cdot 3 =$ $2 \cdot 3 =$	

Susanne Rehse / Nadine Schmid / Marietta Krenn: Wir lernen und üben Mathematik im eigenen Tempo 1/2. Illustratorin: Kornelia Weise

 4. <u>Das Einmaleins mit 3:</u>

Schreibe die Ergebnisse auf.
Malaufgabe

Schreibe die Tauschaufgabe auf.
Tauschaufgabe

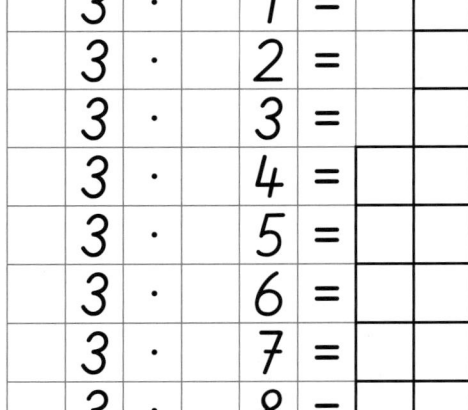

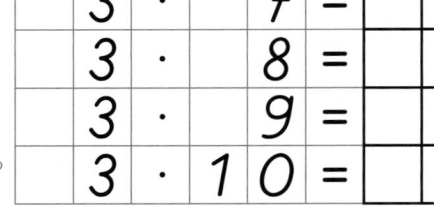

Malaufgabe			
1 · 3 =		
2 · 3 =		
3 · 3 =		
4 · 3 =		
5 · 3 =		
6 · 3 =		
7 · 3 =		
8 · 3 =		
9 · 3 =		
10 · 3 =		

Tauschaufgabe			
3 · 1 =		
3 · 2 =		
3 · 3 =		
3 · 4 =		
3 · 5 =		
3 · 6 =		
3 · 7 =		
3 · 8 =		
3 · 9 =		
3 · 10 =		

 Male alle **Königsaufgaben** von Aufgabe 4 **gelb** an.
Die musst du gut können.

 **5.** Trage die Ergebnisse vom Dreier-Einmaleins nun auch in deinen
großen Einmaleins-Plan ein. Achtung: auch die Tauschaufgaben
werden eingetragen. Lerne die Aufgaben gut. Lass dich abfragen.

 **6.** Verbinde die <u>letzte Ziffer</u> der Ergebnisse der Dreier-Reihe auf
dem Einmaleinsstern mit einem rosa Stift.
Benutze dein Lineal.

Der Dreierstern:

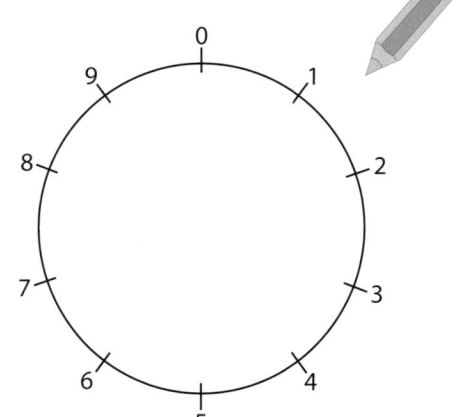

Susanne Rehse / Nadine Schmid / Marietta Krenn: Wir lernen und üben Mathematik im eigenen Tempo 1/2. Illustratorin: Kornelia Weise

 **7.** Umrahme die Ergebnisse der Dreier-Reihe auf dem Hunderter-Feld mit einem rosa Stift.

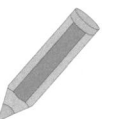

1	2	3	4	5	6	7	8	9	10
11	12	13	14	15	16	17	18	19	20
21	22	23	24	25	26	27	28	29	30
31	32	33	34	35	36	37	38	39	40
41	42	43	44	45	46	47	48	49	50
51	52	53	54	55	56	57	58	59	60
61	62	63	64	65	66	67	68	69	70
71	72	73	74	75	76	77	78	79	80
81	82	83	84	85	86	87	88	89	90
91	92	93	94	95	96	97	98	99	100

 8. Rechne aus.

	4	2	6	1	5	9	7	8	3	10
3 mal										

	30	12	6	15	21	9	24	18	27	3
geteilt durch 3										

 **9.** Überlege dir selbst 5 Muldis zum Einmaleins mit 3 und zeichne sie mithilfe deiner Schablone auf.

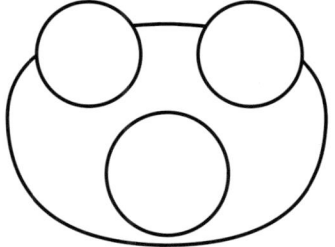

Susanne Rehse / Nadine Schmid / Marietta Krenn: Wir lernen und üben Mathematik im eigenen Tempo 1/2. Illustratorin: Kornelia Weise

10. Neue Malaufgaben erschließen: Das Einmaleins mit 6

Denke bei jeder Aufgabe nun selbst nach, in welche **Königsaufgaben** du sie zerlegen kannst.

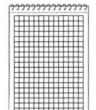

1·6 =	2·6 =	3·6 =	4·6 =	5·6 =	6·6 =	7·6=	8·6 =	9·6 =	10·6 =
👑	👑	2·6 =		👑			5·6 =	5·6 =	👑
							2·6 = 1·6 =	2·6 = 2·6 =	

Schreibe die Ergebnisse auf.
Malaufgabe

1 · 6 =		
2 · 6 =		
3 · 6 =		
4 · 6 =		
5 · 6 =		
6 · 6 =		
7 · 6 =		
8 · 6 =		
9 · 6 =		
10 · 6 =		

Schreibe die Tauschaufgabe auf.
Tauschaufgabe

6 · 1 =		
6 · 2 =		
6 · 3 =		
6 · 4 =		
6 · 5 =		
6 · 6 =		
6 · 7 =		
6 · 8 =		
6 · 9 =		
6 · 10 =		

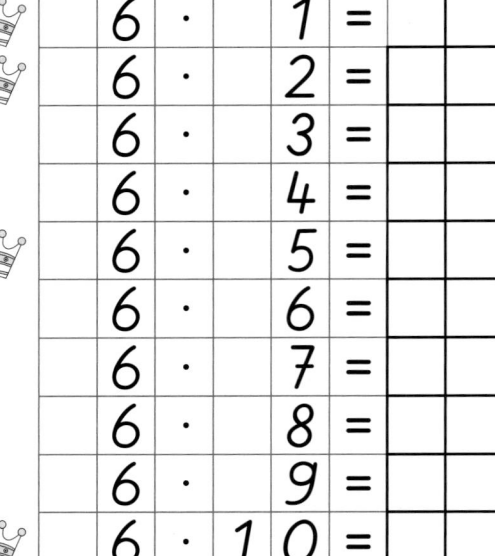

11. Male alle **Königsaufgaben** von Aufgabe 10 **gelb** an.
Die musst du gut können.

12. Trage die Ergebnisse vom Sechser-Einmaleins nun auch in deinen **großen Einmaleins-Plan** ein. Achtung: Auch die Tauschaufgaben werden eingetragen. Lerne die Aufgaben gut. Lass dich abfragen.

Susanne Rehse / Nadine Schmid / Marietta Krenn: Wir lernen und üben Mathematik im eigenen Tempo 1/2. Illustratorin: Kornelia Weise

 **13.** Umrahme auf dem Hunderter-Feld die Ergebnisse
der Dreier-Reihe mit einem rosa Stift,
die der Sechser-Reihe mit einem lila Stift.

1	2	3	4	5	6	7	8	9	10
11	12	13	14	15	16	17	18	19	20
21	22	23	24	25	26	27	28	29	30
31	32	33	34	35	36	37	38	39	40
41	42	43	44	45	46	47	48	49	50
51	52	53	54	55	56	57	58	59	60
61	62	63	64	65	66	67	68	69	70
71	72	73	74	75	76	77	78	79	80
81	82	83	84	85	86	87	88	89	90
91	92	93	94	95	96	97	98	99	100

 **14.** Vergleiche die Ergebnisse!
Wo treffen sich die Ergebnisse der Dreier- und der Sechser-Reihe?

_____

 **15.** Verbinde die **letzte Ziffer** der Ergebnisse der Sechser-Reihe auf
dem Einmaleinsstern mit einem lila Stift.
Benutze dein Lineal.

Der Sechserstern:

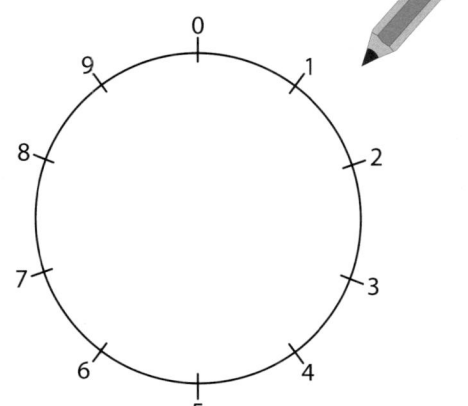

Susanne Rehse / Nadine Schmid / Marietta Krenn: Wir lernen und üben Mathematik im eigenen Tempo 1/2. Illustratorin: Kornelia Weise

16. Rechne aus. Was fällt dir an den Ergebnissen auf?
Schreibe auf, was du entdeckt hast.

	1	2	3	4	5	6	7	8	9	10
3 mal										
6 mal										

Erinnerst du dich noch an den **Verdoppelungstrick**?

17. Rechne schnell durch Verdoppeln!

	verdoppeln	
	·3	·6
3		
6		
4		
2		
5		
7		
9		

18. Finde zu den Ergebniszahlen in den Blättern **Malaufgaben** mit
3 und 6. Schreibe sie auf. Male alle Blätter grün an, zu denen du
Aufgaben mit 3 und auch mit 6 finden konntest.

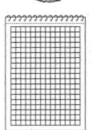

Susanne Rehse / Nadine Schmid / Marietta Krenn: Wir lernen und üben Mathematik im eigenen Tempo 1/2. Illustratorin: Kornelia Weise

19. <u>Teilen durch 3 und 6 mit der Divisionstafel:</u>

Teile gerecht durch 3 und 6.

Zahl	geteilt durch 3
6	
12	
24	
18	
21	
15	
30	

Zahl	geteilt durch 6
12	
24	
54	
18	
48	
30	
42	

Zahl	geteilt durch 6
36	
60	
6	

20. Rahme alle Zahlen in Aufgabe *19*, die du durch *3* und auch durch *6* teilen konntest, **rot** ein.

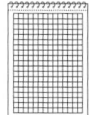

21. Finde zu den Schmetterlingszahlen **Geteiltaufgaben** mit *3* und *6*. Schreibe sie auf. Wie viele konntest du mit *3* und mit *6* finden? Male sie an!

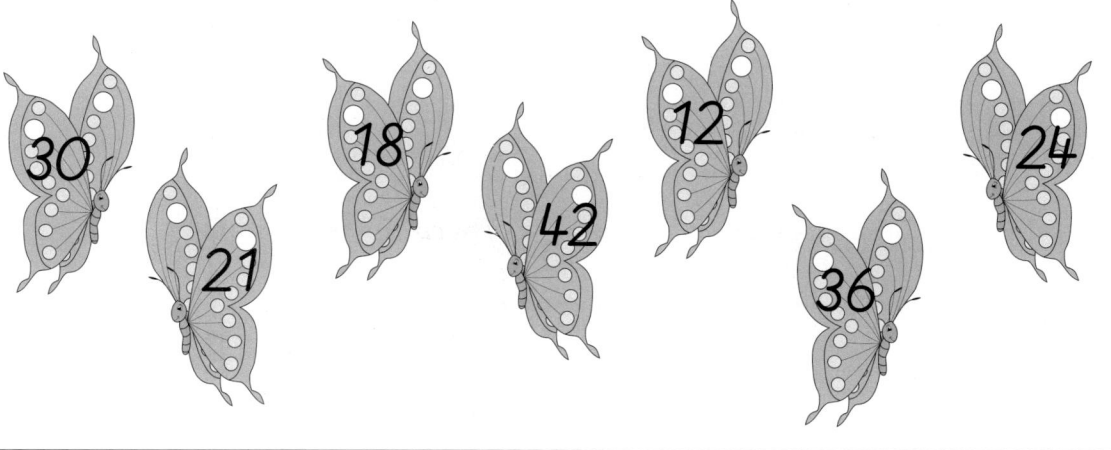

Susanne Rehse / Nadine Schmid / Marietta Krenn: Wir lernen und üben Mathematik im eigenen Tempo 1/2. Illustratorin: Kornelia Weise

22. <u>Wir teilen ein.</u>
<u>Bleibt ein Rest oder geht die Rechnung auf?</u>

Beim Sportunterricht laufen *30* Kinder in der Halle.
Die Lehrerin ruft eine Zahl. So viele Kinder müssen sich
zusammenfinden. Rechne aus, wie viele Gruppen entstehen.
Bleiben Kinder übrig?

a) Die Lehrerin ruft: *3*

3	0	:	3	=		R:	

b) Die Lehrerin ruft: *4*

				=		R:	

Susanne Rehse / Nadine Schmid / Marietta Krenn: Wir lernen und üben Mathematik im eigenen Tempo 1/2. Illustratorin: Kornelia Weise

c) Die Lehrerin ruft: **5**

				=		R:	

d) Die Lehrerin ruft: **6**

				=		R:	

e) Die Lehrerin ruft: **8**

				=		R:	

Susanne Rehse / Nadine Schmid / Marietta Krenn: Wir lernen und üben Mathematik im eigenen Tempo 1/2. Illustratorin: Kornelia Weise

23. Kapitän Bono geht auf Schatzsuche. Wenn er etwas gefunden hat, teilt er das Geld immer gerecht mit seinen Freunden. Wenn es nicht genau aufgeht, spenden sie das **restliche Geld** für den Kauf von Dschungelbäumen.

Wir retten den Regenwald!

Rechne aus, wie viel wir spenden.

Bono teilt mit 3 Freunden.

Schreibe eine Rechnung auf:

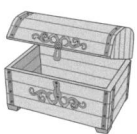

R: ____ € : __ = __ R: ____

Antwort: Jeder bekommt: ____ €. Bono spendet ____ €.

Bono teilt mit 6 Freunden.

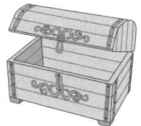

R: ____ € : __ = __ R: ____

Antwort: Jeder bekommt: ____ €. Bono spendet ____ €.

Bono teilt mit 8 Freunden.

R: ____ € : __ = __ R: ____

Antwort: Jeder bekommt: ____ €. Bono spendet ____ €.

Insgesamt haben wir ____ € gespendet.

Susanne Rehse / Nadine Schmid / Marietta Krenn: Wir lernen und üben Mathematik im eigenen Tempo 1/2. Illustratorin: Kornelia Weise

Rechengeld: © ECB

 **24.** <u>Neue Malaufgaben erschließen:</u>
<u>Das Einmaleins mit 9</u>

Das Einmaleins mit 9 kannst du dir sehr
leicht mit der Zehner-Reihe erschließen, denn
9 ist 1 weniger als 10.

Erschließe dir das Einmaleins mit Bonos Trick.

1	·	9	=	9	, denn	1	·	10	=	10	weniger 1 =	
2	·	9	=		, denn	2	·	10	=		weniger 2 =	
3	·	9	=		, denn	3	·	10	=		weniger 3 =	
4	·	9	=		, denn	4	·	10	=		weniger 4 =	
5	·	9	=		, denn	5	·	10	=		weniger 5 =	
6	·	9	=		, denn	6	·	10	=		weniger 6 =	
7	·	9	=		, denn	7	·	10	=		weniger 7 =	
8	·	9	=		, denn	8	·	10	=		weniger 8 =	
9	·	9	=		, denn	9	·	10	=		weniger 9 =	
10	·	9	=		, denn	10	·	10	=		weniger 10 =	

 **25.** Trage die Ergebnisse vom Neuner-Einmaleins nun auch in deinen
großen Einmaleins-Plan ein. Achtung: Auch die Tauschaufgaben
werden eingetragen. Lerne die Aufgaben auswendig.
Lass dich abfragen.

 26. Betrachte die Ergebniszahlen von oben nach unten.
Was kannst du entdecken? Schreibe deine Entdeckung auf.
Der Wortspeicher hilft dir dabei.

_____

_____

_____

_____

<u>Wortspeicher:</u>

Spiegelzahlen,
oben, unten,
Zehner, Einer,
mehr, weniger

Susanne Rehse / Nadine Schmid / Marietta Krenn: Wir lernen und üben Mathematik im eigenen Tempo 1/2. Illustratorin: Kornelia Weise

27. Umrahme auf dem Hunderter-Feld die Ergebnisse der Neuner-Reihe mit einem dunkelblauen Stift.

1	2	3	4	5	6	7	8	9	10
11	12	13	14	15	16	17	18	19	20
21	22	23	24	25	26	27	28	29	30
31	32	33	34	35	36	37	38	39	40
41	42	43	44	45	46	47	48	49	50
51	52	53	54	55	56	57	58	59	60
61	62	63	64	65	66	67	68	69	70
71	72	73	74	75	76	77	78	79	80
81	82	83	84	85	86	87	88	89	90
91	92	93	94	95	96	97	98	99	100

 **28.** Verbinde die <u>letzte Ziffer</u> der Ergebnisse der Neuner-Reihe auf dem Einmaleinsstern mit einem dunkelblauen Stift.
Benutze dein Lineal.

Der Neunerstern:

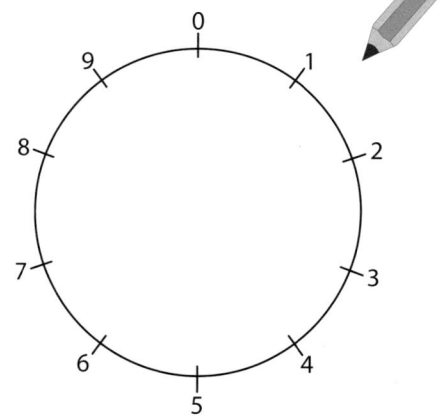

 **29.** Verbinde die Aufgabe und das Ergebnis. Schreibe die Aufgabe auf.

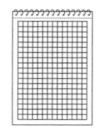

2·9	4·9	7·9	5·9	3·9	9·9	8·9	6·9	1·9	10·9

90	45	18	27	36	63	9	54	81	72

Susanne Rehse / Nadine Schmid / Marietta Krenn: Wir lernen und üben Mathematik im eigenen Tempo 1/2. Illustratorin: Kornelia Weise

 **30.** <u>Teilen durch 9:</u>

Auf der Dschungelkegelbahn:

Bono spielt mit seinen Freunden nach dieser Regel:
Nur Volltreffer zählen. Wer **alle Kegel** trifft, bekommt **9 Punkte**.

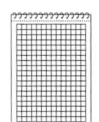 Finde heraus, wievielmal jedes Tier einen Volltreffer hatte.

Spieler	Bono	Plumi	Muldi	Kroko	Schnek	Erdi	Zisch	Tigi	Giri	Ele
Punkte	81	27	45	90	54	9	72	36	63	18
Volltreffer										

Schreibe jeweils die Aufgabe und die Antwort auf den Block.

 **31.** Schreibe zu den Ergebnissen in den Kegeln Geteiltaufgaben mit 9 auf.
Achtung: Es bleibt immer ein Rest.

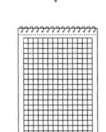

49 30 88 75 51 38 22 67 13

Susanne Rehse / Nadine Schmid / Marietta Krenn: Wir lernen und üben Mathematik im eigenen Tempo 1/2. Illustratorin: Kornelia Weise

32. Neue Malaufgaben erschließen:
Das Einmaleins mit 7

Bald hast du es geschafft.
Dann kennst du alle Einmaleins-Reihen. Bravo!!!

Das Siebener-Einmaleins ist nicht leicht,
aber du kennst schon alle Aufgaben aus
den anderen Reihen.

Markiere zuerst alle Aufgaben, die du schon kennst, und trage
die Ergebnisse ein.

Rechne dann die fehlenden Aufgaben aus. Wie viele sind das?

Malaufgabe

1 · 7 =		
2 · 7 =		
3 · 7 =		
4 · 7 =		
5 · 7 =		
6 · 7 =		
7 · 7 =		
8 · 7 =		
9 · 7 =		
10 · 7 =		

Tauschaufgabe

7 · 1 =		
7 · 2 =		
7 · 3 =		
7 · 4 =		
7 · 5 =		
7 · 6 =		
7 · 7 =		
7 · 8 =		
7 · 9 =		
7 · 10 =		

33. Sieh nun in deinem **großen Einmaleins-Plan** nach, ob noch
Ergebnisse fehlen.
Trage alles ein. Dein Plan ist jetzt ganz gefüllt. Du hast es geschafft!

Übe die Aufgaben regelmäßig. Lass dich abfragen.

Susanne Rehse / Nadine Schmid / Marietta Krenn: Wir lernen und üben Mathematik im eigenen Tempo 1/2. Illustratorin: Kornelia Weise

34. Umrahme auf dem Hunderter-Feld die Ergebnisse
der Siebener-Reihe mit Bleistift.

1	2	3	4	5	6	7	8	9	10
11	12	13	14	15	16	17	18	19	20
21	22	23	24	25	26	27	28	29	30
31	32	33	34	35	36	37	38	39	40
41	42	43	44	45	46	47	48	49	50
51	52	53	54	55	56	57	58	59	60
61	62	63	64	65	66	67	68	69	70
71	72	73	74	75	76	77	78	79	80
81	82	83	84	85	86	87	88	89	90
91	92	93	94	95	96	97	98	99	100

35. Verbinde die <u>letzte Ziffer</u> der Ergebnisse der Siebener-Reihe
auf dem Einmaleinsstern mit Bleistift.
Benutze dein Lineal.

Der Siebenerstern:

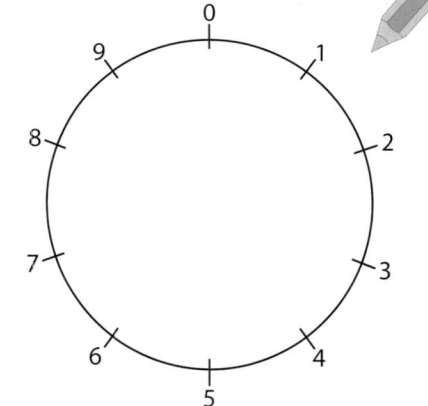

36. Verbinde die Aufgabe und das Ergebnis. Schreibe die Aufgabe auf.

2·7	4·7	7·7	5·7	3·7	9·7	8·7	6·7	1·7	10·7

70	49	14	21	35	63	7	56	28	42

37. <u>Würfelkönige</u>

Bono und seine Freunde lieben Würfelspiele.
Heute schließen sie eine Wette ab, welche Zahl am häufigsten
gewürfelt wird.

Das meint Bono:

Die 6 gewinnt natürlich!

Das meint Plumi:

Ich glaube, die 5 gewinnt!

Das meint Muldi:

Die 4 würfle ich meistens!

Das meint Kroko:

Quatsch! Die 3, weil sie in der Mitte liegt.

Das meint Tigi:

Ich tippe auf die 2!

Das meint Schneck:

Nun mal langsam! Die 1 gewinnt.

Tssss – das ist doch alles Quatsch, oder?

Die Tiere beschließen, einen Versuch zu machen.
Jeder würfelt **30 mal** und trägt jedes Ergebnis mit einem Strich in eine Liste
ein. Probiere den Versuch der Tiere aus. Suche dir *3* Partner. Jeder führt den
Versuch alleine durch. Vergleicht dann eure Listen.

Würfel		Ergebnis
⚀		
⚁		
⚂		
⚃		
⚄		
⚅		

Welche Zahl kommt am häufigsten vor? _____

Susanne Rehse / Nadine Schmid / Marietta Krenn: Wir lernen und üben Mathematik im eigenen Tempo 1/2. Illustratorin: Kornelia Weise

Spiele mit dem Würfel

 **38.** Vier gewinnt!

Du brauchst:	So kannst du legen:
2 Zehnerwürfel, 2 Spielpläne, Spielmarken, 1 Partner	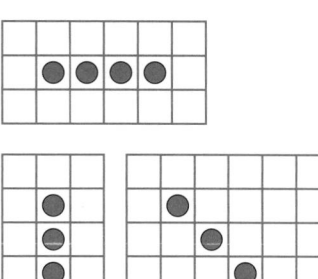
Würfelt abwechselnd mit 2 Würfeln Malaufgaben. Lege eine Marke auf das Ergebnis auf dem Plan. Wer zuerst 4 Marken nebeneinander liegen hat, hat gewonnen.	

 39. Bonos Piratenspiel

Du brauchst:

2 Zehnerwürfel, 1 Spielplan,
1 Wecker oder 1 Sanduhr,
Spielmarken in 2 verschiedenen Farben,
1 Partner

Würfelt abwechselnd mit 2 Würfeln Malaufgaben.
Lege eine Marke mit deiner Farbe auf das Ergebnis auf dem Plan.
Dein Partner macht das Gleiche mit seinen Marken.
Wer Plättchen des Gegners mit seinen Plättchen einkreisen konnte,
darf sich die eingekreisten Plättchen nehmen.
Wer nach 15 Minuten die meisten Marken des Gegners erbeutet
hat, hat gewonnen.

Susanne Rehse / Nadine Schmid / Marietta Krenn: Wir lernen und üben Mathematik im eigenen Tempo 1/2. Illustratorin: Kornelia Weise

 **40.** Restekönig

Du brauchst:

2 Zehnerwürfel,
1 Blockblatt, Stift,
deinen Einmaleins–Plan
(zur Kontrolle),
1 Partner

Jeder nimmt sich eine Leiter-Vorlage.
Würfelt nun abwechselnd mit 2 Würfeln eine
zweistellige Zahl (z. B. 52)
und mit einem dritten Würfel eine Teilerzahl (z. B. 5).
Teile nun die Zahl durch den Teiler (52 : 5 = 10 R 2).
Trage den Rest auf der Leiter ein.
Wenn die Leiter voll ist, zählt jeder
seine Reste zusammen.
Wer mehr Restpunkte hat, hat gewonnen.

Nun bist du fertig mit deinem letzten
Stufenheft. Das Rechnen mit dir hat
sehr viel Spaß gemacht. Tschüss!

Susanne Rehse / Nadine Schmid / Marietta Krenn: Wir lernen und üben Mathematik im eigenen Tempo 1/2. Illustratorin: Kornelia Weise

Spielplan Einmaleins

·	1	2	3	4	5	6	7	8	9	10
1	1	2	3	4	5	6	7	8	9	10
2	2	4	6	8	10	12	14	16	18	20
3	3	6	9	12	15	18	21	24	27	30
4	4	8	12	16	20	24	28	32	36	40
5	5	10	15	20	25	30	35	40	45	50
6	6	12	18	24	30	36	42	48	54	60
7	7	14	21	28	35	42	49	56	63	70
8	8	16	24	32	40	48	56	64	72	80
9	9	18	27	36	45	54	63	72	81	90
10	10	20	30	40	50	60	70	80	90	100

Susanne Rehse / Nadine Schmid / Marietta Krenn: Wir lernen und üben Mathematik im eigenen Tempo 1/2. Illustratorin: Kornelia Weise

Name:	Datum:

Kompetenztest zur Lernstufe 20

Zeig, was du kannst!

1. Jetzt kennst du alle Einmaleins - Reihen.
Rechne schnell im Kopf!

3 · 4 =	9 · 2 =	4 · 4 =
8 · 5 =	7 · 5 =	7 · 2 =
9 · 3 =	6 · 3 =	9 · 9 =
8 · 8 =	8 · 4 =	3 · 7 =
6 · 7 =	9 · 5 =	8 · 6 =
8 · 2 =	8 · 3 =	5 · 8 =
7 · 4 =	4 · 9 =	9 · 6 =
9 · 7 =	6 · 8 =	4 · 7 =
6 · 6 =	8 · 5 =	7 · 8 =
7 · 3 =	3 · 9 =	8 · 2 =
9 · 8 =	5 · 2 =	6 · 4 =
6 · 5 =	8 · 9 =	6 · 2 =

/ 18

2. Schreibe alle Ergebnisse der <u>Neuner - Reihe</u> nacheinander auf!

_____

/ 5

Was fällt dir an den Zahlen auf? _____

/ 2

_____

3. Teile die Zahlen in den Blättern durch 3.
Schreibe die Geteiltaufgaben auf!

/ 4

 24  18 27 12

4. Male alle Schmetterlinge, deren Zahl durch 6 teilbar ist, rosa und alle Schmetterlinge, deren Zahl durch 7 teilbar ist, hellblau an. Schreibe dann die Aufgaben auf!

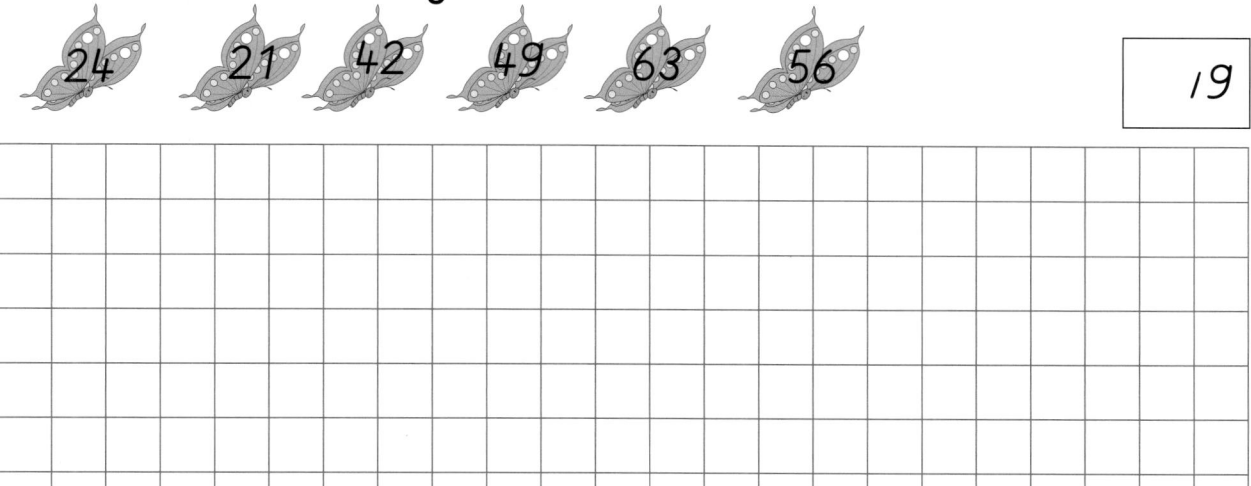

24 21 42 49 63 56

/9

5. Teile die Kegelzahlen durch 9. Schreibe die Aufgaben auf!

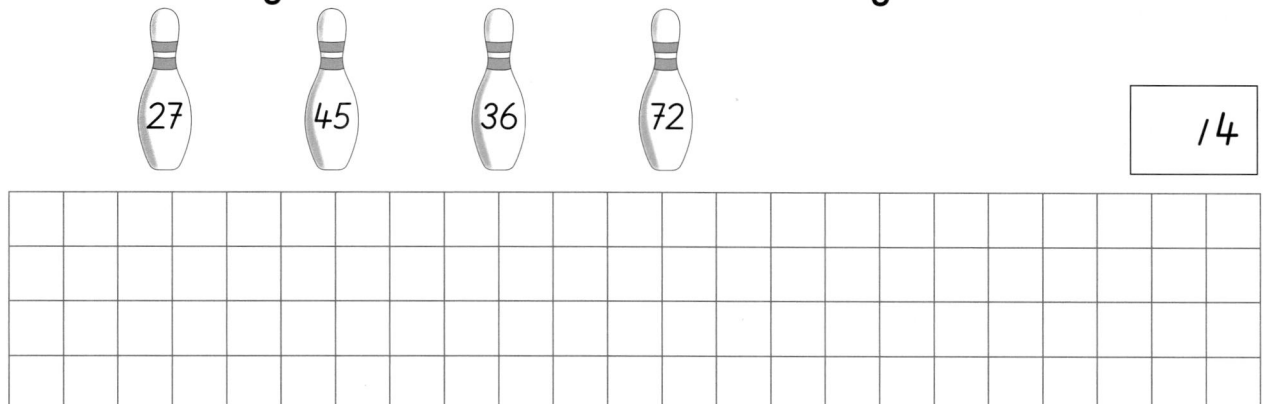

27 45 36 72

/4

6. Bono möchte diese Geldbeträge in 5 Euro-Scheine wechseln lassen. Wie viele 5 Euro-Scheine bekommt er jeweils?

/3

	Rechnung:	Er bekommt:
	Rechnung:	Er bekommt:
	Rechnung:	Er bekommt:

Rechengeld: © ECB

Susanne Rehse / Nadine Schmid / Marietta Krenn: Wir lernen und üben Mathematik im eigenen Tempo 1/2. Illustratorin: Kornelia Weise

7. Teile mit Rest!

Jammi! Reste fress ich gern!

26	: 3 = R:	: 5 = R:	: 7 = R:
19	: 2 = R:	: 6 = R:	: 8 = R:
35	: 4 = R:	: 9 = R:	: 10 = R:

/ 18

Kontrolliere nochmal alles ganz genau!

Wie hast du dich im Test gefühlt? ☺ ☺ ☹

Welche Aufgabe war am leichtesten für dich? Nummer: _____

Welche Aufgabe war am schwersten für dich? Nummer: _____

Rückmeldung zu den bearbeiteten Kompetenzen:

Aufgabe 1:	☺ ☺ ☹	Du beherrschst alle Einmaleins-Reihen sicher.
Aufgabe 2:	☺ ☺ ☹	Du schreibst die Ergebnisse der Neuner-Reihe korrekt auf.
Aufgabe 3, 4, 5:	☺ ☺ ☹	Du löst Geteiltaufgaben korrekt.
Aufgabe 6:	☺ ☺ ☹	Du rechnest Geteiltaufgaben mit Geldwerten.
Aufgabe 7:	☺ ☺ ☹	Du teilst zweistellige Zahlen durch jede beliebige einstellige Zahl und berechnest den Rest richtig.

Das solltest du noch einmal üben: _____

Von 63 Punkten hast du _____ Punkte erreicht.

_____

Datum   Unterschrift der Eltern

Susanne Rehse / Nadine Schmid / Marietta Krenn: Wir lernen und üben Mathematik im eigenen Tempo 1/2. Illustratorin: Kornelia Weise